現代安全管理

〔第五版〕

MODERN SAFETY MANAGEMENT

蔡永銘◎編著

國家圖書館出版品預行編目資料

現代安全管理 / 蔡永銘編著. -- 五版. -- 新
北市：揚智文化, 2015.03
面；　公分
參考書目：面
ISBN　978-986-298-176-4（平裝）

1.工業安全　2.工業管理

555.56　　　　　　　　　　104003409

現代安全管理

編 著 者／蔡永銘

出 版 者／揚智文化事業股份有限公司

發 行 人／葉忠賢

總 編 輯／閻富萍

特約執編／鄭美珠

地　　　址／新北市深坑區北深路三段 260 號 8 樓

電　　　話／(02)8662-6826

傳　　　真／(02)2664-7633

網　　　址／http://www.ycrc.com.tw

E-mail ／service@ycrc.com.tw

印　　　刷／鼎易印刷事業股份有限公司

I S B N ／978-986-298-176-4

五版二刷／2018 年 3 月

定　　　價／新台幣 650 元

林 序

　　民國 103 年 7 月 31 日，高雄發生地下管線腐蝕，而輸送丙烯時爆裂，大量丙烯外洩，遇不明火源而爆炸，造成 32 人死亡、321 人受傷，六公里道路受到蹂躪的慘劇，經過新聞媒體傳播，帶給社會極大的震憾！

　　在氣爆發生後，很多人把事件的發生當作意外，有人應該為事件負責，除了監察機關、司法機關及勞動檢查機構，中央及地方主管機關亦須追查事件的相關責任，針對整個事件發生的法令、設備、管理等缺失的根本原因做一全盤的檢討，研提改進之做法，以防止類似事件再度發生。

　　個人奉派到中油服務期間，公司也曾經發生儲槽爆炸或硫化氫外洩事件，造成一位重要幹部殉職，在慰問家屬、探視傷患時，家屬的焦慮、傷患與死神搏鬥的那一幕，真令人感傷不已。記得回台北的高鐵上，與陪同的總經理室督導蔡永銘兄長談，瞭解更多事故的真相，也同意他堅持工安管理缺失的改善才是事故調查的真義。

　　我們也談及高廠，為這些年事故不斷考驗安全領導能量，其實，高廠是 ISO9000、ISO14001、危險性工作場所審查檢查及 OHSAS18001 證照的第一個得主，安全衛生制度規範，連日本專家都稱讚。五輕更是賺錢的金雞母，只是在社區非理性環保抗爭下，不得不停止生產，這對國家經濟、地方繁榮，都將產生不良影響。當然，從高廠關廠而言，我們也不能不自我反省事故不斷衝擊社區觀感，其背後安全文化的真相。

　　永銘兄在其退休前，與謝賢書教授幫高廠所做安全文化評量，更把二次評量比較，原因分析，詳盡告訴中油。個人對其工安專業的素養、安全工作的投入，特別是退休後，持續投入製程安全管理訓練的用心，非常佩服。而這本新作即將付梓，相信完整的現代安全管理思維、做法，將提供中油與所有事業單位很好的學習典範。

　　企業從事安全衛生工作的目的，許多人誤以為只在保障勞工的安全健康，其實更重要的是企業在保障自己的生存及盡社會永續發展的責任。企業經營的主要目的在謀求利潤，但要謀取利潤，除了要重視生產、品管、財務、人資外，安全工作絕對是核心。沒有安全環保，就沒有高廠；沒有安全環保，就沒

有石化業。

在現代企業中，企業管理者及從事職業安全衛生工作者，務必從安全績效趨勢去探尋安全衛生的優勢與劣勢，從安全文化各向度的劣勢裡，發現管理循環的問題，持續改善，系統化、專業化運作安全衛生工作，由環境面、行為面及心理面全方位執行安全建設工程，安全績效才能確保。

感佩蔡君於工作之餘對安全衛生工作的執著及求真求實的態度，其戮力於建立安全衛生文化工作，我很高興將此書介紹給大家，相信讀者讀了本書之後，在職業安全衛生的觀念、知識上會有很好的心得及收穫，我更期盼大家能用這些寶貴知識實用到企業、社會，使我國安全衛生工作能有更好的成績。

台灣中油股份有限公司董事長

林聖忠

2015 年 2 月

陳 序

　　這些年來，產、官、學及社會各階層，雖然特別重視石化業的工安工作，但是高雄氣爆不幸發生，突顯台灣石化工業的安全管理，仍然有嚴重性缺失。不可否認的是石油與石化業，有諸多高危險性機械、設備、原物料，與高風險性作業，因此事業單位之各級主管與作業人員，雖都盡心盡力於安全防護工作，但從這麼慘重的災害檢討，台灣安全衛生工作絕對需要全面地反省與改善，唯有全面性、全方位的安全改善與安全文化的建立，才是台灣石化業應該走的路。

　　永銘君與本人相識超過二十餘年。他在中油總公司工作期間，對工安工作非常投入，以其工安專業的素養，始終堅持安全是公司的核心價值，因此對全公司安全規範之訂定、工安查核體系之建制、承攬商安全管理之執行、安全教育訓練學分證照制度建構與辦理，以及績效評量制度之建置，貢獻良多，而這些制度至今仍然被遵照辦理。

　　永銘君彙整個人工安研究與實務心得所編著之《現代安全管理》一書，素為國內業界重視並參考。今為配合職業安全衛生法實施，除將原著統整改編，更深入探討我國工安績效不彰之各面向問題，提出整合性安全管理著作，以第五版問世。深信本書對大學院校安全相關系所及企業界的工安工作會有很大啟發。本人樂見其成，特為之序。

台灣區石油化學工業同業公會理事長

陳寶郎

2015 年 2 月

藍 序

在勞工委員會服務三十餘年後退休，由於工安界的愛護，讓我接下工安協會的重任。工安協會目前是國內公益性、專業性及非營利性的社會團體，也是工安界主流的領導團體，秉持著社會責任、專業、品質、服務及創新等核心價值，將工安推展於各業，樂在其中。而這段期間，永銘兄也從服務的中油退休，專任台灣安全研究與教育學會秘書長職務，致力於推動安全文化，不遺餘力，令人欽佩。

認識永銘兄快三十年，從他在現場負責工安工作開始，每年內政部全國勞工安全衛生優良單位選拔活動，個人就深深為其專業、熱誠、創新的精神感動，總感覺他服務的單位，幾乎年年獲獎，也是全國勞工安全衛生優良單位榮譽獎與五星獎雙料得主的第一個單位。由於他於民國 69 年在職場推動員工協助方案，建立完整的輔導員訓練與服務機制，讓安全衛生工作人性化，後來民國 73 年又在中油首先推動零災害運動，使得青草湖礦廠成為自主安全管理的楷模，他個人也創紀錄第三次獲得全國安全衛生優良人員表揚。

永銘兄在民國 77 年獲公司公費出國進修二年，學成歸國就幫職訓局編寫教材，後來配合其在大專院校授課需要而正式出版這本《現代安全管理》，首倡中國式骨牌理論，提出三安思維與全方位安全文化模型。這十年來，他投入企業界的安全文化評量服務，也到處演講安全文化，鼓吹行為安全，深深影響國內工安發展。

《現代安全管理》，首倡中國式骨牌理論，提出三安思維與全方位安全文化模型。這十年來，他投入企業界的安全文化評量服務，也到處演講安全文化，鼓吹行為安全，深深影響國內工安發展。

我們都知道永銘兄公餘戮力整理工安管理問題，將在職場稽核與事故調查所見所聞心得彙編成專文發表，這次配合職安法實施，特精編為《現代安全管理》第五版，並將高考題目納入練習題，對於學生與有志公職考生，提供了有價值的學習教材，對未來國內工安管理亦提供發展參考方向。

中華民國工業安全衛生協會　理事長

藍福良

2015 年 2 月

自　序

　　大學畢業後服預官役時，被分發到警總職一總隊三大隊的中隊擔任輔導長，負責協助保安處分人員生活輔導與矯治工作，一年十個月期間，讓單純的自己發願為社會邊緣人盡心力協助、改變、重新成為有用的社會一分子。

　　1973 年退伍後考入中油服務，陸續接下勞工安全管理師、工會幹事（理事）、福利會幹部，而展開員工生活照顧、安全健康促進服務，時常規劃辦理社團、自強活動。由於會員服務關係，瞭解職場員工有許多生活上、健康上及工作上困難，事業單位如不做好這些基本需求的服務，無法提供全方位服務，員工難於專心操作設備、安全生產，事故就無法避免。

　　因此 1978 年公餘加入新竹生命線成為義工，透過電話為職場員工與社會大眾的各種問題提供諮商服務，如此歷練問題解決技巧，加上 1982 年正式被公司選拔為廠礦輔導員，而開啟了心理安全建設工作。

　　1988 年個人被中油派赴國外攻讀學位，於 8 月 23 日抵美國 NYU 進修工安碩士學位，因該所暫時關閉而轉密蘇里中央州立大學工安研究所進修。由於工作經驗關係，一年就取得碩士學位，並順利獲得德州農工大學工安教育博士班資格，但公司以二年合約未滿為由，要求暫留華堡，繼續攻讀安全教育專家學位，在 1990 年 12 月順利完成專家學位之前，公司陸續指示早日返國，因此在當年暑假返國銷假上班。

　　回國不久，就奉派到聯合工專建教合作班授課，因為教學關係，開始編輯現代安全管理教科書，供產官學參考。後來被明新工專土木系石主任邀請授課多年，也在弘光工安系、警專消防系、長榮職安系與高雄醫學大學職安所、銘傳大學風險管理與保險系開班授課。後因中油業務繁忙、責任重，才跟銘傳請辭兼課。

　　由於授課與職務關係，在 1993 年首度提出「中國式骨牌理論」，發展出全方位安全文化模型，並以之在事業單位執行安全文化評量，研究結果參加工業局安全衛生論文競賽，二度獲得第一名，因此更發引起業界重視，先後執行十餘案評量，其結論均獲得企業主引為至寶，也加深了企業管理者與勞工安全衛生工作者，在追求更高的安全衛生水準的渴望下，透過安全衛生的研討會、活動，經常有機會接受作者個人安全衛生專業思維與實務經驗，瞭解三安思維與全方位安全文化模式。

　　台灣從 2000 年以來，工安事故不斷，引致國內外對工安要求更嚴，特別是 2014 年 7 月 31 日深夜發生的高雄氣爆，造成 32 人死亡，321 人受傷，大家深入檢討才明白國家沒有完整的法令，規範類似長途管線，而民營企業在安全管理的水平不高，顯然是國家工安獎得主，卻成為氣爆元凶。許多人問勞動檢查法在檢查什麼？風險評估在評估什麼？市政府的道路開挖許可辦法只會收費用？管線資訊系統得第一，原來有什麼管線都不清楚！更令大家難過的是大批負責安全警戒的消防員犧牲、受傷，甚至於主秘的大體不見了，這一切的一切，說明了安全衛生系統薄弱無比，禁不起考驗。

　　個人從事安全衛生工作已超過四十年，由於對安全衛生工作的熱情與堅持、執著與專業，在中油服務期間的安全衛生績效表現，相信社會各界明亮的眼光可以檢驗。公餘將美國 Willie Hammer 所著 *Occupational Safety Management and Engineering* 及 J. V. Grimaldi 與 R. H. Simonds 所著之 *Safety Management* 二書，適合國情部分編譯改寫成中文，又加上個人安全工作豐富經驗累積之心得，編撰成《現代安全管理》一書，深受讀者讚許，也已四次改版。近來配合「職業安全衛生法」的施行，以及環境安全、行為安全、心理安全等全方位安全管理的思維暢行，而將原書精簡三分之一，編成第五版的現代安全管理書籍。

　　2011 年來，不斷地辦理製程安全管理、API 管線、儲槽與壓力容器安全研討會，顯示作者已警覺到石化安全將成為台灣工安工作的重點。這些在第五版中已有特別章節敘述；在員工協助方案一章中，也特別將「職安法」第六條第二項之身心健康促進議題有所敘述，相信本《現代安全管理》第五版，在安全衛生的整體觀念、知識上會有很好的敘述，希望大家能用這些寶貴知識實用到企業、社會，一同為我國職業安全衛生工作創造更良好的績效。

蔡永銘

2015 年 1 月 15 日

目　錄

Part 1

環境安全篇

CHAPTER 1

全方位安全管理

1.1 安全管理面臨的問題

安全的理念與實務，隨時間的改變，已發展得相當進步。以前將它認為是消除傷害的一種簡單的概念、方法，如今已被視為控制災害的精緻方法。

發生在工作場所的事故，幾乎全都可以加以控制的，而許多學者專家的研究報告也告訴我們，知識可以用來制止大多數傷害事件，而安全的知識、科學也在歐美先進國家的各級學校加以傳授。此點在台灣也漸成為趨勢，越來越多的學校開設安全衛生課程，甚至於設立安全衛生科系、所。

此外，許多安全專家從生產管理上，也確認良好的安全管理是安全生產的基礎：沒有安全，就沒有生產。絕沒有安全上失敗的企業，可以長久生存的！台中鋐光公司瓦斯爆炸案、林園某公司灌裝場發生氣爆案，最後都關門大吉，就是最明確佐證。民國 103 年 7 月 31 日發生的高雄氣爆事故，造成 32 人死亡，321 人受傷，街道受損超過 6 公里，對元凶而言，面臨疏失而須付天價的賠償。

我國推動勞工安全衛生工作四十多年來，對於勞工生命的安全與健康提供不少的保障，但不可否認的是以民國 102 年而言，國內參加勞保人員因為職業災害而傷病的人數超過 33,302 人，失能人數為 2,498 人，死亡人數為 289 人，職業傷害總計達 36,089 人，也就是每天約有 0.792 名勞工因工作不幸喪生，6.84 名勞工遭致失能，91.24 名勞工受傷，這樣的安全績效，已是近年最佳，只是在「人命比地球重」的今日，仍然無法令人滿意！

更令工商界擔心的是自行政院勞委會於民國 76 年成立以後，職業災害的控制本應逐年顯現績效提高的現象，卻從民國 85 年開始逆轉，千人率由民國 84 年的 2.87 上升到民國 96 年的 4.439，上升了 54.67%；傷害千人率由 2.213 上升至 4.049，上升達 82.96%。其後由於檢查策略改變，民國 102 年檢查量與處分量比民國 96 年分別減少 48.31% 與 45.54%，其趨勢圖如**圖 1.1**，但結果是民國 102 年職災千人率與傷害千人率比民國 96 年分別減少 10.63% 與 8.53%，其趨勢圖如**圖 1.2**。

它有幾個現象值得產官學省思：

第一，它呈現如**圖 1.3** 工安界所謂的事故循環（accident cycle）現象（Krause, 1997）。我們應正視事故率有正弦波型時，安全績效無法提升，安全管理就有系統問題。

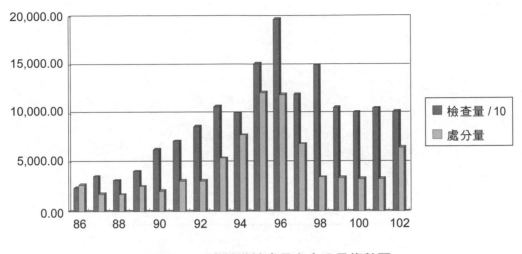

圖 1.1　台灣勞動檢查量與處分量趨勢圖

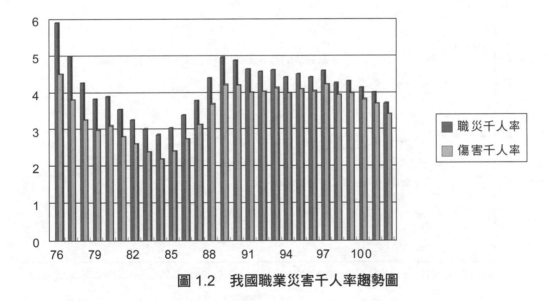

圖 1.2　我國職業災害千人率趨勢圖

　　第二，國外各國安全衛生努力的結果，職災的頻率會逐漸降低，史翠克夫與葛樂荷（Stricoff & Groover, 2013）在其合撰 *The Manager's Guide to Workplace Safety* 一書中，就明確提出圖 1.4 此美國職災趨勢圖，它呈現逐年下降的明顯趨勢，也肯定美國職業安全工作努力的結果。反觀台灣，其趨勢圖卻如圖 1.5，真的無法令國人滿意。美國能，台灣為何不能？這是台灣產官學需要深思的議題。

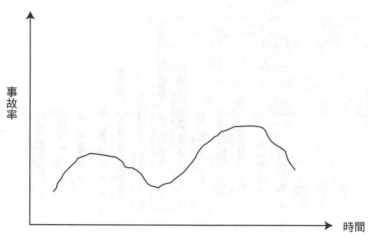

圖 1.3　事故循環現象

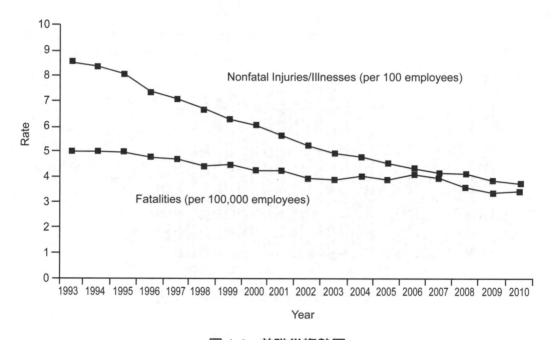

圖 1.4　美職災趨勢圖

　　第三，在民國 89 年新政府執政時，為了照顧弱勢勞工，勞委會推出許多方案，諸如四年中程減災、233 減災等，更在職場祭出「勤查嚴罰」政策，一時之間安全衛生檢查量由民國 88 年的 31,814 次，不斷地增加到民國 96 年的 197,888 次，增加了 522%，同期間罰鍰告發件數由 1,734 件次增加為 11,931

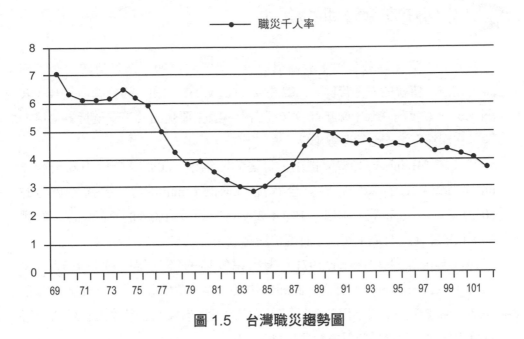

圖 1.5　台灣職災趨勢圖

件次，增加 588%。政府的全力減災結果，確實使得我國職災死亡百萬人率由民國 89 年的 85 人，降為民國 96 年的 34 人，降幅達 60%，成果非常輝煌；不過同期間職業災害頻率由民國 88 年的 2.12，增為民國 96 年的 2.21，增加 4.24%；嚴重率由民國 88 年的 242，降為民國 96 年的 213，降低 11.98%；也就是總合災害指數由民國 88 年的 22.65，降為民國 96 年的 21.696，降低 4.19%。這樣的降幅與檢查量及罰鍰告發件數的增加量是不成比例的。所以我們需要深度思考安全管理面臨的問題何在？而民國 102 年的總檢查量與處分量降低後，職災千人率與傷害千人率均明顯下降，顯示密集檢查與從嚴處分並非萬靈丹。

　　第四，由圖 1.5 顯示我國安全績效最佳的是民國 84 年，為何有這情形發生？勞委會在民國 78 年推動零災害運動，現場如火如荼地推動預知危險活動，相信是非常重要的因素。而工作場所作業前、作業中、作業後，工作人員就做五分鐘的預知危險活動，先檢討作業有什麼危險、危險的關鍵何在及作業要怎麼辦。作業人員主動參與作業安全活動，所以整體職災千人率下降了。一旦勞委會主其事者離開，沒有人重視，活動冷了，職災千人率也逐漸升高。這樣的事實，對安全管理有什麼意義？

1.2 傳統安全管理的檢討

　　我國安全衛生績效呈現事故循環現象，其主要問題，乃是傳統安全管理思維所造成。傳統的安全管理，以韓笠琦（H. W. Heinrich）的骨牌理論為代表（圖 1.6），韓笠琦在七十餘年前首次提出「事故主要是由於不安全行為」這一理論，它深深影響安全管理數十年。

　　韓笠琦（Heinrich, 1959）指出，災害的因素中，80% 來自於不安全行為（unsafe acts），20% 來自於不安全狀況（unsafe conditions），這就是有名的「80/20 法則」。在韓笠琦的想法中，不安全行為乃是由於人的不好態度、知識欠缺、技能不足、身體不適與不良環境所導致。

　　1971 年，韋佛（Weaver, 1971）指出韓笠琦的後三個骨牌是管理缺失（management omissions）所致，此即為作業失誤。韋佛問道：「不安全行為有哪些？為何會產生不安全行為？是否與規定或程序有關？」基本上，他將災害的直接責任歸咎於現場監督與管理不良。

　　1976 年，亞當斯（Adams, 1976）將骨牌理論改進如圖 1.7。

　　亞當斯將不安全行為與狀況名之為戰術失誤（tactical errors），它是由作業失誤（operational errors）所導致。作業失誤來自於管理結構、組織目標、工作流程、系統組織、作業規劃與執行。亞當斯明確指出戰術失誤是由於管理策略的失當所引起。因此，他可以說是首位將組織結構、系統、次系統與不安全狀況及行為聯結的學者。

　　全面損失控制的專家，勃德與拉夫特司（Bird & Loftus, 1976）則整合韓笠琦的骨牌理論成為圖 1.8。

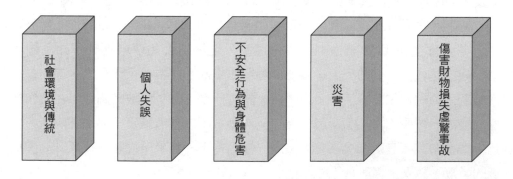

圖 1.6　韓笠琦骨牌理論

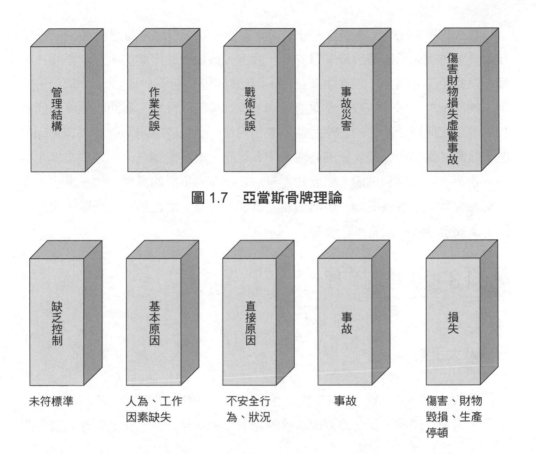

圖 1.7　亞當斯骨牌理論

圖 1.8　勃德與拉夫特司骨牌理論

　　他們認為不良的管理會造成人為因素與工作因素上的問題，而這兩方面問題會導致不安全狀況及行為的產生。當然這就會造成生命傷害、財物損毀或生產停頓。

　　貫穿骨牌理論的傳統安全管理思維，是舊 3E 思維（engineering, education and enforcement）。舊的 3E 理念，代表過去幾十年來職業災害防止的基本理念，它包括：

1. 工程（engineering）：主管人員設計最安全的設備，提供安全的環境或防護設備。
2. 教育（education）：主管人員要教導工作人員正確使用這些安全設備。
3. 執行（enforcement）：主管人員要運用紀律管制，以確保工作人員遵守安全作業程序。

舊 3E 思維強調設備安全，重視安全工程、安全程序。這思維強調工安工作就是要主管人員改善設備本質安全，教導人員依標準作業程序去安全操作設備，以避免災害發生。工安強調紀律，因此以懲罰為手段，而為了降低災害次數、控制損失，需要採取嚴懲重罰策略，導致員工以被動、負面的態度來面對和處理工安問題，員工的心態往往是害怕犯錯、避免受處罰為最高準繩，因此在事故時，常會有逃避責任的心態，如有可能，盡量掩飾自己的疏失來淡化事件，才不會被責難和處罰。如此往往無法知道造成事故的真相，無法導正不安全行為，就無法解決問題，也無法建立良好的行為。這也是事故循環產生的主因，及安全績效不振的罪魁禍首。

1.3 損失控制管理

一、八大工具

舊的 3E 思維，演化出損失控制管理理念，提倡損失控制管理制度有八大工具，即安全法規、安全檢查、事故調查、工作安全分析、安全訓練、安全觀察、安全接談及安全激勵。

二、五大功能

損失控制管理經常使用的一個縮寫字母「ISMEC」代表著損失控制管理的五大功能：

1. I 即辨認（identification），主要工作包括：人員選擇及僱用、主管的調查、主管人員的訓練、計畫性的檢查、技術訓練、急救、緊急應變措施、通常的升遷、工程控制、採購控制、適當的工作指導、新進人員的教導、身體保護、計畫性安全觀察、規章及作業程序、工作分析及程序、團體溝通、損失分析、處理程序及防護具等。
2. S 即工作成效的標準（standard），即建立起每件工作活動中所期待的工作成效標準。
3. M 即測量（measurement），對遵守所建立標準的成效的測量。

4. E 即評估（evaluation），評估某一時段基準的工作成果。

5. C 即改正（correction），在不期待水準的損失結果發生前加以規範或改善，以改正其缺失。

三、損失控制的三階段

由於與某種能量或危害物接觸而造成職業災害，因此就事故的發生歷程而言，災害的嚴重程度可分為三個階段，即接觸前（pre-contact）、接觸中（contact）及接觸後（post-contact）。

圖 1.9 中，時間可能是秒，也可能是時或日，甚至於月或年。譬如高雄石化地下管線之爆炸，接觸前這階段，時間可能長達經年累月。事故不發生，都還在接觸前階段。而一旦發生，爆炸的時間可能只是瞬間，然而若是衍生大火，則時間是幾分、幾小時，或幾天。而接觸後階段，善後及整理整頓時間一般也甚長，像車諾比（Chernobyl）核電廠事故，或艾克遜石油公司在阿拉斯加的漏油案，兩者均費時日於善後工作。

就損失控制而言，不完美的系統中，控制也有三個階段：

(一)接觸前階段

包括一切為防止危險或避免損失發生所發展成執行的一系列計畫。在這一階段，必須設計一個面面俱到的防止損失計畫；研究出有效的標準，並計畫一套管理來遵守這些標準以避免不期待的事故發生；但當出現事故的主要和立即的原因時，則立即予以查核並改正之。若能在接觸前這一階段進行有效標準的

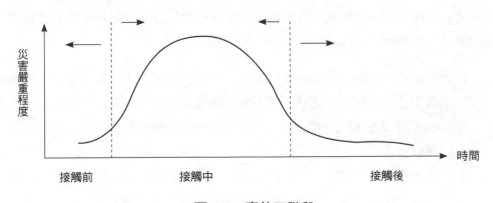

圖 1.9　事故三階段

控制，則可以使前三個骨牌不至於倒下。

　　接觸前可以採取的安全工作，是損失控制八大工具中除了事故調查以外的七大工作。相信能做好這七大工作，就能減少災害的嚴重性，甚至於防止事故的發生。

(二)接觸中階段

　　一事故發生時的那一時段即屬接觸中階段。僅由能量的接觸及改變量的大小才可能不會產生損失。良好的損失控制管理計畫可以用來防止或減少事故損失，包括人員傷亡、疾病或財物毀損。一些可行的方式如下述：

1. 運用代替或使用替代能源的方式來消除潛在的、有害的能源或危害物。
2. 減少能源或危害物之使用或釋放量。
3. 在時間上或空間上將人或財物與能源或危害物相隔離。
4. 利用屏障將人或財物與能源或危害物相隔離。
5. 將易對人或財物造成損傷的物體的構造接觸面加以改善，以減低損傷程度。
6. 增強人體或設備及建物的構造以支持能量的交換，包括個人防護具之使用。特別是爆炸那一剎那，人員立即仆倒在地，降低被震波擊傷，都可倖免於難！

(三)接觸後階段

　　損失控制管理者不願意讓事故發生暨產生損失。然而，縱使一個極為完善的系統或組織可以將事故的發生率降至最低限度，但也往往存在著損失的潛在危險性。因此，損失控制管理者必須盡力準備以增加計畫的效果。所以在接觸後的階段，有幾個明顯的項目可以進行，以求減少損失。

1. 對生病或受傷的人員提供緊急就護、急救：首先主管人員應接受完整的急救訓練，且每年也應參加再訓練以熟稔急救技巧；其次，其他工作人員也應接受基本的急救訓練。有效而成功的急救往往可以降低傷害、減少死亡情事。
2. 火災及爆炸緊急處理之準備：主管人員應讓其屬下接受良好的安全訓練，以備處理火災及爆炸之緊急事故。這些訓練必須包含逃生的知識與

經驗、滅火設備及防護具之使用、警報之辨識、主要控制閥之切斷及其他相關技術。

3. 緊急搶修工作：現場主管必須要瞭解自己轄區的責任是無法迴避的。所以在每日就要實施主要設備及零件的檢查，並訓練所屬工作人員在緊急狀況時能在第一時間進行搶修作業，可以避免災情擴大。

4. 廢棄物控制：許多事故後的物品都被丟棄不用，每年造成很大的損失，因此如何利用或再利用這些廢棄物是值得考慮的項目。

1.4 現代安全衛生管理的內涵

傳統的安全管理最大問題是非系統性管理，非全方位管理，又強調被動式績效指標，所以安全管理實務以避免災害發生為主軸。

筆者在 1993 年首度提出中國式骨牌理論如**圖 1.10**（蔡永銘，1993）。

中國式骨牌理論認為環境安全、心理安全與行為安全三個骨牌，任一骨牌傾倒，都會造成事故，產生損失。要避免工作場所發生事故，就需要強化環境安全、心理安全與行為安全，唯有三個骨牌都屹立不搖，才能確保零事故、無損失。

非常特別值得注意的是，安全文化大師蓋樂教授（E. S. Geller）在 1994 年也指出，全方位安全文化要求持續注意三方面：環境因素、行為因素、人的因素，他並以**圖 1.11** 說明之（Geller, 1994）。

在蓋樂博士理念中，安全文化三個因素是動態的，三者互為影響，任一因

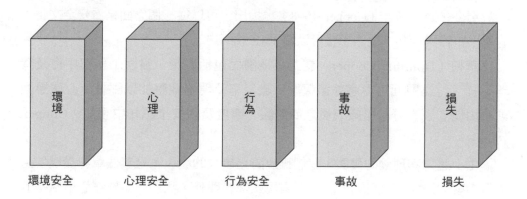

圖 1.10　中國式骨牌理論

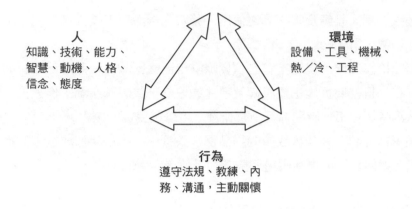

圖 1.11　全方位安全文化三面體

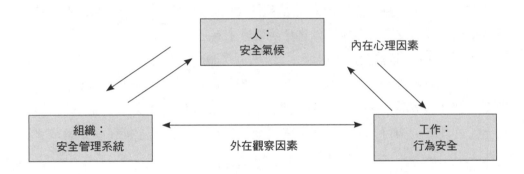

圖 1.12　庫柏安全文化架構

素的變化都會影響其他兩個因素。人的內在因素雖不易察覺、掌握或協助,但外在的行為及因人造成之環境與狀況,我們可以藉由觀察而給予協助與導正。

另外,庫柏博士(Cooper, 1998)也指出,可以從三個層面來看安全文化:心理、組織與行為。他的想法可以**圖 1.12** 說明之。

庫柏(Dominic Cooper)認為組織層面包括政策、書面工作程序書及管理系統。行為層面可從意外通報率、職災率及現場觀察加以評量。心理層面則可由問卷調查分析組織成員之價值觀、態度及對安全認知中獲知(Cooper, 1998)。

由上述骨牌理論的發展,我們瞭解防止事故的發生,是無法單純從環境上去努力就想達成防災目的的。除了環境風險管理外,我們尚需要在心理風險管理與行為風險管理上多所努力,才能竟其功!

貫穿骨牌理論的現代安全管理思維，是新 3E 思維（ergonomics, empowerment and evaluation）。新 3E 思維是蓋樂博士（Geller, 1996）提出，他轉化以設備安全為軸心的思維，為安全管理提供新的方向和原則，它包括：

1. 人因工程（ergonomics）：研究環境和行為的關係，防止由於行為與環境互動所可能發生的急性和慢性傷害。
2. 授權（empowerment）：讓員工獲得安全衛生當責（accountibility），參與並承擔自主管理責任。
3. 評鑑（evaluation）：量測安全衛生被動式與主動式績效，以為持續改善指標。

現代安全管理所強調的新 3E 思維是蓋樂教授在其《安全心理學》一書中所倡導，其思維與該書第三章〈全方位安全管理典範轉變〉的理念是一致的。建立全方位安全管理的十大典範為（Geller, 1996）：

1. 由法令規定轉為企業責任。
2. 由避免失敗轉為追求成就。
3. 由重視結果轉為重視行為。
4. 由上而下的控制轉變為由下而上的參與。
5. 由個人主義轉為團隊。
6. 由部分轉為系統方法。
7. 由追究過失轉為探查事實。
8. 由被動式轉為主動式。
9. 由立即修理轉為持續改善。
10. 由優先次序轉為價值。

這些典範、原則正是事業單位持續改善安全績效的最大憑據，而這些原則正可將全方位安全文化的內涵轉化為建立全方位安全文化的動能。蔡永銘與朱蓓蓓（2004）強調，一個可以有效運作的全方位安全管理（Total Safety Management, TSM）包括下列要素：

1. 環境安全：
   (1) 組織氣候：包括安全領導、安全溝通、安全激勵與獎懲、員工參與、績效考評。

(2) 安全管理系統：包括風險管理、安全程序、安全組織與人力、安全訓練、安全制度（如宣導活動、自動檢查、緊急應變、安全稽核、變更管理、危害標示、事故調查等）、承攬管理。

2. 心理安全：包括安全知能、安全態度、安全認知、安全價值觀、壓力管理。

3. 行為安全：包括位置與動作、遵守規定、個人防護具使用、設備維護保養、知會與協調、5S。

　　現代安全管理的環境安全包括組織氣候及安全管理系統兩大部分，其中組織氣候影響員工內在及外在行為甚大，它強調主管之以身作則，展現安全領導風格及其安全承諾均是建立安全文化的關鍵因素。此外，組織的安全之溝通模式能否為員工所接受，或仍是以權威態度，採取上對下態度與屬下溝通，亦影響員工之工安參與度。另外，工安最為員工垢病者為沒有任何安全激勵而只有懲處，特別由於獎懲不公，使員工對工安產生排斥感。管理階層重視生產而不要求工安，績效考評與升遷沒有關聯性，均有礙於建立工安核心價值觀。

　　在安全管理系統部分，首應以風險管理為出發點，剖析員工是否瞭解工作場所之危害；並探討在安全程序、安全組織與人力、安全訓練、安全制度與安全稽核等管理系統之 PDCA 運作是否順暢。

　　在心理安全方面，它包括安全知能、安全態度兩項重要因素。一個有充分安全知能的員工，在充滿各種危害的環境中，較易於保護自己。一個有良好安全態度的工作人員，較會遵守組織之安全程序、法令規定，不致投機取巧，走捷徑，或以不安全行為去作業。此外，有安全責任感的員工才能貢獻安全智慧，持續改善作業安全，維護環境安全。但是這些心理因素往往與個人工作負荷及壓力管理有關。一個無法抗壓、容易激動、情緒不穩定的人，根本無法冷靜、心平氣和地思考問題，採取安全的措施，容易冒險，有不安全行為，易發生事故。

　　至於行為安全，遵守規定、依安全作業標準去作業，才會平安，故需評量員工有無遵守安全法規、事業單位的安全規定；瞭解員工在不同危害的作業環境有無使用、穿著合適的個人防護具，以及將工作場所的工具與裝備都保養良好，正確使用。工作場所亂七八糟，物品不整理整頓，又不善加標示，絕無安全紀律可言，也容易使人員受傷。

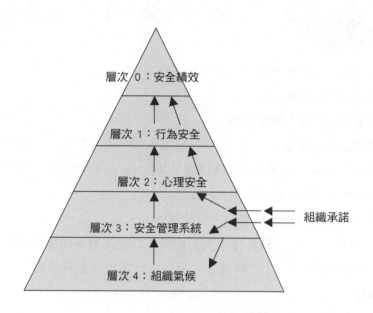

圖 1.13　現代安全管理五層次模型圖

　　以泰古悌與王坦貝（Taiguti and Wantanbe）之安全文化五層次模型而言，筆者認為現代安全管理也有五層次模型如**圖** 1.13。

1.5 結語

　　傳統安全管理的舊 3E 思維，旨在避免災害發生，因此無法避免事故循環現象，以至於安全績效無法提升；我們需要以新 3E 思維，重視主動式安全指標，強調環境安全、行為安全與心理安全的中國式骨牌理論，來持續改善並建立全方位安全文化，相信只有如此在有效運作的安全管理系統氛圍內，優良的組織文化才能確保安全績效之提升。

練習題

1. 安全管理與安全工程，何者為重？為什麼？

2. 試述安全管理之發展歷史。

3. 今日的安全管理面臨哪些挑戰？

4. 何謂中國式骨牌理論？

5. 安全管理理論中，有所謂「骨牌理論」（Domino Theory），係美國工業安全專家Heinrich於公元1931年提出。問題：

   (1)請配以簡圖並說明此舊有之「骨牌理論」。

   (2)今日時代與公元1931年時代大不相同，你認為舊有理論需修正嗎？如不需修正，請說明理由。如需修正，請你以簡圖說明新骨牌理論。（83台省升12等）

6. 全方位安全管理的精義是什麼？

7. 全方位安全管理與OHSAS 18001有何關係，試說明之。

8. 請詳述提升我國勞工安全衛生管理成效之策略。（86中央升等）

9. 何謂損失控制的ISMEC（五大功能）？

10. 為控制事故所造成的損失於最小，請問事故三階段各有何項目可以努力從事的？

11. 何謂損失控制八大工具？試簡明說之。

12. 若傷害的主要來源是能量或危害物質，試列出至少五種海頓（Haddon）的傷害控制的策略。（86專技）

13. 現代對導致意外事件的原因的看法，認為影響一個組織的安全績效有很多因素，其中之一就是工作（Tasks）本身。工作本身的特殊因素或許會影響意外事件的發生率，請試行列出這些工作本身具有的特殊因素。（87台省升8等）

14. 請從意外發生前、發生時及發生後三方面，說明職業傷害之預防措施。（91高考，工礦衛生技師）

15. 在安全組織中，領班或現場基層主管的職責為何？試列舉之。（94專技，工業安全管理）

16. 為何說「領班是意外事故防止的關鍵人物」？（96高考，工業安全）

17. 請說明骨牌理論（Domino Theory）的意義，及其在工業安全上的運用。（100高考三級，工業安全管理）

CHAPTER 2

職業安全衛生法規

　　世界上各工業先進國家所訂定之安全衛生法令，幾乎都是一連串大災變的產物。美國 1970 年制定的「職業安全衛生法」（OSHA），日本 1971 年制定的「勞動安全衛生法」，及我國在 1974 年公布施行的「勞工安全衛生法」均是。

　　民國 99 年以來，麥寮工業園區陸續發生多件震驚國內外的工安事故，而勞工過勞議題持續引發社會關注，在民國 101 年勞委會就通過認定了 38 件過勞死案件，平均年齡僅 48.9 歲，因過勞傷病或失能的也有 54 件。顯示勞工安全衛生相關法令保障已然鬆動。然而，「勞工安全衛生法」自民國 100 年開始修法，由於事業單位反彈聲浪巨大，以致兩次修法受阻，最後在媒體與社會輿論的壓力下，於民國 102 年 6 月 18 日經立法院三讀通過，由「勞工安全衛生法」修正為「職業安全衛生法」，台灣的職業安全衛生保護與預防，總算走到了一個新的里程碑。

2.1 立法宗旨

　　「職業安全衛生法」（下稱本法）制定的目的，為防止職業災害，保障工作者安全與健康。此與美國「職業安全衛生法」之立法目的是在確保工作人員有安全衛生的工作環境及維護人力資源，似乎異中有同，同中又有小異。只是新法將工作者由勞工擴大為勞工、自營作業者及其他受工作場所負責人指揮或監督從事勞動之人員。前述所稱其他受工作場所負責人指揮或監督從事勞動之人員，指未具僱傭關係於事業單位工作場所從事勞動，或以學習技能與訓練為目的從事勞動之工作者，包括自營作業者、派遣勞工、志工、技術生、養成工、見習生、建教合作班之學生及實習、研究等人員與其他性質相類之人員均屬之。而所稱工作場所負責人，指於該工作場所中代表雇主從事管理、指揮或監督工作者從事勞動之人。

　　本法第二條第五款就職業災害給予定義，所謂職業災害乃是因勞動場所之建築物、機械、設備、原料、材料、化學品、氣體、蒸氣、粉塵等或作業活動及其他職業上原因引起之工作者疾病、傷害、失能或死亡。當然這些傷害一定要合乎兩個要素：(1) 需為勞動場所的建築物、機械、設備、原料、材料、化學物品、氣體、蒸氣、粉塵等因素或作業活動引起；(2) 需為職業上之原因所引起。

　　上述所稱勞動場所，指下列場所之一者：

1. 於勞動契約存續中,由雇主所提示,使勞工履行契約提供勞務之場所。

2. 自營作業者或其他受工作場所負責人指揮或監督從事勞動之人員,實際從事勞動之場所。

3. 其他經中央主管機關公告指定之場所。

　　勞安法所稱就業場所,係指於勞動契約存續中,由雇主所提示,使勞工履行契約提供勞務之場所,在職安法中僅為勞動場所之一部分;所稱工作場所,則係指勞動場所中,接受雇主或代理雇主指示處理有關勞工事務之人所能支配、管理之場所;而作業場所,係指工作場所中,為特定之工作目的所設之場所。其關係如圖 2.1。

　　法律制定旨在保障工作者之安全與健康,而勞工係指受僱從事工作獲致工資者(本法第二條第二款),所稱工資,指勞工因工作而獲得之報酬,包括工資、薪金及按計時、計日、計月、計件以現金或實物等方式給付之獎金、津貼及其他任何名義之經常性給予均屬之。

　　職安法保護的主體是工作者,相對工作者這一保護主體的是義務主體,即雇主。依本法第二條第三款之定義,雇主為事業主或事業之經營負責人。至於事業主,指事業之經營主體,在法人組織時為該法人,在個人企業為企業之業主;所稱事業之經營負責人,指法人之代表人、經授權實際管理企業體或事業單位之實際負責人。

　　本法第五條第一項規定:雇主使勞工從事工作,應在合理可行範圍內,採

圖 2.1　勞動場所、工作場所、作業場所之關係

取必要之預防設備或措施，使勞工免於發生職業災害。而第二項明定：機械、設備、器具、原料、材料等物件之設計、製造或輸入者及工程之設計或施工者，應於設計、製造、輸入或施工規劃階段實施風險評估，致力防止此等物件於使用或工程施工時，發生職業災害。此處所稱風險評估，指辨識、分析及評量風險之程序。

2.2 安全衛生設施

「職業安全衛生法」在第二章中對安全衛生設施有非常明確的規定，雇主應依第六條至第二十二條之內容辦理：

一、防止危害必要的安全衛生設備

本法第六條第一項規定，雇主對下列事項應有符合規定之必要安全衛生設備及措施：

1. 防止機械、設備或器具等引起之危害。
2. 防止爆炸性或發火性等物質引起之危害。
3. 防止電、熱或其他之能引起之危害。
4. 防止採石、採掘、裝卸、搬運、堆積或採伐等作業中引起之危害。
5. 防止有墜落、物體飛落或崩塌等之虞之作業場所引起之危害。
6. 防止高壓氣體引起之危害。
7. 防止原料、材料、氣體、蒸氣、粉塵、溶劑、化學品、含毒性物質或缺氧空氣等引起之危害。
8. 防止輻射、高溫、低溫、超音波、噪音、振動或異常氣壓等引起之危害。
9. 防止監視儀表或精密作業等引起之危害。
10. 防止廢氣、廢液或殘渣等廢棄物引起之危害。
11. 防止水患或火災等引起之危害。
12. 防止動物、植物或微生物等引起之危害。
13. 防止通道、地板或階梯等引起之危害。
14. 防止未採取充足通風、採光、照明、保溫或防濕等引起之危害。

二、採取必要措施，保護勞工身心健康

本法第六條第二項特別規定，雇主對下列事項，應妥為規劃及採取必要之安全衛生措施：

1. 重複性作業等促發肌肉骨骼疾病之預防。
2. 輪班、夜間工作、長時間工作等異常工作負荷促發疾病之預防。
3. 執行職務因他人行為遭受身體或精神不法侵害之預防。
4. 避難、急救、休息或其他為保護勞工身心健康之事項。

至於措施，在本法施行細則已有明確規定。細則第九條明定，本法第六條第二項第一款所定預防重複性作業等促發肌肉骨骼疾病之妥為規劃，其內容應包含下列事項：

1. 作業流程、內容及動作之分析。
2. 人因性危害因子之確認。
3. 改善方法及執行。
4. 成效評估及改善。
5. 其他有關安全衛生事項。

細則第十條規定，本法第六條第二項第二款所定預防輪班、夜間工作、長時間工作等異常工作負荷促發疾病之妥為規劃，其內容應包含下列事項：

1. 高風險群之辨識及評估。
2. 醫師面談及健康指導。
3. 工作時間調整或縮短及工作內容更換之措施。
4. 健康檢查、管理及促進。
5. 成效評估及改善。
6. 其他有關安全衛生事項。

細則第十一條規定，本法第六條第二項第三款所定預防執行職務因他人行為遭受身體或精神不法侵害之妥為規劃，其內容應包含下列事項：

1. 危害辨識及評估。
2. 作業場所之配置。

3. 工作適性安排。

4. 行為規範之建構。

5. 危害預防及溝通技巧之訓練。

6. 事件之處理程序。

7. 成效評估及改善。

8. 其他有關安全衛生事項。

三、機械、設備或器具之構造、性能及防護

本法第七條明定，製造者、輸入者、供應者或雇主，對於中央主管機關指定之機械、設備或器具，其構造、性能及防護非符合安全標準者，不得產製運出廠場、輸入、租賃、供應或設置。製造者或輸入者對於上述指定之機械、設備或器具，符合中央主管機關鎖定之安全標準者，應於中央主管機關指定之資訊申報網站登錄，並於其產製或輸入之產品明顯處張貼安全標示，以供識別。

第八條規定，製造者或輸入者對於中央主管機關公告列入型式驗證之機械、設備或器具，非經中央主管機關認可之驗證機構實施型式驗證合格及張貼合格標章，不得產製運出廠場或輸入。而第九條則明定，製造者、輸入者、供應者或雇主，對於未經型式驗證合格之產品或型式驗證逾期者，不得使用驗證合格標章或易生混淆之類似標章揭示於產品。

本法施行細則第十二條明定，中央主管機關指定之機械、設備或器具如下：

1. 動力衝剪機械。

2. 手推刨床。

3. 木材加工用圓盤鋸。

4. 動力堆高機。

5. 研磨機。

6. 研磨輪。

7. 防爆電氣設備。

8. 動力衝剪機械之光電式安全裝置。

9. 手推刨床之刃部接觸預防裝置。

10. 木材加工用圓盤鋸之反撥預防裝置及鋸齒接觸預防裝置。

11. 其他經中央主管機關公告指定者。

四、危害性化學品管理

本法第十條規定，雇主對於依國家標準 CNS 15030 分類，具有物理性危害或健康危害者或其他經中央主管機關公告指定，具有危害性之化學品，應予標示、製備清單及揭示安全資料表，並採取必要之通識措施。

製造者、輸入者或供應者，提供前項化學品與事業單位或自營作業者前，應予標示及提供安全資料表；資料異動時，亦同。

本法第十一條規定，雇主對於前條之化學品，應依其健康危害、散布狀況及使用量等情形，評估風險等級，並採取分級管理措施。至於評估方法、分級管理程序與採行措施及其他應遵行事項之辦法，則由中央主管機關定之。

五、作業環境測定制度

本法第十二條規定，雇主對於中央主管機關定有容許暴露標準之作業場所，應確保勞工之危害暴露低於標準值。雇主對於經中央主管機關指定之作業場所，應訂定作業環境監測計畫，並設置或委託由中央主管機關認可之作業環境監測機構實施監測。但中央主管機關指定免經監測機構分析之監測項目，得僱用合格監測人員辦理之。

對於前項監測計畫及監測結果，應公開揭示，並通報中央主管機關。中央主管機關或勞動檢查機構得實施查核。前述之作業場所指定、監測計畫與監測結果揭示、通報、監測機構與監測人員資格條件、認可、撤銷與廢止、查核方式及其他應遵行事項之辦法，由中央主管機關定之。

所稱作業環境監測，指為掌握勞工作業環境實態及評估勞工暴露狀況，所採取之規劃、採樣、測定、分析與評估之行為。至於應訂定作業環境監測計畫及實施監測之作業場所如下：

1. 設置有中央管理方式之空氣調節設備之建築物室內作業場所。
2. 坑內作業場所。
3. 顯著發生噪音之作業場所。
4. 下列作業場所，經中央主管機關指定者：
   (1) 高溫作業場所。
   (2) 粉塵作業場所。

  (3) 鉛作業場所。

  (4) 四烷基鉛作業場所。

  (5) 有機溶劑作業場所。

  (6) 特定化學物質作業場所。

 5. 其他經中央主管機關指定公告之作業場所。

  至於測定人員,在「勞工作業環境監測實施辦法」第四條中已分為甲級及乙級(化學性或物理性因子)作業環境測定人員。其資格則另有詳細的規定。

六、新化學物質及管制性化學品管理

  本法第十三條第一項規定,製造者或輸入者對於中央主管機關公告之化學物質清單以外之新化學物質,未向中央主管機關繳交化學物質安全評估報告,並經核准登記前,不得製造或輸入含有該物質之化學品。但其他法律已規定或經中央主管機關公告不適用者,不在此限。

  前項評估報告,中央主管機關為防止危害工作者安全及健康,於審查後得予公開。而施行細則第十八條明定所稱中央主管機關於審查化學物質安全評估報告後,得予公開之相關資訊如下:

 1. 新化學物質編碼。

 2. 危害分類及標示。

 3. 物理與化學特性資訊。

 4. 毒理資訊。

 5. 安全使用資訊。

 6. 為因應緊急措施或維護工作者安全健康,有必要揭露予特定人員之資訊。

  前項第六款之資訊範圍如下:

 1. 新化學物質名稱及基本辨識資訊。

 2. 製造或輸入新化學物質之數量。

 3. 新化學物質於混合物之組成。

 4. 新化學物質之製造、用途及暴露資訊。

本法第十三條第三項規定，前二項化學物質清單之公告、新化學物質之登記、評估報告內容、審查程序、資訊公開及其他應遵行事項之辦法，由中央主管機關定之。

本法第十四條規定，製造者、輸入者、供應者或雇主，對於經中央主管機關指定之管制性化學品，不得製造、輸入、供應或供工作者處置、使用。但經中央主管機關許可者，不在此限。

製造者、輸入者、供應者或雇主，對於中央主管機關指定之優先管理化學品，應將相關運作資料報請中央主管機關備查。

施行細則第十九條明示所稱管制性化學品如下：

1. 第二十條之優先管理化學品中，經中央主管機關評估具高度暴露風險者。
2. 其他經中央主管機關指定公告者。

施行細則第二十條明列所稱優先管理化學品如下：

1. 本法第二十九條第一項第三款及第三十條第一項第五款規定所列之危害性化學品。
2. 依國家標準 CNS 15030 分類，屬致癌物質第一級、生殖細胞致突變性物質第一級或生殖毒性物質第一級者。
3. 依國家標準 CNS 15030 分類，具有物理性危害或健康危害，其化學品運作量達中央主管機關規定者。
4. 其他經中央主管機關指定公告者。

七、石化業危險性工作場所管理

本法第十五條明定，有下列情事之一之工作場所，事業單位應依中央主管機關規定之期限，定期實施製程安全評估，並製作製程安全評估報告及採取必要之預防措施；製程修改時，亦同：

1. 從事石油裂解之石化工業。
2. 從事製造、處置或使用危害性之化學品數量達中央主管機關規定量以上。

前項製程安全評估報告，事業單位應報請勞動檢查機構備查。

前二項危害性之化學品數量、製程安全評估方法、評估報告內容要項、報請備查之期限、項目、方式及其他應遵行事項之辦法，由中央主管機關定之。

八、危險性機械設備之管理

本法第十六條規定，危險性之機械或設備，非經勞動檢查機構或中央主管機關指定之代行檢查機構檢查合格，不得使用；其使用超過規定期間者，非經再檢查合格，不得繼續使用。

所謂危險性機械，包括固定式、移動式起重機，人字臂起重桿、營建用升降機，營建用提升機，吊籠，及其他指定者。危險性設備，則包括鍋爐、壓力容器、高壓氣體特定設備、高壓氣體容器，及其他指定者。

至於上述危險性機械、設備之容量，檢查程序、項目、標準，及有效使用期限，均依規定由中央主管機關定之。

九、立即危險之處理

在工作場所有立即發生危險之虞時，本法第十八條規定雇主或工作場所負責人應即下令停止作業，並讓勞工退避到安全場所。

所謂工作場所負責人，為代表雇主從事管理、指揮，或監督勞工從事工作之人。

至於立即發生危險之虞者，在本法施行細則第二十五條中有明確之說明：所稱有立即發生危險之虞時，指勞工處於需採取緊急應變或立即避難之下列情形之一：

1. 自設備洩漏大量危害性化學品，致有發生爆炸、火災或中毒等危險之虞時。
2. 從事河川工程、河堤、海堤或圍堰等作業，因強風、大雨或地震，致有發生危險之虞時。
3. 從事隧道等營建工程或管溝、沉箱、沉筒、井筒等之開挖作業，因落磐、出水、崩塌或流砂侵入等，致有發生危險之虞時。
4. 於作業場所有易燃液體之蒸氣或可燃性氣體滯留，達爆炸下限值之百分

之三十以上，致有發生爆炸、火災危險之虞時。

5. 於儲槽等內部或通風不充分之室內作業場所，致有發生中毒或窒息危險之虞時。

6. 從事缺氧危險作業，致有發生缺氧危險之虞時。

7. 於高度二公尺以上作業，未設置防墜設施及未使勞工使用適當之個人防護具，致有發生墜落危險之虞時。

8. 於道路或鄰接道路從事作業，未採取管制措施及未設置安全防護設施，致有發生危險之虞時。

9. 其他經中央主管機關指定公告有發生危險之虞時之情形。

另外，勞動檢查機構也為了降低職業災害而對立即危險加以明確之規範，在「勞動檢查法」第二十八條修訂有立即發生危險之虞認定標準。其立即發生危險類型如下：

1. 墜落。
2. 感電。
3. 倒塌、崩塌。
4. 火災、爆炸。
5. 中毒、缺氧。

本法第十八條第二項規定，勞工執行職務發現有立即發生危險之虞時，得在不危及其他工作者安全情形下，自行停止作業及退避至安全場所，並立即向直屬主管報告。

雇主不得對前項勞工予以解僱、調職、不給付停止作業期間工資或其他不利之處分。但雇主證明勞工濫用停止作業權，經報主管機關認定，並符合勞動法令規定者，不在此限。

十、特殊危害作業管理

高溫作業可能導致熱中暑、熱衰竭、熱痙攣；異常氣壓作業可能導致潛涵症或潛水夫病；高架作業造成昏眩；導致墜落危害；精密作業可能導致視覺疲勞；重體力勞動導致虛脫等均應減少工作時間，並在工作時間中給予適當之休息，以避免危害之發生。

目前我國已發布之法規如下：

1.「高溫作業勞工作息時間標準」，每日不得超過六小時。
2.「異常氣壓危害預防標準」。
3.「高架作業勞工保護措施標準」。
4.「精密作業勞工視機能保護設施標準」。
5.「重體力勞動作業勞工保護措施標準」。

十一、健康管理制度

本法第二十條對健康管理也有原則性規定，包括：

1. 體格檢查，係指於僱用勞工或變更其工作時，為識別勞工工作適性，考量其是否有不適合作業之疾病所實施之健康檢查。
2. 一般健康檢查：指雇主對在職勞工，為發現健康有無異常，以提供適當健康指導、適性配工等健康管理措施，依其年齡於一定期間所實施之健康檢查。
3. 特殊健康檢查：指對從事特別危害健康作業之勞工，為發現健康有無異常，以提供適當健康指導、適性配工及實施分級管理等健康管理措施，依其作業危害性，於一定期間所實施之健康檢查。
4. 中央主管機關指定為特定對象及特定項目之健康檢查：指對可能為罹患職業病之高風險群勞工，或基於疑似職業病及本土流行病學調查之需要，經中央主管機關指定公告，要求其雇主對特定勞工施行必要項目之臨時性健康檢查。

前項檢查應由中央主管機關會商中央衛生主管機關認可之醫療機構之醫師為之；檢查紀錄雇主應予保存，並負擔健康檢查費用；實施特殊健康檢查時，雇主應提供勞工作業內容及暴露情形等作業經歷資料予醫療機構。至於檢查之對象及其作業經歷、項目、期間、健康管理分級、檢查紀錄與保存期限及其他應遵行事項之規則，由中央主管機關定之。

醫療機構對於健康檢查之結果，應通報中央主管機關備查，以作為工作相關疾病預防之必要應用。但一般健康檢查結果之通報，以指定項目發現異常者為限。

本法規定勞工有接受健康檢查之義務，否則可以處三千元以下之罰鍰。

本法第二十一條規定，雇主依前條體格檢查發現應僱勞工不適於從事某種工作，不得僱用其從事該項工作。健康檢查發現勞工有異常情形者，應由醫護人員提供其健康指導；其經醫師健康評估結果，不能適應原有工作者，應參採醫師之建議，變更其作業場所、更換工作或縮短工作時間，並採取健康管理措施。

雇主應依前條檢查結果及個人健康注意事項，彙編成健康檢查手冊，發給勞工，並不得作為健康管理目的以外之用途。

本法第二十二條規定，事業單位勞工人數在五十人以上者，應僱用或特約醫護人員，辦理健康管理、職業病預防及健康促進等勞工健康保護事項。而「勞工健康保護規則」第七條明定：

雇主應使醫護人員臨廠服務辦理下列事項：

1. 勞工之健康教育、健康促進與衛生指導之策劃及實施。
2. 工作相關傷病之防治、健康諮詢與急救及緊急處置。
3. 協助雇主選配勞工從事適當之工作。
4. 勞工體格、健康檢查紀錄之分析、評估、管理與保存及健康管理。
5. 職業衛生之研究報告及傷害、疾病紀錄之保存。
6. 協助雇主與職業安全衛生人員實施工作相關疾病預防及工作環境之改善。
7. 其他經中央主管機關指定公告者。

同時第八條亦規定為辦理第七條第三款及第六款之業務，雇主應使醫護人員配合職業安全衛生及相關部門人員訪視現場，辦理下列事項：

1. 辨識與評估工作場所環境及作業之危害。
2. 提出作業環境安全衛生設施改善規劃之建議。
3. 調查勞工健康情形與作業之關連性，並對健康高風險勞工進行健康風險評估，採取必要之預防及健康促進措施。
4. 提供復工勞工之職能評估、職務再設計或調整之諮詢及建議。
5. 其他經中央主管機關指定公告者。

2.3 安全衛生管理

本法第二十三條第一項規定：雇主應依其事業單位之規模、性質，訂定職業安全衛生管理計畫；並設置安全衛生組織、人員，實施安全衛生管理及自動檢查。

一、職業安全衛生管理計畫

施行細則第三十一條明示所稱之職業安全衛生管理計畫，指事業單位為執行職業安全衛生事項，依其事業規模、性質所訂定之計畫，包括下列事項：

1. 工作環境或作業危害之辨識、評估及控制。
2. 機械、設備或器具之管理。
3. 危害性化學品之分類、標示、通識及管理。
4. 有害作業環境之採樣策略規劃及監測。
5. 危險性工作場所之製程或施工安全評估。
6. 採購管理、承攬管理及變更管理。
7. 安全衛生作業標準。
8. 定期檢查、重點檢查、作業檢點及現場巡視。
9. 安全衛生教育訓練。
10. 個人防護具之管理。
11. 健康檢查、管理及促進。
12. 安全衛生資訊之蒐集、分享及運用。
13. 緊急應變措施。
14. 職業災害、虛驚事故、影響身心健康事件之調查處理及統計分析。
15. 安全衛生管理紀錄及績效評估措施。
16. 其他安全衛生管理措施。

二、職業安全衛生組織

職業安全衛生組織分為職業安全衛生管理單位及職業安全衛生委員會。
本法施行細則第三十二條將職業安全衛生管理單位定義為「為事業單位內

擬訂、規劃、推動及督導職業安全衛生有關業務之組織」；而職業安全衛生委員會係指「為事業單位內審議、協調及建議職業安全衛生有關業務之組織」。

職業安全衛生管理單位依「職業安全衛生管理辦法」第二條之一規定：第一類事業之事業單位勞工人數在一百人以上者，應設直接隸屬雇主之專責一級管理單位；第二類事業勞工人數在三百人以上者，應設直接隸屬雇主之一級管理單位。該辦法所稱事業，依危害風險之不同區分如下：

第一類事業：具顯著風險者。

第二類事業：具中度風險者。

第三類事業：具低度風險者。

至於事業單位勞工人數未滿三十人者，其應置之職業安全衛生業務主管，得由事業經營負責人或其代理人擔任。

辦法第五條之一明示，職業安全衛生組織、人員、工作場所負責人及各級主管之職責如下：

1. 職業安全衛生管理單位：擬訂、規劃、督導及推動安全衛生管理事項，並指導有關部門實施。

2. 職業安全衛生委員會：對雇主擬訂之安全衛生政策提出建議，並審議、協調及建議安全衛生相關事項。

3. 未置有職業安全（衛生）管理師、職業安全衛生管理員事業單位之職業安全衛生業務主管：擬訂、規劃及推動安全衛生管理事項。

4. 置有職業安全（衛生）管理師、職業安全衛生管理員事業單位之職業安全衛生業務主管：主管及督導安全衛生管理事項。

5. 職業安全（衛生）管理師、職業安全衛生管理員：擬訂、規劃及推動安全衛生管理事項，並指導有關部門實施。

6. 工作場所負責人及各級主管：依職權指揮、監督所屬執行安全衛生管理事項，並協調及指導有關人員實施。

7. 一級單位之職業安全衛生人員：協助一級單位主管擬訂、規劃及推動所屬部門安全衛生管理事項，並指導有關人員實施。

辦法第六條特別明定，第一、二類事業設有總機構者，其全事業勞工人數在五百人以上者，而第三類事業勞工人數在三千人以上者，除各該地區事業單位之管理單位及管理人員外，應依規定另於總機構或其地區事業單位設置直接

隸屬雇主之專責一級管理單位及置管理人員，綜理全事業職業安全衛生事務。

職業安全衛生管理單位、職業安全衛生人員、工作場所負責人及各級主管辦理或執行上列事項，應留存紀錄備查。

至於職業安全衛生委員會之職責則為對雇主擬訂之安全衛生政策提出建議，並審議、協調、建議安全衛生相關事項。委員至少七人，除雇主為當然委員及第五款規定者外，由雇主視該事業單位之實際需要指定下列人員組成：

1. 職業安全衛生人員。
2. 事業內各部門之主管、監督、指揮人員。
3. 與職業安全衛生有關之工程技術人員。
4. 從事勞工健康服務之醫護人員。
5. 勞工代表。

委員任期為二年，並以雇主為主任委員，綜理會務。

委員會由主任委員指定一人為秘書，輔助其綜理會務。

第五款之勞工代表，應占委員人數三分之一以上；事業單位設有工會者，由工會推派之；無工會組織而有勞資會議者，由勞方代表推選之；無工會組織且無勞資會議者，由勞工共同推選之。

職業安全衛生委員會每三個月至少開會一次，委員會辦理下列事項，並應置備紀錄：

1. 對雇主擬訂之職業安全衛生政策提出建議。
2. 協調、建議職業安全衛生管理計畫。
3. 審議安全、衛生教育訓練實施計畫。
4. 審議作業環境監測計畫、監測結果及採行措施。
5. 審議健康管理、職業病預防及健康促進事項。
6. 審議各項安全衛生提案。
7. 審議事業單位自動檢查及安全衛生稽核事項。
8. 審議機械、設備或原料、材料危害之預防措施。
9. 審議職業災害調查報告。
10. 考核現場安全衛生管理績效。
11. 審議承攬業務安全衛生管理事項。
12. 其他有關職業安全衛生管理事項。

三、職業安全衛生管理人員

依本法施行細則第三十三條規定，安全衛生人員包括職業安全衛生業務主管、職業安全管理師、職業衛生管理師、職業安全衛生管理員。

辦法第三條規定事業之雇主應依**表** 2.1 之規模，置職業安全衛生業務主管及管理人員（以下簡稱管理人員）；第一類事業之事業單位勞工人數在一百人以上者，所置管理人員應為專職；第二類事業之事業單位勞工人數在三百人以上者，所置管理人員應至少一人為專職。而辦法亦要求事業所置專職管理人員，應常駐廠場執行業務，不得兼任其他法令所定專責（任）人員或從事其他與職業安全衛生無關之工作。

四、職業安全衛生管理措施

本法施行細則第三十四條規定，本法第二十三條第一項所定安全衛生管理，由雇主或對事業具管理權限之雇主代理人綜理，並由事業單位內各級主管依職權指揮、監督所屬人員執行。

上述職業安全衛生管理事項之執行，於第一類事業僱用勞工人數達三百人之事業單位，應符合辦法第十二條之二至第十二條之六之規定；於僱用勞工人數在一百人以上之事業單位，應另訂定職業安全衛生管理規章，要求各級主管及管理、指揮、監督有關人員執行；於僱用勞工人數在三十人以下之事業單位得以執行紀錄或文件代替職業安全衛生管理計畫。

五、自動檢查

本法第二十三條第一項明定，雇主應實施自動檢查。

依「職業安全衛生管理辦法」，自動檢查分機械之定期檢查；設備之定期檢查；機械、設備之重點檢查；機械、設備之作業檢點；作業檢點。

自動檢查，請詳本書下章。

六、職業安全衛生管理系統

本法第二十三條第二項規定，事業單位達一定規模以上或有第十五條第

表 2.1　各類事業之事業單位應置職業安全衛生人員表

事業		規模（勞工人數）	應置之管理人員
壹、第一類事業之事業單位（顯著風險事業）	營造業之事業單位	一、未滿三十人者	丙種職業安全衛生業務主管。
		二、三十人以上未滿一百人者	乙種職業安全衛生業務主管及職業安全衛生管理員各一人。
		三、一百人以上未滿三百人者	甲種職業安全衛生業務主管及職業安全衛生管理員各一人。
		四、三百人以上未滿五百人者	甲種職業安全衛生業務主管一人、職業安全（衛生）管理師一人及職業安全衛生管理員二人以上。
		五、五百人以上者	甲種職業安全衛生業務主管一人、職業安全（衛生）管理師及職業安全衛生管理員各二人以上。
	營造業以外之事業單位	一、未滿三十人者	丙種職業安全衛生業務主管。
		二、三十人以上未滿一百人者	乙種職業安全衛生業務主管。
		三、一百人以上未滿三百人者	甲種職業安全衛生業務主管及職業安全衛生管理員各一人。
		四、三百人以上未滿五百人者	甲種職業安全衛生業務主管一人、職業安全（衛生）管理師及職業安全衛生管理員各一人以上。
		五、五百人以上未滿一千人者	甲種職業安全衛生業務主管一人、職業安全（衛生）管理師一人及職業安全衛生管理員二人以上。
		六、一千人以上者	甲種職業安全衛生業務主管一人、職業安全（衛生）管理師及職業安全衛生管理員各二人以上。
貳、第二類事業之事業單位（中度風險事業）		一、未滿三十人者	丙種職業安全衛生業務主管。
		二、三十人以上未滿一百人者	乙種職業安全衛生業務主管。
		三、一百人以上未滿三百人者	甲種職業安全衛生業務主管。
		四、三百人以上未滿五百人者	甲種職業安全衛生業務主管及職業安全衛生管理員各一人。
		五、五百人以上者	甲種職業安全衛生業務主管、職業安全（衛生）管理師及職業安全衛生管理員各一人以上。
參、第三類事業之事業單位（低度風險事業）		一、未滿三十人者	丙種職業安全衛生業務主管。
		二、三十人以上未滿一百人者	乙種職業安全衛生業務主管。
		三、一百人以上未滿五百人者	甲種職業安全衛生業務主管。
		四、五百人以上者	甲種職業安全衛生業務主管及職業安全衛生管理員各一人。

附註：依上述規定置職業安全（衛生）管理師二人以上者，其中至少一人應為職業衛生管理師。但於中華民國一百零三年七月三日前，已置有職業安全衛生人員者，不在此限。

資料來源：「職業安全衛生管理辦法」附表二。

一項所定之工作場所者，應建置職業安全衛生管理系統。管理辦法第十二條之二明定，下列事業單位，應參照中央主管機關所定之職業安全衛生管理系統指引，建立適合該事業單位之職業安全衛生管理系統：

1. 第一類事業勞工人數在三百人以上者。
2. 有從事石油裂解之石化工業工作場所者。
3. 有從事製造、處置或使用危害性之化學品，數量達中央主管機關規定量以上之工作場所者。

管理系統應包括下列安全衛生事項：

1. 政策。
2. 組織設計。
3. 規劃與實施。
4. 評估。
5. 改善措施。

管理系統詳見本書第九章。

七、變更管理

辦法第十二條之三明定，第一類事業勞工人數在三百人以上之事業單位，於引進或修改製程、作業程序、材料及設備前，應評估其職業災害之風險，並採取適當之預防措施。

八、採購管理

管理辦法第十二條之四明定，第一類事業勞工人數在三百人以上之事業單位，關於機械、器具、設備、物料、原料及個人防護具等之採購、租賃，其契約內容應有符合法令及實際需要之職業安全衛生具體規範，並於驗收、使用前確認其符合規定。

前項事業單位將營繕工程之施工、規劃、設計及監造等交付承攬或委託者，其契約內容應有防止職業災害之具體規範，並列為履約要件。

九、承攬管理

本法第二十五條規定，事業單位以其事業招人承攬時，其承攬人就承攬部分負本法所定雇主之責任，原事業單位就職業災害補償仍應與承攬人負連帶責任。再承攬者亦同。原事業單位違反本法或有關安全衛生規定，致承攬人所僱勞工發生職業災害時，與承攬人負連帶賠償責任。再承攬者亦同。

有關承攬管理詳見本書第七章。

十、童工及女工之保護

「職業安全衛生法」將童工、女工保護事項分條文列述。而未滿十八歲童工禁止事項有十五款，包括坑內工作；處理爆炸性、易燃性等物質之工作；鉛、汞、鉻、砷、黃磷、氯氣、氰化氫、苯胺等有害物散布場所之工作；有害輻射或有害粉塵散布場所之工作；運轉中機器或動力傳導裝置危險部分之掃除、上油、檢查、修理或上卸皮帶、繩索等工作；超過二百二十伏特電力線之銜接；已熔礦物或礦渣之處理；鍋爐之燒火及操作，鑿岩機及其他有顯著振動之工作；一定重量以上之重物處理工作；起重機、人字臂起重桿之運轉工作；動力捲揚機、動力運搬機及索道之運轉工作；橡膠化合物及合成樹脂之滾輾工作，及其他經中央主管機關規定之危險性或有害性之工作。

未滿十八歲者從事上述禁止事項以外之工作，經本法第二十條或第二十二條之醫師評估結果，不能適應原有工作者，雇主應參採醫師之建議，變更其作業場所、更換工作或縮短工作時間，並採取健康管理措施。

另外本法第三十條對妊娠中之女工嚴格規定不得從事下列危險性及有害性工作：

1. 礦坑工作。
2. 鉛及其化合物散布場所之工作。
3. 異常氣壓之工作。
4. 處理或暴露於弓形蟲、德國麻疹等影響胎兒健康之工作。
5. 處理或暴露於二硫化碳、三氯乙烯、環氧乙烷、丙烯醯胺、次乙亞胺、砷及其化合物、汞及其無機化合物等經中央主管機關規定之危害性化學品之工作。

6. 鑿岩機及其他有顯著振動之工作。

7. 一定重量以上之重物處理工作。

8. 有害輻射散布場所之工作。

9. 已熔礦物或礦渣之處理工作。

10. 起重機、人字臂起重桿之運轉工作。

11. 動力捲揚機、動力運搬機及索道之運轉工作。

12. 橡膠化合物及合成樹脂之滾輾工作。

13. 處理或暴露於經中央主管機關規定具有致病或致死之微生物感染風險之工作。

14. 其他經中央主管機關規定之危險性或有害性之工作。

至於分娩後未滿一年之女性勞工則規定不得從事下列危險性或有害性工作：

1. 礦坑工作。

2. 鉛及其化合物散布場所之工作。

3. 鑿岩機及其他有顯著振動之工作。

4. 一定重量以上之重物處理工作。

5. 其他經中央主管機關規定之危險性或有害性之工作。

職安法有新的但書：本法第三十條第一項第五款至第十四款及第二項第三款至第五款所定之工作，雇主依第三十一條採取母性健康保護措施，經當事人書面同意者，不在此限。

本法第三十一條明定，中央主管機關指定之事業，雇主應對有母性健康危害之虞之工作，採取危害評估、控制及分級管理措施；對於妊娠中或分娩後未滿一年之女性勞工，應依醫師適性評估建議，採取工作調整或更換等健康保護措施，並留存紀錄。

前項勞工於保護期間，因工作條件、作業程序變更、當事人健康異常或有不適反應，經醫師評估確認不適原有工作者，雇主應依前項規定重新辦理之。

施行細則第三十九條就本法第三十一條第一項所稱有母性健康危害之虞之工作，指其從事可能影響胚胎發育、妊娠或哺乳期間之母體及幼兒健康之下列工作：

1. 工作暴露於具有依國家標準 CNS 15030 分類，屬生殖毒性物質、生殖細胞致突變性物質或其他對哺乳功能有不良影響之化學品者。
2. 勞工個人工作型態易造成妊娠或分娩後哺乳期間，產生健康危害影響之工作，包括勞工作業姿勢、人力提舉、搬運、推拉重物、輪班及工作負荷等工作型態，致產生健康危害影響者。
3. 其他經中央主管機關指定公告者。

十一、安全衛生教育與宣導

本法第三十二條明定，雇主對勞工應施以從事工作與預防災變所必要之安全衛生教育及訓練。而勞工有接受之義務，否則可以處三千元以下之罰鍰。至於教育訓練事項，則由中央主管機關定之。職業安全衛生教育訓練詳見本書第四章。

另外本法第三十三條規定，雇主應負責宣導本法及有關安全衛生之規定，使勞工周知。宣導方式，可以教育、公告、分發印刷品、集會報告、電子郵件、網際網路或其他足使勞工周知之方式進行。

有關教育訓練詳見本書第四章。

十二、工作守則

第三十四條規定，雇主應依本法及有關規定會同勞工代表訂定適合其需要之安全衛生工作守則，報經勞動檢查機構備查後，公告實施。

對於事業單位公告之工作守則，勞工應切實遵行，否則處三千元以下之罰鍰。

所謂勞工代表，事業單位設有工會，由工會推派之；無工會組織而有勞資會議者，由勞工者代表推選之；無工會組織且無勞資會議者，由勞工共同推選之。至於工作守則內容，在施行細則第四十一條有所說明，包括：

1. 事業之安全衛生管理及各級之權責。
2. 機械、設備或器具之維護與檢查。
3. 工作安全及衛生標準。
4. 教育及訓練。

5. 健康指導及管理措施。

6. 急救及搶救。

7. 防護設備之準備、維持及使用。

8. 事故通報及報告。

9. 其他有關安全衛生事項。

2.4 監督與檢查

一、主管機關權限

本法第四章為監督與檢查，重點在主管機關權限，主管機關及勞動檢查機構對職業安全衛生法令執法之權限，可分為下列數項：

1. 對事業單位勞動場所實施檢查。

2. 事業單位不合規定事項，告知違反法令之條款，通知限期改善。

3. 屆期未改善，或已發生職業災害，或有發生職業災害之虞時，通知部分或全部停工。

4. 事業單位發生死亡災害或重傷之災害，一接獲報告即實施檢查。

5. 為監督檢查之必要時，可要求雇主，或其代理人，勞工或其他相關人員，代行檢查機構或行檢查人員提出相關報告，紀錄，文件或說明。

6. 有緊急發生職業災害致勞工嚴重傷害或死亡之虞時，檢查機構得立即下令停工。

7. 接受勞工之申訴。

上述所稱重傷之災害，指造成罹災者肢體或器官嚴重受損，危及生命或造成其身體機能嚴重喪失，且須住院治療連續達二十四小時以上之災害者。

二、事業單位發生職災時應採取措施

事業單位發生職業災害，應即採取必要之急救，搶救等措施，並實施事故調查、分析及作成紀錄。

重要的是如有下列情形發生，應在八小時內報告勞動檢查機構：

1. 發生死亡災害。
2. 發生災害之罹災人數在三人以上。
3. 發生災害之罹災人數在一人以上,且需住院治療。
4. 其他經中央主管機關指定公告之災害。

有關第 2 點,所稱發生災害之罹災人數在三人以上者,係指於勞動場所同一災害發生工作者永久全失能、永久部分失能及暫時全失能之總人數達三人以上者。

有關第 3 點,所稱發生災害之罹災人數在一人以上,且需住院治療者,指於勞動場所發生工作者罹災在一人以上,且經醫療機構診斷需住院治療者。

有關第 4 點,在「勞動檢查法施行細則」第三十一條有明示,氨、氯、氟化氫、光氣、硫化氫、二氧化硫等化學物質之洩漏、發生一人以上罹災勞工需住院治療者。

此外,除必要之急救、搶救外,非經司法機構或勞動檢查機構許可,不得移動或破壞現場。所稱現場,指造成災害之機械、設備、器具、原料、材料等相關物件及其作業場所。

三、職業災害統計

經中央主管機關指定,僱用人數在五十人以上事業或僱用勞工人數未滿五十人之事業,經中央主管機關指定,並由勞動檢查機構函知者之製造業、營造業、水電燃氣業、礦業及土石採取業、運輸、倉儲、通信業、造林業和伐木業,應按月填載職業災害統計,報請勞動檢查機構備查。

2.5 罰則及附則

事業單位雇主違反本法,勞動檢查機構可視其情節分別予以通知限期改善,移送主管機關罰鍰或移送司法機關偵辦。

本法第四十條規定,違反第六條第一項或第十六條第一項之規定,致發生第三十七條第二項第一款之(死亡)災害者,處三年以下有期徒刑、拘役或科或併科新台幣三十萬元以下罰金。

本法第四十一條規定，有下列情形之一者，處一年以下有期徒刑、拘役或科或併科新台幣十八萬元以下罰金：

1. 違反第六條第一項或第十六條第一項之規定，致發生第三十七條第二項第二款之災害。

2. 違反第十八條第一項、第二十九條第一項、第三十條第一項、第二項或第三十七條第四項之規定。

3. 違反中央主管機關或勞動檢查機構依第三十六條第一項所發停工之通知。

本法第四十二條規定，違反第十五條第一項、第二項之規定，其危害性化學品洩漏或引起火災、爆炸致發生第三十七條第二項之職業災害者，處新台幣三十萬元以上三百萬元以下罰鍰；經通知限期改善，屆期未改善，並得按次處罰。

雇主依第十二條第四項規定通報之監測資料，經中央主管機關查核有虛偽不實者，處新台幣二十萬元以上一百萬元以下罰鍰。

本法第四十三條規定，有下列情形之一者，處新台幣三萬元以上三十萬元以下罰鍰：

1. 違反第十條第一項、第十一條第一項、第二十三條第二項之規定，經通知限期改善，屆期未改善。

2. 違反第六條第一項、第十二條第一項、第三項、第十四條第二項、第十六條第一項、第十九條第一項、第二十四條、第三十一條第一項、第二項或第三十七條第一項、第二項之規定；違反第六條第二項致發生職業病。

3. 違反第十五條第一項、第二項之規定，並得按次處罰。

4. 規避、妨礙或拒絕本法規定之檢查、調查、抽驗、市場查驗或查核。

本法第四十四條規定，未依第七條第三項規定登錄或違反第十條第二項之規定者，處新台幣三萬元以上十五萬元以下罰鍰；經通知限期改善，屆期未改善者，並得按次處罰。

違反第七條第一項、第八條第一項、第十三條第一項或第十四條第一項規定者，處新台幣二十萬元以上二百萬元以下罰鍰，並得限期停止輸入、產製、

製造或供應；屆期不停止者，並得按次處罰。

　　未依第七條第三項規定標示或違反第九條第一項之規定者，處新台幣三萬元以上三十萬元以下罰鍰，並得令限期回收或改正。

　　未依前項規定限期回收或改正者，處新台幣十萬元以上一百萬元以下罰鍰，並得按次處罰。

　　違反第七條第一項、第八條第一項、第九條第一項規定之產品，或第十四條第一項規定之化學品者，得沒入、銷燬或採取其他必要措施，其執行所需之費用，由行為人負擔。

　　本法第四十五條規定，有下列情形之一者，處新台幣三萬元以上十五萬元以下罰鍰：

1. 違反第六條第二項、第十二條第四項、第二十條第一項、第二項、第二十一條第一項、第二項、第二十二條第一項、第二十三條第一項、第三十二條第一項、第三十四條第一項或第三十八條之規定，經通知限期改善，屆期未改善。

2. 違反第十七條、第十八條第三項、第二十六條至第二十八條、第二十九條第三項、第三十三條或第三十九條第四項之規定。

3. 依第三十六條第一項之規定，應給付工資而不給付。

　　本法第四十七條對代檢機構違反規定時也加以處罰（罰鍰）；其情節重大者，中央主管機關並得予以暫停代行檢查職務或撤銷指定代行檢查職務之處分。

　　第四十八條，對驗證機構、監測機構、醫療機構、訓練單位、顧問服務機構等違反規定時也加以處罰（罰鍰），並得限期令其改正；屆期未改正或情節重大者，得撤銷或廢止其認可，或定期停止其業務之全部或一部。

　　附則增列獎助辦法輔導事業單位及有關團體辦理安衛人才之培育。

練習題

一、解釋名詞

1. 職業災害（83專技）

2. 勞工、雇主、工資（80專技、84專技）

3. 事業單位（80專技）

4. 就業場所、工作場所、作業場所（82專技，81高考，83檢覆）

5. 檢查機構、代行檢查機構（82專技）

6. 作業環境測定（83專技、84專技）

7. 危險物、有害物（80高考）

8. 危險性機械、危險性設備（82專技，81高考，80專技）

9. 特殊危險機械（83檢覆）

10. 蒸氣鍋爐（83檢覆）

11. 立即發生危險之虞者

12. 工作場所負責人

13. 體格檢查、健康檢查、特定項目健康檢查（82專技）

14. 健康檢查手冊（80專技）

15. 勞工安全衛生組織、勞工安全衛生委員會（82專技）

16. 職業安全衛生人員

17. 共同作業

18. 協議組織

19. 製造業（80專技）

20. 國防事業（80專技）

21. 勞工三權（84專技）

二、問答題

1. 我國職業安全衛生法令沿革情形？

2. 試比較中美英日四國制訂安全衛生法令目的異同。

3. 試述勞工安全衛生法規與其他相關之勞工安全衛生法之系統並列表以明其主要內容。（81專技）

4.勞工安全衛生法適用範圍包括哪些行業？（83台省升等）

5.舉出目前勞工安全衛生法應再擴大的事業五種，並說明其理由。（85高考）

6.事業單位依法應有哪些安全衛生設備？

7.事業單位對就業場所哪些事項應妥為規劃並採取必要之措施？

8.哪些機械器具應符合防護標準？

9.哪些作業場所應實施作業環境測定？（80高考）

10.試述勞工安全衛生法規規定對危險物、有害物應加標示，請說明危險物、有害物係指哪些物質？標示事項如何？（81專技，80專技）

11.請說明勞工安全衛生法規對危險物及有害物通識規定的內容及其意義。（82高考）

12.危險性機械設備之檢查項目有哪些？

13.請說明危險性機械及設備的法律定義，並說明其管理法規的主要架構及內容。（86高考）

14.請說明危險性機械及設備安全檢查規則的立法理念，及其主要規定內容為何？（86高考）

15.請說明勞工安全衛生法規對危險性之機械或設備檢查與機械、器具標準防護檢定制度的內容及其異同點。（82高考）

16.工作場所有發生立即危險之虞時應如何處理？

17.請說明立即危險的意義，並說明勞雇雙方在防止其危害的法律責任，及其權利、義務關係。（86高考）

18.說明我國勞工安全衛生法規對避免勞工立即發生危險的規定內容及其意義。（82高考）

19.職業安全衛生法規對哪些作業之工作時間與休息時間有所規範？

20.請說明體格檢查、定期健康檢查、特定項目之健康檢查的法令規定內容，並說明其與職業病預防及健康促進的關係。（82高考）

21.請說明實施勞工健康管理的意義及提出目前國內有何待改進之處。（83衛生專技）

22.職業安全衛生法規對交付承攬作業支援事業單位有何規定？

23.勞工安全衛生組織的型式有哪些？主要之不同點為何？（84衛生檢覆）

24.勞工安全衛生組織係事業單位依其性質達一定規模後，需設置之管理體制，一般含有二類機構。請分別列出名稱並說明其工作內容。（84專技）

25. 請說明營造承攬的安全衛生相關法律責任，並對其發生職業災害之預防提出具體作法。（86高考）

26. 共同作業時，原事業單位應採取哪些措施以防止職業災害？

27. 試述承攬關係中之職業災害補償責任？（81高考）

28. 請分別寫出原事業單位及承攬人於承攬工作中應當盡的法定安全衛生責任。（84衛生專技）

29. 試說女工、童工、妊娠工不得從事處理一定重量之作業，其限制如何？（80工礦高考）

30. 請說明女工不能從事之危險性或有害性工作及其立法意義為何？（83高考，81專技）

31. 童工及女工不能從事哪些與礦場有關之危險性或有害性作業？（84衛生專技）

32. 說明童、女工在從事作業安全上的工作應注意之限制措施。（85高考）

33. 勞工安全法規中，童工、女工之保護及立法淵源為何？（79高考）

34. 請說明勞工在知的權利及義務下，在現有勞工安全衛生法規中如何加以規範，並提出改進構想。（86高考）

35. 安全衛生工作守則應包括哪些事項？（80專技，81工礦高考）

36. 主管機關及檢查機構執行職業安全衛生法規之權限為何在？

37. 試述勞工檢查員之職權與責任？（81高考）

38. 事業單位發生哪些職業災害應於二十四小時內向檢查機構報告？（84衛生專技）

39. 哪些事業應按月填載職業災害統計，報請勞動檢查機構備查？

40. 請說明職業疾病的法律意義，及如何運用現有勞工安全衛生法規之規定，實施有效的職業病陳報及監控工作。（86高考）

41. 依職業安全衛生法，雇主違反哪些事項科予刑責？違反哪些事項於予以行政處罰？如何謀求救濟？

42. 雇主違反哪些安全衛生規定，致發生重大災害者，會科予刑責？

43. 雇主違反哪些安全衛生規定，且未發生重大災害，也會科予刑責？

44. 勞工安全衛生法規定勞工應遵守的義務有哪些？（81工礦高考）

45. 新舊勞工安全衛生法中，關於罰責部分，有何差異？（80工礦高考）

46. 請說明勞工安全衛生法對職業災和調查、統計、分析等的規定及其意義。

（83高考）

47.請說明80年新修正勞工安全衛生法的主要內容及將來應修正的重要方向。
（83高考）

48.請說明勞工安全衛生法對雇主及勞工的法律責任及其相關罰則。（83高考）

49.請說明勞工安全衛生法、勞動檢查法、及勞動機基準法相關安全衛生規定的
立法精神，並提出法律制定上之建言。（82高考）

50.請說明監督與檢查的意義及危險性工作場所審查暨檢查的立法精神。（84高
考）

51.安全管理人員在工廠裡扮演的角色包含哪些職責？（86高考，87高考三級）

52.請說明各級安全衛生主管應負的安全衛生責任及其理由。（86專技）

53.請說明勞工在安全衛生的法定責任有哪些，其理由及如何發揮其防災功能。
（86專技）

54.任何管理，首重「作計畫」之工作，請問：勞工安全衛生管理計畫之項目或
內容為何？請逐項列出。（84檢覆）

55.請就職業災害預防的原理，說明雇主在勞工安全衛生法與勞動基準法、勞工
保險條例、民法、刑法間的相關責任及其法理關係。（85專技）

56.現代安全管理的理念中認為安全管理經理在工廠中，不應當是實際對設備或
作業安全的負責人，而應是以協助、協調的角色出現，為什麼？他的工作包
含哪些類別？（85專技）

57.為保障童工健康，避免影響其未來成長發育，試述童工不得從事哪些危險性
或有害性工作？（87台省升8等）

58.請說明重體力勞動保護立法的用意，及其重要保護措施標準為何？（87高考
三級）

59.何謂高壓氣體？並說明灌裝作業安全法規之重要規定有哪些？（87高考三
級）

60.何謂高架作業？並從安全與衛生的考量觀點，說明防止高架作業危害設施的
內容及其相關性。（87高考三級）

61.請說明勞工安全衛生法就防止職業災害發生，雇主應在就業場所、工作場
所、作業場所應負之責任有何區分？並說明過失責任、連帶責任與雇主安全
衛生法定責任的關係為何？（87專技）

62.請說明職業疾病之鑑定、管理及補償的相關法規規定有哪些？（87專技）

63. 試說明此配對名詞，並比較其差異性：勞工安全衛生委員會、勞工安全衛生管理單位。（88專技）

64. 請就民法、刑法之過失、與有過失（contributory negligence）與勞工安全衛生法之無過失主義，說明雇主、現場作業主管及作業工人之法律責任關係。（89高考三級）

65. 請就民法之僱傭關係、承攬關係與勞動契約關係，說明勞工安全衛生法如何運用勞動保護的理念，規範原事業單位與承攬人間的職業災害防止責任，並敘明其理由。（89高考三級）

66. 大專院校之實驗室、試驗室、實習工廠或試驗工廠適用勞工安全衛生法後，如何就勞動契約的內容確認雇主與勞工的定義，並釐清雇主及現場安全衛生監督人員在勞工安全衛生法及民法、刑法的可能責任及其範圍。（89專技）

67. 事業單位設置醫療衛生單位的法令規定為何？其與一般醫療事業服務機構的功能有何異同點？（89專技）

68. 請指出並說明勞動檢查法相關規定中，在哪些情形下勞動檢查機構得以書面通知事業單位部分或全部停工？其所稱重大職業災害者係指何種災害？（90高考三級）

69. 機械器具租賃者與其提供者之管理責任，在現行勞工安全衛生法規中，就防災責任方面有哪些規範及其理由為何？（91專技高考）

70. 為辦理勞工體格及健康檢查，指定醫療機構之資格，依健康檢查的種類不同有何資格條件之差異性？（91專技高考，工礦衛生技師）

71. 對於一工廠約為100人之中小型企業，其安全組織型式如何設計？（91專技高考）

72. 請說明局限空間（Confined Space）可能產生之危害種類及相關預防法規內容，並提出可能的立法改進架構。（91高考，工礦衛生技師）

73. 請以過勞致傷病為例，說明職業疾病的認定，在勞工安全衛生法與勞工保險條例的規定為何？並說明其法定責任的差異性。（91專技高考，工礦衛生技師，工業安全技師勞工安全衛生法規）

74. 請說明勞工安全衛生法的適用範圍如何界定？並說明與勞動基準法的規定有何不同？（91專技，工業安全技師）

75. 請說明立即危險的分類及意義，並說明相關人員之權利義務關係及法律責任為何？（91專技，工業安全技師）

76. 現行勞工安全衛生法規對電腦終端機操作工作可能產生之健康危害有何重要規定內容？請說明其標準訂定之精神為何？（91專技，工業安全技師）

77. 高度兩公尺以上之工作場所，應依哪些規定訂定墜落防止計畫及設施？（94專技，工業安全工程）

78. 請說明機械型式檢定與危險性機械或設備製造人實施品管及品保措施的法令要求有何異同點？（94專技，安衛法規）

79. 請以行政程序及實體的法律觀念說明勞工安全衛生法與勞動檢查法之關係。（94專技，安衛法規）

80. 請依照職業衛生原理說明職場中可以運用的健康檢查（medical examinations）的種類名稱、定義和意義，其中哪些種類的健康檢查在國內職場中較常被運用？（94專技，工業衛生概論）

81. 試說明高架作業之災害預防對策。（94專技，衛生技師工業安全概論）

82. 一180人規模的醫院（指僱用勞工人數），依法令最低要求規定，勞工安全衛生管理單位和勞工安全衛生管理人員應如何設置？（94專技，衛生技師安衛法規）

83. 何謂體格檢查？依94年修訂的「勞工健康保護規則」規定，雇主對在職勞工實施一般健康檢查的頻率為何？健康檢查的紀錄應保存多久？（94專技，衛生技師安衛法規）

84. 勞工安全衛生組織所指為何？（94專技，衛生技師衛生管理實務）

85. 安全衛生管理人員應如何利用事業單位例行的健康檢查結果，作為健康管理與職業病防治工作的參考？（94專技，衛生技師衛生管理實務）

86. 請依勞工安全衛生法的規定，說明雇主應對高溫作業場所勞工，應給予適當休息的高溫作業場所之規定，請回答下列問題：
(1)請定義何謂「高溫作業」。
(2)說明環境溫度的評估方式。
(3)高溫作業場所勞工之工作時間分配規定？（96高考，工業安全）

87. 請列出特別危害健康之作業的種類，並說明針對此類作業勞工之各項檢查事項、健康管理、資料保存及依檢查結果對勞工應採取的措施內容。（96高考，工業安全）

88. 請分別以「法律解釋」及「行政解釋」說明職業災害的定義。（96專技，安衛法規）

89.工作場所有「立即發生危險之虞時」及「發生職業災害」，雇主應分別採取哪些措施？（96專技，安衛法規）

90.勞工安全衛生法施行細則與勞工安全衛生組織管理及自動檢查辦法對於勞工安全衛生管理之分工有哪些規定？請就雇主、主管人員及勞工安全衛生人員加以說明。（96專技，安衛法規）

91.勞工安全衛生法與勞動基準法對於保護童工及女工之規定有何主要差異？請概述其內容。（96專技，安衛法規）

92.請說明構成安全衛生工作守則之實質要件及形式要件。（96專技，安衛法規）

93.為使組織能正常運作，管理人員會被賦予一些職權（Authority），請說明：
    (1)何謂直線職權（Line Authority）？
    (2)何謂幕僚職權（Staff Authority）？
    (3)何謂功能職權（Functional Authority）？（96專技，工業安全工程）

94.依我國法令規定，請列舉說明何謂「重體力勞動作業」，並說明雇主為保護勞工從事重體力勞動作業時，應執行的事項內容。（96專技，衛生技師安衛法規）

95.某工廠時常發生有毒原料氣體外洩之職災事件，請擬訂此工廠之職業災害防止計畫。（96專技，衛生技師衛生管理實務）

96.請回答下列問題：
    (1)與勞工安全衛生相關的組織及人員，主要有哪些？
    (2)其職責明定在哪個法規裡？
    (3)其職責有哪些？（99高考三級，工業安全管理）

97.依據「高架作業勞工保護措施標準」，何謂高架作業？又，勞工若有哪些情事，雇主不得使其從事高架作業？（99高考三級，工業安全衛生法規）

98.依據「高溫作業勞工作息時間標準」，何謂輕工作？何謂中度工作？何謂重工作？又，綜合溫度熱指數應如何計算？（99高考三級，工業安全衛生法規）

99.依據「勞動檢查法第二十八條所定勞工有立即發生危險之虞認定標準」，有立即發生危險之虞之類型，包括哪些？又，依據「勞工安全衛生法」，當發生哪些職業災害時，雇主應於二十四小時內報告檢查機構？（99高考三級，工業安全衛生法規）

100.依據「勞工安全衛生法」，何謂職業災害？又，應減少勞工工作時間，並予以適當休息的作業包括哪些？（99高考三級，工業安全衛生法規）

101.依據「縣（市）政府勞工行政主管機關勞工安全衛生業務單位（人員）設置要點」，地方主管機關勞工安全衛生業務包括哪些事項範圍？（100高考三級，工業安全衛生法規）

102.請說明台灣勞工健康檢查制度的立法沿革、法源依據與執行現況。（100高考三級，工業安全衛生法規）

103.請依據「勞工健康保護規則」之規定，說明以下問題：

(1)醫護人員臨廠服務應辦理之事項。

(2)應進行現場訪視之業務種類、應會同人員種類與現場訪視時應辦理之事項。(100高考三級，工業安全衛生法規）

104.請依「勞工安全衛生設施規則」之規定，說明下列問題：

(1)雇主對於醫療保健服務業工作場所有生物病原體危害之虞者，應採取之感染預防措施。

(2)雇主對於作業中遭生物病原體汙染之針具或尖銳物品扎傷之勞工應採取之措施。（100高考三級，工業安全衛生法規）

105.某事業單位為僱用勞工總人數三百五十人之化學材料製造業，若其雇主因有下列的情況，經勞動檢查機構檢查發現認定違反勞工安全衛生法規定進行行政罰鍰：

(1)設置不符中央主管機關所定防護標準之動力堆高機供勞工使用。

(2)吊升荷重為3.5公噸的固定式起重機未經檢查機構進行定期檢查。

(3)甲苯作業場所未定期實施作業環境測定。

請依「違反勞工安全衛生法及勞動檢查法罰鍰案件處理要點」之規定，列出依此事業單位之規模大小、性質、違反次數及可能發生的情況，說明其違反的法令條文、處罰依據條文及各種裁罰原則之規定。（100高考三級，工業安全衛生法規）

106.請依據「童工女工禁止從事危險性或有害性工作認定標準」所訂「童工禁止從事危險性或有害性工作認定表」中之內容，寫出有關有害物及粉塵散布場所之種類名稱與規定值之資料。（100高考三級，工業安全衛生法規）

107.請從汙染源、傳輸途徑、工作者三方面，分別說明作業場所有害物防制的措施有哪些？（101高考三級，工業衛生概論）

108. 現代的職業衛生已經從過去的降低職災，轉向「職場健康促進」的目標。試從現今職業病類型轉變的角度說明「職場健康促進」的重要性以及職場健康促進計畫的主要內容。（101高考三級，工業衛生概論）

109. 機械、設備、器具等如未事先於設計時即考量其安全，則因其潛在之危害，極可能導致末端作業者在操作或使用該等機械、器具、設備等，產生難以避免之災害。為避免上述情形發生，安全工程師在設計階段應採取哪些步驟及方法與策略來降低風險？（提示：可以歐盟或ISO標準為例）（101高考三級，安全工程）

110. 請說明全球產品策略（Global Product Strategy, GPS）是配合聯合國的什麼管理策略？由哪個單位所建立？又請詳述GPS欲達成之目標。（101高考三級，工業安全管理）

111. (1)請詳述化學品風險評估的概念；(2)請依危害特徵描述（Hazard Characterization）、暴露評估（Exposure Assessment）、風險特徵描述（Risk Characterization）說明風險評估的內容。（101高考三級，工業安全管理）

112. 請由勞動規範與檢查的面向，評析目前的職業安全衛生制度。（102高考三級，工業安全衛生法規）

113. 依據勞工健康保護規則，雇主使勞工從事特別危害健康作業時，應建立健康管理資料，並實施分級健康管理，(1)請說明進行健康管理分級之依據，（2）並說明在第二級至第四級管理時醫師及雇主應有之作為。（102高考三級，工業衛生概論）

114. 立法院在102年6月三讀通過勞工安全衛生法修正案，更名為「職業安全衛生法」，其主要修正重點為何？（102高考三級，工業安全管理）

115. 依「職業安全衛生法」之規定，請說明雇主應不得使18歲以下人員從事之工作種類？（103高考三級，工業安全衛生法規）

116. 依據「公共危險物品及可燃性高壓氣體設置標準暨安全管理辦法」之規定，請列舉公共危險物品之分類，並說明保安監督人的設置、訓練與職掌。（103高考三級，工業安全衛生法規）

117. 某公司是一家設有兩個工廠的事業單位，其中一個工廠設於潭子加工出口區內，另一個工廠設於豐原區，該公司的總管理單位設於豐原區的工廠內。該工廠未設有工會組織，依法令的規定及該公司的實際情形，請說明該公司應

訂定工作守則內容、勞工代表產生的方式及應報備至哪個勞動檢查機構。
（103高考三級，工業安全衛生法規）

118.請依據「勞工健康保護規則」之規定，說明對特別危害健康作業之特殊檢查的對象、時機、週期、紀錄保存期限與檢查後應採取措施。（103高考三級，工業安全衛生法規）

119.依民國102年7月3日公布之「職業安全衛生法」立法要旨，職業安全衛生專業工作所要保護之「工作者」、「勞工」及「職業災害」之具體內容為何？（103高考三級，工業衛生概論）

120.新修訂的「職業安全衛生法」第五條第二項、第七條以及第八條被認為符合國際勞工組織（ILO）在1963年發布的118號建議（Recommendation）案以及119號公約（Convention）對機械安全源頭管制之規定。依此新法，安全工程師在機械設計階段被要求的風險評估應以哪些狀況為範圍？又，若依ISO標準，機械的「本質安全」該如何定義？並舉一具體實例說明之。
（103高考三級，安全工程）

121.依據「職業安全衛生法」，說明衝剪機械安全裝置的種類與機能。（103高考三級，機電防護與防火防爆）

CHAPTER 3

自動檢查

🔨 3.1 自動檢查之重要性

　　民國 103 年 7 月 31 日深夜，高雄市前鎮發生嚴重的地下管線洩漏事故，雖在晚上八點多就有民眾通報消防局，消防局也立即派出二十四部消防車到場噴灑水霧，但其間由於不知洩漏點及洩漏物，而且元凶某公司未警覺其管線壓力在晚上 8:43 就異常、有洩漏，而竟於晚上 10 時要求供料源頭輸送丙烯入廠，於是幾十噸丙烯就從高雄市前鎮的涵洞內 4 吋管線破洞外洩，丙烯沿著地下汙水道亂竄，相繼在二聖、凱旋路口等幾個地點引爆，造成 32 人死亡、340 人受傷慘劇，成為國內外關注的焦點！事後檢警勘驗現場，發現事故發生之主要原因是由於地下管線鏽蝕，加上操作人員警覺心不足所引起。本案不安全之設備及行為，一般可藉良好的設備檢查制度與監測系統而及早發現，以避免災難發生！

　　工作場所發生類似的重大工安事故或職業災害，其原因不外乎不安全設備、環境及不安全行為所致。故防止職業災害之道無他，唯事前將不安全之設備、環境與行為設法消除而已矣！而如要事先發現不安全因素，則事業單位的自動檢查就非常重要！

　　那麼何謂自動檢查呢？自動檢查有兩個意義：

　　第一，自動檢查為事業單位自行診斷安全衛生的檢查。事業單位工作場所情況時有變化，檢查機構的監督檢查或其他外力均無法適時實施適合事業單位各種需求的安全衛生檢查，況且事業單位對於本身使用之機械設備、原物料、與作業環境等最為瞭解，有關生產流程是否安全，勞工作業是否正確等，唯有事業自身自動自發去對工作場所環境、設備與勞工作業行為加以檢查最為適合，所以自動檢查是事業單位自行診斷安全衛生的檢查。

　　第二，自動檢查為以事前防範為主的檢查。冰凍三尺，非一日之寒，災害之發生亦是一樣，早即有危害的因素存在，若能事先檢查發現並加以改善、防止，當可使災害消弭於無形，故自動檢查是事前防範為主的檢查。

　　自動檢查之目的，乃在防止職業災害發生，保障勞工安全與健康，此外，它具有下列幾個功效：

一、顯示雇主對勞工安全及健康的關心

企業文化以安全為最重要，它是一種道德、良心及社會責任。因為任何人都不希望自己寶貴的身心因不安全之環境、設備而受到傷害，所以事業單位應實施自動檢查來改善不安全之環境、設備。而唯有雇主全力支持改善工作環境，提供防止職業災害之經費與強化安全衛生工作才有可能消弭災害於未然。所以實施自動檢查，才能顯示雇主對勞工安全及健康的關心。

二、落實勞工參與安全衛生工作

安全衛生工作之落實，一定要有勞工參與，而自動檢查工作，可以使勞工由本身工作有關的事務關心起，積極透過檢點、檢查方式而關心自己之安全與健康。而這種基層勞工在作業現場參與安全衛生工作，才能使安全衛生現場化！

三、改進安全管理系統上的缺失

藉由自動檢查工作可以檢討安全衛生計畫是否完善、教育訓練是否有效、安全衛生管理是否周全。不斷地加以檢討改進，才可以使安全管理制度臻於完善。

四、建立完整之安全衛生作業標準

自動檢查工作實施，可以檢討作業流程是否周全、作業行為是否正確。不斷地改善勞工的工作方法及作業流程，而建立更完善且正確的安全衛生作業標準！

五、建立完美的預防保養及機械完整性制度

實施自動檢查，事先發現潛在的風險，而加以控制，以防範事故發生，也是預防保養工作的重點，因此不斷地檢查、檢討，可以建立更完美的預防保養及機械完整性（Mechanical Integrity, MI）制度。

📐 3.2 自動檢查範圍

事業單位為防止職業災害之發生，自動檢查範圍自應包括工作場所之所有機械、設備、作業環境及作業，其檢查方式及檢查時機則應視其危害性分別訂定。

「職業安全衛生法」第二十三條第一項規定雇主應依其事業單位之規模、性質，實施自動檢查。而施行細則第三十一條明定職業安全衛生管理計畫，包含有第八項：定期檢查、重點檢查、作業檢點及現場巡視等自動檢查項目。

自動檢查範圍及內容、實施之方式、項目及週期等，詳見「職業安全衛生管理辦法」第十三條至第七十八條。該辦法第七十九條明定雇主依第十三條至第六十三條規定實施之自動檢查，應訂定自動檢查計畫。法令規定之自動檢查事項均屬較易發生危害者，故要有任一項未確實辦理，檢查機構均可強制要求改善或予以罰鍰。

📐 3.3 自動檢查責任歸屬

事業單位之主管人員常有一錯誤觀念，以為法令明確規定雇主應訂自動檢查計畫實施自動檢查，所以自動檢查責任屬於雇主。當然就立法精神而言，這種觀念也不錯，但是這犯了只知其一，不知其二的毛病。其實，自動檢查之責任應分屬於雇主、職業安全衛生人員、各級主管及工作人員。茲分別說明之：

一、工作場所負責人及各級主管人員

「職業安全衛生法施行細則」第三十四條明示事業單位之職業安全衛生管理由雇主或對事業具管理權限之雇主代理人綜理，並由事業單位內各級主管依職權指揮、監督所屬人員執行。由此可知各級主管人員應負執行職業安全衛生管理事項的責任。「職業安全衛生管理辦法」第十二條之一第二項規定，雇主應依其事業單位之規模、性質，訂定職業安全衛生管理計畫，要求各級主管及負責指揮、監督之有關人員執行；勞工人數在一百人以上之事業單位，應另訂定職業安全衛生管理規章。第一項職業安全衛生管理事項之執行，應作成紀錄，並保存三年。

　　因此事業單位各級主管及管理、指揮、監督有關人員應依辦法要求，確實執行該條第一項有關之勞工安全衛生計畫，其中第八款即為：定期檢查、重點檢查、作業檢點。另外依辦法第五條之一規定，工作場所負責人及各級主管人員，確實依職權指揮、監督所屬執行安全衛生管理事項，並協調及指導有關人員實施。自動檢查為管理事項之一。

二、安全衛生管理人員

　　「職業安全衛生管理辦法」第五條之一明定，職業安全衛生組織、人員之職責如下：

1. 職業安全衛生管理單位：擬訂、規劃、督導及推動安全衛生管理事項，並指導有關部門實施。
2. 職業安全衛生委員會：對雇主擬訂之安全衛生政策提出建議，並審議、協調及建議安全衛生相關事項。
3. 未置有職業安全（衛生）管理師、職業安全衛生管理員事業單位之職業安全衛生業務主管：擬訂、規劃及推動安全衛生管理事項。
4. 置有職業安全（衛生）管理師、職業安全衛生管理員事業單位之職業安全衛生業務主管：主管及督導安全衛生管理事項。
5. 職業安全（衛生）管理師、職業安全衛生管理員：擬訂、規劃及推動安全衛生管理事項，並指導有關部門實施。
6. 一級單位之職業安全衛生人員：協助一級單位主管擬訂、規劃及推動所屬部門安全衛生管理事項，並指導有關人員實施。

　　也就是說，安全衛生人員應協助各單位擬訂、規劃及推動安全衛生管理計畫，並指導有關人員實施。自動檢查為管理事項之一。

三、工作人員

　　至於作業勞工，依「職業安全衛生管理辦法」第四章自動檢查之第五節作業檢點，由第六十四條至七十七條，均規定作業時應使該作業勞工就作業有關事項實施檢點。因此勞工亦應負檢點之責任。

另外，該辦法第四章自動檢查中，機械、設備之檢查工作，多為專業之主管或工作人員才能勝任，雇主有依法指派適任人員負責檢查之權，主管人員更有依法分層負責指派人員負責檢查之責。此點在辦法第八十三條有明確之規定。被指派之專業勞工自應依法令規定執行自動檢查的責任。

四、雇主

雇主所應負自動檢查之責任，在上述各節中已有所敘述，今再歸納如下：

(一)實施適法性檢查

雇主有守法的義務，自動檢查首要工作為評估檢查工作場所之設備、環境及作業是否均符合職業安全衛生法令規章之標準，並依法檢查。

(二)負責訂定自動檢查計畫，實施自動檢查

「職業安全衛生法」第二十三條第一項規定，雇主應依其事業單位之規模、性質，訂定職業安全衛生管理計畫；並設置安全衛生組織、人員，實施安全衛生管理及自動檢查。

「職業安全衛生管理辦法」第七十九條亦明定，雇主應訂定自動檢查計畫，以實施該辦法第四章第十三條至六十三條之自動檢查。

(三)負責訂定工作守則，規範各級人員自動檢查權責

依本法第三十四條，雇主應訂定適合需要之安全衛生工作守則，而守則之內容，依施行細則第四十一條，與自動檢查有關的為下列兩款：

1. 事業之安全衛生管理及各級之權責。
2. 機械、設備或器具之維護與檢查。

(四)應指定適當人員執行自動檢查工作

依「職業安全衛生管理辦法」第八十三條規定，雇主依該辦法第十三條至第七十七條規定之自動檢查，除了其他法令另有規定者外，應指定具專業知能或操作資格之適當人員為之，負責自動檢查工作。

(五)應負責自動檢查事項紀錄

依「職業安全衛生管理辦法」第八十條規定，雇主依第十三條至第四十九條所實施之定期檢查、重點檢查，應就下列事項紀錄並保存三年。

1. 檢查年月日。
2. 檢查方法。
3. 檢查部分。
4. 檢查結果。
5. 實施檢查者之姓名。
6. 依檢查結果應採取改善措施之內容。

所以雇主應在事業單位的自動檢查規章中將記錄事項明列，並指定具專業知能或操作資格之適當人員負責檢查及記錄。

(六)於檢查結果有異常時，負責採取必要措施

依「職業安全衛生管理辦法」第八十一條第一項規定，勞工、主管人員及職業安全衛生管理人員實施檢查、檢點時，發現對勞工有危害之虞，應即報告上級主管。第二項也規定實施自動檢查於發現有異常時，雇主應立即檢修及採取必要措施。

3.4 自動檢查的分類

自動檢查的分類有好幾種方式，有以性質分，有以時間分，不過較佳分類方式可分為：適法性檢查、巡視、定期檢查、重點檢查、作業檢點及作業環境測定。上述自動檢查依規定應由職業安全衛生管理人員、各級主管負規劃、監督及執行之責。

一、適法性檢查

機械設備或環境安全衛生是否合於法令規定，應事先檢查評估改善後才可作業。

二、巡視

巡視有定期與不定期的方式，針對工作場所的一部分或全部作一般性檢查，看看作業環境、設備及工作人員之行為、動作是否合乎安全衛生的要求，如有不符規定的應立即加以糾正或要求立即改善。巡視結果可記載於安全衛生日誌上，並按日陳閱。

三、定期檢查

即對工作場所之機械、車輛、設備，依辦法第十三條至第四十四條之一規定之頻率、週期來實施檢查工作。目前法令規定檢查週期有每週、每月、每三個月、每六個月、每年、每二年或每三年等七種。

四、重點檢查

係對某些特殊機械設備，在初次使用前，或開始使用、拆卸、改裝、修理時，或予分解後加以改造、修理或停用一個月以上擬予再用時，均應實施重點式檢查。如第二種壓力容器，局部排氣、除塵裝置、異常氣壓之輸氣設備等，依管理辦法第四十五條至第四十九條規定應實施重點檢查。

五、作業檢點

依辦法第五十條至第七十七條規定，針對車輛機械、高空工作車、捲揚裝置、固定式起重機、移動式起重機、人字臂起重桿、營建用提升機、吊籠、簡易提升機、吊掛用鋼索、吊鏈、纖維索、吊鉤、吊索、鏈環等用具、衝剪機械、工業用機器人、高壓氣體製造及消費設備，與營建工程施工架設備、施工構台、支撐架設備、露天開挖擋土支撐設備、隧道或坑道開挖支撐設備、沉箱、圍堰及壓氣施工設備、打樁設備等，應於每日作業前及使用終了後，檢點該設備有無異常或變形。另勞工從事危險性設備作業、高壓氣體作業、工業用機器人之教導及操作作業、營造作業、缺氧危險或局限空間作業、有害物作業、異常氣壓作業、金屬之熔接、熔斷或加熱作業、危害性化學品之製造、處置及使用作業、林場作業、船舶清艙解體作業、碼頭裝卸作業、作業中之纖維

纜索、乾燥室、防護用具、電氣機械器具及自設道路等，雇主應使勞工就其作業有關事項實施檢點。

有關定期檢查、重點檢查及作業檢點之自動檢查週期一覽表請參考**表** 3.1。

六、作業環境測定

係對作業環境之安全衛生條件是否符合法規做測定。政府於民國 81 年 2 月 14 日公布「勞工作業環境測定實施辦法」，並於民國 103 年 7 月 3 日修訂為「勞工作業環境監測實施辦法」，對於各種需實施作業環境測定之場所，需測定之週期有詳細規定。

3.5 自動檢查的依據

事業單位推行自動檢查，不論消極上是為了避免違法而受罰，或積極上是為了掌握潛在危害，而加以有效管制，基本上均需配合法令及有關標準來實施，因此自動檢查所依據的有下列幾項：

一、職業安全衛生法規

「職業安全衛生管理辦法」，對實施自動檢查之組織、人員、管理、防災措施與執行等均有原則性規定。

其實，「職業安全衛生法」、「職業安全衛生法施行細則」及其許多子法，均為事業單位推行自動檢查之依據。

二、相關標準

一般而言，法規針對各種機具作業有詳細之規定，所以在實施自動檢查時，即需參考有關標準來辦理。例如：

1. 基準：如高壓氣體安全規則之相關基準。
2. 中國國家標準：如壓力容器參考中國國家標準 CNS9788 ～ 9803。
3. 外國標準：如美國 NFC、NEC、ANSI、ASME、API，日本 JIS 等標

表 3.1　安全衛生自動檢查週期一覽表

檢查項目	重點檢查	整體檢查		定期檢查						作業檢點
		三年	一年	二年	一年	半年	三個月	每月	每週	
電器機車等		V（13）			V（13）			V（13）		
一般車輛							V（14）			
車輛頂高機							V（15）			
高空工作車					V（15之一）			V（15之二）		V（50之一）
車輛系營建機械			V（16）					V（16）		V（58）
堆高機			V（17）					V（17）		
動力驅動離心機械					V（18）					
固定式起重機			V（19）					V（19）		V（52、58）
移動式起重機			V（20）					V（20）		V（53、58）
人字臂起重桿			V（21）					V（21）		V（54、58）
升降機			V（22）					V（22）		V（58）
營建用提升機								V（23）		V（55、58）
吊籠								V（24）		V（56、58）
簡易提升機					V（25）			V（25）		V（57、58）
動力驅動衝剪機械					V（26）					V（59）
乾燥設備及附屬設備					V（27）					V（72）
乙炔熔接裝置					V（28）					V（71）
氣體集合熔接裝置					V（29）					V（71）
高壓電氣設備					V（30）					
低壓電器設備					V（31）					
鍋爐								V（32）		V（39）
高壓氣體特定設備、高壓氣體容器、一壓								V（33）		V（59）
小型鍋爐					V（34）					
第二種壓力容器	V（45）				V（35）					
小型壓力容器					V（36）					
高壓氣體儲槽沉陷（>100m³）					V（37）					
特化設備及附屬設備	V（49）			V（38）						
化學設備及附屬設備				V（39）						
局部排氣、空氣清淨、換氣裝置					V（40）					
局部排氣清淨裝置					V（41）					
異常氣壓	V（48）							V（42）		V（70）

（續）表 3.1　安全衛生自動檢查週期一覽表

檢查項目		重點檢查	整體檢查		定期檢查						作業檢點
			三年	一年	二年	一年	半年	三個月	每月	每週	
營建工程施工架、施工構台										V（43）	
營建工程模板支撐架										V（44）	
捲揚裝置使用、拆卸、改裝及修理		V（46）									V（51）
局部排氣、除塵裝置使用、拆卸、改裝及修理		V（47）									
車輛機械											V（50）
起重吊掛用具											V（54）
工業用機器人	作業前										V（60）
	教導操作										V（66）
高壓氣體製造設備											V（61）
高壓氣體消費設備											V（62）
營建工程各設備											V（63）
危險設備作業											V（64）
高壓氣體作業											V（65）
營造作業各設備											V（67）
缺氧危險作業											V（68）
有害物質作業											V（69）
異常氣壓作業											V（70）
金屬之熔接、熔斷或加熱作業											V（71）
危害物製造、處置、作業											V（72）
林場作業											V（73）
船舶清倉解體作業											V（74）
碼頭裝卸作業											V（75）
纖維纜索											V（77）
乾燥室											V（77）
防護用具											V（77）
電器機械器具											V（77）
自設道路											V（77）

準，均可參考，惟不能牴觸我國法令。

4. 設計規範：製程及操作規範在自動檢查時亦可據以參考。

5. 安全作業標準：針對作業場所訂定之安全作業標準，有安全之考量，故可為參考。

三、學理

各種學理，若不與現行法令牴觸，自得為自動檢查依據。如設廠、擴建、改建工作場所或設備，運用風險評估方法，可對全廠作安全衛生整體性評估，均是以學理為依據之自動檢查。

四、安全衛生經驗

上述法令規定、標準、學理，可能無法全部包含自動檢查之需要，因此，安全衛生經驗是不可或缺的依據。

3.6 自動檢查的管理

「職業安全衛生管理辦法」第四章第六節為自動檢查紀錄及必要措施，重要者分述如下：

1. 訂定自動檢查計畫：事業單位應訂定自動檢查計畫，並依計畫實施自動檢查工作。

2. 記錄：對於定期檢查及重點檢查均應記錄，並保存三年。

3. 報告：主管人員及安全衛生管理人員在實施檢點與檢查中，如發現對勞工有危害之虞時，應即報告上級主管。

4. 採必要措施：雇主在規定實施之自動檢查中，發現有異常時，應立即檢修或採必要之措施。

3.7 自動檢查計畫

一般而言，事業單位均會在年度開始一、二個月前擬妥年度自動檢查計畫，按月編排工作計畫陳核後，據以實施。

至於自動檢查計畫，乃就機械車輛定期檢查，設備定期檢查，機械設備重點檢查，機械設備之作業檢點及相關作業之檢點，均應訂定自動檢查計畫。而自動檢查計畫訂定方式，在法令中雖無明文規定，但一般可就法令規定應實施自動檢查之對象，檢查種類，檢查週期，負責檢查單位人員，預定進度，需動支經費等列入計畫內。

事業單位自動檢查計畫應由負責檢查之部門訂定，並可由安全衛生管理單位人員彙整成全公司之自動檢查計畫。內容分為下列各項：(1) 檢查對象；(2) 檢查項目；(3) 檢查數量；(4) 檢查處所；(5) 檢查週期；(6) 實施單位／人員；(7) 檢查方法；(8) 檢查程序；(9) 預定工作進度；(10) 備註：如檢查期間之安全對策、動支經費等。茲分述如下：

1. 檢查對象：應包括機械車輛定期檢查，設備定期檢查，機械設備重點檢查，機械設備之作業檢點及相關作業之檢點等法定要求對象。

2. 檢查項目：應先敘明欲檢查者係何種機械設備，如固定式起重機第 X 號、鍋爐第 X 號，或壓力容器第 X 號等。

3. 檢查數量：在該部門內針對各檢查項目應有之檢查數量，應事先調查瞭解，以免遺漏。

4. 檢查處所：為利於日後之檢查，各該檢查項目所在處所應事先瞭解。

5. 檢查週期：依法令之規定，明訂各檢查項目之應檢查週期。

6. 實施單位／人員：實施自動檢查先要確定負責檢查單位及人員。其成員可包括職業安全衛生人員、製造主管、工務主管、機械設備作業主管及實際檢查人員等，如有承攬人參加工作，也可包括承攬人代表。檢查小組的任務為：

    (1) 檢查程序的決定。

    (2) 檢查基準（檢查表格）的製定。

    (3) 檢查儀器的決定。

    (4) 檢查期中的安全對策。

(5) 檢查結果判定。

(6) 依檢查結果採取改善措施之內容。

(7) 檢查紀錄的確認。

(8) 下次檢查時間的決定。

(9) 其他必要事項

7. 檢查方法：先要決定檢查何種項目，需要用何種方法檢查，需要之儀器、工具均應事先準備妥當。一般可目視判斷者可以目視檢查，不能用目視檢查者，則利用儀器工具檢查。

8. 檢查程序：各種機械設備之檢查，應先決定如何檢查？在運轉前檢查？在運轉中檢查？或在停止後檢查？

9. 預定工作進度：檢查人員應按其性質及法令規定之檢查週期，參考生產計畫及維修計畫，按時間表訂定檢查開始日期及檢查完成日期。

10. 備註：諸如，檢查期中之安全對策，是否須委外檢查，所需要之檢查經費等均可列於備註欄位中，以提醒檢查人員。

此外，檢查期中之安全尤需注意，因檢查程序中各項工作均屬非經常性之臨時工作，極易發生危險，故應事先考慮安全對策，以資防範，最好應事先備妥安全作業標準。內容包括：(1) 事先應檢討之安全事項；(2) 檢查時之安全措施；(3) 發生異常狀態時之緊急措施。

3.8 自動檢查表之製作

自動檢查工作，依「職業安全衛生管理辦法」第八十條之規定，實施定期檢查及重點檢查時，應就規定事項記錄，並保存三年，因此，檢查工作應有檢查表，以憑記錄。

一般而言，檢查表均由領班或基層主管制定之。制定時應注意下列事項：

1. 參考主管機關或檢查機構所訂定之表格內容或格式。

2. 檢查內容應參考現場作業人員、保養人員、安衛人員之意見。

3. 檢查表格應依法令規定項目設計，同時包括事業單位特性而特別要求事項。

4. 有關安全裝置等重要零件或附屬設備，特別是曾發生過災害之設備或零

件，應納入檢查項目，以確保檢查時不致遺漏。。

5. 檢查表格應具體、明確。

6. 檢查表格內容應符合實際、文字淺顯、扼要、易懂。

7. 檢查表格可酌列作業規範、作業標準及作業程序。

8. 檢查表格內容包括檢查方法、判定基準，檢查發現結果，採取改善措施之內容，及定期檢討改善措施。

檢查表格格式，各事業單位可視事業特性而酌加訂定。

3.9 自動檢查之實施

現場工作人員依自動檢查計畫進行自動檢查，檢查完畢後應作成紀錄，如設置有檢查小組，則小組召集人應召集小組成員共同會商檢討，確定檢查紀錄。對檢查結果採取改善措施之內容應包括：

1. 檢查過程中如有辨識出危害，應針對該危害共同討論、分析危害來源。

2. 評估該危害之風險（嚴重性及可能性分析），以判別其風險程度是否屬於不可接受風險。

3. 依風險評估結果採取工程改善或管理改善等修補措施。

4. 檢查不合格事項於恢復使用後，訂定再檢查有關注意事項。

5. 建議下次檢查項目、方式、時間。

練習題

1. 試述自動檢查之重要性、實施方式及實際推行上有哪些需要加強之處？（79高考）

2. 試說自動檢查之範圍。

3. 試述自動檢查應由何人負責。

4. 安全衛生管理人員之自動檢查職責何在？

5. 主管人員之自動檢查職責何在？

6. 一般而言，工作人員所負之自動檢查責任是什麼？

7. 雇主所負自動檢查責任包括哪些？

8. 何謂自動檢查？依檢查方式及時期可分哪幾種？（84衛生檢覆）

9. 安全檢查可分為哪幾種？試述其應用性。（86高考）

10. 工廠自動檢查的方式（種類）有哪幾種，請分項列述。（83專技）

11. 自動檢查工作應如何加以管理？

12. 年度安全衛生自動檢查包括哪些項目？

13. 自動檢查的依據為何？

14. 現行勞工法令關於化學設備及其附屬設備之定期檢查期限檢查項目。（86衛生專技）

15. 說明自動檢查與零災害運動的異同點。（82專技）

16. 試說明零災和運動及實施自動檢查如何在安全衛生管理上加以有效整合。（82轉業軍人乙等考試）

17. 請說明工會或勞工代表依法在事業單位自動檢查或自主管理系統所能扮演的職災防止角色？（84高考）

18. 請說明自動檢查與自護制度的關係，並敘述如何規劃安全衛生組織的法制化工作。（85高考）

19. 試從組織行為學的角度探討有關強化勞工安全衛生組織的法制化工作。（86高考）

20. 在安全衛生法規中，請列舉製造業的五種危害類別及其中細項的安全檢查。（84中央簡任升等）

21. 解釋名詞：機械設備檢點。

22. 請說明安全衛生施行細則所指的勞工安全衛生管理單位應負責辦理哪些事

項？（**85台省升12等考試**）

23.安全檢查可分為哪幾種？試述其應用性。（**86高考三級**）

24.試簡述自動檢查之重要性。（**86專技**）

25.試說明此配對名詞，並比較其差異性：自動檢查、自主管理。（**88專技**）

26.請說明勞工安全衛生組織及人員在推行定期檢查、重點檢查、作業檢點及自動檢查之管理，建立事業單位自主管理體系所應擔任的角色與功能為何？（**89專技**）

27.自動檢查是防止職業災害的利器，試以移動式起重機為題，建立一套自動檢查的計畫，並說明執行、追蹤和改善措施。（**89、91檢覆**）

28.試說明鍋爐或第一種壓力容器之法定檢查項目與內容。（**90專技**）

29.請說明勞工安全衛生法第十四條規定之自動檢查與目前政府所推行的事業單位自護制度之異同點為何？（**90專技**）

30.機械器具租賃者與其提供者之管理責任，在現行勞工安全衛生法規中，就防災責任方面有哪些規範及其理由為何？（**91高考，工礦衛生技師**）

31.事業單位自動檢查的項目內容有哪些？分別由哪些人員負責？（**94專技，衛生技師衛生管理實務**）

32.工業區內有一化學工廠是屬於化學材料製造業，勞工人數357人，依作業型態與需求分部門執行業務，並設有總管理單位。廠內有一座5噸固定式起重機，一座傳熱面積為600平方公尺的蒸氣鍋爐，一輛3噸堆高機，使用甲苯、二甲苯、氯、氨等化學物質為原料，還有以鉛銲方式進行銲接作業。請依以上情況回答下列問題：

(1)說明此事業單位應依法設置的安全衛生組織種類及組織內之人員設置種類與數量。

(2)說明哪些人應接受教育訓練，列舉其應訓練名稱及時數。（**96高考，工業安全**）

33.依據「勞工安全衛生組織管理及自動檢查辦法」，雇主對局部排氣裝置、空氣清淨裝置及吹吸型換氣裝置，應如何每年實施自動檢查？（**99高考三級，工業安全衛生法規**）

CHAPTER 4

安全教育訓練

4.1 安全教育訓練之重要性

　　事業單位推動職業安全衛生工作，其主要目的在於保障工作者之安全與健康。而達到工作者安全健康之大道非常重要的工作是安全教育訓練，為什麼？

一、安全教育訓練是防止職業災害的重要工作

　　根據勞委會統計，我國從民國 77 年至 96 年間重大職業災害罹難者共12,764 人中，74.83% 的人，也就是說每四位重大職業災害罹難者中有三位未曾受過安全衛生教育訓練，可見安全衛生教育訓練是防止職業災害的重要工作之一。

二、安全教育訓練是法定責任

　　「職業安全衛生法」第三十二條規定，雇主對勞工應施以從事工作與預防災變所必要之安全衛生教育及訓練，顯見安全教育訓練是雇主的法定責任之一。

三、安全教育訓練培養勞工正確安全衛生知識、技能與態度

　　具備充分安全知能的勞工才有可能是工作安全的人，而充分安全知能的勞工，其所擁有的安全衛生知識與技能，及正確的安全衛生態度，有賴於在不斷的安全衛生教育訓練中學習、獲得強化，所以提供完善的安全衛生教育訓練是安全衛生工作的重要項目。

四、安全教育訓練提供安全衛生新知能

　　社會經濟快速變遷，新的機械、設備、器具被廣泛使用，而危險品、有害物及毒性化學物質被大量使用於勞動場所中，勞工接觸機會大大增加，作業環境危害因素更形複雜，若無充分正確的安全衛生知能，將無法防範災害之發生。因此唯有加強安全衛生教育訓練，才能使勞工知道如何處理危害物並善加防護，也才知道潛在危害之所在，應以何種安全行為去作業，才可確保作業之安全。

4.2 安全教育訓練的方向

民國 103 年 7 月 31 日高雄氣爆事件，無論是相關事業單位或現場救災單位的表現，相信從事職業安全衛生工作的人一定有相同的感覺，安衛教育訓練沒做好，災害煩惱一定不少！所以在安全教育訓練上，我們努力的方向如下：

一、教育訓練應與公司及員工需求結合

事業單位安全衛生教育辦不好的因素除了課程設計不佳、講師陣容不夠堅強、訓練時段不宜、場所安排不良、講義教材簡陋，以致學習意願不強，成效不彰外，課程內容是否配合公司及員工之需求，亦是一主要因素。舉例而言，公司現階段政策為加強製程變更管理、機械完整性，所以除了宜導外，是否有開班訓練，使員工瞭解製程變更管理、機械完整性之精義及執行方式？此外，製程事故不斷，員工對製程安全管理需求殷切，公司是否除了法規要求人員受訓外，亦能多提供該類課程供製程相關員工學習機會？在需求度高漲時，安衛教育訓練應與時精進，才能達成功效。

二、安衛訓練應列入學分證照

員工每人的安衛訓練情形均予以記錄列管，因安衛工作需全員參與才能竟其功，故應規定在某種職位之人員需要受哪些安全衛生訓練，且規劃分為學分或證照之訓練，未達標準，不得任用，如此才有誘因。

三、安衛訓練與升遷結合

如規定升任工場長、領班、站長、課長，需有乙級安全衛生技術士執照，升經理等中階主管，要有二十個安衛學分，升高階主管等要有四十個安衛學分，如此，大家才願意去參加安衛訓練。

四、全員參予安全教育訓練

「職業安全衛生教育訓練規則」第二條所列訓練對象以外的人，往往覺得

不需要參予安全教育訓練，事實上這是錯誤的想法。

就如零災害教育訓練，現場才需要，辦公室行政人員即不需要？像急救人員訓練，本來就該人人具備急救常識與知能，才能在必要時救人一命，況且災變時，上天不會告訴我們，只需要幾位急救人員即可，事實上，越多的人會心肺復甦術，越多的寶貴生命會得救。民國 92 年阿里山火車事故時，有人以心肺復甦術搶救許多寶貴生命，即可證明安全衛生教育訓練是保障生命的最有效方式，應讓全體工作人員均參與。

此外，不僅是事業單位員工，承攬商及訪客亦應給予必要之訓練，使外來者亦能瞭解事業單位之特性以防範事故之發生。

五、多媒體與電腦動態模擬教學

由於時空阻隔及社會上環保要求，許多安全衛生教育訓練越來越不容易實地操練，例如操作工場火災演練，總不能放火燒設備，然後讓人員去練習滅火技術。這種情況，可以藉助動態模擬教學而解決。另外，講師不易聘請，可藉多媒體教學，聘最優秀講師上課，錄影製作成套之教材，分段分地播出，更可藉 e 化之便，運用網路教學來提供全員學習。相信這是未來安全教育訓練的必然趨勢。

六、聯合專業安全教育訓練

工業區或同一公司的各廠，可統一辦理相同課程之教育訓練，如此可將訓練品質提升，又節省人力、物力。社團法人台灣安全研究與教育學會（Taiwan Safety Council, TSC）推動製程安全管理、API、IEC 訓練，均可強化石化工業安全衛生教育上有所發揮。

4.3 職業安全衛生教育訓練規則

職業安全衛生教育訓練一般而言可區分為法定訓練及非法定訓練，法定訓練為「職業安全衛生教育訓練規則」中所規定之訓練，非法定訓練為事業單位針對單位需要而辦理之相關安衛訓練，如預知危險活動、風險評估、消防訓

練、事故調查訓練、安全稽核訓練等。

　　在法定訓練部分，依我國「職業安全衛生法」第三十二條規定，事業單位應對勞工施以從事工作與預防災變所必要之安全衛生教育及訓練；違反者經通知限期改善，而不如期改善，可處三萬元以上十五萬元以下之罰鍰。而勞工有接受安全衛生教育訓練之義務，否則可處以三千元以下罰鍰。因此，只要中央主管機關規定之教育訓練事項，事業單位一定要辦理或派訓，而員工也有參加之義務。

　　在「職業安全衛生管理辦法」第十二條之一明定，雇主應依其事業單位之規模、性質，訂定職業安全衛生管理計畫，要求各級主管及負責指揮、監督之有關人員執行。本法施行細則第三十一條明定，職業安全衛生管理計畫包括安全衛生教育訓練。而管理計畫也包括安全作業標準，重點是安全作業標準訂定後需要教導及督導所屬依標準方法實施。

　　另外，本法第二十四條規定，危險性機械或設備之操作人員，雇主應僱用經中央主管機關認可之訓練或經技能檢定之合格人員充任之。至於所謂危險性機械，在施行細則第二十二條有規定，即固定式起重機、移動式起重機、人字臂起重桿、營建用升降機、營建用提升機、吊籠或其他經中央主管機關指定者。至於危險性設備，施行細則第二十三條亦有說明，即鍋爐、壓力容器、高壓氣體特定設備、高壓氣體容器，或其他指定之設備。

　　我國「勞工安全衛生教育訓練規則」自民國 64 年 6 月 12 日發布至修改為現在之「職業安全衛生教育訓練規則」將屆滿四十年，對於勞工預防災變之知能、態度，頗多貢獻，但社會環境變遷太大，工業技術又日新月異，各種危害作業日漸增加，所以政府在「職業安全衛生法」修正立法過程中，也積極配合修正教育訓練規則，對我國職業安全衛生工作影響甚鉅，對今後安全衛生教育訓練之趨向更是最高指導方針。

　　職業安全衛生教育訓練規定之訓練對象、種類，內容分述如下：

一、職業安全衛生業務主管

　　民國 103 年 7 月 3 日修正之「職業安全衛生教育訓練規則」第三條明定，雇主對擔任職業安全衛生業務主管之勞工，應於事前使其接受職業安全衛生業務主管之安全衛生教育訓練。事業經營負責人或其代理人擔任職業安全衛生業

務主管者,亦同。

職業安全衛生業務主管安全衛生教育分為甲、乙、丙三種業務主管課程,勞工人數在一百人以上之事業單位的安全衛生主管受甲種安衛教育訓練,時數不得少於四十二小時,且應予測驗,以評估成效;勞工人數在三十人以上一百人以下事業單位的安全主管,受乙種訓練,時數不得少於三十五小時;三十人以下指定事業之安衛主管受丙種訓練,時數不得低於二十一小時。

另外,訓練規則第四條明定對擔任營造業職業安全衛生業務主管之勞工,應於事前使其接受營造業職業安全衛生業務主管之安全衛生教育訓練。事業經營負責人或其代理人擔任營造業職業安全衛生業務主管者,亦同。但於本規則修正發布前,具勞工安全衛生管理人員資格,或具管理人員或業務主管訓練合格領有結業證書者之一,且有一年以上營造工作經歷者,得免接受營造業職業安全衛生業務主管之安全衛生教育訓練。訓練分為甲、乙、丙三種業務主管課程,訓練時數分別為四十二、三十五、二十六小時。

二、職業安全衛生管理人員訓練

民國 103 年修正之「職業安全衛生教育訓練規則」明定職業安全管理師或職業衛生管理師、職業安全衛生管理員,所應受安全衛生教育訓練事項及課程時數。

(一)職業安全管理師之訓練

課程時數為一百一十五小時(內含實作六小時),分為三大部分:

1. 職業安全衛生相關法規計五十三小時。
2. 職業安全衛生計畫及管理計十六小時。
3. 專業課程計四十六小時。

(二)職業衛生管理師之訓練

課程時數亦為一百一十五小時(內含實作八小時),分為三大部分:

1. 職業安全衛生相關法規計四十四小時。
2. 職業安全衛生計畫及管理計十六小時。
3. 專業課程計五十五小時。

(三)職業安全衛生管理員之訓練

課程時數為一百零七小時（內含實作六小時），分為三大部分：

1. 職業安全衛生相關法規計三十九小時。
2. 職業安全衛生計畫及管理計十六小時。
3. 專業課程計五十二小時。

三、職業安全衛生作業環境監測人員

依訓練規則第六條規定，雇主對擔任下列作業環境監測人員之勞工，應於事前使其接受作業環境監測人員之安全衛生教育訓練：

1. 甲級化學性因子作業環境監測人員，訓練時數為九十八小時。
2. 甲級物理性因子作業環境監測人員，訓練時數為七十九小時。
3. 乙級化學性因子作業環境監測人員，訓練時數為六十一小時。
4. 乙級物理性因子作業環境監測人員，訓練時數為五十六小時。

四、施工安全評估人員及製程安全評估人員

依「危險性工作場所審查暨檢查辦法」，事業單位在進行危險性工作場所評估時，應依作業實際需要，於事前組織包括製程安全評估人員（或施工安全評估人員）在內之評估小組實施評估。依訓練規則第七、八條規定：

1. 施工安全評估人員安全衛生教育訓練，訓練時數為七十六小時。
2. 製程安全評估人員安全衛生教育訓練，訓練時數為八十二小時。

五、安全衛生相關作業主管

(一)高壓氣體作業主管安全衛生訓練

依訓練規則第九條，雇主對擔任下列作業主管之勞工，應於事前使其接受高壓氣體作業主管之安全衛生教育訓練，包括：

1. 高壓氣體製造安全主任，訓練時數為二十二小時。

2. 高壓氣體製造安全作業主管，訓練時數為二十一小時。

3. 高壓氣體供應及消費作業主管，訓練時數為二十一小時。

(二)營造作業主管安全衛生訓練

　　雇主對擔任下列作業主管之勞工，應於事前使其接受營造作業主管之安全衛生教育訓練，包括：

1. 擋土支撐作業主管。

2. 露天開挖作業主管。

3. 模板支撐作業主管。

4. 隧道等挖掘作業主管。

5. 隧道等襯砌作業主管。

6. 施工架組配作業主管。

7. 鋼構組配作業主管。

8. 屋頂作業主管。

　　上述訓練時數均為十八小時。

(三)有害作業主管安全衛生教育訓練

　　雇主對擔任下列作業主管之勞工，應於事前使其接受有害作業主管之安全衛生教育訓練：

1. 有機溶劑作業主管。

2. 鉛作業主管。

3. 四烷基鉛作業主管。

4. 缺氧作業主管。

5. 特定化學物質作業主管。

6. 粉塵作業主管。

7. 高壓室內作業主管。

8. 潛水作業主管。

　　除了潛水作業主管訓練時數為三十六小時外，其餘上述訓練時數均為十八小時。

六、危險性機械或設備操作人員

「職業安全衛生法」第二十四條規定，危險性機械或設備之操作人員，雇主應僱用經中央主管機關認可之訓練或經技能檢定之合格人員充任之。所以訓練規則第十二條明定：

(一)危險性機械操作人員安全衛生教育訓練

雇主對擔任下列具有危險性之機械操作之勞工，應於事前使其接受具有危險性之機械操作人員之安全衛生教育訓練：

1. 吊升荷重在三公噸以上之固定式起重機及吊升荷重在一公噸以上之斯達卡式起重機操作人員，訓練時數為三十八小時。
2. 吊升荷重在三公噸以上之移動式起重機操作人員，訓練時數為三十八小時。
3. 吊升荷重在三公噸以上之人字臂起重桿操作人員，訓練時數為三十八小時。
4. 導軌或升降路之高度在二十公尺以上之營建用提升機操作人員，訓練時數為二十一小時。
5. 吊籠操作人員，訓練時數為二十六小時。

(二)危險性設備操作人員安全衛生教育訓練

1. 鍋爐操作人員，訓練時數：甲級為六十小時；乙級為五十小時；丙級為三十九小時。
2. 第一種壓力容器操作人員，訓練時數為三十五小時。
3. 高壓氣體特定設備操作人員，訓練時數為三十五小時。
4. 高壓氣體容器操作人員，訓練時數為三十五小時。

七、特殊作業人員

雇主對下列勞工，應使其接受特殊作業安全衛生教育訓練：

1. 小型鍋爐操作人員。
2. 荷重在一公噸以上之堆高機操作人員。

3. 吊升荷重在零點五公噸以上未滿三公噸之固定式起重機操作人員或吊升荷重未滿一公噸之斯達卡式起重機操作人員。

4. 吊升荷重在零點五公噸以上未滿三公噸之移動式起重機操作人員。

5. 吊升荷重在零點五公噸以上未滿三公噸之人字臂起重桿操作人員。

6. 使用起重機具從事吊掛作業人員。

7. 以乙炔熔接裝置或氣體集合熔接裝置從事金屬之熔接、切斷或加熱作業人員。

8. 火藥爆破作業人員。以上訓練時數均為十八小時。

9. 胸高直徑七十公分以上之伐木作業人員，訓練時數為十五小時。

10. 機械集材運材作業人員，訓練時數為二十四小時。

11. 高壓室內作業人員，包括 (1) 作業室、氣閘室輸氣用空氣壓縮機作業人員特殊安全衛生訓練；(2) 作業室輸氣調節用閥、旋塞作業人員特殊安全衛生訓練；(3) 氣閘室輸、排調節用閥、旋塞作業人員特殊安全衛生訓練；(4) 再壓室之操作作業人員特殊安全衛生訓練；(5) 高壓室內作業（(1)、(2) 以外者）人員特殊安全衛生訓練，訓練時數皆為十二小時。

12. 潛水作業人員，訓練時數為十八小時。

13. 油輪清艙作業人員，訓練時數為十八小時。

八、一般作業人員

(一)勞工健康服務之護理人員

應使其接受勞工健康服務護理人員安全衛生教育訓練，訓練時數為五十小時（含實作七小時）。

(二)急救人員

依勞工健康保護規則，工作場所每一班次應至少設置急救人員一人、勞工人數超過五十人者，每增加五十人再設置一人。急救人員因故未能執行職務時，雇主應即指定合格代理人，代理其職務。故除了醫護人員外，工作場所人員應接受急救人員教育訓練，訓練時數應在十八小時以上。

(三)新進勞工或變更工作前之在職勞工

此類人員應接受一般安全衛生教育訓練，訓練課程包括：

1. 作業安全衛生有關法規概要。
2. 職業安全衛生概念及安全衛生工作守則。
3. 作業前、中、後之自動檢查。
4. 標準作業程序。
5. 緊急事故應變處理。
6. 消防及急救常識暨演練。
7. 其他與勞工作業有關之安全衛生知識。

新僱勞工或在職勞工於變更工作前依實際需要排定時數，不得少於三小時。但從事使用生產性機械或設備、車輛系營建機械、高空工作車、捲揚機等之操作及營造作業、缺氧作業、電銲作業等應各增列三小時；對製造、處置或使用危害性化學品者應增列三小時。

無一定雇主之勞工及其他受工作場所負責人指揮或監督從事勞動之人員，應接受前項安全衛生教育訓練。

各級業務主管人員於新僱或在職於變更工作前時，應參照下列課程增列六小時：

1. 安全衛生管理與執行。
2. 自動檢查。
3. 改善工作方法。
4. 安全作業標準。

九、在職教育訓練

訓練規則第十七條規定，雇主對擔任下列工作之勞工，應依其工作性質使其接受安全衛生在職教育訓練，其頻率如下：

1. 職業安全衛生業務主管，每二年至少六小時。
2. 職業安全衛生管理人員，每二年至少六小時。
3. 勞工健康服務護理人員，每二年至少六小時。

4. 勞工作業環境監測人員,每三年至少六小時。

5. 施工安全評估人員及製程安全評估人員,每三年至少六小時。

6. 高壓氣體作業主管、營造作業主管及有害作業主管,每三年至少六小時。

7. 具有危險性之機械或設備操作人員,每三年至少三小時。

8. 特殊作業人員,每三年至少三小時。

9. 急救人員,每三年至少三小時。

10. 各級管理、指揮、監督之業務主管,每三年至少三小時。

11. 職業安全衛生委員會成員,每三年至少三小時。

12. 營造作業、車輛系營建機械作業、高空工作車作業、缺氧作業、局限空間作業及製造、處置或使用危險物、有害物作業之人員,每三年至少三小時。

13. 前述各款以外之一般勞工,每三年至少三小時。

4.4 安全衛生教育訓練之實施

　　事業單位每年均應編訂年度職業安全衛生教育訓練計畫,一般由職業安全衛生管理單位發出訓練需求調查表,供各部門視其訓練需求進行調查,再由管理單位彙總編製成年度訓練計畫。

　　訓練之實施,一般程序如下:

一、確定訓練目標

　　訓練目標應清楚定義,以決定訓練的範圍、訓練教材等選擇。

二、規劃訓練課程

　　訓練課程應符合事業單位及員工之需求,盡可能與單位風險危害掛勾,藉助訓練以提醒員工之安全意識及減少員工之傷害。安全衛生教育訓練,基本上分為:

1. 法定證照訓練,即前節所列各教育訓練。

2. 各職務所需具備安全衛生知能（安衛學分）。

關於安衛學分，及各種職務，應給予安全管理適當的安全知能，基本上，可分為高階、中階、基層管理者及一般工作人員四級，課程如事故調查，緊急應變演練、工安查核、變更管理等，某階層人員所需具備的安全知能，事業單位應依作業特性給予合理規範使擔任該職務，應有多少安全衛生學分。

三、訓練對象

為使年度計畫符合單位的需要，應針對各階層人員施以個別之教育訓練。基本上而言，訓練對象包括：

1. 各級主管。
2. 工作人員。
3. 承攬商。
4. 訪客。

四、訓練時間

依年度計畫所安排時間去執行訓練。

五、訓練教材

法定課程依規定內容去安排講師，使用法定審核合格之教材去施教。至於學分課程，則由聘任講師去編訂講義。

六、訓練之評估

訓練辦理成果如何應予以評估，檢討其目標是否達成，訓練是否有助益安全管理工作，均應加以確認，以作為日後辦理之參考。至於評估，可考量以學員反應、學習測驗、實務操作，或安全行為率、職災率等來檢驗訓練成效。

4.5 安全衛生教育訓練之回顧與展望

紐西安尼斯（Lancianese）曾說：「公司內安全計畫成功的最主要因素是安全教育訓練。」

美國安全教育早在 1919 年，在底特律即有了專職的安全教育訓練指導員。而在 30 年代中期，小學即已教導安全的學識，而一些專科學校或大學也開始，為工業界開設安全訓練課程，最有名的就是紐約大學的安全中心，其他像耶魯大學、西北大學、普渡大學等也是最先提供安全教育的大學。美國「職業安全衛生法」在 1971 年 4 月 28 日生效後，安全教育訓練即成為首要工作。敏特（Minter）在 1985 年曾指出美國企業每年花費三百億美元在正式的教育訓練上，另花費約一千八百億美元在非正式之員工訓練上。

麥克米克（McCormick）及伊耳根（Ilgen）在 1980 年曾指出，美國有一家公司二十個工廠中的十一個，在 1979 年曾締造零災害之紀錄，而其主要因素乃是大力推動安全訓練計畫。

克勞斯（Krause）及希德雷（Hidley）在一篇 1989 年的研究論文中曾舉出一家有七百位員工的公司，對第一線主管進行二十小時的安全行為方法的訓練課程，而公司之安全行為由 37% 增加為 80%，而傷害率降低 45%。另一家六千位員工的公司，八小時課程後，安全行為增加約 30%，事故率降低 66%。另一家一千一百位員工的公司，領班全部參加二十小時的訓練課程，結果不安全行為減少 60 ～ 80%，而災害頻率減少 41%。

因此克伏因（Colvin）說：藉由推動安全衛生教育訓練，事業單位可以增加勞工安全衛生實務及認知。所以要達成安全衛生的目標，安全衛生教育訓練非常重要。

練習題

1. 試說明勞工安全衛生教育之重要性，並依勞工安全衛生教育訓練規則之規定，雇主應對哪些人員分別施予從事工作及預防災變所必要之安全衛生教育及訓練。（82轉業軍人乙等考試）

2. 依訓練規則，哪些作業人員及管理人員，雇主應施予特殊訓練，訓練應報哪個主管機關核備？（79專技）

3. 勞工安全衛生教育訓練之對象有哪些？

4. 勞工安全衛生人員應接受哪些訓練？

5. 解釋名詞：甲種勞工安全衛生業務主管安全衛生教育。（84檢覆）

6. 特殊作業人員訓練項目分哪幾種？

7. 哪些作業人員應接受有害作業主管安全衛生教育？

8. 試舉出八項應接受特殊作業安全衛生教育訓練之特殊作業。

9. 一般作業人員依法參加哪些安全衛生教育訓練？

10. 事業單位辦理安全衛生訓練之對象為哪些人？

11. 使用、處理或搬運易燃液體的員工，在一般安全措施上，應有哪些教育訓練？（83台省升等）

12. 辦理哪些安衛訓練，應事前報請省市主管機關核備？

13. 哪些單位可以辦理急救訓練？

14. 主管機關如何確認及評估安衛訓練成效？

15. 訓練單位辦理安全教育訓練情形，主管機關可如何處罰？其依據之情節有哪些？

16. 試簡述我們要根據哪四項資料來擬定安全衛生訓練？（86專技）

17. 請說明勞工安全衛生教育訓練規則規定哪幾類勞工應受何種不同訓練，並說明其理由為何？（87專技）

18. 簡述工廠安全教育的實施方法及步驟。（91專技）

19. 試由安全管理的角度說明教育（Education）與訓練（Training）在功能上及目的上之不同，並以堆高機（Fork-Lift）操作員為例，分別說明其所需要的教育及訓練的項目。（94專技，工業安全管理）

20. 某工廠有員工500人，隨機抽出10人的工安測驗成績如下：60、70、80、80、80、90、100、80、70、90。設500個員工的得分為正規分布、標準偏

差為5，且信賴度95%的k值為1.96，試求母體平均在95%的信賴區間。（94專技，工業安全管理）

21.面對來自不同國家的外籍勞工，在語言各異且教育水平較低的情況下，如何有效落實相關的衛生教育訓練？（96專技，衛生技師衛生管理實務）

22.安全衛生訓練種類可分為職前訓練（Orientation Training）、在職訓練（On-The-Job Training）與職場外訓練（Off-The-Job Training），請說明此三種訓練之目的並簡要說明其內容。（96專技，工業安全管理）

23.依據「勞工安全衛生教育訓練規則」，需要具備哪些資格才能擔任勞工安全管理師、勞工衛生管理師之教育訓練講師？（102高考三級，工業安全衛生法規）

24.依據「勞工安全衛生教育訓練規則」，雇主應依勞工之工作性質施以勞工安全衛生在職教育訓練，請條列應受訓之人員，並請說明不同人員需接受勞工安全衛生在職教育訓練的頻率與時數。（102高考三級，工業安全衛生法規）

CHAPTER 5

安全衛生作業標準

5.1 前言

　　民國 102 年 7 月 30 日下午 5 時左右，某公司操作主管急於將停爐多時的工場開起來，在控制室發現有一玻璃液位計無液面顯示後，就直接到現場查看，為瞭解針閥是否正常，就用手壓了針閥，霎時間液位計洩漏出硫化氫，該主管見狀立即以 F 扳手關斷緊急關斷閥，惟因吸入過量硫化氫，而倒臥在地，經送醫急救仍告不治身亡。

　　上述事故發生後，當地檢查機關檢查發現該公司並未備有相關安全衛生作業標準，以至於作業主管誤操作而罹難。

　　事業單位一般都要求工作人員依標準作業程序去作業，也對於異常情況之處置，會擬訂規範，依序操練，這就是緊急應變處理。問題是有許多事業單位根本不重視標準作業程序之訂定，以至於作業者常有不安全行為產生。而且作業不順利時或異常狀況發生時，作業人員容易驚慌失措，更容易有事故發生。要避免這種困境，只有靠主管平日常去思考各種作業中，可能會發生哪些危險，或有什麼危害，事先擬妥控制這些風險的所有對策，提出安全防範措施，並教導屬員，讓屬員平時就清楚這些風險狀況及緊急應變的方法，使事故發生之最短時間，就能妥善應付、處理、應變。這樣的東西，在工安界就是「工作安全分析」（Job Safety Analysis, JSA），在日本稱之為「安全作業標準」（Safety Operation Standard, SOS）。

　　「職業安全衛生法施行細則」第三十一條明示，「本法第二十三條第一項所定職業安全衛生管理計畫，包括：七、安全衛生作業標準。」在主管人員的一般安全衛生訓練課程內，也特別列明要有「安全作業標準」課程。另外，「高壓氣體勞工安全規則」內也有安全規劃人員要提供有關製造安全之作業標準之建議，而作業主管對製造之有關「安全作業標準」應提供建議。由此可知，安全衛生作業標準是主管人員應戮力完成擬訂之法定安全衛生職責。

　　在介紹安全衛生作業標準前，先說明標準作業程序及工作安全分析與其之相關性。

5.2 工作安全分析

一、工作安全分析的意義

在工作場所，常將各項工作或職掌之任務、性質及工作人員之條件，予以研究、分析，作成書面資料，以為人資管理之依據。此分析即為工作分析（Job Analysis, JA）。

一般作業場所都會提及 SOP，也就是標準作業程序的英文簡寫。標準作業程序是經由工作分析後，將各項作業的程序予以標準化，如施工架組配標準作業程序、起重機吊掛標準作業程序、加熱爐點火程序、汽渦輪機操作程序、消防泵操作程序、LPG 槽車灌裝程序等等，都是 SOP。這些作業程序標準化，會列出作業步驟，及每一步驟的明確方法、順序或事項。

工作安全分析是主管人員藉觀察屬下工作步驟，分析作業實況，發掘作業場所潛在風險及危害，事先提出防範災害發生的安全作業方法。它是美國葛理瑪教授於 1947 年所提出來，結合工作分析與安全的方法。

其實，工作安全分析可以說是工作分析與風險評估或預知危險活動的結合。工作安全分析讓工作人員熟悉每件作業的步驟、流程、內容，不安全情況及安全作業方法；而預知危險活動則是工作人員在作業前事先考量作業中所存在的潛在風險與可能的危害，大家經溝通、探討而決定的最佳作業方式。也就是說工作安全分析是主管人員在平日就某項作業進行危害辨識，發現潛在危害，提出風險評估與控制的過程。

二、工作安全分析程序

事業單位進行工作安全分析，通常依照四個程序：(1) 決定要分析的工作名稱；(2) 將工作分成幾個主要步驟；(3) 發現潛在的風險及可能的危害；(4) 決定安全工作方法。

茲分別說明如下：

(一)決定要分析的工作名稱

不論是最高主管，職業安全衛生管理單位，或自己單位要求或規定要實施

工作安全分析，主管人員都不能毫無選擇，隨意選個工作就加以分析，應付了事。一般而言，要分析的工作，其選擇次序如下：

1. 失能傷害頻率高的：失能傷害頻率高的工作表示災害發生機率很高，應優先加以分析，例如高處作業發生墜落的機率很高，自然是工作安全分析的首選。

2. 失能傷害嚴重率高的：有些作業失能傷害頻率不一定很高，但一旦發生就損失很多工作日數，甚至於造成死亡、殘廢事故，因此失能傷害嚴重率很高，這也是需要優先加以分析的工作。

3. 曾發生事故的：在本單位或國內外其他事業單位或公司其他單位曾發生過災害的作業，一定要加以分析。例如高雄氣爆案發生，各事業單位即應檢討訂定長途油氣管線輸送作業之工作安全分析。

4. 有高風險的：某些作業，本身具有較高的風險，稍一疏忽，就會造成災害，應予以分析。特別是高危險性的高處作業、動火作業、局限空間作業等。

5. 臨時或非經常的：像臨時性修護工作、承攬工作這類不是經常性的工作，工作人員較不熟悉程序或方法，易生事故。

6. 新設備或程序的：新的設備，或工作程序改變後的新工作，或新增加的工作，作業步驟陌生，雖然操作人員會較小心，但仍然容易發生狀況，而有事故發生，因此需加以分析。

7. 經常性的：經常性的維護保養工作，一定要依工作程序去做，所以應有工作安全分析。

(二)將工作分成幾個主要步驟

主管人員決定好要分析的工作後，要將工作依動作次序分成幾個主要的步驟。在分解過程中，要注意不應太細瑣，增添太多不必要的程序；當然也不要太籠統。所以最好找有工作經驗屬下從頭到尾做一次，能用錄影方式拍攝全部過程最好，不然也應透過觀察，以便詳細而正確列出全部步驟。各步驟之工作方法則宜明確列出。

(三)發掘潛在風險及可能的危害

主管人員在列出完整次序步驟及工作方法後，可以參考自己單位工作人員

平日施行危害辨識或預知危險活動所記錄的潛在風險及可能的危害,並與屬下檢討各步驟還有可能存在哪些潛在風險,及各種能發生的傷害情形。一個熱心而專業的主管,其部門的危害辨識活動或預知危險活動一定非常生動、活潑,而且落實,可以找到完整的、真正的、關鍵的危害,對於工作安全分析是很重要的,因為遺漏了任何潛在危害,就可能造成無法彌補的遺憾。

(四)決定安全工作方法

決定安全工作方法就是針對第三步驟提出之潛在風險及可能的危害,提出防範對策,具體可行的對策,也就是說最佳的風險管控措施或安全工作方法。

一般而言,針對風險提出的安全防範對策,可能很多,但有些不具體,而且不易馬上做到,甚或不可能做到,所以最好的安全工作方法是單位做得到、非做不可且具體、可行的風險控制方案。

三、工作安全分析表的製作

(一)分析

目前各事業單位使用工作安全分析表(**表 5.1**)的內容不太一樣,不過基本上都大同小異,主要會包括下列項目:(1) 工作名稱;(2) 作業地點;(3) 使用的設施、工具;(4) 使用的物料、材料;(5) 個人防護具;(6) 編製日期;(7) 修

表 5.1　工作安全分析表

公司 ＿＿＿＿＿＿＿ 廠 ＿＿＿＿＿＿＿ 組工作安全分析表

工作名稱：		個人防護具：	
作業地點：		編製日期：	
設備、工具：		修訂日期：	
物料、材料：		修訂次數：	

基本步驟	工作方法	潛在危害	安全工作方法

批准者：	審核者：	分析者：

訂日期；(8) 修訂次數；(9) 內容：基本步驟、工作方法、潛在危害、安全工作方法；(10) 分析者姓名；(11) 審核者姓名；(12) 批准者姓名。

實施工作安全分析時，一般由領班、工程師或基層作業主管等主管人員擔任分析者，負責填寫工作安全分析表。

當然實施工作安全分析時，每件工作要分成幾個主要步驟，所以危害分析單或預知危險記錄表也都要針對各步驟（工作方法）來填寫。

分析者蒐集各步驟的危害分析單後，彙整後填寫在分析表中，再將安全工作方法依序填寫完畢，即為一份完整的工作安全分析表。

(二)審核

其次，工作安全分析表要送給審核者審核。一般審核者由職業安全衛生管理人員擔任，因他們對安全因素、安全法規、安全程序較其他主管瞭解深入，因此最適合負責審核。不過不能閉門造車，應與分析者討論，以得到最正確的分析表。目前，一般事業單位由於安全衛生人員甚少，且工作又繁多，所以審核者由分析者之單位主管擔任，亦是可行方式之一。

(三)批准

最後的批准，一般由事業單位的最高主管，或負責安全工作的最高主管擔任批准者。若沒有意見，即可馬上批准。但若有不同意見，即與分析者或審核者討論，也可與分析者的主管研究後才批准。

(四)公告

工作安全分析表經批准後，即可公告實施，也可由安全管理單位統一編號後打字印刷成正式文件，再正式公告，並分發作業人員遵守實施。

四、工作安全分析注意事項

實施工作安全分析常發現有些缺失產生，故提出下列注意事項，供為參考：

(一)潛在危險是會造成職業災害的不安全的行為、設備與環境

工作安全分析重視職業災害的防止，所以重點在造成職業災害的不安全的

行為、設備與環境，要針對這些項目深入檢討，不是對造成財物損失或虛驚事件檢討。

(二)要針對不安全的行為、設備與環境，提出安全的作業方法

所謂不安全的行為是作業人員的人為失誤、錯誤的作業程序、未使用個人防護具或錯誤使用、不正確的作業位置、使用不正確的工具或設備等；不安全的設備則是有缺失的，不正常的機械、設備、工具、器具；不安全的環境包括危險物、有害物之異常洩漏、突出，未加隔離、控制，或易使人接觸、吸入，危險機械設備沒有適當防護，或防護功能無效，高處作業。

這些不安全行為、設備與環境，都是潛在的風險、危害，都可能造成對作業人員身體的傷害，是工作安全分析時應強調事項。

(三)未有潛在危險，就不需要提出安全工作方法

沒有潛在危險，就不需要提出安全防範對策，當然就不需要提出安全工作方法。

(四)防止災害所提之風險控制方案，應確實敘明

如涉及作業程序改變，或增加一些設備、器具，或安全防範措施，則安全工作方法一定要確實敘述、明列。這是工作安全分析與預知危險活動不同處之一。

風險控制方案，如有程序改變、設備增加或人員變動等變更，就一定要依變更管理程序去進行。

(五)工作安全分析要對人員的風險分析

工作安全分析重視作業過程中對人員可能造成的風險、危害分析，與其他的危害辨識手法，如危害及可操作性分析（HAZOP）或失誤模式與影響分析（FMEA）等偏重於設備危害鑑別有所不同。

5.3 安全衛生作業標準

一、安全衛生作業標準的意義

　　所謂安全衛生作業標準，就是經由工作安全分析後，各工作步驟於檢討可能之潛在危害及安全工作方法外，另探討相關危害所需採取之緊急處理措施，以消除作業時的不安全的行為、設備與環境，確保作業安全的標準作業程序。

二、安全衛生作業標準的功能

　　作業場所有了安全衛生作業標準，可以達到下列功能：

(一)防範工作場所職業災害發生

　　作業已訂定安全衛生作業標準，所有潛在危險均已檢討，並有提出相對應之安全工作方法，人員依安全衛生作業標準去作業，即可以防止職業災害發生。

(二)確定工作場所所需的設備或器具

　　安全衛生作業標準中，很清楚列出工作所需設備、器具、工具及個人防護具等，事先即可加以準備齊全，不致在工作時因缺乏或使用不當設備、器材或物品而發生災害。

(三)選擇適當的工作人員

　　在安全衛生作業標準中，會將作業人員或操作人員或管理人員資格、條件、經驗，包括知識、技能、身體狀況，均加以檢討，並明確列於表上，因此主管人員派工時，不至於指派不適任人員擔任該項工作。特別是一些依法須有相關證照的作業，或危險性作業，不致因條件關係，而誤派非適任者擔任。

(四)作為安全教導的參考

　　安全衛生作業標準，可提供主管人員在工作安全教導及督導時說明使用，指導工作人員正確作業的方法。

(五)作為安全觀察的參考

安全衛生作業標準，可供主管人員在督導、查核屬下或承攬商人員作業時，觀察他們作業時是否有不安全的行為，或發現不安全的狀況。

(六)作為事故調查的參考

一旦事故發生，主管人員可依安全衛生作業標準，查核工作人員是否確實依安全衛生作業標準作業，或有哪些失誤情形，使調查工作迅速確實。

(七)增進工作人員的參與感

安全衛生作業標準是由主管人員觀察工作人員作業情形，經雙方討論而決定之安全工作方法，因此工作人員很有參與感，也會願意遵守安全衛生作業標準。

三、安全衛生作業標準製作

製作安全衛生作業標準，職安署並未訂定標準格式，但以前勞委會出版之數本安全作業標準卻可參考。基本上它與製作工作安全分析表相同，要先決定實施分析的作業項目，將作業分解為幾個基本步驟，列出其工作方法，針對工作方法提出不安全因素及安全措施，最後檢討各不安全因素可能造成的職業災害提出處理方式。

表 5.2 即為安全衛生作業標準。由表中可以清楚知道安全衛生作業標準與工作安全分析表大同小異，其實它們可以合而為一，甚至於與作業標準程序都可以統一。

至於表格內所用名詞也可以統一，例如不安全因素，其實就是潛在風險，或可能危害；而安全措施，與安全工作方法，或防範對策都相同，唯一差異點是安全衛生作業標準較工作安全分析增加了事故處理及圖解兩個欄位。

茲以雙手搬運之安全衛生作業標準為例，列如表 5.3。表 5.4 則為鐵鎚使用之安全衛生作業標準。

表 5.2　安全衛生作業標準

作業種類： 作業名稱： 作業方式： 器具、工具： 防護具：		編號： 訂定日期： 修訂日期： 修訂次數： 製作人：		
工作步驟	工作方法	不安全因素	安全措施	事故處理
圖解				

表 5.3　人力搬運安全衛生作業標準

作業種類：搬運作業 作業名稱：人力搬運 作業方式：個人作業 器具、工具：無 防護具：安全鞋、棉紗手套		編號：C4-080-0001 訂定日期：民國 80 年 12 月 1 日 修訂日期：民國 103 年 8 月 8 日 修訂次數：18 次 製作人：○○○		
工作步驟	工作方法	不安全因素	安全措施	事故處理
一、作業前	1. 穿安全鞋、準備棉紗手套 2. 檢查荷物外觀有無破損 3. 檢查工作範圍環境狀況 4. 檢查防護具是否妥當			
二、作業中	1. 站立於荷物外側，左右腳分開半步 2. 腳下蹲，背部挺直，手掌抵住荷物，手指握緊荷物，提舉荷物 3. 移動腳步，將荷物搬運到預定地點 4. 放下荷物	1. 腳位置不當，重心不穩，易傾倒 2. 姿勢不當，易閃腰 3. 搬運不專心時，荷物掉下，有壓傷腳部危險 4. 放下荷物不慎，有掉落傷腳危機	1. 確認雙腳位置 2. 挺直背部，兩臂貼身，蜷曲下顎，保持平衡 3. 步調自然穩定 4. 確認放置位置，小心放下	壓傷、扭傷或擦傷者即送醫診治
三、作業後	1. 棉紗手套放回原處			
圖解				

表 5.4　鐵鎚使用安全衛生作業標準

作業種類：手工具作業				
單位作業名稱：鐵鎚使用			編號：C4-080-002	
作業方式：個人作業或共同作業			訂定日期：民國 89 年 9 月 20 日	
器具、工具：鐵鎚			修訂日期：民國 103 年 8 月 10 日	
防護具：安全眼鏡			製作人：○○○	

工作步驟	工作方法	不安全因素	安全措施	事故處理
1. 作業前	1-1 選用重量大小合適的鐵鎚 1-2 檢視鎚柄有否斷裂，鎚頭有否裂痕，及鎚頭是否嵌緊於手把	1-2 鐵鎚掉落，打傷人員	1-2 使用完好鐵鎚	1-2 受傷人員迅速送醫治療
2. 作業中	2-1 揮動鐵鎚前，進行人員管制，禁止人員進入工作範圍；注意不要碰到周圍的東西或機械 2-2 手握在鐵鎚柄末端處，舉起手臂敲打，剛開始輕敲，然後逐漸增加力量敲打	2-1 鐵鎚滑出，鐵屑飛濺傷及眼睛 2-2 工作物未固定妥，敲打時飛射而出傷及身體	2-1 確認四周無人與障礙物 2-2 工作物要固定	2-1 同 1-2 2-2 同 1-2
3. 作業後	3-1 鐵鎚歸還工具室	3-1 鐵鎚掉落傷腳	3-1 注意握緊	3-1 同 1-2
圖解				

練習題

1. 我國勞工法令對安全工作標準之規定如何？

2. 如何實施工作分析？

3. 工作安全分析的意義何在？

4. 工作安全分析與零災害預知危險活動的關係何在？

5. 試說明工作安全分析的四個程序。

6. 工作安全分析在決定要分析的工作名稱時，優先選擇次序為何，試說明之。

7. 試說明工作安全衛生分析時，如何發現潛在的危險及可能的危害。

8. 試說明工作安全衛生分析時如何決定安全措施。

9. 事業單位安全衛生作業標準由何人負責製作？何人審核？何人批准？

10. 試列出安全衛生作業標準之功用，並加以說明之。

11. 試以人孔作業為題，製作一份安全衛生作業標準。

12. 工作安全分析有一定的程序，首先應選定重要分析的工作，試列舉六類需要優先選擇之工作。（79高考）

13. 詳述實施工作安全分析的基本步驟與方法？（85台省升12等考試）

14. 試述工作安全分析之程序。（88升等）

15. 說明工作安全分析的意義及實施工作安全分析的優先人員為何？（88高考三級）

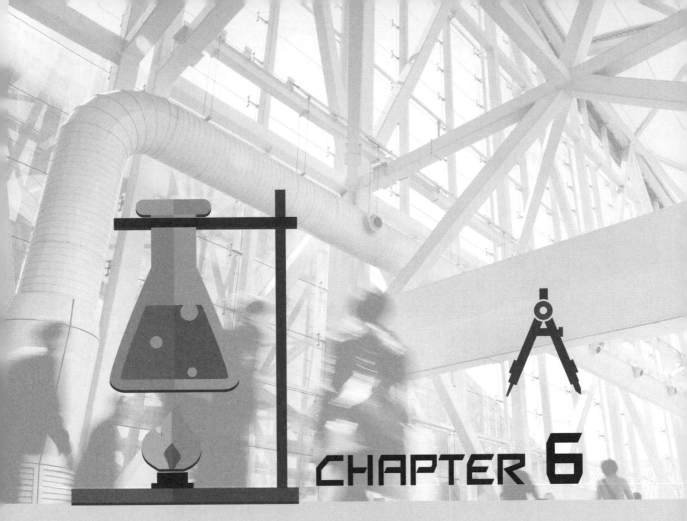

CHAPTER 6

系統安全概論

6.1 概論

民國 82 年 2 月 3 日修正公布之「勞動檢查法」第二十六條規定，危險性工作場所，非經勞動檢查機構審查或檢查合格，事業單位不得使勞工在該場所作業，違反者依該法第三十四條規定，處三年以下有期徒刑、拘役，或科或併科新台幣十五萬元以下罰金。

民國 102 年 7 月 3 日公布之「職業安全衛生法」，其中第十五條規定：有下列情事之一之工作場所，事業單位應依中央主管機關規定之期限，定期實施製程安全評估，並製作製程安全評估報告及採取必要之預防措施；製程修改時，亦同：

1. 從事石油裂解之石化工業。
2. 從事製造、處置或使用危害性之化學品數量達中央主管機關規定量以上。

前項製程安全評估報告，事業單位應報請勞動檢查機構備查。

「職業安全衛生法」第四十二條明定：違反第十五條第一項、第二項之規定，其危害性化學品洩漏或引起火災、爆炸致發生第三十七條第二項之職業災害者，處新台幣三十萬元以上三百萬元以下罰鍰；經通知限期改善，屆期未改善，並得按次處罰。

這就是所謂「台塑條款」！

應經審查之危險性工作場所，石化業一定要有製程安全評估報告書等資料。該報告書並明白規定應實施初步危害分析（preliminary hazard analysis）以分析發掘工作場所重大潛在危害，且應針對重大潛在危害實施下列之一之安全評估方法：

1. 危害及可操作性分析（Hazard and Operability Studies, HAZOP）。
2. 故障樹分析（Fault Tree Analysis, FTA）。
3. 失誤模式與影響分析（Failure Modes and Effects Analysis, FMEA）。
4. 其他安全評估方法（需經中央主管機關認可）。

上述安全評估方法，HAZOP 是一組由不同專業人士組成的小組，利用系統化思考方法，對製程或操作，加以檢討，看看有否對工作人員或環境會造成

表 6.1　嚴重性分級

結果型態	說明
A	與安全無關之操作問題。
B	操作問題，足以影響工廠之運轉，有停車之可能，但不致造成安全的問題。
C	安全的問題，工廠之損失造成危害只在廠內。
D	重大的安全及環保問題，對廠內外都有影響。

表 6.2　發生頻率分類

分類	頻率範圍	說明
經常的	＞ 1	每年平均在一次以上。
可能的	0.1 ～ 1	工廠運轉期間有發生。
也許的	0.01 ～ 0.1	不一定發生。
稀少的	0.0001 ～ 0.01	全世界有發生過，惟次數少。
非常稀少的	＜ 0.0001	雖未發生，但仍有很小之可能。

危害。在危害之鑑定上，HazOp 可運用逐線法（line-by-line method）及逐步法（step-by-step method）來做分析，檢討流量、溫度、壓力等有無偏差，而造成的結果其嚴重性的等級（**表 6-1**）及發生之頻率（**表 6-2**）做概估分類，並提出原則性的分類。

　　另一種失誤模式與影響分析（FMEA），起初為關心生產作業上可能失誤的模式，後來也被用來考慮系統上某一部分可能造成不安全狀況的產生。FMEA，每個部分都個別地加以分析以決定其失誤特性，並需預測系統的一部分如何產生事故。失誤效果分析單（**表 6-3**）之項目說明如下：

表 6.3　失誤效果分析單

項次	可能的失誤	可能的原因	型式	結果	改善對策	效果	發生機率	失誤分類	備註

1. 改善對策：為防止假設失誤之發生所應採取的對策。
2. 發生機率：建立基本失誤率（Basic Error Rate, BER），此需蒐集數據並加以統計。BER 之單位是百萬次數作業中失誤次數。
3. 失誤分類：
    (1) 安全：失誤不致改變系統執行任務的能力，不會損壞系統功能，或造成系統危險：也不會造成人員受傷或明顯的財產損失。
    (2) 安全邊緣（marginal）：失誤會影響系統的能力，但不會損壞系統或造成人員受傷，或有財物的明顯損失，且適度的對策即可以改善。
    (3) 嚴重的：失誤會影響系統的任務，造成基本的損壞，人員的受傷，或財物的毀損。為了人員及系統的存活，需立即採改善行動。
    (4) 災害的：失誤會造成系統嚴重的停頓，無法運作，有一人以上的死亡或多數人員的受傷。

至於決定發生的機率是很重要的，但很難。一般分為下列四種：

1. 可能的：在一萬小時以內的作業有一次失誤。
2. 合理可能的：在一萬小時以上十萬小時以下之作業中有一次失誤。
3. 微可能的：在十萬小時以上千萬小時內之作業中有一次失誤。
4. 極不可能的：在千萬小時以上的作業中有一次失誤。

6.2 故障樹分析

　　對危險的流程及作業加以系統分析是主管人員的主要安全工作。系統分析將任何系統視為一整體，並強調其中任一部分之改變均會對其他部分產生影響，特別是對安全的影響。

　　系統分析對主管人員可能十分陌生，對許多安全工作人員亦然，但其技巧常在專業研討會中討論，而系統安全專家也常使用。試考慮下列幾個問題，你如何去解答：

1. 系統的每一個部分如何造成損壞或人員受傷？正常使用的情況？不正常使用的情況？
2. 損壞或傷亡為何易於發生？
3. 每一個危險因素都可以防止嗎？如何防止？如無法防止，結果會怎樣？

4. 每一個危險因素都可以控制嗎？可以控制之程度多少？有限危害的潛在可能結局是什麼？可容忍嗎？

上述問題是系統安全專家會解答的問題，主管人員可以藉瞭解一些系統安全分析技巧，而增進工作之安全。

最為大家熟悉的系統安全分析技術是故障樹分析，又稱失誤樹分析。它在太空計畫中大量被運用，而今在製程安全管理中被大量使用。它最先由貝爾實驗室的工程師發展出來，後來波音公司、美國國防部及太空總署對武器及太空系統的承攬商都要求運用失誤樹分析。安全工程師對之有興趣，也是由於其可以計算失誤事件的或然率。而在決定危險控制決策時，也是強有力的技術。

圖 6.1 所示為失誤樹方塊圖，在圖中所用的失誤樹符號，解釋如下：

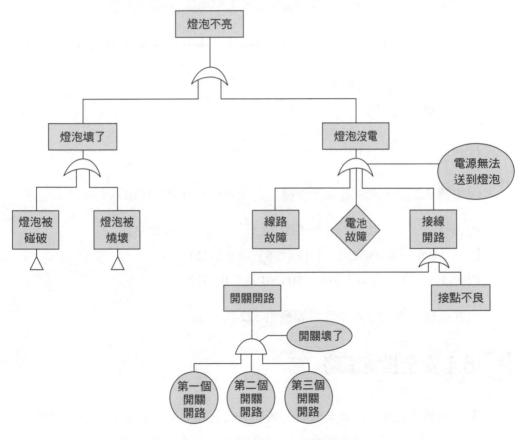

圖 6.1　燈泡不亮失誤樹狀圖

1. 鐘形的和閘（AND Gate），表示其下各項都存在時，其上事件才會存在。

2. 盔形的或閘（OR Gate），表示其下任一項存在時，其上事件就會存在。

3. 長方形符號，表示一特定事件，可以進一步加以分析的。

4. 菱形符號，表示事件之發展因缺乏資料中止分析。

5. 橢圓形符號，表示在某種條件下，閘下面事件才會存在。

6. 圓形符號，表示系統中基本事件，無需加以分析。

7. 正三角形符號，表示可以轉移或連接到樹中的另一部分。

8. 倒三角形符號，表示可以轉移或連接到樹中的同一部分。

6.3 或然率之計算

失誤樹中，或閘情況時，事件發生之或然率可以下式計算之：

$$P_o = 1 - \pi_{i=1}^{n} \left(1 - q_i \right) \cdots\cdots\cdots\cdots\cdots\cdots\cdots\cdots 6.1$$

q_i 為第 i 項事項的或然率

若為和閘情況，則

$$P_A = \pi_{i=1}^{n} q_i \cdots\cdots\cdots\cdots\cdots\cdots\cdots\cdots\cdots\cdots\cdots\cdots 6.2$$

例如**圖 6.2** 中，欲決定 A 事件發生之或然率，可以計算如下：

$P_E = 1 - \left(1 - 0.05 \right)\left(1 - 0.05 \right)\left(1 - 0.01 \right) = 0.106525$

$P_c = \left(0.8 \right)\left(0.106525 \right)\left(1.0 \right)\left(0.5 \right) = 0.04261$

$P_A = 1 - \left(1 - 0.01 \right)\left(1 - 0.04261 \right) = 0.0522$

也就是在一萬次中 A 事件可能發生 522 次。

6.4 安全投資策略

主管人員不但要會計算某種狀況可能失敗的或然率，或某事件發生之或然率，同時，為確保工作場所安全，可以提出一些改善方案，而方案中，何者為最佳投資策略，也可以利用失誤樹來分析。

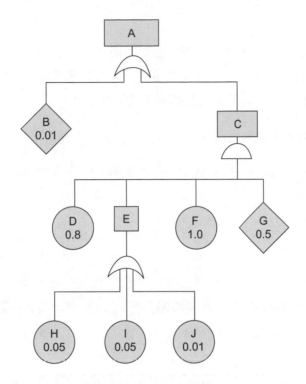

圖 6.2　頂上事件 A

　　在失誤樹中，許多因素會造成事故發生，因此為防止或減少事件發生之或然率，需進行改善活動，但改善活動往往需有金錢上的投資。不過投資後，失誤減少，可以減少損失。這種損失，就是負效用值（negative utility）（**表 6.4**）。

　　導致意外事故的事件，其預期負效用值 $E = \sum\limits_{i=1}^{N} P_i U_i$，在失誤樹中最上面的事件叫頂上事件，頂上事件的臨界值 $C = PE$，其中 P 即為頂上事件發生的或然率，原則上 P 值在 0.01 ～ 0.1 之間。E 即頂上事件負效用值。

表 6.4　負效用值表

嚴重度分類	嚴重度	負效用值 U_i
1	急救	20 美元
2	暫時全失能	345 美元
3	永久部分失能	2,500 美元
4	永久全失能	21,000 美元

例

在**圖** 6.2 中，若 A 事件，在一百萬工時中，曾發生十次意外事故，其中五次為急救事故，三次為暫時全失能事故，一次為永久部分失能事故，另外一次為永久全失能事故，則期望值及臨界值各為多少？

解 參照**表** 6.4 之負效用值

1. $E = \dfrac{5}{10} \times 20 + \dfrac{3}{10} \times 345 + \dfrac{1}{10} \times 2{,}500 + \dfrac{1}{10} \times 21{,}000 = 2{,}463.5$（美元）

2. $C = PE$

$\quad = 0.0522 \times 2{,}463.5$

$\quad = 128.6$

對 E 事件而言，有三種方法可以降低 E 發生的或然率，即對 H、I、J 提出改善方案：(1) 裝設圍籬；(2) 裝設電動警鈴；(3) 裝設警告標誌，以防止或提醒人員禁止進入工作範圍而減少 A 事件之發生。若此三種方法之投資金額及效益如下：

方法	說明	投資金額	效益
1	裝設圍籬	800 美元	P_H 降為 0
2	裝設電動警鈴	400 美元	P_I 降為 0
3	裝設警告標誌	100 美元	P_J 降為 0.009

今要決定三種投資方案中何者最佳，則選擇策略如下：

1. 若採取第一種方法：

$P_E = 1 - (1 - 0)(1 - 0.05)(1 - 0.01) = 0.0595$

$P_C = (0.8)(0.0595)(1.0)(0.5) = 0.0238$

$P_A = 1 - (1 - 0.01)(1 - 0.0238) = 0.03356$

$C = 0.03356 \times 2463.5 = 82.68$

∴投資金額／投資效益 $= 800 / (128.6 - 82.68) = 17.42$

2. 若採取第二種方法：

$P_E = 1 - (1 - 0.05)(1 - 0)(1 - 0.01) = 0.0595$

$P_C = (0.8)(0.0595)(1.0)(0.5) = 0.0238$

$P_A = 1 - (1 - 0.01)(1 - 0.0238) = 0.03356$

$C = 0.03356 \times 2463.5 = 82.68$

∴投資金額／投資效益 $= 400 / (128.6 - 82.68) = 8.71$

3. 若採取第三種方法：

$P_E = 1 - (1 - 0.05)(1 - 0.05)(1 - 0.009) = 0.10562$

$P_C = (0.8)(0.10562)(1.0)(0.5) = 0.0422$

$P_A = 1 - (1 - 0.01)(1 - 0.0422) = 0.051778$

$C = 0.051778 \times 2463.5 = 127.56$

∴投資金額／投資效益＝ $100 / (128.6 - 127.56) = 95.70$

因此，由上數計算中，第二種方法其每單位的投資效益所需投資金額只要 8.71，為最少，所以為最佳投資方案。

6.5 布林代數

一個布林代數變數均有兩個模數，即真（T，1）或假（F，0），如 A＝ BC＋DE，所欲決定 A 之真值，其他四個變數之真值應知道，若 B＝F，C＝ T，D＝T，E＝F則 A＝F。

欲計算真值，可以利用下列簡化規則。

(1) $XX = X$,　　　　　$X + X = X$
(2) $X\overline{X} = F$,　　　　$X + \overline{X} = T$
(3) $XY + XZ = X(Y + Z)$,$(X + Y)(X + Z) = X + YZ$
(4) $XY + X\overline{Y} = X$,　　　$(X + Y)(X + \overline{Y}) = X$
(5) $X + XY = X$　　　$X(X + Y) = X$
(6) $X + \overline{X}Y = X + Y$　　$X(\overline{X} + Y) = XY$

例如圖 6.3 之失誤樹，以布林代數所表示時，$A = (B + C)(D + B)$ 利用上述之簡化規則，$A = B + CD$，因此上圖可以簡化為圖 6.4。

為什麼要簡化呢？我們試以或然率計算來說明之。

若 $P_{(B)} = 0.8$，$P_{(C)} = 0.5$，$P_{(D)} = 0.2$

未簡化之時，

$P_{(A)} = [1 - (1 - 0.8)(1 - 0.5)][1 - (1 - 0.2)(1 - 0.8)$

　　$= 0.9 \times 0.84$

　　$= 0.756$

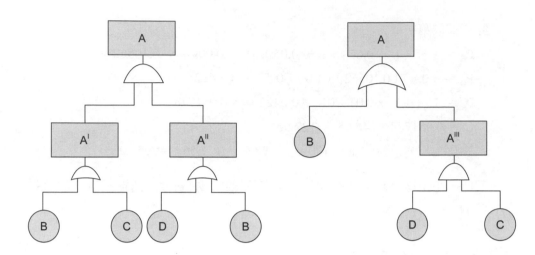

圖 6.3　A 事件之失誤樹　　　　　　圖 6.4　圖 6-3 之簡化圖

簡化時，

$$P_{(A)} = 1 - (1 - 0.8)(1 - 0.5 \times 0.2)$$
$$= 1 - 0.2 \times 0.9$$
$$= 0.82$$

　　兩者會不一樣，主要是由於**圖 6.3** 中，頂上事件 A 之失誤率有重複計算的錯誤，才導致失誤率偏低。所以布林代數之簡化對主管人員很重要，要熟知簡化技巧，才不致錯估改善方案，使其失誤或或然率偏低！

6.6 圖解簡化法

　　布林代數用卡納夫圖來簡化的觀念是由費契（E. W. Veitch）及卡納夫（M. Karnaugh）所導入並修改成的非常實用技巧。他將布林代數所有可能事件在卡納夫圖中占滿有關空間，結果很清楚許多空間被相關事件所占住，因此重複計算失誤率，影響頂上事件之失誤率之正確性。

　　第 I 格中表示 A 事件不發生且 B 事件也不發生。

　　第 II 格中表示 A 事件發生但 B 事件不發生。

　　第 III 格中表示 A 事件不發生但 B 事件發生。

　　第 IV 格中表示 A 事件發生且 B 事件也發生。

由圖 6.5 清楚知道，有 A、B 兩變數時，需 $2^2 = 4$ 個空間（即 4 格），若有 A、B、C、D 四個變數時，$2^4 = 16$ 個空間，即需 16 格之卡納夫圖才能表示相關位置關係，如圖 6.6 所示。

<table>
<tr><td>A</td><td>0</td><td>1</td></tr>
<tr><td rowspan="2">B
0</td><td>$\overline{A}\,\overline{B}$
(I)</td><td>$A\,\overline{B}$
(II)</td></tr>
<tr><td>(III)
$\overline{A}\,B$</td><td>(IV)
AB</td></tr>
</table>

圖 6.5　AB 的卡納夫圖

<table>
<tr><td>AB
CD</td><td>00</td><td>01</td><td>11</td><td>10</td></tr>
<tr><td>00</td><td></td><td>(2)</td><td></td><td></td></tr>
<tr><td>01</td><td></td><td></td><td>(7)</td><td></td></tr>
<tr><td>11</td><td>(9)</td><td></td><td></td><td></td></tr>
<tr><td>10</td><td></td><td></td><td></td><td>(16)</td></tr>
</table>

圖 6.6　ABCD 的卡納夫圖

第 (2) 格代表 $\overline{A}\,B\,\overline{C}\,\overline{D}$，即 A、C、D 都不發生，只有 B 發生。

第 (7) 格代表 $A\,B\,\overline{C}\,D$，即 A、B、D 都發生，只有 C 不發生。

第 (9) 格代表 $\overline{A}\,\overline{B}\,C\,D$，即 A、B 不發生，只有 C、D 發生。

第 (16) 格代表 $A\,\overline{B}\,C\,\overline{D}$，即 A、C 發生，但 B、D 不發生。

圖解簡化技巧，可歸納為下列步驟：

步驟一：將布林代數以乘積之和表示

例如 $T = (A + B)(\overline{A} + C)(AC + \overline{D})$

則：

$$T = (AC + \overline{A}B + BC)(AC + \overline{D})$$
$$= AC(AC + \overline{D}) + \overline{A}B(AC + \overline{D}) + BC(AC + \overline{D})$$
$$= AC + \overline{A}B\overline{D} + ABC + BC\overline{D}$$
$$= AC + BC\overline{D} + \overline{A}B\overline{D}$$

步驟二：將每一項在卡納夫圖上相關空間表示（圖 6.7）

$$T = AC + BC\overline{D} + \overline{A}B\overline{D}$$

$\quad$ (1) $\qquad$ (2) $\qquad$ (3)

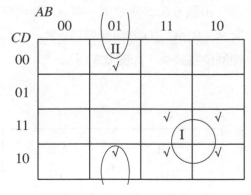

CD \ AB	00	01	11	10
00		3		
01				
11			1,	1,
10		2, 3	1, 2	1,

圖 6.7　T＝（A＋B）（$\overline{A}$＋C）（AC＋$\overline{D}$）的卡納夫圖中，1 表示第一項 AC 所占空間

圖 6.8　圖 6.7 之結合方式

步驟三：相鄰空間之最大結合

結合原則為相鄰的空間才能相結合，兩個結合，或四個、八個結合（即 2^n 空間結合）。兩個結合，消去一個變數；四個結合，消去兩個變數；八個結合，消去三個變數；**圖 6.8** 為結合方式。

步驟四：由卡納夫圖中讀出簡化的式子

如**圖 6.8** 中，I 之結合代表 AC

II 之結合代表 $\overline{A}B\overline{D}$

所以 $T = AC + \overline{A}B\overline{D}$

6.7 圖解計算失誤率

假設某工程師設計一線路圖如**圖 6.9**。

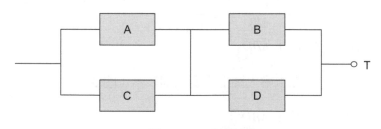

圖 6.9　T 線路圖

依圖 $T = (A + C)(B + D)$

若各事件失誤之或然率為 $P_{(A)} = 0.9$，$P_{(B)} = 0.8$，$P_{(C)} = 0.7$，$P_{(D)} = 0.6$，
則 $P_{(T)} = ?$

$$T = (A + C)(B + D)$$
$$= AB + AD + BC + CD$$
$$\quad (1) \quad\; (2) \quad\; (3) \quad\; (4)$$

如果直接帶入各或然率，則 $P_{(T)} > 1$，顯然不合理，主要原因在圖 6.10 中
可以知道，有許多空間被重複占住，所以重複計算之結果會有偏差。

圖 6.11 之結合方式，是絕無重複可能的方式之一，讀出時

$$T = \overline{A}\,\overline{B}CD + \overline{A}BC + AB + A\overline{B}D$$
$$\quad\;\; (\text{I}) \qquad (\text{II}) \quad (\text{III}) \quad (\text{IV})$$

$$\begin{aligned}
\therefore P_{(T)} &= q_a q_b P_c P_d + q_a P_b P_c + P_a P_b + P_a q_b P_d \\
&= (0.1)(0.2)(0.7)(0.6) + (0.1)(0.8)(0.7) + (0.9) \\
&\quad (0.8) + (0.9)(0.2)(0.6) \\
&= 0.8924
\end{aligned}$$

CD＼AB	00	01	11	10
00			1	
01			1, 2	2,
11	4,	3, 4	1, 2 3, 4	2, 4
10		3,	1, 3	

圖 6.10 T ＝（A ＋ C）（B ＋ D）
之卡納夫圖

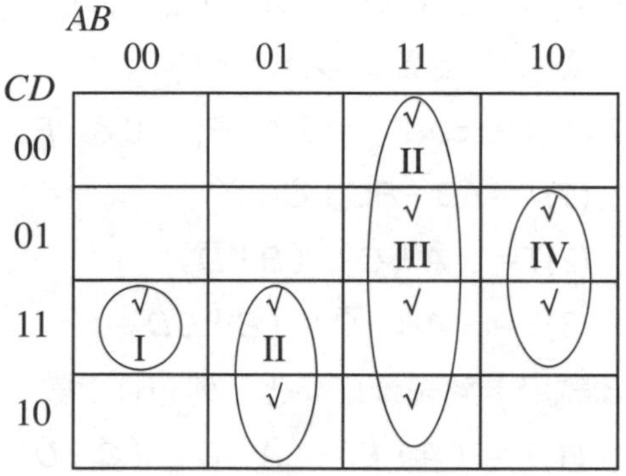

圖 6.11 圖 6.10 之結合方式卡納夫圖

練習題

1. 試繪製$T＝〔（A＋B）C〕〔D（E＋F）〕$之失誤樹圖。

2. 布林方程式$T＝A＋B（C＋D）＋E$，(1)試繪製其失誤樹圖，(2)$P_a＝0.01$，$P_b＝0.03$，$P_c＝P_d＝0.4$，$P_e＝0.001$，則$P_{(T)}＝？$

3. $T＝AB＋AC＋DE$，(1)試繪製其失誤樹圖，(2)$P_a＝0.01$，$P_b＝0.03$，$P_c＝P_d＝0.2$，$P_e＝0.001$，則$P_{(T)}＝？$

4. $T＝A（B＋C）（D＋E）$，(1)試繪製其失誤樹圖，(2)若A、B、C、D、E之或然率分別為0.01、0.05、0.05、0.02、0.02，則$P_{(T)}＝？$ (3)頂上事件T以前曾發生過20次，其中5次為永久全失能事故，10次為永久部分失能事故，其餘均為暫時全失能事故，設若各類型傷害之負效用值分別為300,000、13,000及5,000，試決定(1)頂上事件發生之預期負效用值，(2)頂上事件之臨界值，(3)若針對B予投資100元，而$P_{(B)}＝0.01$，則單位投資效益為多少？

5. $T＝AB＋CDE＋F$，$P_{(A)}＝0.02$，$P_{(B)}＝0.03$，$P_{(c)}＝0.01$，$P_{(D)}＝0.5$，$P_{(E)}＝0.04$，$P_{(F)}＝0.5$，則(1)試繪製其失誤樹圖，(2)若每次事故損失100工作天，則頂上事件之預期損失為多少？(3)若投資2,500元可將$P_{(C)}$及$P_{(D)}$降為0.005，或投資5,000元，可將$P_{(F)}$降為0.01，請問哪一個方案之投資有利？

6. $T＝AB＋ACD＋BCD$，$P_{(A)}＝0.8$，$P_{(B)}＝0.9$，$P_{(C)}＝0.7$，$P_{(D)}＝0.6$，若A、B、C、D各為獨立事件，則$P_{(T)}＝？$

7. $P_{(A)}＝0.6$，$P_{(B)}＝0.7$，$P_{(C)}＝0.8$，$P_{(D)}＝0.9$，試計算下列各式$P_{(T)}＝？$

   (1)$T＝AB＋BC＋CD$

   (2)$T＝（A＋C）（B＋\overline{D}）$

   (3)$T＝（AB＋\overline{C}）（\overline{B}＋CD）$

8. 試用卡納夫圖以簡化下列布林代數。

   (1)$T＝（A＋\overline{B}）（\overline{A}＋C）（\overline{C}＋\overline{D}）$

   (2)$T＝AB＋\overline{A}\,\overline{B}＋A\overline{C}＋\overline{B}CD＋\overline{B}\,\overline{C}\,\overline{D}＋A\overline{B}C\overline{D}$

   (3)$T＝（A＋B＋C）（\overline{A}＋B＋D）$

   (4)$T＝（A＋B）\overline{C}（A＋D）$

   (5)$T＝AB＋AB\overline{C}D＋A\overline{B}D＋B（C＋\overline{D}）$

   (6)$T＝（A＋D）（\overline{A}＋\overline{C}）BCD$

   (7)$T＝AB（C＋D）＋CD（\overline{A}＋\overline{B}）$

9.(1)圖中之T＝？

　(2)若箭頭往上，則T＝？

　(3)若無箭頭，則T＝？

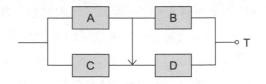

10.若$P_{(A)}$＝0.9，$P_{(B)}$＝0.8，$P_{(C)}$＝0.7，$P_{(D)}$＝0.6，則$P_{(T)}$＝？

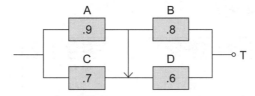

11.下圖中，T＝？

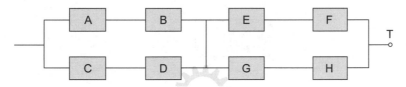

12.試列出失誤樹分析中，和閥與或閥的計算公式，並計算出下圖頂上事件A的發生機率。（86專技高考）

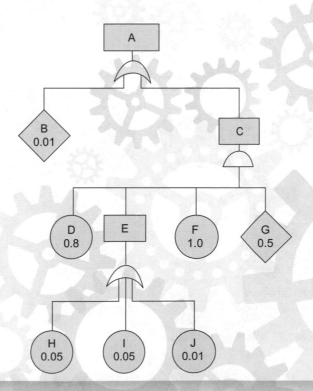

13. 假設頂上事件A，在一百萬工時內共發生20次，其中16次為急救事故（U_i＝2,000），2次為暫時全失能（U_i＝10,000）；1次為損失3,000天之永久失能（U_i＝150,000），另一次為死亡事件（U_i＝600,000）。

(1) 試求下圖失誤樹所示之A事件其預期負效用值和臨界值。

(2) 如該失誤樹，有三方案可改善儲槽油氣外洩之情形，方案如下表，請依投資效益比較而決定採取何方案投資。

方法	說明	投資金額（元）	效益
甲	換新安全閥	100,000	$P_{(K)}$ 降為 0.1
乙	進出口管線換新	40,000	$P_{(L)}$ 降為 0
丙	裝警報標誌	50,000	$P_{(M)}$ 降為 0.1

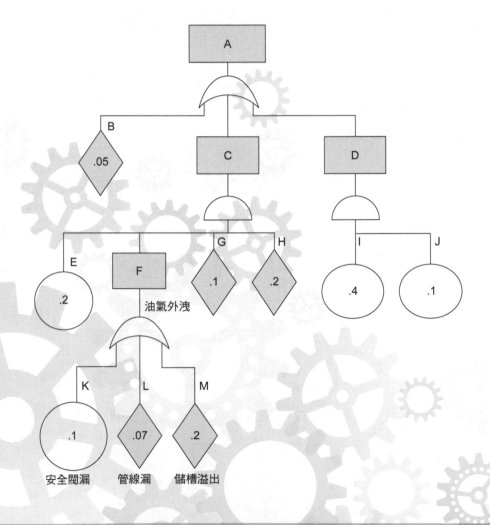

14.試以磨床時有碎片進入眼睛為頂上事件做失誤樹分析。提示：

(1)操作人員沒戴安全眼鏡。

(2)沒戴安全眼鏡的非操作人員接近工作區。

假定在進行分析時，決定只對第二個可能原因繼續深入探討。

15.簡化失誤圖。（79高考）

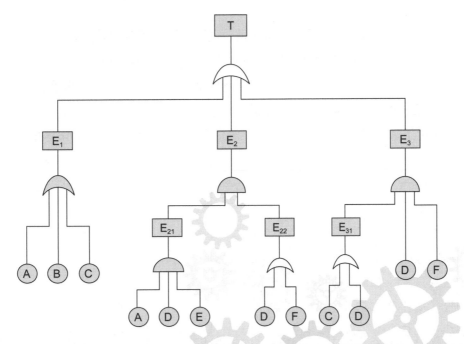

16.失誤樹圖和事件樹均可用來量化一個事故的機率，前者以演繹方法來推論，而後者，係以歸納方法來推論，方法不同結果卻可一樣，請對一下述系統分別以失誤樹和事件樹的建造和分析，算出事件的機率。（82高考）

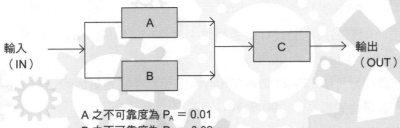

A 之不可靠度為 $P_A = 0.01$

B 之不可靠度為 $P_B = 0.02$

C 之不可靠度為 $P_c = 0.007$

事故為「輸入正常時，輸出卻失效」

17.說明嚴重偶發事件技術（Critical Incident Technique）之：

(1)目的；(2)進行方式；(3)優點；(4)缺點或限制；(5)如何彌補缺點或限制。
（82高考）

18.何謂事件樹（Event Tree）的分析技術？請說明其用途及作法？（85專技）

19.從事石油產品裂解之工作場所，依法應如何辦理製程安全評估作業。（87高考三級）

20.何謂失誤樹分析技術？請說明其功用及建造原則。（87專技）

21.(1)一個典型HAZOP討論會的事前準備工作，包含哪些項目？

(2)下圖之製程，A與B兩種進料分別傳送至反應槽，經反應生成產品C，若B的流率小於A，則將發生失控反應。

請利用下述導字來考慮管線1中可能發生之異常狀況有哪些？（88專技）

```
NONE
MORE
LESS
AS WELL AS
PART OF
REVERSE
OTHER THAN
```

22.試說明HAZOP之實施方法步驟，並比較其與What-if法之差異。（88專技）

23.失誤型式及其影響分析（Failure Modes and Effects Analysis, FMEA）之程序為何？（88檢覆）

24.試說明此配對名詞，並比較其差異性：失誤樹（fault tree）分析、事件樹（event tree）分析。（90專技）

25.請以故障樹分析法（Fault Tree Analysis）分析手持電動砂輪作業，砂輪破裂導致人員傷亡的事故。（90專技）

26.解釋名詞：Risk Metric。（90專技）

27.試說明下列配對名詞，並比較其差異：失誤樹分析，事件樹分析。（91專技）

28.請說明系統安全失誤樹分析（fault tree analysis）：

(1)使用之符號。

(2)分析步驟。

(3)應用與限制。（91專技）

29.有一化學反應槽發生反應失控必須要進料系統和洩壓系統皆失效，進料系統包括：進料閥、壓力控制器（PID）；洩壓系統包括：壓力警報器（PIA）、洩壓閥。四個元件的年失誤率（faults/yr）為：進料系統：進料閥（0.4）、壓力控制器（PID）（0.15）；洩壓系統：壓力警報器（PIA）（0.15）、洩壓閥（0.04）。假設進料閥與壓力控制器為連動系統，壓力警報器（PIA）與洩壓閥為連動系統。〔提示：可靠度= $e^{-(\text{年失誤率}) \times (\text{時間})}$〕試畫出系統的失誤樹；計算反應槽發生反應失控年失誤率；與反應槽失控平均失誤中間時間MTBF（mean time between failures）為幾年？（91專技，工安技師）

30.附圖為某電動機械短路起火的失誤樹，試求：

(1)頂上事件A的最小切集（Minimum Cut Set）為何？

(2)若已知基本事件X1、X2、X3與X4的發生頻率（λ，次／年）分別為0.1、0.2、0.2與0.3，請問未來一年內頂上事件A發生的機率（p）為多少？

〔提示〕：基本事件未來t年內發生機率（p）與發生頻率（λ）間的關係為：$p = 1 - e^{-\lambda t}$（102高考三級，安全工程）

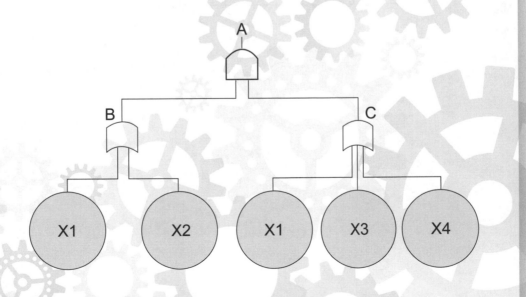

31.(1)何謂故障率、故障機率密度函數、累積故障機率密度函數、可靠度？

 (2)實務上，如何取得故障率數據，及可靠度數據以作為風險評估所需機率之
  依據？（103高考三級，工業安全管理）

32.可靠度計算：（103高考三級，工業安全管理）

 (1)可靠度方塊圖如下，機率各為0.9，系統可靠度為何？

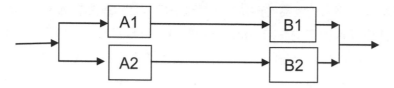

 (2)可靠度方塊圖如下，機率各為0.9，系統可靠度為何？

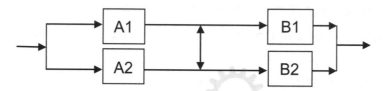

 (3)可靠度方塊圖如下，機率各為0.9，系統可靠度為何？

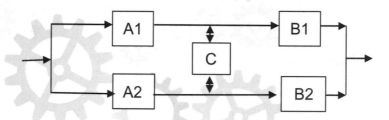

CHAPTER 7

承攬管理

7.1 我國營造業的安全績效

我國於民國 64 年訂頒「營造安全衛生設施標準」，加強營造業的安全管理與檢查，使得營造業死亡千人率由民國 65 年的 0.98 下降至民國 76 年為 0.265，績效確有進步，惟與美國比較，美國在民國 89 年已降為 0.13，而我國在民國 101 年才降低至 0.131；日本在民國 90 年已降至為 0.1，而我國迄今仍無法達成這標準，顯示我國營造業安全仍有很大的努力空間。

另外，民國 102 年我國營造業死亡千人率為 0.120，比全產業的 0.030，高出 300%。而在民國 71 年至 102 年間，我國重大職災死亡者共計 12,167 人，營造業有 6,061 人，占 49.82%。這兩項指標告訴我們，營造業的安全績效非常不佳，需要營造業雇主、工地負責人與工安專業人員更努力去改善它。

表 7.1、**表 7.2** 分別為勞委會在民國 76 年成立以後我國營造業的災害千人率、頻率等統計情形。顯示近年來營造業的職災千人率、頻率都是製造業的數倍。

我們將**表 7.1** 內我國營造業職業災害千人率繪製成**圖 7.1**，更清楚顯示政府與營造業對營造業安全管理的努力是不夠的。我們必須承認，台灣營造業也有安全衛生績效表現優異者，但以全國總績效而言，民國 84 年營造業職災千

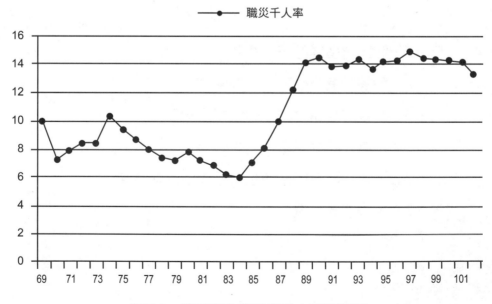

圖 7.1　我國營造業職災千人率趨勢圖

表 7.1 我國營造業職業災害千人率變化趨勢與製造業災害千人率一覽表

年別	營造業死亡	營造業失能	營造業傷病	營造業災害	製造業災害
76	0.265	0.758	7.209	8.231	7.538
77	0.28	0.673	6.533	7.486	6.652
78	0.306	0.623	6.045	6.974	6.056
79	0.286	0.508	6.018	6.812	5.621
80	0.255	0.558	6.451	7.264	5.861
81	0.217	0.529	6.031	6.777	5.461
82	0.183	0.429	5.715	6.391	5.181
83	0.231	0.538	5.18	5.84	4.874
84	0.208	0.599	4.853	5.599	4.657
85	0.211	0.597	5.748	6.558	4.805
86	0.259	0.97	6.775	7.632	5.245
87	0.254	0.731	8.38	9.365	5.638
88	0.203	0.962	10.33	11.495	6.305
89	0.223	1.034	12.144	13.402	7.070
90	0.210	1.069	12.303	13.582	6.969
91	0.188	1.016	11.793	12.997	6.638
92	0.175	0.838	12.131	13.144	6.549
93	0.131	0.808	12.572	13.511	6.576
94	0.172	0.769	12.027	12.968	6.319
95	0.161	0.715	12.511	13.388	6.304
96	0.122	0.765	12.633	13.519	6.005
97	0.130	0.655	13.279	14.063	6.170
98	0.128	0.630	12.866	13.625	5.522
99	0.097	0.600	12.862	13.559	5.626
100	0.125	0.620	12.730	13.475	5.233
101	0.131	0.668	12.564	13.363	4.927
102	0.120	0.569	11.884	12.573	4.409

資料來源：民國 76 ～ 102 年勞動檢查年報。

表 7.2　我國營造業職業災害趨勢與製造業總合災害指數一覽表

年別	營造業失能 傷害頻率	營造業失能 傷害嚴重率	營造業總合 災害指數	製造業總合 災害指數
76	1.67	1,125	43.34	40.23
77	1.16	1,169	36.82	32.21
78	0.85	427	19.05	32.10
79	1.34	592	28.17	33.67
80	1.14	420	21.88	34.17
81	1.34	1,246	40.86	29.50
82	1.25	837	32.35	30.38
83	1.68	1,442	49.22	36.06
84	1.06	1,012	32.75	26.68
85	1.38	990	11.69	29.45
86	1.16	1,060	35.07	27.92
87	1.28	1,163	38.58	23.10
88	0.92	684	25.09	20.85
89	1.43	864	35.15	20.15
90	0.81	348	16.79	19.45
91	1.70	1,549	51.32	15.74
92	0.89	496	21.01	16.35
93	0.97	521	21.81	17.90
94	1.49	572	29.19	30.44
95	2.89	1,321	61.79	24.55
96	3.27	905	54.40	22.89
97	2.93	651	43.67	20.00
98	2.49	721	42.37	20.55
99	2.17	518	33.53	19.92
100	1.71	681	34.13	17.71
101	1.96	709	37.28	15.81
102	1.93	458	29.73	16.44

資料來源：民國 76 ～ 102 年勞動檢查年報。

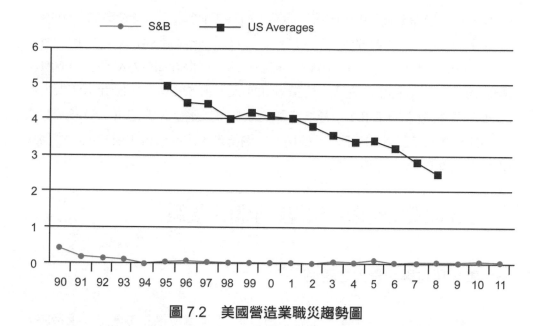

圖 7.2　美國營造業職災趨勢圖

人率為 5.599，係為歷史上最低，其後即不斷爬升，民國 90 年為 13.582，為歷史新高，其後就在高原上徘徊，而於民國 97 年破紀錄達 14.062。以民國 102 年與 84 年相比，前者的千人率比後者增加 124.56%，證明產官學的努力是無效的！這是非常嚴肅的議題，我們工安專業人員不能不深入檢討的，何況從圖 7.2，美國營造業從 1996 年以來，損時失能事故率節節下降，這些年降幅已達 50% 以上，這樣的績效給我們相當大的啟發：有為者當若是。

7.2 我國營造業災害的主要類型

民國 102 年，我國職業災害傷亡人數為 36,089 人，其中傷病 33,302 人，失能 2,498 人，死亡 289 人；而營造業傷病有 8,194 人，失能 392 人，死亡 83 人，合計 8,669 人，約占全產業的 24.02%。

102 年營造業職災（含交通）中，墜落、滾落人數為 1,960 人，占營造業的 19.26%；跌倒計 1,105 人，占 10.86%；物體飛落、倒塌、崩塌計 544 人，占 5.35%；衝撞計 168 人，占 1.65%；感電 59 人，占 0.58%；物體倒塌、崩塌計 118 人，占 1.16%；其他計 6,223 人，占 61.15%。96 年我國營造業傷病有 8,933 人，失能 541 人，死亡 86 人，合計職災人數共 9,560 人，約占全產業

的 24.64%。營造業職災中，墜落、滾落人數為 2,542 人，占營造業的 27.05%；
跌倒計 1,098 人，占 11.69%；物體飛落、倒塌、崩塌計 941 人，占 10.01%；
被夾、被捲計 1,229 人，占 13.08%；被切、割、擦傷計 2,312 人，占 24.60%；
感電 78 人，占 0.83%；被撞、衝撞計 489 人，占 5.20%；其他計 707 人，占
7.52%。這些數字顯示 102 年營造業職災類型，以墜落、滾落傷亡最多，其次
為跌倒傷害，第三為物體飛落、倒塌、崩塌傷害。這些傷害主要類型次序與民
國 96 年之統計分析大不相同。

7.3 職業安全衛生法規對承攬之規範

一、事業單位與承攬人之關係

「職業安全衛生法」第二十五條規定：「事業單位以其事業招人承攬時，
其承攬人就承攬部分負本法所定雇主之責任；原事業單位就職業災害補償仍應
與承攬人負連帶責任，再承攬者亦同。」

(一)承攬與僱傭

承攬與僱傭不同，稱僱傭者，謂當事人約定，一方於一定或不定之期限
內為他方服勞務，他方給付報酬之契約；稱承攬者，謂當事人約定，一方為
他方完成一定之工作，他方俟工作完成，給付報酬之契約，此在「民法」第
四百八十二條及第四百九十條已有明文規定。承攬在當事人二者之間不具從屬
關係，有關承攬關係之認定，除了依上述原則外，仍應就「民法債編」中所提
承攬人特徵，如品質保證、瑕疵修補、解約或減少報酬損害賠償、危險負擔等
加以分析認定。

(二)勞動契約與承攬契約

內政部民國 74 年 7 月 19 日 74 台內勞字第 326694 函釋：「勞動契約係以
勞動給付為目的，承攬契約係以勞動結果為目的；勞動契約於一定期間內受僱
人應依雇方之指示，從事一定種類之活動，而承攬契約承攬人只負完成一個或
數個工作之責任。」

惟承攬與否之認定，行政院勞工委員會曾在民國 83 年 3 月 4 日以台 83 勞

安三字第 08846 號函釋：「原事業主僅將部分工作交由他人施工，本身仍具指揮監督、統籌規劃之權者，應不認定具承攬關係。」

另許多單位發包工程屬於代工不帶料之合約，則行政院台 87 訴字第 42029 號訴願決定書已明白指出：「甲與乙間代工不帶料之合約，如以勞動給付為目的，且甲對乙所僱勞工具指揮監督管理權限時，甲與乙所僱勞工間應係僱傭關係。」此點行政法院在 88 年度判字第 4082 號判決書中也清楚指示：「甲將工程之工作交由承攬人招攬人承作，雖名為承攬，惟甲係按實際到工人數及工作天數發放工資，且派有工地主任在場管理，對乙方之工人有管理權，其實質仍以勞務給付為主目的，甲與乙方之工人間應屬勞動（僱傭）契約。」

移動式起重機「連人帶車」之租賃關係，如出租人除了出租移動式起重機供租用人使用外，並指派操作人員完成租用人之一定工作（吊掛作業），則雖名為租賃，其間並非單純之起重機租賃關係，而係租賃兼具承攬關係。

事業單位廠房、設備之檢修、保養及增添機器、設備之安裝工作，如僅以僱工方式從事者，不認定為承攬。

以計件為要件，且受管理、指揮、監督，訂定之勞動契約不視為承攬。

自營作業者之認定，以管理、監督、指揮之有無決定之，如未能證明其不受管理、監督、指揮，一般以僱傭關係視為勞工。

(三)「事業」與「事業單位」

事業係指「反覆從事一項經濟活動」、「於一定之場所為業，從事營運之一體」，例如工廠僱用勞工工作，而該工廠係於一定之場所連續為「業」，故其為一事業，但事業與事業單位不同，「事業單位」係指「僱用勞工從事工作之機構」，故需要「雇主與勞工」同時存在，才稱之為事業單位。

事業單位以其事業之一部分或全部交付承攬有關是否屬其「事業」之認定，以該事業單位實際經營內容及所必要輔助活動作個案認定，不以登記之營業項目為限，亦即要有當時之營運相關性，並依下列原則認定：

1. 事業單位將其生產設施之興建工程交付承攬，而該工程相關作業與其經營內容有關者，為其事業之一部分。
2. 事業單位將其設備之維修、保養、安裝、清潔等交付承攬是否認定為「以其事業交付承攬」，應就該事業單位之經營內容、規模、組織、人員能力及機具設備等綜合考量是否「與其經營內容專業有關」或「專業

能力所及者」，做個案認定。例如：

(1) 某製造工廠將設備維修工程交付承攬，因其設有專責組織負責維修工作，認定為「以其事業交付承攬」；但某餐廳或小型事業單位如將上述工程交付承攬，則認定為業主。

(2) 業主將土建工程、機電工程、空調工程等平行分包，且各承攬人共同作業時，依現行法令規定，只能認定各平行分包為其所屬承攬人之原事業單位。

(3) 某電力公司輸配電工程之配電管溝工程、電桿新設工程、電塔工程、變電所及電廠之機電及發電設備安裝工程等，均為其電力事業之一部分，如交付承攬時，電力公司應認定為原事業單位，不得以輸配電前之前置作業為由，認定為業主。

(4) 某電力公司工程隊將電容器儲存倉庫圍牆工程交付承攬，工程完全由承攬人負責施工且該公司未參與工作，故該公司非屬原事業單位。

(5) 某煉油廠廠房興建工程、油槽建造工程，如於生產前完全交付他人承攬，且施工亦非在其工作場所範圍內，可認定非其經營範圍。

(6) 某工廠興建辦公室、員工宿舍或廠房，如全部交付他人承攬興建，且施工亦非在該廠工作場所範圍內，可認定非其經營範圍。

(四)承攬人之法律地位

承攬人既自事業單位承攬業務，因此認定承攬人應就承攬之部分負雇主之責任。

◆事業全部交付承攬時，以該承攬人為原事業單位

將事業交付承攬之事業單位既為事業單位，必為事業之營運主體，亦即僱用勞工工作之主體。若將事業之全部支付承攬，此時，該事業單位已中斷該事業之營運，亦即該事業之營運已全都由承攬人所承受，如該承攬人自行營運該事業而不交付再承攬，亦即自行僱用勞工從事工作時，該承攬人自為該事業之雇主，該交付承攬之事業單位視為業主自無不當。但該承攬人如將該事業交付再承攬時，不論其為全部或一部之承攬，仍以該承攬人為原事業單位。此項認定之因，係基於：

1. 承攬人有承攬之能力，亦即具有營運之技能。
2. 為防止義務主體之轉嫁推延給基本之勞動主體（勞工者）之故。

又事業單位分割交付承攬而不自行營運該事業之任何部分時，原事業單位為各自之部分承攬人，此理與前述相同，交付承攬者已中斷事業之營運為其理論基礎。

◆事業之一部分交付承攬時，以交付者為原事業單位

將事業之一部分交付承攬時，認定交付承攬者為原事業單位之原因，乃在於確認該交付者具有事業之自立營運能力，且該事業單位對該事業之營運並未中斷為學理之基礎。故不論一部分之承攬為單一或為複數之承攬人，仍以原有之第一次發包人為原事業單位。

綜合上述，在本法規定，承攬關係中原事業單位與承攬人或再承攬人間之責任關係可歸納如次：

1. 承攬人於承攬時就承攬部分負「雇主」之責任，再承攬時亦同。
2. 原事業單位就職業災害補償與承攬人負連帶責任，再承攬時亦同。

二、承攬關係中，危害之告知義務

「職業安全衛生法」第二十六條規定：「事業單位以其事業之全都或一部分交付承攬時，應於事前告知其承攬人有關其事業工作環境、危害因素暨本法及有關安全衛生規定應採取之措施。」條文之目的係事業單位（如造船業、鋼鐵業、化工業、製造業、營造業等事業單位）之工程施作、設備維護及修理、材料及製品的綑綁、運搬等作業常交付承攬，這些作業因常較危險、有害，故責由原事業單位，實施必要之指導及告知，使其承攬人不致違反相關規定及發生職業災害。另承攬人就其承攬之全部或一部分交付再承攬時，承攬人亦應依前項規定告知再承攬人。此條文即在闡述承攬關係中危害因素之告知義務。

(一)告知時機

條文中之「事前」，係指「承攬契約成立後，於承攬人工作開始之前」之意。「事前」在承攬契約成立前不具任何義務。

(二)告知方式

應以書面為之或召開協商會議並作成紀錄。未有書面告知或召開協商會議

作成紀錄等佐證資料者，應認定為違反規定。例如：事業單位於〇〇工程〇〇作業前以合約、備忘錄、協議紀錄、工程會議紀錄、安全衛生日誌等任何形式文件書面告知承攬人其作業環境、危害因素暨依「職業安全衛生法」及有關安全衛生規定應採防災措施者，勞動檢查機構均認定合乎規定。

(三)告知內容

「危害因素」指可能構成「危險」與「有害」之因素。「危險」一般係指可能造成之危險性要素，而「有害」指暴露於環境中一般時期可能構成之因素，如職業疾病為最顯著之一例。除此之外，事業單位應告知依本法法規及有關安全衛生規定，對承攬人（含再承攬）應知悉而採取之措施，此應為原事業單位既存已知或預期可知，且可能造成之主要危害及預防事項，而非鉅細靡遺事項。

告知之內容應為事業單位交付承攬範圍內，原事業單位作業活動與承攬人提供其勞務有相關之工作場所內之建築物、設備、器具、危險作業（如動火作業、高架作業、開挖作業、爆破作業、高壓電活線作業等）及有害作業環境（如局限空間作業、危害物質作業等）所可能引起之危害，暨與此等相關之職業安全衛生法令規定應採取之措施。至於承攬人勞工作業自行造成之危害因素，如使用不安全、不合格之機具、設備，或自行作業造成之不安全環境，不能苛責於原事業單位者，不應課原事業單位未善盡危害告知責任。

例如：

1. 事業單位化學設備內部存有危害因素，應於事前告知承攬人。
2. 非可能造成主要危害之危害因素，而為一般安全衛生常識或承攬人之不安全行為造成之危害，不得苛責為原事業單位未盡告知危害因素，如通道應保持淨空、不得濕滑等或車輛行進中人員乘坐於車斗上之危害因素等。

三、共同作業之職業災害防止

「職業安全衛生法」第二十七條明白要求事業單位與承攬人、再承攬人分別僱用勞工共同作業時，為防止職業災害，原事業單位應採取一般必要措施。條文之目的係在積極防止共同作業時，各相關事業單位彼此之作業指揮及聯絡

方式不一，而造成職業災害，故原事業單位應負第二十七條第一項之統合管理義務。

(一)共同作業

「職業安全衛生法施行細則」第三十七條規定，本法第二十七條所稱共同作業，係指原事業單位與承攬人、再承攬人分別僱用勞工於「同一期間」、「同一工作場所」從事工作。作業活動之場所不論施工期間長短或是否經常出入，如有重疊部分均屬同一期間、同一工作場所範疇，雖工作僅數小時之吊運鋼筋至工地等作業，亦有共同作業之事實，但工作完後，無重疊時自可退出協議組織運作。因此，「同一期間」宜以同一工程之期間作為認定；至「同一工作場所」則宜以工程施工所及之範圍及彼此作業間具有相互干擾之範圍認定之。

同一工作場所原事業單位本身無勞工進行作業時，則不產生「職業安全衛生法」第二十七條第一項職業安全衛生統合管理義務。至於事業單位本身勞工有否進行作業則以該事業單位有否實施工程施工管理論斷。所謂工程施工管理指包括「施工管理」、「工程管理」、「勞務管理」等綜合性管理。如工程發包單位、設計事務所等僅在確認工程是否依契約按設計圖、工作規格書施工，應稱為「設計管理」，非屬工程「施工管理」，不認定為共同作業，原事業單位不負職業安全衛生統合管理之義務。

是否屬同一工作場所，依下列原則認定。但該工作場所如以設施區隔相關承攬人作業，無混同作業情形，則非屬同一工作場所。

◆建築相關工程
　　1. 大樓建造工程為該工程作業場所涵蓋之全部範圍。
　　2. 鐵塔建造工程為該工程作業場所涵蓋之全部範圍。
　　3. 輸配電線工程為該工程各別工區。
　　4. 變電所或發電廠建設工程為該工程作業場所涵蓋之全部範圍。

◆土木相關工程
　　1. 捷運建造工程為該工程各別工區。
　　2. 道路建造工程為該工程各別工區。
　　3. 隧道建造工程為該工程各別工區。
　　4. 橋樑建造工程為該工程作業場所涵蓋之全部範圍。

5. 水力發電廠建造工程，如為堰堤工程則為該工程作業場所涵蓋之全部範圍、水路隧道工程則為該工程各別工區、發電廠建設工程則為該工程作業場所涵蓋之全部範圍。

6. 水利工程為該工程各別工區。例如：

(1) 事業單位與承攬人職業安全衛生管理無法完全劃分，工程並非完全隔離獨立，與承攬人等彼此作業具有相互干擾〔如承攬人動火作業、高架作業或入槽（密閉）作業須向事業單位申請工作許可或停送電之連繫等〕，認定為共同作業。

(2) 電力公司將「配電外線工程」交付承攬，而該承攬人、再承攬人所從事之作業，如裝設新電桿、橫擔及架空電線等作業，均屬配電外線工程之一部分，而配電外線工程屬該電力公司事業之一部分；該工程如於裝設新電桿時緊鄰送電中之舊電桿，而供電中之線路、電桿均為該電力公司營運範圍內勞工作業影響範圍所及之場所，對承攬人或再承攬人之勞工從事配電外線工程之電桿、鋼製橫擔裝設作業，已明顯產生感電危害關聯，屬本法第二十七條所稱之共同作業。

(3) 本法第二十七條所稱之「共同作業」，係指原事業單位將其事業之一部分交付承攬時，而與承攬人、再承攬人於同一期間、同一工作場所分別僱用勞工從事工作之謂。原事業單位如僅派員作規劃、監督及指導時，則非屬共同作業。

(4) 事業單位以其事業之全部或一部分交付承攬時，事業單位如僅於工程進行中不定期派二、三人檢驗工程品質、結構及規範等事項，則非屬本法第二十七條所稱之「共同作業」。

(5) 本法第二十七條所稱之「共同作業」，係指原事業單位、承攬人或再承攬人等僱用之勞工於同一期間、同一工作場所從事工作，即實際參與作業，而其參與，不限於勞力，且應依事實認定是否有共同作業。惟單純瞭解工作進度與監督者，尚非屬共同作業。

(6) 事業單位如於其工作場所內之空地，劃出一部分供承攬人使用，其間隔離區分，其勞工不致與承攬人之勞工混同工作，且相互間無作業干擾影響之情形，則非屬本法第二十七條所稱之共同作業。

(二)共同作業應採取之「必要措施」

◆設置協議組織，並指定工作場所負責人，擔任指揮、監督及協調之工作（第一款）

　　1. 協議組織應由原事業單位工作場所負責人或其代理人召集之，所有承攬人、再承攬人等之現場工作場所負責人（非職業安全衛生人員）均應參與協議組織運作，並定期或不定期協議下列事項（「職業安全衛生法施行細則」第三十八條）：

　　(1) 安全衛生管理之實施及配合。

　　(2) 勞工作業安全衛生及健康管理規範。

　　(3) 從事動火、高架、開挖、爆破、高壓電活線等危險作業之管制。

　　(4) 對進入密閉空間（局限空間）、有害物質作業等作業環境之作業管制。

　　(5) 電氣機具入廠管制。

　　(6) 作業人員進場管制。

　　(7) 變更管理。

　　(8) 劃一危險性機械之操作信號、工作場所標識（示）、有害物空容器放置、警報、緊急避難方法及訓練等。

　　(9) 使用打樁機、拔樁機、電動機械、電動器具、軌道裝置、乙炔熔接裝置、電弧熔接裝置、換氣裝置及沉箱、架設通道、施工架、工作架台等機械、設備或構造物時，應協調使用上之安全措施。

　　(10) 其他認有必要之協調事項。

　　2. 原事業單位指定之工作場所負責人應為於該工作場所中代表雇主實際執行管理、指揮或監督勞工從事工作之人，即職業安全衛生統合管理（工地）負責人（主任），如負責現場管理之最高主管。

◆工作之連繫與調整（第二款）

　　為了原事業單位、承攬人及再承攬人間彼此的緊密聯絡，以安排相關作業之調整，在每日的安全施工程序協調會中，工作場所負責人或其代理人應經常進行施工程序的連繫及調整，下列高危險性作業的連繫與調整，特別要落實執行：

1. 關於前後作業的工作時間的調整、保養的方法、機械停止運轉、停電及供電、作業人員進入管制等危害防止措施的連繫。
2. 關於施工架、模板、起重機、打（拔）樁機之組合及拆卸等作業時間的調整及危害防止措施的連繫。
3. 關於物料吊升、卸貨作業時，周邊作業人員間作業時間的調整及危害防止措施的連繫。
4. 使用同一施工架進行作業時間之調整，以及作業人員間的聯絡方法。
5. 使用營建機械進行作業時與周邊作業人員的聯絡與調整。
6. 爆破等相關作業時間的預告及其實施時間的聯絡與調整。
7. 起重機等危險性機械操作信號的統一。
8. 有機溶劑等有害物容器存放場所的統一。
9. 工作場所標識（示）的統一。

◆工作場所之巡視（第三款）

1. 工作場所負責人或其代理人，必須每日巡視工作場所一次以上，以確認設施的安全、協議事項及連繫與調整事項的落實，並發掘相關問題。在巡視時如發現承攬人或其作業人員有違法情事應予以糾正。巡視之結果應每日就異常之有無及糾正結果加以記錄。
2. 原事業單位如已實施巡視且留有紀錄，惟因承攬人臨時將安全防護設施移除造成不符合規定時，原事業單位如已訂有承攬商稽核制度並落實執行，且未有積極證據證明該巡視紀錄為不實時，不得認定原事業單位違反規定。

◆相關承攬事業間之安全衛生教育之指導及協助（第四款）

原事業單位基於對關係承攬人之安全衛生教育的指導及協助的立場，有必要進行教育設施的提供、教育資料的提供、講師的支援等，並督促承攬人、再承攬人對其所僱用勞工之職業安全衛生條件應符合有關法令規定。

◆其他為防止職業災害之必要事項（第五款）

應為中央主管機關已公告之事項。

兩個以上承攬商分別承攬某事業單位工程而有共同作業，且原事業單位未參與共同作業時，即應指定其一家擔任本法之原事業單位責任，而兩家以上共同承攬工程時，應互推一人為代表人，負本法雇主之責任。

四、共同承攬

共同承攬實質上為民法上之合夥而一體承包工程之一種勞動型態。在民法中稱「合夥」者,「謂二人以上互約出資以經營共同事業之契約」。惟在承攬工程後,極有可能其各事業所僱之勞工分別在同一場所內工作而造成複雜之勞動型態。

在「職業安全衛生法」第二十八條規定:「二個以上之事業單位分別出資共同承攬工程時,應互推一人為代表人;該代表人視為該工程之事業雇主,負本法雇主防止職業災害之責任。」

共同承攬係指二個或二個以上承攬人基於資金、人力等之實際需要,而以約定方式從事承攬一事業而言。在理論上各別之共同承攬人應自行擔負各自所使用之職業災害之防範責任者自無庸贅言。惟共同承攬時可形成之問題在於共同承攬形成之共同作業。在此情況下如沒有共同承攬權人之統一指揮者,則易在工作中造成無可避免之災害,因此,在本條文就其彼此間之牽連性加以規範,使其推選代表人負雇主責任。但代表人在未能推選前如遇職業災害時,自應由各自承攬人分別自行擔負雇主之責任。

7.4 承攬在勞動基準法上之規範

「勞動基準法」第八條規定:「雇主對於僱用之勞工,應預防職業上災害,建立適當之工作環境及福利設施。其有關安全衛生及福利事項,依有關法律之規定。」由此可見「勞動基準法」實為我國勞工安全與衛生的勞動保護政策揭示了明確的原則。

「勞動基準法」第六十二條明定:「事業單位以其事業招人承攬,如有再承攬時,承攬人或中間承攬人,就各該承攬部分所使用之勞工,均應與最後承攬人,連帶負本章所定雇主應負職業災害補償之責任。事業單位或承攬人或中間承攬人,為前項之災害補償時,就其所補償之部分,得向最後承攬人求償。」

目前許多事業單位以統包方式將某項工作交予承攬,原事業單位往往誤會統包工程,所以所有責任全部都交付給承攬人。事實上,這是錯誤的想法。此點在「勞動基準法」第六十三條有明確說明:「承攬人或再承攬人工作場所,在原事業單位工作場所範圍內,或為原事業單位提供者,原事業單位應督促承

攬人或再承攬人,對其所僱用勞工之勞動條件應符合有關法令之規定。」此勞動條件係指工作時間、休息、休假,安全衛生、福利、加班費等而言。

至職業災害補償規定,則六十三條第二項明確規定:「事業單位違背勞工安全衛生法有關對於承攬人、再承攬人應負責任之規定,致承攬人或再承攬人所僱用之勞工發生職業災害時,應與該承攬人、再承攬人負連帶補償責任。」

7.5 承攬在職業安全衛生管理辦法上之規範

新修訂之「職業安全衛生管理辦法」第十二條之一明定:「雇主應依其事業單位之規模、性質,訂定職業安全衛生管理計畫。」此計畫包括承攬管理事項。而該辦法第十二條之五明定:「第一類事業勞工人數在三百人以上之事業單位,以其事業之全部或一部分交付承攬或與承攬人分別僱用勞工於同一期間、同一工作場所共同作業時,除應依本法第二十六條或第二十七條規定辦理外,應就承攬人之安全衛生管理能力、職業災害通報、危險作業管制、教育訓練、緊急應變及安全衛生績效評估等事項,訂定承攬管理計畫,並促使承攬人及其勞工,遵守職業安全衛生法令及原事業單位所定之職業安全衛生管理事項。」

也就是說具顯著風險之事業單位僱用勞工人數(含承攬人、再承攬人之勞工人數)在三百人以上者應依規定訂定一份完整之承攬管理計畫,以確實有效管理承攬業務。

7.6 局限空間作業

對局限空間採取有效的安全管理是承攬安全管理非常重要的一個項目。局限空間的有效管理請參考**圖 7.3**。

一、危害防止計畫

「職業安全衛生設施規則」第二章工作場所及通路之第二節即為局限空間專節,其第二十九條之一明定:雇主使勞工於局限空間從事作業前,應先確認該空間內有無可能引起勞工缺氧、中毒、感電、塌陷、被夾、被捲及火災、爆

1. 主管人員須簽證：
   (1) 要完成的工作。
   (2) 要依循的程序。
   (3) 要使用的設備。
   (4) 需遵守的注意事項。
   (5) 工作人員資格條件。
   (6) 儲槽準備事項。

2. 夥伴系統工作，一人在槽上，一人在槽外。

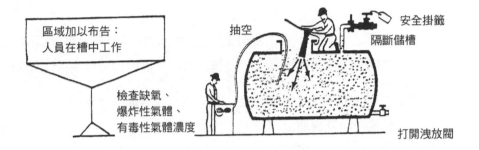

3. 使用合適的呼吸設備及防護服裝：
   (1) 沒有濾毒罐面具。
   (2) 不得脫去呼吸器以進入槽中。

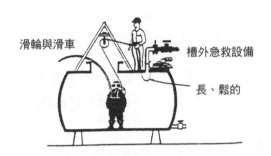

圖 7.3   進入局限空間作業圖

炸等危害，有危害之虞者，應訂定危害防止計畫，並使現場作業主管、監視人員、作業勞工及相關承攬人依循辦理。

前項危害防止計畫，應依作業可能引起之危害訂定下列事項：

1. 局限空間內危害之確認。

2. 局限空間內氧氣、危險物、有害物濃度之測定。

3. 通風換氣實施方式。

4. 電能、高溫、低溫及危害物質之隔離措施及缺氧、中毒、感電、塌陷、

被夾、被捲等危害防止措施。

5. 作業方法及安全管制作法。

6. 進入作業許可程序。

7. 提供之防護設備之檢點及維護方法。

8. 作業控制設施及作業安全檢點方法。

9. 緊急應變處置措施。

二、公告

第二十九條之二明定：雇主使勞工於局限空間從事作業，有危害勞工之虞時，應於作業場所入口顯而易見處所公告下列注意事項，使作業勞工周知：

1. 作業有可能引起缺氧等危害時，應經許可始得進入之重要性。

2. 進入該場所時應採取之措施。

3. 事故發生時之緊急措施及緊急聯絡方式。

4. 現場監視人員姓名。

5. 其他作業安全應注意事項。

而第二十九條之三也要求：雇主應禁止作業無關人員進入局限空間之作業場所，並於入口顯而易見處所公告禁止進入之規定。

三、環境監測與作業檢點

第二十九條之四明定：雇主使勞工於局限空間從事作業時，因空間廣大或連續性流動，可能有缺氧空氣、危害物質流入致危害勞工者，應採取連續確認氧氣、危害物質濃度之措施。

第二十九條之五規定：雇主使勞工於有危害勞工之虞之局限空間從事作業前，應指定專人檢點該作業場所，確認換氣裝置等設施無異常，該作業場所無缺氧及危害物質等造成勞工危害。檢點結果應予記錄，並保存三年。

四、進入許可管制

第二十九條之六規定：雇主使勞工於有危害勞工之虞之局限空間從事作業

時，其進入許可應由雇主、工作場所負責人或現場作業主管簽署後，始得使勞工進入作業。對勞工之進出，應予確認、點名登記，並作成紀錄保存一年。進入許可，應載明下列事項：

1. 作業場所。
2. 作業種類。
3. 作業時間及期限。
4. 作業場所氧氣、危害物質濃度測定結果及測定人員簽名。
5. 作業場所可能之危害。
6. 作業場所之能源隔離措施。
7. 作業人員與外部連繫之設備及方法。
8. 準備之防護設備、救援設備及使用方法。
9. 其他維護作業人員之安全措施。
10. 許可進入之人員及其簽名。
11. 現場監視人員及其簽名。

至於局限空間從事銲接、切割、燃燒及加熱等動火作業則除應依前項規定辦理外，應指定專人確認無發生危害之虞，並由雇主、工作場所負責人或現場作業主管確認安全，簽署動火許可後，始得作業。

五、缺氧或中毒危害防止

第二十九條之七明定：雇主使勞工從事局限空間作業，有致其缺氧或中毒之虞者，應依下列規定辦理：

1. 作業區域超出監視人員目視範圍者，應使勞工佩戴安全帶及可偵測人員活動情形之裝置。
2. 置備可以動力或機械輔助吊升之緊急救援設備。但現場設置確有困難，已採取其他適當緊急救援設施者，不在此限。

練習題

1. 説明一般營造工程發生災變的原因。（84高考二級）

2. 請説明我國勞工安全衛生設施規則與營造安全衛生設施標準的重要規定內容及其立法間的相關法理。（85專技）

3. 請説明鋼構組配作業之危害特性，並説明其勞工安全衛生法規的重要規定內容。（89高考三級）

4. 基礎工程之連續壁施築主要可分為哪些作業項目？施築過程中可能有哪些災害發生？（89專技）

5. 在營造工程高處作業中，經常使用之墜落防止設施除(1)設置護欄或護蓋，(2)提供安全帶，(3)張掛安全網三種傳統設施外，尚有(4)設置警告設施，(5)讓勞工於地面而能完成高處所須作業等，請解答下述問題：

   (1) 就以上設施所提供保護勞工的程度，排列優先選擇之順序；就三種傳統上使用之設施，以其保護勞工人數多寡排列優先選擇順序。

   (2) 説明各種安全設施，在使用上之限制，即須於防墜安全教育訓練中告知勞工其殘留風險之訊息。（89專技）

6. 營造業職災發生率偏高，請列出三項營造業勞工職業災害死亡的主要事件類型，再進一步分析其直接原因和間接原因。

7. 如果你是安全衛生人員，試問應如何進行營建施工安全管理工作？（91專技，工安技師）

8. 請説明局限空間可能產生之危害種類及相關預防法規內容，並提出可能的立法改進架構。（91專技，工安技師）

9. 試述進入儲槽、下水道或密閉空間作業可能發生之危害，並分別説明各危害之預防方法。（92簡任升等）

10. 請就水平承攬及垂直承攬之關係説明原事業單位和各級承攬人的防災作為與相關法律責任。（94專技，安衛法規）

11. 試述「勞工安全衛生法」及「勞工安全衛生法施行細則」對於承攬的相關規定？（94專技，衛生技師安衛法規）

12. 若有員工進入通風不良的作業空間立即發生昏厥現象，在狀況未明時，應如何緊急應變處理？若事後調查發現乃因為缺氧所引起，身為安全衛生管理人員如何防止類似的事情發生？（94專技，衛生技師衛生管理實務）

13. 請評析我國近年來營建工程工安事故發生情況和原因。並就如何全面提升營建安全提出您的見解。（96簡任升等）

14. 何謂缺氧作業場所？在通風不良的環境中，造成缺氧的原因有哪些？（96專技，衛生技師衛生管理實務）

15. 以下問題，請詳加說明：

(1)何謂缺氧？

(2)所謂缺氧危險作業，是指哪些缺氧危險場所從事之作業？

(3)雇主使勞工於缺氧危險場所或其鄰接場所作業時，應將哪些注意事項公告於作業場所入口顯而易見之處所，使作業勞工周知？（99高考三級，工業安全管理）

16. 依據「勞工安全衛生設施規則」之規定，請說明依法雇主使勞工於局限空間作業前應確定之事項及危害防止計畫之內容。（103高考三級，工業安全衛生法規）

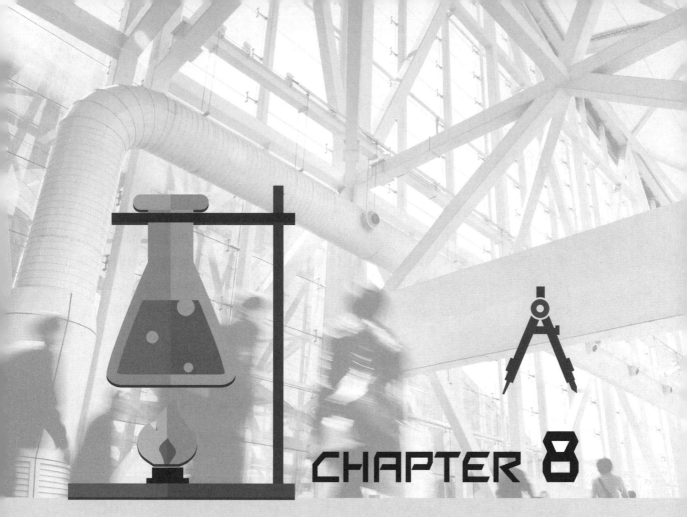

CHAPTER 8

製程安全管理

8.1 綜論

1984 年美國聯碳公司在印度波帕爾（Bhopal）的工廠洩漏出異氰酸甲酯（MIC），造成 2,000 人死亡，20 萬人罹災的世紀大災難，引起工業界與工安界高度重視。美國職業安全衛生署（OSHA）乃在 1990 年公布 29CFR 1910.119 此一高危險性化學品（HHC）製程安全管理（Process Safety Management, PSM）規定。其立法主要目的乃在防止或減少毒性、反應性、可燃性或爆炸性等高危險性化學品外洩而引起的火災爆炸或有毒性物質洩漏之危害。此製程乃指使用、儲存、處置或移動高危險性化學品的任何活動。

在此同時，美國化學工程師協會（AIChE）的化學製程安全中心（CCPS）出版了《化工製程安全技術管理指引》，而美國石油學會（API）也修訂製程危害管理指引；另外，美國化學業製造業協會也在其責任照顧計畫中修訂了製程安全管理實務標準。

美國製程安全管理規定適用於製程超過規定量的場所，或同一場所之易燃性液體或氣體大於 10,000 磅者，或製造爆炸物及焰火場所。惟不適用於零售業、平時無人駐守之遙控設備、鑽井或其服務活動；消費性碳氫燃料也不適用，除非是其他高危險性化學品製程之一部分。常壓儲槽，及其可燃性液體之運送若保持在正常沸點以下，未利用冷卻，冷凍者亦不適用。

我國行政院勞委會在 1993 年 2 月 3 日公布實施「勞動檢查法」，並在次年頒布「危險性工作場所審查暨檢查辦法」，規定危險場所應經審查暨檢查，才可使工作人員在其間作業，基本上即要實施製程安全管理制度。

我國「勞動檢查法」第二十六條規定，石化工業場所，製造、處置、使用危險物、有害物之數量達中央主管機關規定數量之工作場所等危險性工作場所，非經勞動檢查機構審查或檢查合格，事業單位不得使勞工在該場所作業；藉建立此等危險性工作場所之製程安全管理規範，以彌補安全技術應用之不足。

8.2 美國 OSHA 製程安全管理內容

製程安全管理是安全管理系統之一方案或計畫，與損失控制管理一樣，並不是制度，也非系統。而其強調的各項單元，大都是安全管理早已行之有年的項目，但將與製程安全相關之安全實務彙總成一完善之方案，確可強化製程安

全之疏漏，因此就 OSHA 製程安全管理內容說明如下：

一、製程安全資訊（Process Safety Information, PSI）

製程安全資訊是為執行製程安全管理所須建立的基本書面資料，包括：

1. 製程中有害化學品資料，如毒性資料、物理性資料、反應性資料、腐蝕性資料、熱安定性及化學安定性資料等。
2. 製程技術資料，如方塊流程圖、製程化學、製程偏離引起之後果等。
3. 製程設備資訊，如結構材質、管線儀器圖、電氣分級、通風系統、質能平衡等。

事實上這些資訊都是進行製程危害分析所必備的基本資料。

二、員工參與（Employee Involvement, EI）

法令要求發展一套有關員工參與的行動方案的書面程序，要求在進行及發展製程危害分析及其他製程安全管理項目時，要與員工及其代表們加以諮商，及要求對員工和其代表們提供製程危害分析之結果與其他資訊。此員工包括公司員工及承攬商員工。

三、製程危害分析（Process Hazard Analysis, PHA）

製程危害分析的目的在鑑別、分析製程中各種潛在危害，評估其風險並提出風險控制的措施，以避免事故的發生。雇主可採用「如果一會如何」（What-if）分析、檢核表（Checklist）、危害及可操作性分析（HazOp）、失誤模式與影響分析（FMEA）、失誤樹（或稱故障樹）分析（FTA）及其他類似方法進行製程危害分析。

四、操作程序（Operating Procedure）

雇主需針對每一製程訂定書面操作程序，並將所有相關製程安全資訊提供給員工遵循。操作程序中包括每一操作階段步驟，如試車、正常操作、暫停操

作、緊急停機、緊急操作、正常停機、歲修等，此外亦包括操作限制，如安全衛生條件及安全系統與其功能的步驟；另為供員工使用，需時時檢討修正以確保程序能反映現在之操作實況；更需對特殊環境，諸如上鎖、標示，及局限空間進入等提供安全工作守則。操作程序至少每年檢核一次。

五、訓練

訓練的目的在確保所有員工瞭解從事製程安全工作及預防災害事故所需之知能。此類訓練應強調製程安全及衛生方面的特殊危害、緊急操作，及安全工作實務。每三年需再訓練一次，各種訓練須記錄，內容包括訓練日期、訓練課程及成果評估等。

六、承攬管理

有關油氣場所維修，重大修復工程，或特殊工作，在製程內，或接近製程之工作中，針對原事業單位雇主及承攬商負責人所涉及之責任加以規範區分。承攬商應負責對其工作人員加以訓練，使能安全地執行工作，確保承攬商工作人員清楚潛在危害，緊急應變計畫，並能遵守製程安全規定，並對工作之危害告訴現場負責人。

七、開俥前安全查核（Pre-Start up Safety Review, PSSR）

新工廠及明顯修改的場所應有安全查核，以確認建造作業及設備均與設計規範相符；確認合適的安全、操作、維護及緊急應變程序均已各就各位，也確認操作人員均已完成訓練。新工廠的製程安全評估必須已完成，改善建議執行完畢。而修改的設備必須符合變更管理。

八、機械完整性（Mechanical Integrity, MI）

為確保製程中使用之機械設備具有良好的設計、建造、安裝及維護，減少意外事故之發生，現場負責人應建立製程設備完整性的書面程序並加以執行。其內容包括維修作業程序、設備安全作業程序、設備檢查與測試、設備校正及

品質管制等。

九、動火作業（Hot Work）

動火作業是指在含有可燃或易燃之作業現場進行可能產生火源的工作。進行動火作業之前，應向管理單位申請簽發動火工作許可單才可進行。動火工作許可單上應包括核准日期及時間、工作地點及內容、動火範圍、需要的防護設備、工作程序及相關人員的簽字。動火工作許可單須建檔備查。

十、變更管理（Management of Change, MOC）

當製程中使用的物質、技術、設備、設施及程序等有所變更，即需建立書面之管理程序，以確保此種變更都能事先經過適當人員的評估及對可能產生的危害採取適當的防護措施。此種程序需包括：變更的技術依據、變更對安全衛生的影響、因應變更而修改的操作程序、變更時間（永久或暫時性變更）、變更的授權許可。

變更後應對此項工作之員工及承攬商加以告知並訓練。製程安全資訊及操作程序應配合變更而更新。

十一、事故調查（Incident Investigation）

對於每一件導致高危險性化學品洩漏、火災、爆炸的災害事件或虛驚事故均需調查，雇主必須在四十八小時內儘速成立調查小組執行調查工作，小組成員中至少有位熟悉製程者（若有承攬商工作則應有一位承攬商工作人員），及其他具有調查分析技術之知識與經驗者，調查結束後應提出事故調查報告，此報告應保存五年以上。

此外，雇主應與所有相關員工針對事故共同檢討，並追蹤完成改善建議，期能從錯誤中學習，避免事故再次發生。

十二、緊急應變計畫

為減少災害造成之損失，事業單位應事前針對全廠區研訂、發展一套緊急

應變計畫，以供事故發生時據以執行。緊急應變計畫中應建立緊急應變組織、人員的職責、通訊管道、疏散程序、應變資源之整備、外界支援體系、災後處理等緊急應變程序。

十三、安全稽核

安全稽核的目的在於評估事業單位內安全管理整體運作情形，並查核工作現場之安全衛生狀況是否遵照公司的程序實施。管理階層可經由安全稽核瞭解製程安全管理上的缺失，經由改善增進安全管理績效。

稽核須由熟悉製程人員或小組進行，事後需撰寫查核報告，針對稽核所發現缺失應提供改善建議。雇主應至少每三年稽核一次，以確保製程安全管理的適用性。

十四、商業機密

雇主需提供全部有關製程安全管理資訊，而為避免商業機密外洩，可要求員工或有關人員簽訂保密合約。

8.3 我國製程安全管理規定

鑑於國際各主要工業國家如日本、歐盟、英國、美國分別訂定製程安全管理相關法規，我國於民國 82 年 2 月 3 日公布「勞動檢查法」，民國 82 年 8 月 25 日發布「勞動檢查法施行細則」，並依「勞動檢查法」第二十六條第二項規定，於民國 83 年 5 月 2 日發布「危險性工作場所審查暨檢查辦法」，以規範我國高危險性工作場所之製程安全管理。

一、危險性工作場所

在「危險性工作場所審查暨檢查辦法」中，規定下列四類場所應事先實施審查暨檢查合格後，才能使勞工在該場所作業。區分如下：

1. 甲類：係指從事石油產品之裂解反應，以製造石化基本原料之工作場所

或製造、處置、使用危險物、有害物之數量達規定數量者。

2. 乙類：係指使用異氰酸甲酯、氯化氫、氨、甲醛、過氧化氫或吡啶，從事農藥原體合成之工作場所，或從事以化學物質製造爆炸性物品之火藥類製造工作場所。

3. 丙類：係指蒸氣鍋爐之傳熱面積在 500 平方公尺以上，或高壓氣體類壓力容器一日之冷凍能力在 150 公噸以上或處理能力符合下列規定之一者：

   (1)1,000 立方公尺以上之氧氣、有毒性及可燃性高壓氣體。

   (2)5,000 立方公尺以上之前款以外之高壓氣體。

4. 丁類：係指下列之營造工程：

   (1) 建築物頂樓樓板高度在 50 公尺以上之建築工程。

   (2) 橋墩中心與橋墩中心之距離在 50 公尺以上之橋樑工程。

   (3) 採用壓氣施工作業之工程。

   (4) 長度 1,000 公尺以上或需開挖 15 公尺以上之豎坑之隧道工程。

   (5) 開挖深度達 15 公尺以上或地下室為四層樓以上，且開挖面積達 500 平方公尺之工程。

   (6) 工程中模板支撐高度 7 公尺以上、面積達 100 平方公尺以上且占該層模板支撐面積 60% 以上者。

5. 其他經中央主管機關指定公告者。

二、危險性工作場所審查及檢查申報作業

上述危險性工作場所應提出審查或檢查申請，其申請時應檢附之資料包括：申請書、安全衛生管理基本資料、製程安全評估報告書、製程修改安全計畫、緊急應變計畫、稽核管理計畫等資料，提供檢查單位進行審查時之用。

(一)安全衛生管理基本資料

內容包括：

1. 事業單位組織系統圖。
2. 危險物及有害物之管理。
3. 勞工作業環境測定及監督計畫。
4. 危險性機械或設備之管理。

5. 醫療衛生及勞工健康管理。

6. 勞工安全衛生組織、人員設置及運作。

7. 勞工安全衛生管理規章。

8. 自動檢查計畫。

9. 承攬管理計畫。

10. 勞工教育訓練計畫。

11. 事故調查處理制度。

12. 工作場所之平面配置圖並標示下列規定事項,其比例尺以能辨識其標示內容為度:

(1) 危險性之機械或設備所在位置及名稱、數量。

(2) 危險物及有害物所在位置及名稱、數量。

(3) 控制室所在位置。

(4) 消防系統所在位置。

(5) 可能從事作業勞工、承攬人勞工及外來訪客之位置及人數。

(二)製程安全評估報告書

內容包括:

1. 製程說明:

(1) 工作場所流程圖。

(2) 製程設計規範。

(3) 機械設備規格明細。

(4) 製程操作手冊。

(5) 維修保養制度。

2. 實施初步危害分析以分析發掘工作場所重大潛在危害,並針對重大潛在危害實施下列之一之安全評估方法,實施過程應予記錄並將改善建議彙整:

(1) 檢核表。

(2) 如果—結果分析。

(3) 危害及可操作性分析。

(4) 故障樹分析。

(5) 失誤模式與影響分析。

(6) 其他。

3. 製程危害控制。

4. 參與製程安全評估人員應於報告書中具名簽認，及相關之證明、資格文件。

(三)製程修改安全計畫

內容包括：

1. 製程修改程序。

2. 安全衛生影響評估措施。

3. 製程操作手冊修正措施。

4. 製程資料更新措施。

5. 勞工教育訓練措施。

6. 其他配合措施。

(四)緊急應變計畫

內容包括：

1. 緊急應變運作流程與組織：

　(1) 應變組織架構與權責。

　(2) 緊急應變控制中心位置與設施。

　(3) 緊急應變運作流程與說明。

2. 緊急應變設備之置備與外援單位之連繫。

3. 緊急應變演練計畫與演練記錄。

4. 緊急應變計畫之修正。

(五)稽核管理計畫

內容包括：

1. 稽核事項：

　(1) 製程安全評估。

　(2) 正常操作程序。

　(3) 緊急操作程序。

(4) 製程修改安全計畫。

(5) 勞工教育訓練計畫。

(6) 自動檢查計畫。

(7) 承攬管理計畫。

(8) 緊急應變計畫。

2. 稽核程序：

(1) 稽核組織與職責。

(2) 稽核紀錄及追蹤處理。

8.4 製程安全管理發展趨勢

我國推動製程安全管理已超過二十年，期間製程相關事故不斷，特別是民國 99 年、民國 100 年麥寮工業園區火災爆炸連連，驚動國內外，因此勞安法修法時，在第十五條明定：「有下列情事之一之工作場所，事業單位應依中央主管機關規定之期限，定期實施製程安全評估，並製作製程安全評估報告及採取必要之預防措施；製程修改時，亦同：

一、從事石油裂解之石化工業。

二、從事製造、處置或使用危害性之化學品數量達中央主管機關規定量以上。」

這條文從民國 103 年 7 月 3 日開始實施，7 月 31 日就發生高雄氣爆案，對產官學應是很好的警惕。修法者希望製程安全評估報告，事業單位應報請勞動檢查機構備查。我們不問勞動檢查機構是否有能力審查，只擔心事業單位是否有充分能量做好製程安全管理而已！

其實在 2005 年 3 月英國石油在德州市的煉油廠發生異構化工場爆炸，12 月在倫敦北郊的 Buncefield 油庫也發生爆炸火災事故，熊熊大火燒醒了英國職安署，開始思考徒有製程安全管理，並無法確保製程安全的對策。這就是 HSE 發布 HSG254，要求石化及煉油業推動 PSM KPI 的由來。其後 OECD、CCPS、API 與 OGP 也相繼發表其 PSM KPI 指引，全面要求石化業推動此工作，以提升製程安全績效，相信此為製程安全管理新里程碑。

當然，沒有人敢保證有了 PSM KPI，石化業就天下太平。關鍵在全方位安全管理的落實，及全方位安全文化的塑造，這也是本書編輯之目的。

練習題

1. 何謂PSM（Process Safety Management）？其內容包含哪些項目？試述之。（90專技）

2. OSHA的PSM與我國的危險性工作場所審查暨檢查辦法的內容有何異同？

3. 何謂員工參與？其主要精神何在？在安全實務上，有哪些項目應鼓勵員工參與的？

4. PSM的承攬管理有何規定？其與我國危險性工作場所審查暨檢查辦法在此方面的規定最大差異何在？

5. 新工廠完成建造要正式操作前應實施開俥前安全查核，請問其查核重點是什麼？

6. 何謂機械完整性？一個機械完整性方案，應包括哪些事項？

7. 何謂變更管理？其程序有哪些？實施變更管理時要注意哪些常見缺失？

8. 我國危險性工作場所審查暨檢查辦法中危險性工作場所是指哪些場所？

9. 危險性工作場所審查暨檢查辦法中列舉的安全衛生基本資料包括哪些事項？

10. 危險性工作場所審查暨檢查辦法規定危險性工作場所應實施初步危害分析以分析發掘工作場所重大潛在危害，並針對重大潛在危害實施安全評估，請問一般會使用哪些評估方法？

11. 製程修改安全計畫的內容包括哪些項目？

12. 危險性工作場所審查暨檢查辦法中稽核管理計畫應有哪些稽核事項與程序？

13. 檢核表分析（Checklist Analysis）、危害及可操作性分析（Hazard and Operability Study）、故障樹分析（Fault Tree Analysis）、事件樹（Event Tree Analysis）均為製程危害分析方法，試各舉一例說明四種方法內容。（91專技，工業安全技師）

14. 請回答下列問題：（92簡任升等）

    (1) 具有化工製程之危險性工作場所，其風險應控制在可接受之狀況下，對於風險評估應如何執行，請依序加以說明。

    (2) 危險性工作場所經採取預防對策控制後之殘餘風險及萬一時應靠緊急應變處置計畫克服或預防，請說明緊急應變處置計畫應有之內容，並將事業單位平時對緊急狀況之處理準備應有之作為一併說明。

15. 國內對於事業單位執行安全評估的規定見於哪一個辦法？其法源依據為何？

哪幾類的危險性工作場所須執行製程安全評估？若未依該辦法規定經審查或檢查合格，使勞工在該場所工作，其罰則為何？（94專技，衛生技師安衛法規）

16. 請列舉說明危險性工作場所之分類定義。並說明事業單位向檢查機構申請審查之資料，事業單位應於事前組成評估小組實施評估之人員種類。（96高考，工業安全）

17. 試解釋下列名詞：

Process Safety Management（PSM）與Process Safety Management Audit。（96高考，工業安全）

18. 試申論化學製程危害的種類，並舉例說明之。（96專技，風險危害評估）

19. 當您使用HAZOP作為製程安全評估方法時，試回答下列問題：

   (1)防護措施與改善建議有何不同？

   (2)考慮後果時要注意哪些事項？

   (3)針對半導體製程執行製程安全評估時，HAZOP小組至少應包括哪些人員？

   (4)估算事故頻率時要注意哪些事項？（96專技，風險危害評估）

20. 半導體光電廠常使用矽甲烷（Silane, SiH4）當作製程氣體，針對矽甲烷的氣瓶櫃（Gas Cabinet），其標準的防護措施有哪些？請至少列出五種。（96專技，風險危害評估）

21. 製程安全管理（PSM）為降低製程風險常用的風險管理方法，美國的製程安全管理有14個單元，除了全員參與和商業機密外，試寫出五個其他製程安全管理單元？（96專技，風險危害評估）

22. 依我國危險性工作場所審查暨檢查辦法第2條之規定，危險性工作場所係依其所使用危害物料之特殊性、製程設備之危險性、作業方法及作業程序之特異性等來分類與管理，請說明危險性工作場所之種類為何？（96專技，衛生技師工安概論）

23. 請條列出哪些危險性工作場所，非經勞動檢查機構審查或檢查合格，事業單位不得使勞工在該場所作業。（100高考三級，工業安全衛生法規）

24. 2010年國內發生某一重大工安事故，其原因與未落實變更管理（Management of Change）有關。依OSHA之29 CFR 1910.119的規定，變更管理的適用範圍為何（即變更的定義為何）？（100高考三級，安全工程）

25. 試說明以下三種評估化工製程安全性的手法：

(1)FMEA（Failure Mode and Effects Analysis）

(2)PHA（Preliminary Hazard Analysis）

(3)What-if。（101高考三級，安全工程）

26.依據危險性工作場所審查暨檢查辦法，事業單位向檢查機構申請審查甲類工作場所，應填具製程安全評估報告書，其中應實施初步危害分析（Preliminary Hazard Analysis）以分析發掘工作場所重大潛在危害，並針對重大潛在危害實施安全評估，請分別說明：何謂(1)初步危害分析（Preliminary Hazard Analysis），(2)檢核表（Checklist），(3)如果一結果分析（What-If Analysis），(4)危害與可操作性分析（Hazard and Operability Studies, HAZOP）。（102高考三級，工業衛生概論）

27.某化學工廠每日使用環氧乙烷（Ethylene Oxide）達5公噸，其全廠員工人數為350名並設有勞工安全衛生組織，以此條件回答下述問題：

(1)該化學工廠依規定是否需申請危險性工作場所？若是，請說明應申請危險性工作場所的種類及定義為何？若否，請說明未符合申請條件之原因。

(2)假若該工廠欲申請危險性工作場所，應參考國內哪些相關法規以利申請資料的準備？（102高考三級，機電防護與防火防爆）

CHAPTER **9**

職業安全衛生管理系統

　　隨著經濟的快速成長，與生產密切相關的職業安全衛生問題已受到人們的普遍關切。在第十三屆世界勞工安全衛生會議中，工業先進國家明確要求全球標準一致的安全衛生保障，譴責開發中國家，以犧牲勞工安全健康為手段，達到降低生產成本之行為，並提議以貿易制裁職業安全衛生與環保成效不彰之國家。在此趨勢下，世界上各國家乃至企業越來越重視自己在工業安全衛生方面的表現與形象，並期望以一套系統化的方法來推行其管理活動，以滿足法律和自身之要求，並促進企業永續發展。

9.1 職業安全衛生管理系統簡介

　　國際間自從品質（ISO 9000）與環境（ISO 14001）管理系統標準發布後，受到企業界相當的肯定與重視，各工業國家為改善自有之安全衛生，分別訂定職業安全管理系統標準以供遵循，例如：

1. 英國：英國標準 BS 8800（職業衛生與安全管理體系指南）。
2. 美國：美國工業衛生協會指導性文件（職業衛生與安全管理體系）。
3. 澳大利亞／紐西蘭：AS/NZS 4804（職業衛生與安全管理體系原則——體系和支持技術通用指南）。
4. 日本：日本工業安全與衛生協會指南（職業衛生與安全管理體系）。
5. 香港：香港安全審核體系（對建築工業的法令）。
6. 印度：印度職業衛生與安全管理體系指南。
7. 韓國：韓國職業衛生與安全管理體系指南（化學工業的法令）。
8. 新加坡：新加坡職業衛生管理體系。

　　目前普遍為國際所採用之職業安全衛生管理系統有兩大部分，一為OHSAS 18001 職業安全衛生管理系統規範；一為 ILO-OSH 2001 職業安全衛生管理系統標準。

一、OHSAS I8001 職業安全衛生管理系統規範

　　1999 年全球七大主要驗證機構與其他國家標準制定機構共計十三家，融合各家之安全衛生管理系統觀點，共同制定之職業安全衛生評估系列標準，除了

將全球安全衛生管理系統之驗證工作趨於標準化，作為檢驗事業體安全衛生管理之良窳外，更可藉此公認之安全衛生管理標準，作為企業建置事業安衛管理系統之依據。

　　此系統不論在結構或是內容上，與 ISO 14001 非常相似，藉由 PDCA 架構（圖 9.1），達成持續改善的目的。

二、ILO-OSH 2001 職業安全衛生管理系統標準

　　國際勞工組織（ILO）於 2001 年 6 月公布職業安全衛生管理系統標準，希望藉由發布國際勞工法案，要求其會員國相關勞工政府單位依據其法案要求，重視勞工安全衛生並擬具實際的國內法規或政策。其系統架構如圖 9.2。

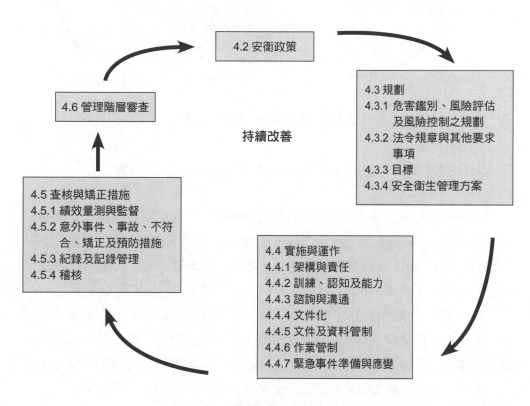

圖 9.1　OHSAS 18001 架構

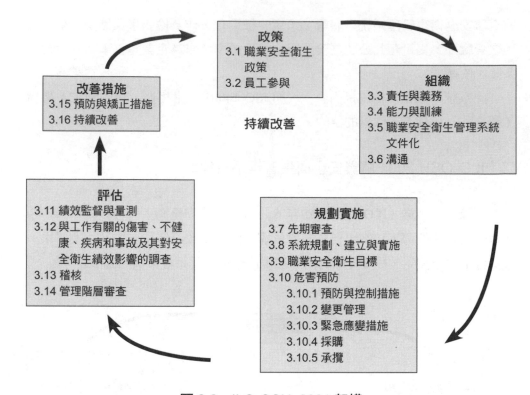

圖 9.2　ILO-OSH　2001 架構

三、OHSAS 18001、ILO-OSH 2001 與 TOSHMS 對照表

我國國家職業安全衛生管理系統（TOSHMS），是比照國際勞工組織 ILO 所推動的安衛管理系統指引（ILO-OSH 2001）的架構所制訂，基本上這兩個系統與 OHSAS 18001 安衛管理系統標準之發布組織本質不同，二者系統特色上有些許差異，由**表 9.1** 可知悉其內涵。

國際勞工組織頒發 OSH 2001 時，最大希望是能協助各國建立國家級的職業安全衛生管理系統架構，制定適當的職業安全衛生管理計畫，有系統的改善國家之安全衛生；而各國事業單位、企業組織，則可以直接參採 ILO-OSH 指引，或採用自己國家所制定的相關指引來建立組織之安全衛生管理系統。

在組織層面建構職業安全衛生管理系統，OHSAS 18001、ILO-OSH 2001 與 TOSHMS 指引是具有相容性的。雖然 OHSAS 18001 為可驗證的文件，ILO-OSH 2001 為指引性質，但二者俱非強制性的文件，此與 TOSHMS 不同，TOSHMS 是可驗證的文件、指引性質，也是半強制性的文件。

表 9.1　OHSAS 18001、ILO-OSH 2001 與 TOSHMS 之內涵對照表

OHSAS 18001	ILO-OSH 2001	TOSHMS
4.2 安衛政策	政策 3.1 職業安全衛生政策 3.2 員工參與	政策 4.1.1 職業安全衛生政策 4.1.2 員工參與
4.3 規劃 4.3.1 危害鑑別、風險評估及風險控制之規劃 4.3.2 法令規章與其他要求事項 4.3.3 目標 4.3.4 安全衛生管理方案	組織 3.3 責任與義務 3.4 能力與訓練 3.5 職業安全衛生管理系統文件化 3.6 溝通	組織設計 4.2.1 責任與義務 4.2.2 能力與訓練 4.2.3 管理系統文件化 4.2.4 溝通
4.4 實施與運作 4.4.1 架構與責任 4.4.2 訓練、認知及能力 4.4.3 諮詢與溝通 4.4.4 文件化 4.4.5 文件及資料管制 4.4.6 作業管制 4.4.7 緊急事件準備與應變	規劃實施 3.7 先期審查 3.8 系統規劃、建立與實施 3.9 職業安全衛生目標 3.10 危害預防 　3.10.1 預防與控制措施 　3.10.2 變更管理 　3.10.3 緊急應變措施 　3.10.4 採購 　3.10.5 承攬	規劃與實施 4.3.1 先期審查 4.3.2 系統規劃、建立與實施 4.3.3 職業安全衛生目標 4.3.4 預防與控制措施 4.3.5 變更管理 4.3.6 緊急應變措施 4.3.7 採購 4.3.8 承攬
4.5 查核與矯正措施 4.5.1 績效量測與監督 4.5.2 意外事件、事故、不符合、矯正及預防措施 4.5.3 紀錄及記錄管理 4.5.4 稽核	評估 3.11 績效監督與量測 3.12 與工作有關的傷害、不健康、疾病和事故及其對安全衛生績效影響的調查 3.13 稽核 3.14 管理階層審查	評估 4.4.1 績效監督與量測 4.4.2 調查與工作有關的傷害、不健康、疾病和事故及其對安全衛生績效影響的調查 4.4.3 稽核 4.4.4 管理階層審查
4.6 管理階層審查	改善措施 3.15 預防與矯正措施 3.16 持續改善	改善措施 4.5.1 預防與矯正措施 4.5.2 持續改善

　　三者之管理架構類似，也略有不同，惟提出之管理項目相對應。三者的管理要項中較明顯的差異在於 ILO-OSH 2001 及 TOSHMS 要求要進行初始審查，以瞭解組織的起始狀況，作為建立安全衛生管理系統的基礎；OHSAS 18001 則比照 ISO 14001 的架構，並無此項要求。ILO-OSH 2001 及 TOSHMS 對於危害預防及保護措施、採購及承攬的建議明確，OHSAS 18001 則僅原則性提出。

　　雖然 ILO-OSH 2001、OHSAS 18001 與 TOSHMS 有些許差異，但職業安全衛生管理系統之建制已蔚為潮流，已是現代企業經營不可或缺的要素之一，將

是確保作業場所安全與衛生的一個非常重要途徑。

9.2 我國職業安全衛生管理系統的推動現況

一、職業安全衛生管理系統的過度階段（OHSAS 18001）

而在 1996 年英國頒布 BS 8800 職業安全衛生管理系統，及 OHSAS 18001 在 1999 年公布以後，國內企業界積極展開 OHSAS 18001，因此勞委會也鼓勵事業單位也可選擇 OHSAS 18001 推動安全衛生管理系統建立。

二、強制要求企業建立國家級職業安全衛生管理系統（TOSHMS）

為加速提升事業單位之職場風險管控能力及與國際接軌，勞委會首度以創新的「聯集」概念整併 ILO-OSH 2001 與 OHSAS 18001:2007 之要項，結合該兩套制度的優點，於 2007 年 8 月 13 日訂頒適合我國國情的「台灣職業安全衛生管理系統指引」，簡稱 TOSHMS 指引。

三、藉由政府訂定的驗證標準，建立國家級的 TOSHMS 認證體系

鑑於國內許多企業因應國際市場之需求，已逐步推動 OHSAS 18001 之驗證作業，勞委會亦依循 OHSAS 18001:2007 之架構及要求，參考 ILO-OSH 2001 及 TOSHMS 指引之相關要求，於 2007 年 12 月 27 日訂頒「台灣職業安全衛生管理系統驗證規範」（以下簡稱 TOSHMS 驗證規範），作為推動台灣職安衛管理系統驗證之標準，使通過 TOSHMS 驗證者，可視其需求一併取得 OHSAS 18001 驗證，藉以滿足事業單位國際貿易上之需求。

「職業安全衛生法」第二十三條第二項規定：前項之事業單位達一定規模以上或有第十五條第一項所定之工作場所者，應建置職業安全衛生管理系統。而施行細則第三十五條明示：本法第二十三條第二項所稱職業安全衛生管理系統，指事業單位依其規模、性質，建立包括安全衛生政策、組織設計、規劃與實施、評估及改善措施之系統化管理體制。

在「職業安全衛生管理辦法」（以下簡稱管理辦法）第十二條之二規定，

要求第一類事業勞工人數在三百人以上之事業單位，應參照中央主管機關所定之職業安全衛生管理系統指引，建立適合該事業單位之職業安全衛生管理系統。也就是說事業單位應依其規模及特性建立及推行職業安全衛生管理系統，惟管理辦法第六條之一規定，第一類事業單位或其總機構所設置之職業安全衛生管理單位，如已實施管理辦法第十二條之二職業安全衛生管理系統相關管理制度，管理績效並經中央主管機關或其委託之機構認可者，得不受管理辦法第二條之一及第六條有關一級管理單位應為專責之限制。即依法需設置直接隸屬雇主之專責一級職業安全衛生管理單位之事業單位或其總機構，如通過 TOSHMS 驗證並經認可者，可免除其應為「專責」之限制。其他事業單位亦可參照 TOSHMS 指引及驗證規範，建立及推行適合本身需求之職業安全衛生管理制度，並經由第三者驗證，當然此驗證非為強制性。

9.3 台灣職業安全衛生管理系統

一、職業安全衛生管理系統特色

我國職業安全衛生管理系統主要特色如下：

(一)迎合國際工安管理發展潮流

不僅符合 ILO-OSH 2001 指引之架構與要項，並融入 OHSAS 18001 等相關要求，使國內各界得與國際職業安全衛生管理系統的發展趨勢接軌。

(二)結合法令規定選列大型且高風險事業強制推動

配合「職業安全衛生管理辦法」之修正，增列達一定規模（300 人以上）之高風險事業，規範建置及推動符合其本身需要之職業安全衛生管理系統。

(三)協助事業單位提升職業安全衛生管理績效

作為事業單位建構及推展職業安全衛生管理系統之基本要求，並可促進其將安全衛生管理內化為企業管理之一環，提升安全衛生管理績效，有效預防或降低職業災害發生。

(四)可適用於所有行業之原則性規範

適用於製造業等一般行業,內容則以職業安全衛生管理系統各要素之主要要求為主,細部之要求則不納入,使各類行業依業務特性在系統運作機制下持續改善。

二、職業安全衛生管理系統介紹

(一)政策

涵蓋內容包括「安全衛生政策」及「員工參與」兩項,簡述如下:

◆安全衛生政策

代表一個企業對於安全衛生保護的觀點與期望,也是安全衛生管理的最高指導原則。雇主應諮詢員工及其代表意見後,制訂出書面的職業安全衛生政策傳達給作業場所的全體員工遵循。在政策中組織應承諾信守下列原則及目標:

1. 預防發生與工作有關的傷害、不健康、疾病和事故,以保護組織全體員工的安全衛生。
2. 遵守國家相關的職業安全衛生法令規章、組織簽署的自願性方案、集體協議及其他要求。
3. 確保與員工及其代表進行諮詢,並鼓勵他們積極參與職業安全衛生管理系統所有過程的活動。
4. 持續改善職業安全衛生管理系統績效。

此外,職業安全衛生管理系統不應獨立於組織外,應與組織其他管理系統融合,成為企體整體經營管理的一環。

◆員工參與

全員參與是安全衛生能否落實於作業現場最重要的因素。為鼓舞員工參與,雇主應與員工及其代表進行安全衛生之諮詢、告知及訓練;並提供資源及時間使員工及其代表積極參與職業安全衛生管理等過程。

(二)組織設計

　　涵蓋內容包括「責任與義務」、「能力與訓練」、「職業安全衛生管理系統文件化」及「溝通」四項，簡述如下：

◆責任與義務

　　雇主負有保護員工安全衛生的最終責任，所有管理階層皆應提供建立、實施及改善職業安全衛生管理系統所需的資源，並展現其對職業安全衛生績效持續改善的承諾。此外，為實施組織內之安全衛生管理，雇主應將安全衛生分層管理，規範各有關部門和人員的責任、義務及權限，以確保管理系統的實施與績效，並達到組織的職業安全衛生目標。同時，雇主應指派一名以上高階主管擔任管理代表，負責職業安全衛生管理系統之落實執行，並推動組織內全體員工的參與。

◆能力與訓練

　　組織應規範必要的職業安全衛生能力要求，訂定並維持相關作法，以確保全體員工能勝任職業安全衛生方面的工作和責任；此外，組織應具有足夠的職業安全衛生管理能力，以辨識、消除或控制與作業相關的危害和風險，及實施職業安全衛生管理系統。為達此目的，應針對所有員工實施免費之相關職前及在職訓煉，如可能，訓練應在工作時間內進行。

◆職業安全衛生管理系統文件化

　　組織應根據其規模及活動性質，建立並維持職業安全衛生管理系統文件化，以說明管理系統的主要要素及彼此間的關聯，並作為相關作業的指南。此外，應依其需求制定職業安全衛生紀錄，展現符合安全衛生管理系統的要求，及結果的達成。紀錄應具有可辨識性和可追溯性，且保存的時間應予以規定。

　　在遵守保密要求的前提下，員工有權獲取與其作業環境和健康相關的紀錄。

◆溝通

　　在企業內與安全衛生最直接與重要的利害相關者是企業內部的員工，故組織應訂定並維持對內、外部溝通的作法和程序，以達安全雙向溝通。溝通目的在於確保員工及利害相關者所關心的職業安全衛生課題、想法和建議被接收，並獲得考慮和答覆。

(三)規劃與實施

涵蓋內容包括「先期審查」、「系統規劃、建立與實施」、「職業安全衛生目標」、「預防與控制措施」、「變更管理」、「緊急應變措施」、「採購」及「承攬」等八項，簡述如下：

◆先期審查

組織應對現有的職業安全衛生管理系統及相關作法進行先期審查，並將結果予以文件化，且傳達給員工及利害相關者。先期審查工作應由專業人員進行，並諮詢員工及其代表。先期審查包括下列事項：

1. 確認組織適用的法令規章、國家指引、特制指引、組織簽署的自願性方案和其他要求。
2. 辨識、預測和評估現在或預期的作業環境，及組織中存在的危害及風險。
3. 確定現有的或欲採取的控制措施，可有效的消除危害或控制風險。
4. 分析員工健康監控資料。

先期審查結果可作為實施職業安全衛生管理系統中各項決策的依據及提供一個能夠量測的基準。

◆系統規劃、建立與實施

組織應根據先期審查、管理審查的結果或其他可獲得的資料，訂定符合國家法令規章，持續改善職業安全衛生績效，且有助於保護作業場所員工的職業安全衛生管理系統作法。該作法的建立與實施，應涵蓋台灣職業安全衛生管理系統指引中所述各項要素，並規劃合理的執行時程及工作內容。

◆職業安全衛生目標

組織依據職業安全衛生政策、先期審查或管理審查的結果，及利害相關者關切的課題，集思廣義訂定符合相關安全衛生法令規章，具體、可量測且能達成的職業安全衛生目標，以達持續改善的目的。

此外，目標應盡可能量化、具體化，以供有效判斷目標達成程度及帶來之安全績效。在訂定目標時應考量適合組織的特點、規模和活動的性質。職業安全衛生目標著重持續改善員工的職業安全衛生保護措施，以達到最佳的職業安

全衛生績效。

◆預防與控制措施

　　組織應建立及維持適當的程序，以持續辨識和評估各種影響員工安全衛生的危害及風險，並依下列優先順序進行預防和控制：

1. 消除危害及風險。
2. 經由工程控制或管理控制，從源頭控制危害及風險。
3. 設計安全的作業制度，包括行政管理措施，將危害及風險的影響減到最低。
4. 當綜合上述方法仍然不能控制殘餘的危害及風險時，雇主應免費提供適當的個人防護具，並採取措施確保防護具的使用和維護。

　　在危害辨識與風險評估結果後，組織應訂定安全衛生管理方案，以消除或控制所鑑別出的危害及風險。並建立及維持適當的程序，以持續鑑別適用的國家法令規章、組織自願性方案和其他要求，並定期評估其符合性。

◆變更管理

　　在很多的事故案例中告訴我們，變更管理在安全預防上的重要性。組織應對內部及外部的變化評估其對職業安全衛生管理所產生的影響，並在變化之前採取適當的預防措施。同時，組織在修改或引進新作業方法、材料、程序或設備之前，應進行作業場所危害辨識和風險評估。應確保在實施各項變更時，組織內所有相關人員都應被告知且接受相關的訓練。

◆緊急應變措施

　　事故發生時，迅速正確的緊急應變措施有助於事故的控制。組織應訂定維持緊急應變措施的作法，並提供全體員工相關的資訊和訓練，包括緊急應變措施的定期演練。

　　一個良好的緊急應變措施應確保在作業現場發生緊急情況時，能提供必要的資訊、內部溝通與協調；人員能陳述現場急救、醫療救援、消防和疏散作業現場全體人員的措施和步驟；並向有關的主管機關、鄰近單位和緊急應變服務機構提供資訊並與之建立連繫。上述事項有賴組織於平時進行緊急應變措施的定期演練，才能在事故發生時發揮功效。

◆採購

　　組織應訂定程序，於採購及租賃說明書中具體明列安全衛生的規範，以確保在採購貨物、接受服務前及使用前，能符合國家法令規章及組織本身職業安全衛生的要求。

◆承攬

　　組織應訂定程序，以確保組織的各項安全衛生要求適用於承攬商及其員工。作業開始前，與承攬商建立有效的溝通與協調機制，該機制包括危害溝通及其預防與控制措施，例如對承攬商或其員工提供作業場所安全衛生危害之認知及教育訓練，並定期監督承攬作業現場的職業安全衛生績效。

(四)評估

　　涵蓋內容包括「績效監督與量測」、「調查與工作有關的傷病、不健康和事故及其對安全衛生績效的影響」、「稽核」及「管理階層審查」四項，簡述如下：

◆績效監督與量測

　　組織應建立定期審查監督、量測和記錄職業安全衛生績效的程序，並明確指派組織中不同層級人員在績效監督方面的責任、義務和權限。根據其規模和活動的性質及職業安全衛生目標來選擇績效指標予以監督與量測。監督指標應包括主動式監督及被動式監督的方式，並應考量定性和定量的量測方法，並應建立且維持適當的程序，以校正和維修監督與績效量測的設備。

　　監督指標不局限於與工作有關的傷害、不健康、疾病和事故的統計等被動式指標。主動監督指標可以包括如下：

1. 監督各項特定計畫、制定的績效準則及目標是否達成。
2. 針對各項作業制度、廠房、機器與設備做系統性檢查。
3. 監測作業環境，包括作業組織狀況。
4. 對員工實施健康監控，如可行，經由適當的醫療監督或對早期發現有害員工健康的徵兆、症狀進行追蹤，以確保預防和控制措施的有效性。
5. 國家法令規章、組織簽署的職業安全衛生集體協議及其他承諾的遵守情況。

◆調查與工作有關的傷病、不健康和事故及其對安全衛生績效的影響

　　組織應建立且維持適當的程序，以調查與工作有關的傷病、不健康和事故的起因及潛在原因，並應辨識職業安全衛生管理系統失效之處，並建立矯正與預防措施之程序，以防止類似事件之再度發生，調查結果應予以文件化。

　　在考慮保密要求的前提下，檢查機構和社會保險機構等外部調查機構所提出的調查報告，參照內部調查報告的方式處理。調查應由專業人員進行，如可行，邀請員工及其代表參與。調查結果應與勞工安全衛生委員會及負責採取矯正措施的人員溝通，並作為管理階層審查的內容以持續改善。

◆稽核

　　組織應建立定期稽核程序，包括對組織的職業安全衛生管理系統各要素或部分要素的評估，以確定職業安全衛生管理系統及其要素的實施是否適當、充分及有效地保護員工的安全衛生，並預防各種事故發生。組織對於稽核的範圍、頻率、方法及稽核員的資格應明確的規定，應由組織內部或外部專業人員主導，且稽核人員應與被稽核部門的活動無利害關係。所有稽核結果與結論應與負責採取矯正措施的人員溝通，以便採取矯正措施，另外，必須制定後續的監督計畫以確保建議事項的有效執行。

◆管理階層審查

　　組織應根據自身的需求與條件，建立雇主或最高負責人進行職業安全衛生管理系統定期審查的頻率、範圍及作法，以確認其職業安全衛生管理系統之適用性、適切性及有效性。審查的資料包括與工作有關的傷害、不健康、疾病和事件的調查結果；績效監督與量測的結果；稽核活動的結果，乃至於可能影響組織的職業安全衛生管理系統的內、外部因素及各種變化，包括組織的變化等進行審查。管理階層審查的結果應予以記錄，並正式傳達給相關人員。

(五)改善措施

　　涵蓋內容包括「預防與矯正措施」、「持續改善」兩項，簡述如下：

◆預防與矯正措施

　　組織應建立並維持適當的程序，針對職業安全衛生管理系統績效監督與量測，並對事故調查、稽核和管理階層審查發現之缺失實施預防與矯正措施。或在評估職業安全衛生管理系統或其他資料時，發現危害預防與控制不夠充分

時，應及時調整預防與控制措施的優先順序並予以實施，並將作業過程文件化。

◆持續改善

　　組織應建立並維持適當的程序，以持續改善職業安全衛生管理系統及其相關要素，以不斷地改善職業安全衛生績效。

9.4 職業安全衛生管理系統之執行重點

　　以下提出六項職業安全衛生管理系統之成功關鍵因素（**圖9.3**），作為實施時之執行重點。

一、觀念的改變

　　企業內的所有人員（包括經營者及所有員工）要深切相信且認同安全衛生工作是企業經營的一部分，安全衛生績效也是企業經營的一部分。「安全管理」工作不是為符合政府規定而做，而是「生產操作」的一部分，是「事業經

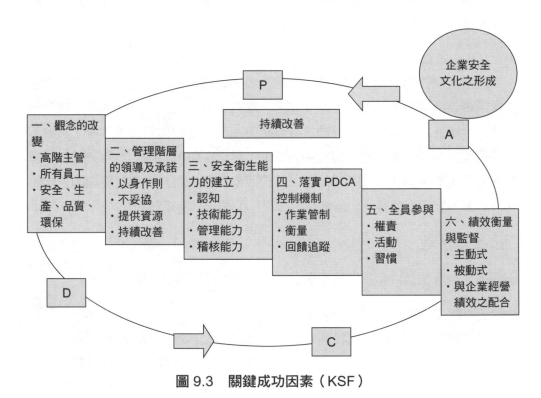

圖9.3　關鍵成功因素（KSF）

營」的一部分，沒有安全的生產也就沒有企業的永續經營，所以安全管理工作必須要與生產管理系統、維護管理系統、技術管理系統及事業經營的目標相結合，成為整體經營體系的一環。

　　所以說服組織、各級主管及全體員工：「安全是每一個人的事，不是安全部門的事」，是推動安全管理成功與否最重要的因素，因為藉由觀念的改變，才能真正轉化態度進而行動，將安全視為工作的一部分，安全文化也才能建立。

二、管理階層的領導及承諾

　　管理階層是單位風氣之塑造者，對安全衛生之觀念正確與否，影響著所屬員工工作時之安全心態至鉅。管理階層必須以身作則，不僅以嘴巴說，而是在平常工作上事事以安全為重，沒有妥協，沒有例外，傳達正確的安全觀念，並以達成高水準的安全標準為要求，如此員工瞭解主管的安全決心，才是最好的安全領導方式。

　　此外，管理階層必須提供建立安全管理系統所需的資源，承諾提供足夠的人力與物力。推動安全管理系統，不像工廠的一般製程，動員部分人力即可，它必須是全員參與的全廠活動，在執行初期更需要各單位人員針對各自的危害進行風險管理，各項管理方案及作業管制也需要在管理階層支持下進行，而且管理系統啟動後循 PDCA 體系持續改善，只要工廠存在一天或運轉一天，系統就必須持續維持。

三、安全衛生能力的建立

　　「安全衛生技術」是屬於跨領域的技術，在工作場所所有可能影響職安衛之個人，均應具備足夠之認知與能力來防範事故之發生，所以應培養各領域員工在職場工作上必須具備的基本安全衛生知識與技術，使他們瞭解其在安全管理系統扮演的角色，並適任該工作，如從事移動式堆高機操作的作業人員，應使其於工作前參加移動式堆高機操作人員訓練並取得證照即為一例；此外除了企業內部員工外，仍需考慮外部人員如承攬商、供應商及訪客等。所以企業提供適當之訓練與宣導，使工作人員具備足夠之知能與能力是無可逃避之責任。

　　在「職業安全衛生法」中亦規定雇主對勞工應施以從事工作及預防災變

所必要之安全衛生教育、訓練。但重點在於辦理之課程是否符合員工之需要？是否切合單位內之需求？需訓練之人員是否有機會受訓？受訓後成效如何，是否達成原先訓練設計目標？在往後日益緊縮之訓練資源下，如何善用訓練及宣導，使所有在工作場所之工作人員均能建立正確之安衛態度，具備足夠之安衛技能，是一值得深思的課題。

四、落實 PDCA 控制機制

PDCA 在管理上的重要性即在於它使得單位在「規劃—執行—考核—改善」之循環架構中，能有系統按部就班地運作。內涵之意義在於各項管理工作之執行是經有計畫地規劃，執行後檢討成效，經管理階層審查後，再行進行「規劃—執行—考核—改善」另一次 PDCA 循環，以達成持續改善。系統本身具有自主運作、相互勾稽、自主監督、稽核及自主改善的功能，針對安全衛生的投入與產出有具體量化的績效指標作為公司決策之參考。

使安全管理循序改善的是「系統」，不是因應長官要求而作，也不是事故發生後才開始作，如此安衛管理才有可能逐步一點一滴地澈底改善。

五、全員參與

安全衛生之維護是大家的責任，只憑藉事業單位內的安環部門及少數的安衛人員想要將安衛工作做好無異是緣木求魚。唯有透過教育訓練、宣導與溝通，使企業內每一員工認知個人的安全健康是自我責任，將安全衛生融入工作中，乃至生活中，才能真正享有安全衛生的工作環境。

在安全衛生管理系統中，應強調員工有機制參與安衛管理工作，在就業場所安衛狀況改變時被諮詢、得到安衛事務之說明及知道誰是安全衛生員工代表。而企業應建立安衛諮詢與溝通之管道，在適當時機對員工與利害相關者傳達安全衛生資訊外，亦應邀請其參與提供意見，員工或員工代表亦應與主管有固定溝通機會，其目的即在使勞資雙方達成安衛共識，相互鞭策共同致力於降低安衛風險。

在職安法中規範代表員工之工會代表應占職業安全衛生委員會委員人數三分之一以上，以加強勞方研議、協調及建議勞安事務之功能。員工應勇於提出自己的安衛意見，當公司或工作場所上有不符合安全作業之環境、設備或操作

條件時，員工有義務提出改善建議，而當公司提供適當的保護裝置、措施及個人防護具等安全保護時，員工也應恪遵公司之規定。安衛管理工作如果能由下往上，人人重視周遭之安全，以自護、互護、監護心態相處，由小處著手由現場開始才能確實發揮「全員工安」之真義。

六、績效衡量與監督

企業經營的目的無非在賺錢，因此安全衛生績效量測是推動職業安全衛生管理系統成功的重要要素。在此系統中，企業應強制進行安全衛生績效之定期監督與量測，績效指標應包括定性、定量、主動性及被動性指標。藉此績效指標瞭解單位是否達成安衛政策及目標、已實施風險控制方法及其有效性、因系統失誤所獲取之教訓、員工訓練及認知之執行成效等，上述指標提供給予各級主管，以確認安衛管理執行之適切性，並作為管理審查及改進之依據。

台灣杜邦公司觀音廠為瞭解場內之安全績效，輸入安全稽核所發現缺點數目／週、意外事故發生之件數／週及傷害事件／週等三參數設計廠內安全氣候指數，繪製成圖表。當安全氣候指數陡峭上升時，提醒管理階層，追查原因，採取立即改善的行動，而使全廠之安全績效維持在一定的水準以上。

目前台灣有甚多廠區有總合災害指數或無災害百萬工時時數等標示，亦是安全績效之表現。但不同的是國內大多數公司以被動性指標展示，亦即是以安環事件發生率、疾病或財務損失等事後之事件作為績效依據，容易抹煞員工對工安之努力及熱誠，被動性指標當然亦有其功能，適用於調查、分析及記錄安全管理工作之缺失，作為未來改善之依據；應再加強主動性指標之規劃，諸如監督工安查核之頻率與功效，或重點推動安衛項目之執行成效等，以檢查安全衛生工作之符合程度，並設立定期監督機制，瞭解現場之安衛狀況，也才能立即反應隨時修正，降低事故發生機率。

9.5 結語

安全管理系統透過管理的手段，對「安全」領域作一有系統的整合。現有國際上各系統架構雖稍有不同，惟均由傳統之安衛管理走向系統化管理模式，藉由管理系統除了改善安全外，亦將大大地提升工廠的生產力和競爭力，故推動職業安全衛生管理系統已是國際一致地認同。

練習題

1. 安全衛生管理系統有何重要性？

2. 請說明TOSHMS的內容重點。

3. 請說明如何利用PDCA（Plan、Do、Check、Act）之概念，應用於安全衛生管理的方式與具體內容。（88專技）

4. 安全衛生政策應符合哪些基本要求？

5. 在TOSHMS中，組織設計的重點是什麼？請說明之。

6. 為控制工作場所的風險，事業單位的風險評估範圍應包括哪些？

7. 事業單位如何訂定安衛管理目標？應考量哪些事項？

8. 事業單位會藉由安全衛生管理方案之建立來達成其安衛政策與目標。請問在管理方案中應注意哪些要件？

9. 事業單位規劃安全衛生訓練需求時應考量哪些事項？如何與風險評估、管理方案結合？

10. 員工對安全衛生有知的權利，因此，企業對員工的諮詢與溝通應如何實施？應滿足哪些基本要求？

11. 事業單位應建立監督與量測職安衛績效的程序，請問應符合哪些事項？

12. 事業單位安衛管理的有效性與適當性有賴於管理階層審查的實施，請問審查的資料應包括哪些？請舉例說明審查提及之主題。

13. 自BS 8800公布以後，已有OHSAS 18001及國際勞工組織（ILO）之OSH-MS等兩種安全衛生管理系統先後被發展出來，請您就此先後被發展之安全衛生管理系統之相似與相異處加以描述。（90專技）

14. 試說明行政院勞工委員會推行之自護制度與國際安全衛生管理系統（OHSAS 18000）有何相異或相似之處？（91專技，工安技師）

15. 職業安全衛生管理系統或制度係目前國內外各界推動的一種安全衛生管理作法或制度，職業安全衛生管理系統應有的內容，及職業安全衛生管理系統能否成功的要素有哪些？請說明。（92簡任升等）

16. 安全衛生管理系統（Occupational Health and Safety Assessment Series）OHSAS 18001規定必須訂定安全衛生政策（Policy）。請問：
    (1) 政策的內容至少必須涵蓋哪四大項？
    (2) 政策的制定必須考量與事業單位相關的哪些事項？

(3)政策定好之後必須實施哪些工作？（94專技，工業安全管理）

17. 請建置一個5×5的風險評估矩陣（risk assessment matrix），它包含有哪些要素？請加以詳細定義；如何以風險評估矩陣決定風險高低？請詳細說明。（94專技，風險危害評估）

18. 請評析我國職業安全衛生管理系統推動現況和未來的展望。（96簡任升等）

19. 持續改善是安全衛生管理重要目的之一，請說明如何訂定事業單位「安全衛生政策」以達到持續改善安全衛生之目的。（96專技，工業安全管理）

20. 近年來廣泛為業界採用之職業安全衛生評估系統（Occupational Health and Safety Assessment Series）OHSAS 18000，其推行時通常採用「PDCA」之架構，請問在安全衛生政策制訂後，首先「P」階段應執行之工作有哪四項？並簡要說明之。（96專技，工業安全管理）

21. (1)請詳述台灣職業安全衛生管理系統（Taiwan Occupational Safety and Health Management System, TOSHMS）之發展緣起；(2)「勞工安全衛生組織管理及自動檢查辦法」如何規定事業單位應建立適合該事業單位之職業安全衛生管理系統？(3)又實施TOSHMS或適合該事業單位之職業安全衛生管理系統之優點為何？（101高考三級，工業安全管理）

22. 風險評估之作業流程及各步驟的基本原則為何？（103高考三級，工業安全管理）

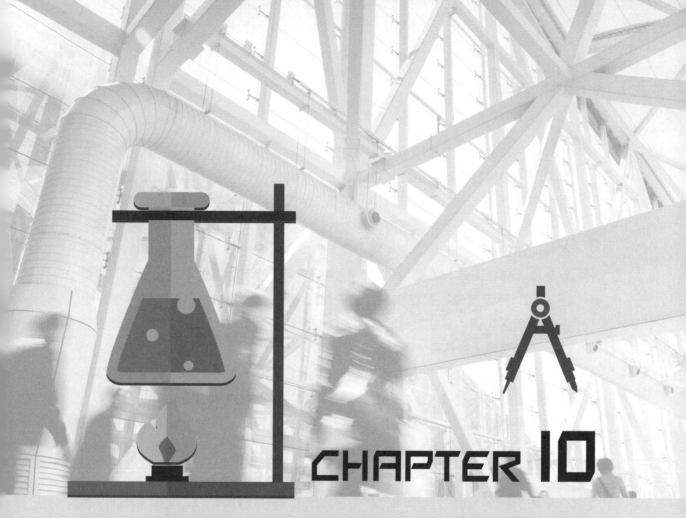

CHAPTER 10

緊急應變與事故調查

這些年來災害不斷地發生，311 日本大地震外，麥寮事故、復興空難、高雄氣爆，弄得我國應變不及，怨聲載道。台灣位處於西太平洋颱風區及環太平洋地震帶上，又位於季風氣候帶，颱風、地震、豪雨、乾旱等天然災害發生率極高。另一方面隨著經濟高度成長，人口及產業紛向都市集中，超高層大樓及複雜的建築比鄰，亦易造成災害，帶來許多的傷害、死亡或巨大金錢損失。高雄氣爆，高雄市政府怎麼也想不到，接受事業單位埋地下管申請，每年收取費用，有一天竟然會因管線洩漏，造成 32 人死亡，321 人受傷！其實，墨菲定律早就提醒我們：只要有危險存在，就有可能發生事故。因此不論安全計畫多好，一旦管理上有疏失，就會發生事故！

事故難以避免，若處置不當或延誤搶救，不但會有嚴重損失，而且可能造成嚴重的二次災害，產生嚴重後果。事故的發生對企業已造成極大的不幸，有時甚至會波及企業以外之社區民眾及其財物。因此，事業單位除了加強安全管理外，更應備妥有效緊急應變計畫，期能在事故發生之初，即能發揮應變能力，將事故立即妥當處理，使影響降至最低。

緊急應變計畫可以幫助事業單位、政府機關及社區準備以應付事件的發生；當緊急事故發生時，也可提供緊急應變之指引，以便採取緊急處理、動員組織、人員、防護設備與消防裝備，並可提供對可能發生的意外事故，做定期演練以期事故一旦發生時，將有組織、有系統的迅速處置。因此每一事業單位應有緊急應變計畫以應付各自的事故；而當災害不幸發生時，唯有在事前周延的規劃與演練才得以避免造成更大的人員和財務損失。

10.1 我國緊急應變相當法規之規範

一、職業安全衛生法

「職業安全衛生法」第三十七條明確要求：「事業單位工作場所發生職業災害，雇主應即採取必要之急救、搶救等措施，並會同勞工代表實施調查、分析及作成紀錄。」其急救、搶救等措施即緊急應變措施。

二、職業安全衛生管理辦法

　　「職業安全衛生管理辦法」第十二條之一要求，雇主應依其事業單位之規模、性質，訂定職業安全衛生管理計畫，執行職業安全衛生事項中包括第十三款的「緊急應變措施」，而辦法第十二條之六規定：「第一類事業勞工人數在三百人以上之事業單位，應依事業單位之潛在風險，訂定緊急狀況預防、準備及應變之計畫，並定期實施演練。」也就是要求第一類事業勞工人數三百人以上事業單位，規定應依其事業單位之規模及性質，訂定緊急狀況預防、準備及應變之計畫，並定期實施事業單位全體人員演練，以強化事業單位全體員工之緊急應變能力及安全。對於緊急應變計畫之執行，事業單位應留存執行紀錄備查，並保存三年。

三、其他安衛法令

　　現行職業安全衛生法令對於特定化學物質、臨水施工、局限空間、鍋爐及壓力容器等作業，均有要求事業單位採緊急應變措施。在勞動檢查法令內，「危險性工作場所審查暨檢查辦法」中規範甲類、乙類和丙類危險性工作場所的檢附資料須包括事業單位的緊急應變計畫。

四、災害防救法

　　我國在民國 89 年 7 月 19 日公布的「災害防救法」，其規範的內容和緊急應變息息相關。此法爰於民國 83 年 1 月 20 日第二三六六次院會時院長特別提示「應健全天然災害防救法令及體系，強化天然災害預防相關措施，有效執行災害搶救及善後處理，並加強天然災害教育宣導，以提升全民之災害應變能力，減輕災害損失，保障全民生命財產安全。」所參酌先進國家立法例、我國當時各項災害處理規定及災害防救現況，擬具「災害防救法」草案，於民國 84 年 11 月 24 日函送立法院審議，計分總則、防災組織、防災計畫、災害預防、災害應變措施、災害善後復原重建、罰則、附則等八章，合計四十七條。草案送經立法院多次院會審查，最後由於 921 大地震關係而通過，共計八章五十二條。其後於民國 101 年 11 月 28 日先後經多次修正，成為目前之條文。

其中災害包括風災、水災、震災、旱災、寒害、土石流災害等天然災害與重大火災、爆炸、公用氣體與油料管線、輸電線路災害、空難、海難與陸上交通事故、毒性化學物質災害等災害。而災防法第五章為災害應變措施，第二十七條明定：「為實施災害應變措施，各級政府應依權責實施下列事項：

一、災害警報之發布、傳遞、應變戒備、人員疏散、搶救、避難之勸告、災情蒐集及損失查報。

二、警戒區域劃設、交通管制、秩序維持及犯罪防治。

三、消防、防汛及其他應變措施。

四、受災民眾臨時收容、社會救助及弱勢族群特殊保護措施。

五、受災兒童及少年、學生之應急照顧。

六、危險物品設施及設備之應變處理。

七、傳染病防治、廢棄物處理、環境消毒、食品衛生檢驗及其他衛生事項。

八、搜救、緊急醫療救護及運送。

九、協助相驗、處理罹難者屍體、遺物。

十、民生物資與飲用水之供應及分配。

十一、水利、農業設施等災害防備及搶修。

十二、鐵路、道路、橋樑、大眾運輸、航空站、港埠、公用氣體與油料管線、輸電線路、電信、自來水及農漁業等公共設施之搶修。

十三、危險建築物之緊急評估。

十四、漂流物、沉沒品及其他救出物品之保管、處理。

十五、災害應變過程完整記錄。

十六、其他災害應變及防止擴大事項。」

10.2 緊急應變計畫

一、緊急應變計畫之功能

規劃妥當之緊急應變計畫可以整合各項緊急應變機能，在事故發生時能發揮應有之功能，減少災害損失。具體而言，緊急應變計畫功能如下：

1. 建立組織內、外通報系統，事故發生時能夠迅速通報相關機構。

2. 建立應變體系人員之聯絡資料，於事故發生時立刻動員。

3. 建立組織內、外警示系統。

4. 靈活正確之應變指揮系統。

5. 規劃準備各種應變器材之數量並標示各器材之位置。

6. 規劃醫療救護與搶救措施。

7. 平日訓練演練參考。

8. 確保急救與搶救作業有效執行，減少災害損失。

二、緊急應變計畫作業流程與組織

(一)緊急應變計畫作業流程

一般緊急應變計畫作業流程如**圖 10.1** 所示，說明如下：

1. 事故察覺：一般而言，事故察覺可能途徑一為偵測器、監視器得知；二為目擊者發現；三為事故聲響傳達訊息。

2. 事故確認：經察覺、傳達得到的訊息，事故單位轄區或接獲通報者須進一步確認。

3. 發布警報：事故一旦確認，應立即發布警報，及早尋求內部應變處理契機。

4. 初期應變：事故確認為小火災或小量洩漏時，判斷是否可立即自行控制、處理，若無法控制、處理時，則請求外界支援。

5. 外界支援（第二階段應變）：若發現大型火災或洩漏無法短期暫時停止，則應進入第二階段應變，立即請求外界支援。

6. 第三階段應變：若發現災害擴及廠外，則屬嚴重災變，應進入第三階段應變程序，由縣、市長擔任應變總指揮官。

7. 判斷是否須停止所有裝、卸、輸儲作業，隔離災區。

8. 準備緊急應變指引及動員應變人員及設備。

9. 確定所有應變單位之通知已完成。

10. 若災害繼續擴大，達到無法控制時或經判斷須進行疏散時機時，立即下達疏散命令。

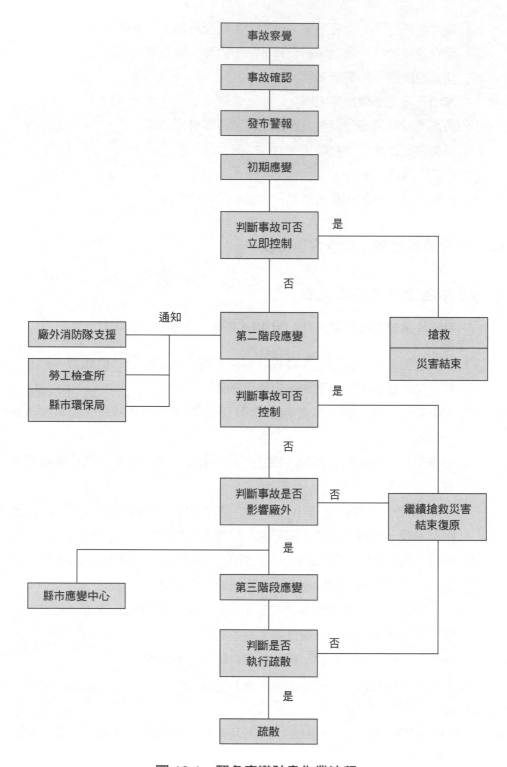

圖 10.1　緊急應變計畫作業流程

(二)緊急應變組織架構與權責

　　在應變架構下之各應變組織的工作職責如**表 10.1** 所示，於表中所列之職責為一般的任務分配。

　　應變組織人員編組中，各應變部門由所組成之部門主管擔任負責人，在應變行動中，若負責人不在場時，依行政編制代理制度代理，其代理人務必負責該應變單位或應變者之職責，以利應變行動的確實運作（**圖 10.2**、**圖 10.3**）。

表 10.1　緊急應變組織工作職責

職稱	工作職掌	擔任人員	代理人
應變指揮官	1. 負責掌握意外災害狀況。 2. 推動應變架構各組工作之發揮。 3. 指揮應變計畫之執行，政策之下達。 4. 決定疏散或搶救措施的時機及處理方式。	日間：單位主管或副主管 夜間：值班主管（安管中心值班人員）	經理或課長
通報人員	事件發生時負責向應變小組聯絡並負責通知消防應變單位及附近居民。	值班主管	領班或總領班
現場處理組	1. 現場災害通報。 2. 執行緊急停泵、釋壓。 3. 隔離、關斷洩漏源。 4. 現場救人、救災工作。 5. 疏散後人員集合處之清點工作。	領班、總領班或值班工程師	操作人員並經訓練合格人員
醫療救護組	1. 攜帶急救藥品至災區備用。 2. 協助傷患醫療、送醫。 3. 依「緊急傷患救護守則」辦理。	衛生主管（安全衛生管理師、安全衛生管理員）	經急救訓練合格人員
交通管制組	1. 災害現場四周道路車輛、人員警戒及管制。 2. 廠外支援單位之引導。	保全分隊長	小隊長及隊員
工安環保組	1. 督導災害現場之控制處理等事宜。 2. 督導環境汙染地區之偵測。	工安經理	兼任工安人員
消防救災組	1. 救災、滅火工作之執行。 2. 督導分配火警支援人員救災。 3. 消防器材、滅火藥劑之調度與供應。	消防隊隊長	領班或消防隊員

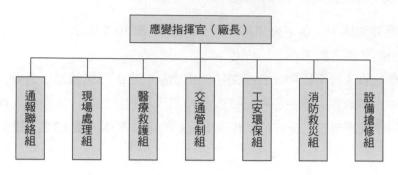

辦公時間（白天）應變組織

應變指揮官（廠長）

通報聯絡組　現場處理組　醫療救護組　交通管制組　工安環保組　消防救災組　設備搶修組

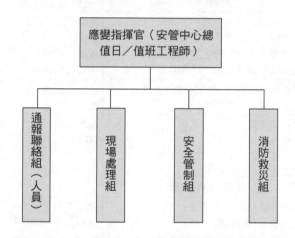

非辦公時間（夜間、例假日）應變組織

應變指揮官（安管中心總值日／值班工程師）

通報聯絡組（人員）　現場處理組　安全管制組　消防救災組

圖 10.2　○○公司○○廠緊急應變組織架構

🏔 10.3 醫療救護

　　事故發生時，人們可能受傷，或勞工突然因病喪失能力而受傷害，在這類緊急事件中，勞工之福祉是主要考慮事項。工作人員和主管們應小心留意人員的行動去協助任何受影響的人。事先計畫及訓練來處理這類緊急事故對傷患而言有無窮價值。事故中任何嚴重傷害的結局與對傷患協助的反應速率有關，因此有能力協助的人應事先知道如何去救人，其反應須是全自動的。在災難發生時，根本沒時間去請教別人或去翻閱手冊。急救知識與訓練不但會減少優柔寡斷所浪費的時間與受到傷害，而且會給這些急救者有能力與信心去幫助別人。

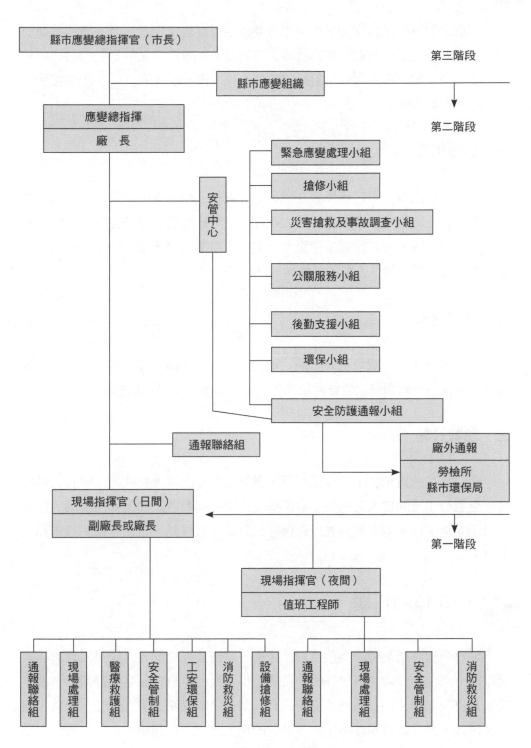

圖 10.3　○○公司○○廠緊急應變組織架構

　　每個主管及勞工都應知道如何迅速要求並得到醫療協助，及在獲得協助前知道怎麼做。先予以急救，直到救護人員到達。一般而言，只需數分鐘即可獲得救護協助。如果在工作場所附近無醫療人員，則至少應有一位勞工需接受過職災急救人員訓練。

一、移動傷患

　　只有一個人時，可將傷患放在毯子上、帆布上或結實的塑膠布上，以便將之移動到安全的地方。若有另外的人在現場，應抬起傷患以免身體部分受到進一步之傷害。頭、背、腿或手臂應予以支撐，才不至於彎曲。特別要強調的是傷者除非有立即危險，否則不應移動。

二、協助傷患

　　事故可分類為「威脅生命」或「不威脅生命」兩種。主管及勞工應在醫護人員到達後將照顧傷患之責任轉給他們，但仍應盡力提供可能的協助。

三、急救設施

　　急救設施放置位置由安全工程師、醫護人員及主管人員決定。主管人員應確保全體勞工及其他人員熟知急救設備之位置，有哪些設備及如何使用。醫護人員或安全工程師應定期檢查以確保急救設備未被移動，也沒有使用後未補充情事。

10.4 協同作業

　　緊急事故時所需考慮到的流程、設備、設施及人員問題，應是工廠設計與操作的一部分，而非工廠建好後才考慮的事。緊急事故控制事前計畫的全部作業須是協同工作。小公司裡，可能只有一個人立即反應去處理安全、保防、消防、醫護工作，以及事件中每一項該做的事。其他大公司中，一個人可能只負責一或兩項工作。

　　緊急應變計畫應指出何人應負責指揮工作，此人應是現場專業主管，具備

處理問題的經驗。生產主管應負責轄區全部活動，但事故發生時，生產主管要服從醫護人員、消防人員或安全人員之指揮，後三者中一人被指派負責指揮工作。

　　就安全而言，協同作業在組織中非常重要，平時作業中就應考量事故可能發生的區域，預留緊急出口。1970 年法國發生在聖羅蘭杜邦地方一個舞廳的火災，造成 146 人死亡，該舞廳依法設有火災緊急出口，然而怕被未購票者闖入，所以門被上鎖，致火災發生時，傷亡慘重，而這類事故卻不斷地發生。2008 年 8 月 26 日清晨 6 時，廣西宜州廣維化工廠發生爆炸，爆炸威力巨大，恍如地震，火場面積上萬平方公尺。由於廠房存有大量氨氣、甲醛等，毒霧瀰漫，致附近十多公里逾萬居民緊急疏散，逾千名消防員及武警到場救火，火勢至 8 月 27 日 17 時才告撲滅，最後造成 20 死 55 傷 14 人失蹤。在此類火災緊急事件發生前，工廠經理、生產主管及人事、安全管理人員都應協同作業，而在火災發生後，消防員及醫護人員要協同作業。

10.5 事故調查

　　事故調查結果長期以來一直被用來作為確定工業活動中影響安全作業的危險辨識工作。工業界之設備、流程及安全防護越來越複雜，也都有故障之因果關係，以及導致事故的其他因素存在。因此，所涉入決定原因的調查與方法也日漸複雜，而事故調查也面臨一些問題。

一、社會變遷的挑戰

　　許多事故在本質上似乎很簡單，其事故原因易於決定，但現在的社會，法律方面的變革使得對調查人員能力的要求，比以前要求得高。舉例來說，負荷中的鐵鏈斷掉，吊物落下時擊中一位勞工而導致該員的死亡。依以前的作法，調查報告很簡單地描述指出勞工死亡的原因是其不安全行為，因他闖入了不安全區域。報告的末段可能也將原因歸之於管理失誤，也就是主管允許該員進入該區域。死亡者家屬的律師表示主管知道勞工在危險區內，或知道鏈子不良而允許工作者繼續工作。所以他犯了明顯的過失罪。律師可能也為眷屬控告鐵鏈的製造商，告他製造上的過失。對此點，分析鐵鏈及斷裂部分是必要的，廠商

會聲稱由於使用日久，鏈子已有磨損，未正確使用而吊太重物品，或應有警告標示要求荷重不得超過規定值。顯然在這案件中，不同利益集團的代表所進行之調查時，每人都試圖確定所代表的單位無過失。這些利益團體可能包括下列：

1. 代表勞工的工會：除非證據明顯，否則要確定罪不在勞工。
2. 雇主：他會反對任何結論顯示他未保持工作場所的安全，或在其他方面有嚴重的錯失。
3. 保險業者：保險公司如能表明是由於勞工之疏失而肇事故則可以不用全額賠償，而若是第三方的過錯的話，則一分錢也不用付。
4. 第三方的保險業者：鐵鏈製造業者的保險公司會盡力證明發生事故是由於製造者疏失所造成零件的問題所導致的。
5. 檢查機關：其人員會盡力決定有無違反規定或法條。

二、勞動檢查機構的執法態度

現在的社會，民智大開，對工業安全與社會安全的要求水平比以前要高、嚴格，更多的人在媒體的報導下，投注更大的注意力在工業安全上，使得主管機關、勞動檢查機構對事故的態度更積極介入、採取更嚴苛的管制措施，如停工處分，或對相關人員以更嚴厲的法律條文來移送法辦，造成大家在事故調查時都會先求自保，繼而考慮會不會傷及他人，而使得事故調查增加更大的難度。

三、事業單位的迷失

目前國內對事故的態度存在一種能不報告就不報告的心態，事業單位或工作人員、主管人員之所以不報告事故，可能有下列因素：

1. 害怕被處分。
2. 考量個人紀錄。
3. 考量單位或部門紀錄。
4. 想避免作業中斷。

5. 擔心自己的信譽受損。

6. 擔心他人態度。

7. 逃避被貼標籤。

8. 害怕醫療行為。

9. 不喜歡醫護人員。

10. 不知道報告的重要性。

事實上，有效的事故調查可以達成下列幾項功能：

1. 尋找事實真相，鑑定根本原因。

2. 檢討管理問題，評估系統缺失。

3. 提供改善建議，防止事故發生。

4. 分享事故經驗，學習防災之道。

10.6 事故調查流程

調查的進行程序一定要注意有次序的開始很重要，不要當調查小組試圖調整步驟時，遺漏證據。依下列步驟則可建立有頭緒的開端：

1. 召集小組向地方組織簡報事件之概況及調查範圍。

2. 然後分派工作。

3. 由控制事故之人員處得到簡要情形。

4. 與管理部門建立正式連繫。

5. 前往事故現場。

6. 進行一般調查。

7. 避免不必要的處理或移動現場，查核安全條件。

8. 取得證人提供的線索，要求進一步之面談。

9. 證據與現場之照相。

10. 需要時，同小組成員說明調查方法。

11. 建立指揮中心，安排其他需要的資料。

12. 最後確定小組成員和計畫。

13. 以得到之簡報為基礎，指派額外的工作並修改原來的指示。

接著要繼續下列事項：

1. 蒐集並擁有證據。
2. 訪問證人。
3. 準備圖表。
4. 取得建物圖、影印製程、手冊及說明書；維修保養紀錄；檢查及監測紀錄；變更管理紀錄；設計資料；物料紀錄，及人員資料、訓練紀錄等。
5. 如可能或有用的話，重新再複查一遍。
6. 如可能或有用的話，安排實驗室檢試或模擬試驗。

上述過程只是初端，一般公司進行事故調查所依循的完整流程如下：

1. 成立事故調查小組。
2. 蒐集事故相關資料。
3. 分析鑑定事故原因。
4. 發展建議改善方案。
5. 撰寫事故調查報告。
6. 執行追蹤改善情形。

一、成立事故調查小組

原則上任何事故都應進行事故調查，但由於事業單位人力越來越精簡，所以事故會依其嚴重程度而分級並進行不同層次之調查。事業單位分級方式如下：

1. Level 1：較輕微之事故及虛驚事故，也就是損失輕微的事故與虛驚事故。
2. Level 2：可在現場就地解決而影響有限的事故，也就是那些輕傷害、財物損失小，未造成生產中斷，未影響公眾利益的事故。
3. Level 3：介於嚴重災難及輕微影響之事故，也就是那些有人員受傷，財物損失很大，部分操作中斷，已影響公眾利益。
4. Level 4：災情慘重及較嚴重之事故，也就是那些一次事故造成三人以上受傷或一人以上死亡，財物損失三千萬元以上，一個以上工場操作中斷，嚴重影響公眾利益，造成電視媒體報導的事故。

一般公司會依事故性質、型式、規模成立事故調查小組：

1. 輕傷害或虛驚事故（Level 1 & 2）：(1) 部門主管；(2) 領班或工程師；(3) 安全工程師；(4) 勞工代表。

2. 重大事故（Level 3 & 4）：(1) 小組召集人；(2) 工安人員；(3) 小組協調人員；(4) 操作主管；(5) 工程主管；(6) 技術專家；(7) 採購主管；(8) 人事主管；(9) 訓練主管；(10) 職業安全衛生委員會勞方委員。

事故調查小組之小組長、成員與工安人員在事故調查上，各有不同職責，每一個人唯有扮演適當角色才能有效發揮事故調查功能。

(一)調查小組負責人的責任

一件事故組成一調查小組（board / team）來進行事故調查，其小組長或召集人之職責列於**表 10.2** 中。

(二)工安人員在事故調查中所扮演的角色與職責

在事故調查時，工安人員所扮演的角色其實是顧問的角色，以及其他下列各點：

1. 主要是顧問角色，提供調查過程、專業、資源運用的技術指導。

表 10.2　事故調查小組長的職責

1. 指揮管理調查作業。
2. 分配成員調查工作，決定期限。
3. 任用受過訓練的人員作整體的規劃和展開工作。
4. 建立指揮中心，但勿用自己的辦公室或辦公大樓。
5. 保證現場是安全的，且調查工作不致破壞現場或打擾緊急作業。
6. 在所有證據都記錄或拍攝下來之前，現場不被移動。
7. 盡可能恢復現場使之馬上生產。
8. 與管理部門委派人員一同整理資料，證人、技術人員、實驗室檢驗或行政支持之要求。
9. 處理與當地單位和社會團體之對話。當地組織負責公眾新聞之宣布。
10. 彙報工作給相關主管機關之官員。
11. 保證調查工作不致影響現場生產管理之責任。
12. 召開會議。
13. 確保潛在原因都被研究。
14. 一旦小組決定發現之事實、原因研判及建議，就監督準備報告。
15. 除非完成報告否則不要解散小組。
16. 離開現場時，簡單整理事實所在，接收更多事實。若要修改報告中的事實就要有事實之支持。

2. 督導、評鑑、調查過程，向召集人提供調查優先次序及工作分配的意見。

3. 維持調查客觀，保持隨時備詢，並固守原則。

至於工安人員在事故調查中所負職責，條列如**表 10.3**。

(三)小組成員

在小組的事故調查中，工廠的其他人員可以協助調查發生的事實。安全人員必須調查每件事故或虛驚事故，要找出與之相關的資料。保險業者、製造商及政府機關也可能進行他們自己的調查，參與任何工廠施行之調查，或查核事實。有人受傷或損失超過某一數額（由工廠最高主管決定）的事故都要加以調查。

除了調查小組成員外，調查工作人員應包括：

1. 安全專業人員。
2. 事故地區單位的主管。
3. 看到或涉及事故的工作人員。
4. 勞工代表，如工會成員或地區委員會成員。
5. 工廠工程幕僚代表（在設備或設施受損或有關時）。
6. 調查事故的專家。

而事故調查小組成員的職責如**表 10.4**。

表 10.3　工安人員事故調查職責

1. 提供召集人有關事故分級及政策性要求的意見。
2. 提供事故場所，特殊方面的整體性意見。
3. 提供小組成員工作分配及勤前教育的意見。
4. 提供小組成員所需資源的意見。
5. 監督證據保全，注意有無不必要的處置或移動。
6. 確保現場安全。
7. 確保除非工作人員安全或調查可以順利進行，否則不允許恢復操作。
8. 提供小組成員有關調查方法、技術及內在資源的意見。
9. 立即獲得證據查驗及潛在災因訊息。
10. 對調查時程掌握，要求其有效性。
11. 對成員之安全衛生方面向召集人提供意見。
12. 指導成員正確使用個人防護具。

表 10.4 事故調查小組成員職責

1. 決定證人名單並訪談。
2. 繪製事故現場圖。
3. 量測證物之所在位置。
4. 蒐集並查驗紀錄、文件、標準及其他資料。
5. 移開、分解及檢查設備方面之證據。
6. 評估並記錄環境因素。
7. 一旦須技術性分析流體、物料、金屬結構、醫療因素等時，請求特殊工程、技術、人才支援。
8. 將現場觀察結果記錄並分析證據。
9. 將調查進度問題及初步發現結果向召集人報告。
10. 向召集人溝通調查中與其他調查活動互相干擾或有所阻礙之問題。
11. 分析直接、間接及基本原因。
12. 針對原因及其他缺失研提改善方案。
13. 評估事故應變處理措施。
14. 依事故等級分級，評估在事故中參與之管理人員及其層級之適當性。
15. 評估調查計畫及事故調查訓練是否適當。
16. 評估在現有條件下事故的潛在嚴重性及再發生可能性，並提出改善建議方案。

二、蒐集事故相關資料

事故調查小組應迅速前往事故現場實施事故調查，也就是說要在現場勘察實際狀況，蒐集影響環境的事項與證物，並與目擊者、相關人員訪談。證物如**表 10.5**。

蒐集事故相關資料很重要方式之一是訪談。一般而言，選擇適當的訪談場所是小組長必須決定的問題，原則上訪談場所應接近現場，是中性的辦公室，非主管的辦公室就可以。

在訪談時，與當事人建立溝通關係與氣氛不能不注意，所以表現友善、

表 10.5 事故調查證物

1. 當地天候、風向；值班紀錄、操作報表、巡邏紀錄、DCS 資料、PI 資料、CCTV 資料、維修通知單、維修紀錄、保養檢查資料、測定紀錄；消防隊出動紀錄、安管紀錄；大修日記、電話紀錄。
2. 工程安全會議紀錄、協議組織與會議紀錄、工作許可證、附加檢點表、勤前教育、合約、監工日誌、施工圖說、訓練資料、證照、自動檢查資料。
3. 作業使用設備、材料、工具、防護具。
4. 當事人的健檢紀錄、訓練資料、人事資料。
5. 現場的異常物品（菸蒂、打火機）。
6. 單位安全作業標準、作業指導書、安全規定、工作守則、行政命令。

瞭解、真誠態度、專注行為就非常重要。所以要先就證人名字、職稱、工作經歷、訓練等去瞭解是很好的方式。以問證人對事故所知、所見、所聽及所聞之情形來蒐集初始證辭，並以 4W1H 來探尋事實真相、擴充證辭，就控制問題去發現證據正確性。所謂控制問題包括：(1) 事故之時間、地點、環境；(2) 人員、設備及物料之位置與事故接觸前、中、後之相關關係，證人所在位置；(3) 其他證人之名字、位置；(4) 有無被移動、重新置放、開關之東西；(5) 觀察到的事故處理情形及主管行為；(6) 引起證人注意的事項。

　　要結束訪談，可問證人避免事故再發生所想到的事項，說些感謝的話，或請證人若有其他關於事故的問題可以再聯絡。在訪談完成時應留存紀錄，格式如**表 10.6**。

　　這流程應注意：

1. 召集人應對小組成員施予勤前教育，與成員共同檢視調查作業，告知計畫、時程、相關設施、注意事項。
2. 事先安排技術支援人力，考量查證過程所需證物、樣本大小、相關物品

表 10.6　訪談紀錄

時間：	地點：
被訪者姓名：	身分證字號：
服務部門：	職稱：
生日：	電話：

訪談內容：
1.
2.
3.
4.
5.
6.

基於防止事故再發生，我同意上述內容可以公開，所陳述與所觀察之事項均為真實。

訪談者簽名：　　　　　　　被訪談者簽名：

及調查過程所需工具、設備、事務用品、個人防護具、醫療用品。

3. 與設備及材料供應商溝通產品可靠度。

4. 以照片、錄影或保管方式暫時保留證物以便其後之額外查證。

5. 訪談非常重要，作業時在場者均應訪談，相關主管也要約談，承攬商、消防員、保全人員都需約談，若需要時，目擊者也應請說明所見實況。

6. 傷患住院時酌情面談，不要影響醫療，多些關心、問候。

7. 訪談是要瞭解真相，不在尋找過錯，更不是要追究責任。

8. 訪談內容應注意保密。

三、分析鑑定事故原因

蒐集事故相關資料後，很重要的程序乃是要分析事故原因。首先應先檢視有哪些不符合事項，包括：(1) 法令不符合事項；(2) 安全程序不符合事項；(3) 安全作業標準不符合事項；(4) 行政命令不符合事項；(5) 工程、操作標準不符合事項。

在事故發生時，也許有許多相互衝突的訊息，但有一樣是不容置疑的，那就是事故確實發生了。時間、地點、人物及結果是知道的。而為何發生，及如何發生，則不太清楚。邏輯的方法是寫下事故的結果，然後倒推原因，也可以列出可能會引起事故的所有訊息。而訊息被分開以後會導致明顯的結論，調查者再循序查明證據以瞭解事實真相。這就有賴根因技術分析了，目前職場較常使用的事故根因分析技術主要如下：

(一)TRIPOD模式

TRIPOD 模式的概念是以組織上的失誤當作主要意外事件原因因子，TRIPOD 所述十一項工作的缺失包括：

1. 設計（Design, DE）。

2. 工具與設備（Tools and equipment, TE）。

3. 步驟（Procedures, PR）。

4. 不適當的維修作業（Error Enforcing Conditions, EC）。

5. 現場管理（Housekeeping, HK）。

6. 訓練（Training, TR）。

7. 不相容目標（Incompatible Goal, IG）。

8. 溝通（Communication, CO）。

9. 組織（Organization, OR）。

10. 維修管理（Maintenance Management, MM）。

11. 防護措施不足（Defense, DF）。

(二)MORT模式

MORT 的基本原理認為造成事故的主要因素為：(1) 特定控制因素；(2) 管理系統因素；(3) 假設的風險（Johnson, 1975）。

這種方法可廣泛用於管理、設計、生產和維修工作，以研究改善安全狀況，並且特別適用於探索造成危險的管理方面因素，以提高管理工作，保障安全。MORT 方法可展現一個系統相關問題的圖表形式的邏輯樹，其本身是個複雜的分析過程。根據 MORT 理論，意外事件是能量的不當轉換。意外防止措施的重點放在能量來源的識別，及處理其能量轉換的有害影響。

(三)SCAT模式

SCAT 模式則將意外發生分為五個部分：(1) 規則與控制（regulation and control）；(2) 人員與工作因子（personal and job factors）；(3) 動作與狀況（actions and conditions）；(4) 實際意外（actual accident）；(5) 對人、物及環境的傷害（damage to people, material and environment）。

SCAT 使用十三項關於人員與工作因子的問題查核表，SCAT 主要用於定義問題，較少用於提供解決建議，最大缺點是僅檢驗安全系統存在與否，而無法檢驗其運作是否正常。

(四)失誤樹（故障樹）模式

失誤樹分析既可用於探究意外事故發生的原因，並就每一促成因素產生的機率，瞭解各因素間的相互關係，故有些安全工程師使用它來作為意外事故防止的分析工具，或在事故生發生後的調查方法之一。失誤樹分析為危害分析及風險量化過程中頻率分析與計算的最佳方法，其主要分析的程序如下：

1. 系統定義。

2. 系統邏輯模型建構。

3. 定性分析（qualitative analysis）。

4. 共同原因失誤模式分析（common cause failure analysis）。

5. 分析基本事件失誤率（failure rate）。

6. 修正基本事件失誤率。

7. 建立失誤率資料庫／資料檔。

8. 定量分析（quantitative analysis）。

9. 最小切割集合（Minimum Cut Set, MCS）排序、相對重要性分析。

(五)我國災因分析方法

在我國事故調查災因分析方法一般包括如下：

1. 一般的災害原因分析。

2. 特性因素分析：魚骨圖分析法。

3. 演繹法：失誤樹分析、事件樹分析、管理疏忽與風險樹。

4. 歸納法：HAZOP、行為失誤分析。

5. 其他：工作安全分析、人為可靠性分析、作業評估技術。

目前勞動檢查機構最常運用之一般災害原因分析法，是事故的骨牌理論，即事故之發生，乃是有其直接原因、間接原因與基本原因，其關係如圖 10.4。

◆直接原因

1. 災害類型，即職災類型：(1) 墜落、滾落；(2) 跌倒；(3) 衝撞；(4) 物體飛落；(5) 物體倒塌、崩塌；(6) 被撞；(7) 被夾、被捲；(8) 被切、割、擦傷；(9) 踩踏；(10) 溺斃；(11) 與高低溫接觸；(12) 與有害物接觸；

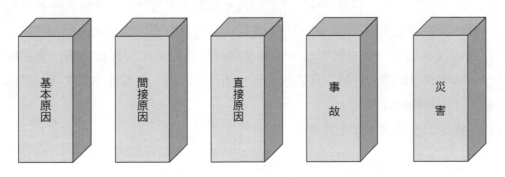

圖 10.4　事故骨牌理論

(13) 感電；(14) 爆炸；(15) 物體破裂；(16) 火災；(17) 不當動作；(18) 其他；(19) 無法歸類者；(20) 交通事故等。

2. 災害媒介物，即能量或危害物。

◆間接原因

1. 不安全狀況：會直接導致事故發生的危險性硬體設備或環境，包括：(1) 不正確之防護或保護；(2) 工具、設備或物質已遭損壞；(3) 太擁擠；(4) 不正確的警報系統；(5) 具火災或爆炸等危險因子；(6) 不良的整理與整頓；(7) 具氣體、粉塵、燻煙、蒸氣等危險性狀況；(8) 吵雜的噪音；(9) 輻射外露；(10) 不良的照明或通風。

2. 不安全行為：會導致事故發生，員工在法規、程序與標準等之不符合事項，不安全行為依 ANSI 216.2-1962，包括：(1) 未經授權之操作；(2) 警告失效；(3) 操作速度不當；(4) 安全裝置失效；(5) 使用損壞之設備；(6) 不當使用設備；(7) 未使用個人防護具；(8) 不當的負荷或放置；(9) 不當的抬物；(10) 處於不正確的位置；(11) 對正轉動中的設備進行維修；(12) 喧譁、吵雜；(13) 喝酒或用禁藥。

◆基本原因：管理系統失誤

包括：安全承諾、領導、溝通、管理、安全教育訓練、安全稽核、自動檢查、危害物管理、承攬管理、變更管理、緊急應變、安全作業標準、採購、安全程序、激勵。

四、發展建議改善方案

完成災因分析，可就所檢討之原因提出相關之建議改善。其重點應思考如何降低災害發生率、員工遠離潛在危害環境、降低影響衝擊面與再次發生等。而建議改善的基準是本質安全，也就是降低危害物使用、替代方案、變更製程，建議改善的項目分為立即之技術面、執行面改善，長遠性的制度面、設備面、管理系統的改善。

原則上，發展改善建議應要：

1. 設定方案之標的，考量目標及缺失。
2. 設定標準；績效、成本與影響的可接受範圍。

3. 形成實際的替代方案以改善缺失。

4. 測試方案可否符合標的、標準，並評估可能的不良影響。

5. 規劃執行之程序、控制、職責與追蹤措施。

五、撰寫事故調查報告

大多數的事業單位，事故報告由主管人員填報，但由於主管人員常將事故原因歸之於勞工之不安全行為，其中往往有偏見。所以最理想情況是由中性的安全人員來評估並報告事實，更理想的是由一委員會或事故調查小組填報。

至於報告需要花多久才提出及多詳細，則久未定論。原則上越快越好，但應將各種事實蒐集完成才送交報告，如此才有益於改善措施之採取。事故中受傷的人員應看看報告是否有偏頗之處。

基本上，事故調查報告之內容應包括：

1. 發生事故之單位、部門、場所；時間；氣候。

2. 事故摘要（背景、事故描述、損失概況）。

3. 事故經過與處理情形。

4. 事故調查小組成員（召集人、成員名單）。

5. 災害情形（人員傷亡、財物損毀、損失金額）。

6. 原因分析（直接、間接、基本原因）。

7. 改善建議事項（設備面、制度面、管理面、執行面）。

8. 改善執行計畫（項目、標的、時程、部門、負責人）。

9. 附件。

六、執行追蹤改善情形

一旦事故報告核定，主管人員常被要求要提出所採取之改善措施以防止相似事故之再發生。一般而言，這些措施不外已向勞工提出警告、告知或訓練，或已教導、指出如何工作。

事故防止之三大主要方面常被省略。

第一，是消除或控制災害。每一件事故（或虛驚事故）均須加以評估以決定是否可用合適的安全防護裝置。此裝置可防止勞工不正確操作，或在勞工錯

誤作業時也不至於受傷。主管人員一般不具備這方面之知識，所以應從技術人員中尋求合適者的協助（如安全工程師或工廠經理）。

第二，事故調查報告改善建議事項應通知轄區確實執行改善工作，擬定執行計畫，交由各相關人員依時程執行。

第三，轄區每月應提出改善建議事項之執行報告，工安部門每季向職安會及公司報告執行情形。

總之，事故調查報告是非常重要的工安工作，唯有加強主管人員訓練，提高調查專業水準，才能完成專業的調查報告，而防止事故之發生，但確實改善才可以提高安全績效。

10.7 結語

任何事故都是一種事業單位的安全計畫（或職災防止計畫）並非完善的表徵。安全工程師應從事故中看出自己的能力不足之處與限度。常有人說事故調查並非用來追究責任，而是用來決定該採取的改善措施。這兩種理念是衝突的。要決定採取的改善措施，就需定出事故所應追究的事實。至於是否對該肇事者採取紀律措施，則非安全工程師的權責。他們只負責找出誰該為事故負責，不論是勞工、主管人員、管理人員或第三方人員。儘管事故調查有用，但應明白，經由事故來瞭解危險及事故預防是最苦的方式。不過，有一句話說得好：「事故可以諒恕，但不能遺忘！」

練習題

1. 工作人員何以需加以訓練使在緊急事故時可迅速處理應變？

2. 哪類傷害被認為對生命有威脅？而哪類傷害可能需立即採取行動但尚非是生命威脅？

3. 何時需移動傷患？

4. 試列出緊急應變計畫應考慮之項目？

5. 哪些單位的代表應參與緊急應變計畫？

6. 工廠中的警報訊號有哪些？

7. 事故調查之用途何在？

8. 哪些人應參與事故調查工作？

9. 通常職業災害調查，可由哪些人員充任？（84檢覆）

10. 事故調查中應考慮之事項是什麼？

11. 試列出一些調查分析的方法？

12. 事故調查時可能使用哪些工具、儀器、材料？

13. 事故調查為何應避免有先入為主之觀念？

14. 請說明當有重大職業災害發生時，各安全衛生相關人員應搜查哪些相關資料？以及應如何搜集（例如照相）？（85台省升12等考試）

15. 為有效搶救工廠火災，必須有好的緊急組織（Emergency Organization），而管理者對組成有效的緊急組織應包含哪些？（87專技）

16. 請說明事故報告中應包含之要項，又從歷年來之事故報告做事故統計時，常使用哪些指標？公式為何？（88專技）

17. 簡述意外事故發生的原因及防止對策。（91專技）

18. 緊急應變計畫應包含哪些項目？（94專技，工業安全工程）

19. 試說明事故發生的多重因果理論（Multiple Causation Theory）（94專技，工業衛生技師工安概論）

20. 若有員工進入通風不良的作業空間立即發生昏厥現象，在狀況未明時，應如何緊急應變處理？（94專技，衛生技師衛生管理實務）

21. 請評析我國近年來石油化學工業工安事故發生情況和原因。並從民間企業和政府兩個方面說明如何提升這個產業的工安水準？（96簡任升等）

22. 某工地僱用勞工人數35人，有一位勞工從8公尺高之施工架上墜落地面死亡，

經檢查結果發現施工架之工作台未設護欄，且勞工未佩掛雇主提供之安全帶，另雇主未設勞工安全衛生人員、未實施自動檢查及勞工安全衛生教育訓練。

(1)試就災害發生實況將職業災害發生之直接原因、間接原因及基本原因分別列明。

(2)應採取何種措施預防墜落災害？（96簡任升等）

23.關於工安事故調查實施方法，請說明並列出國內有哪些相關法令以及規定內容？（99高考三級，工業衛生概論）

24.災因模式是描述意外事故的發生原因、發展流程的一種模型，用來解釋意外事故發生過程中的因果關係。意外事故調查的主要目的之一即為釐清意外事故發生過程中的因果關係，因此運用適當的災因模式可以提升意外事故調查工作的有效性與準確性。Heinrich的骨牌理論（Domino Theory）、軌跡交叉理論與Peterson的多重因果理論（Multiple Causation Theory）是三種目前常被提及的災因模式。今某大型石化工廠發生高壓反應器的過壓爆炸事故，請問前述三種災因模式中，何者較適合於此一事故的調查工作，請詳列理由。（102高考三級，安全工程）

CHAPTER 11

安全稽核與績效評估

我國於民國 103 年 7 月 3 日實施的「職業安全衛生法」第二十三條第一項規定，雇主應依其事業單位之規模、性質，訂定職業安全衛生管理計畫，而施行細則第三十一條列出管理計畫事項包括其他安全衛生管理措施，安全稽核即為其一。事業單位之雇主應使職業安全衛生管理單位、職業安全衛生人員規劃、督導各部門辦理職業安全衛生稽核及管理。

11.1 安全檢查

工廠執行安全稽核的一種方法即採正規或非正規的安全檢查。一種非正規的檢查可由檢查人員執行，即在每日早晨，在設備及儀器運轉操作之前進行檢點，以確保各項設備處於正常而安全的狀態。檢查人員方可對勞工做觀察與鑑定，以確定他們處於適宜地和安全地狀況。類似的檢查也可由順道而來的更高級的檢查人員和經理、安全人員、安全委員會成員甚至是安全部門人員來擔任。此時若查出任何不妥及差錯，應引起檢查人員的注意。對於非正規檢查，書面報告並不一定是必須的。安全人員有時亦會用數位相機將不安全的情況攝下，交給檢查人員。

更加正式的安全檢查任務可能由工廠安全人員、安全委員會成員、工廠或部門經理、消防人員、保險公司工程師、升降機、鍋爐及壓力容器代行檢查機構，或者縣市政府及檢查機構的代表等執行。上述後三項分類中的安全檢查人員是具有豐富職業經驗的專家，他們會運用實證方法對所觀察的區域進行安全評估。下列步驟對每一個作正規安全檢查的人員都是極有益的，因此必須加以遵循：

1. 用查檢表和檢查紀錄表記錄所檢查的設備及其操作的狀況。
2. 列在查檢表上，對其高度危險的操作和業務必須特別加以注意，但對其他項目也不能加以忽略。
3. 審閱前次的檢查結果紀錄，看看是否有任何缺失，如有，是否已被改善。
4. 安全檢查人員要對檢查區域作檢查紀錄，察看勞工是否按規定配戴安全帽、穿安全鞋、戴安全眼鏡及其他安全防護裝備。
5. 準備一份檢查報告並呈送到負責的主管或經理處，最初可採口頭報告，隨後必須補上書面報告。
6. 檢查報告必須要具體，不可含糊。任何一篇報告要說明地點、設備、操作及相關的缺失（如指出某地區的內部管理凌亂無序，就是一個具體的

發現）。

7. 口頭或書面報告應對必須採取的改善行動提出建議。

8. 如所發生的缺失違反了政府的標準、規則或規定，則必須具體地列出相關文件、圖表和規定。

11.2 安全稽核的意義與重要性

阿諾鐸（Arnold, 1992）認為安全稽核是安衛人員用來決定事業安衛系統的有效性的過程，而凱斯與懷思（Kase & Wiese, 1990）則以為安全稽核是管理人員用以評估安全有效性的方法。曼紐壘（Manuele, 1997）則將安全稽核定義為一種結構性方法，提供安全有效性的明確評鑑，安衛問題的診斷，何時及何處會有事故的敘述，如何改善安全有效性的指引。事業單位為何需實施安全稽核？依阿諾鐸的說法，醫生要醫治病人，需要診斷病因，安衛人員在提供改善建議前，要適當診斷安衛問題的因素，這診斷即是安全稽核。因此，安全稽核是改善安全體質、提升安全績效、確保安全規範有效的重要因素。此點在第九章〈職業安全衛生管理系統〉中已可略見，現再以圖 11.1 說明安全稽核與安全管理的重要性。在此圖中清楚看出，安全管理各階段工作，由政策訂定到績效評估，都有賴稽核來檢驗其有效性。

11.3 安全稽核的分類與項目

一、稽核的分類

一般分為三個層級，即：

階別	稽核名稱	執行別
Level 1	Operational Audit	1st Party
第一階	作業稽核	單位稽核
Level 2	Specialist Audit	2nd Party
第二階	專家稽核	公司稽核
Level 3	Management Audit	3rd Party
第三階	管理稽核	第三者稽核

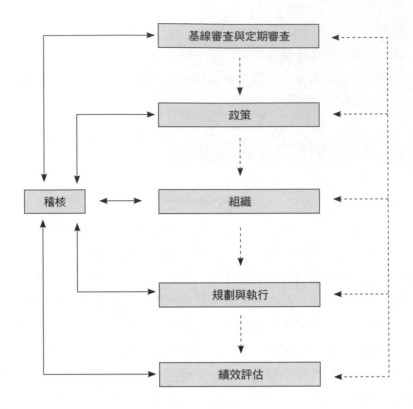

圖 11.1　管理架構圖

也有一些事業單位將之分為四個層級：

1. Level 1：一工場內某一場所的基本檢查。
2. Level 2：一工場內之安全管理方案的檢討。
3. Level 3：法規符合度及管理方案的評估。
4. Level 4：對法規符合度及管理系統加以完整、有系統的稽核。

而康磊則簡分為二級，即：

1. 公司級：公司安全專家對現場單位法規符合度等稽核。
2. 單位級：工廠部門每月一次，委員會每三月一次。

二、稽核的項目

至於稽核的項目則包括：(1) 安全領導與管理；(2) 管理人員安全訓練；

(3) 安全作業標準；(4) 事故調查；(5) 安全觀察；(6) 緊急應變方案；(7) 安全法規；(8) 自動檢查；(9) 災害分析；(10) 安全教育訓練；(11) 個人防護具；(12) 健康管理；(13) 方案評估系統；(14) 工程控制；(15) 變更管理；(16) 安全溝通；(17) 安全會議；(18) 安全激勵；(19) 員工任用；(20) 採購管理；(21) 承攬管理；(22) 下班後安全。

11.4 安全稽核體系

事業單位的安全稽核工作應多元化，不同階層可有不同的稽核方式。例如，雇主及事業經營負責人可以實施走動管理；高階主管可以由中階陪同進行工安查核；中階、基層主管應進行分級查核或安全觀察；而基層作業人員則推動預知危險活動（圖 11.2）。這些稽核目的，都在發現不安全行為與狀況，而能事先導正、消除，確保作業安全。

為強化安全稽核功能，全事業單位推動的工安查核工作主要有總公司高階主管之走動管理、總機構與分支機構之工安查核工作、分支機構部門中階及基層單位主管之工安分級查核與作業人員之預知危險。除了上述四大項目以外，自動檢查、聯合檢查、安全巡查等，亦均為預防事故發生的手段之一。

另外，為使稽核所見不安全行為或狀況的缺失，能集思廣益，共謀改善，

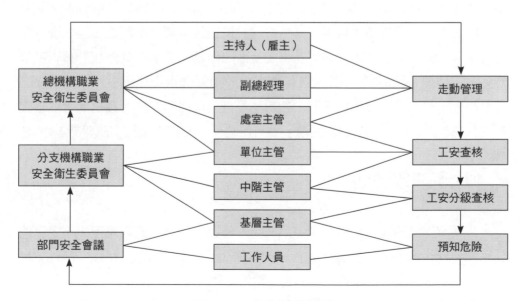

圖 11.2　安全稽核體系

準備期
1. 蒐集資料
2. 審閱文件
3. 思考問題
4. 稽核計畫

現場進行期
1. 現場簡介、介紹
2. 實地查證（文件、訪談、觀察）
3. 雙向交流、會議

管理審查期
1. 上下橫向溝通
2. 擬定下次稽核計畫

檢討期
1. 稽核報告
2. 追蹤矯正

P   D   持續   A   C

圖 11.3　安全稽核循環

促進上下及橫向溝通，幫助單位對基層工安問題之瞭解，各事業單位可利用職業安全衛生委員會、廠務會議、部門安全會議或基層安全集會定期討論安全議題，如檢討查核時所發現之缺失，以建立工安稽核之管理審查機制。

事實上安全稽核不僅為安全管理系統中「計畫—執行—查核—改善」循環中查核之主要部分，其本身也自形成如圖 11.3 之一小型之 PDCA 循環機制。以分級查核而言，首先各基層管理人員以上主管應先體認到「安全」是主管應肩負之責任，在百忙中仍要到現場進行安全巡查（分級查核），惟應先想一想要看些什麼（計畫期），經由現場巡查，與員工討論安全問題（執行期），如有缺失則記錄於分級查核報告中，其目的在於使主管瞭解該部門之安全狀況，以便於管理審查時提出改善報告，並供安全部門作為安全衛生問題統計分析及改善對策之依據（檢討期），最後各部門主管於相關會議中提出這段期間重要之安全缺失，經由上下及橫向溝通，如認為是全單位之問題則可經由此管理審查機制共謀改善對策以確實解決問題，並可作為下次查核之依據（改善期）。

11.5 績效評估

「職業安全衛生法施行細則」第三十一條第一項第十五款規定，事業單位訂定職業安全衛生管理計畫，執行「安全衛生管理紀錄及績效評估措施」，也就是明確要求事業單位應實施安全衛生績效評估工作。

偉大的英國物理學家湯姆遜（J. J. Thomson）曾說，「量化問題的唯一途徑

就是要瞭解它。」目前，有關評估工廠安全績效的定量方法涉及極高程度的不確定性。安全工程師若能多加注意並應用本書所提供的材料和方法，採取事故防範措施，則能建立更安全的無事故工作場所。然而，有關定量安全的益處應使所有安全人員都能瞭解。

管理者應瞭解工廠安全的全貌，以決定是否或何處須要改進。許多主管人員則想知道這些改進行為會造成改善或惡化的情形。雖然，儘管很多定量的研究是基於成本因素的考量，但有些卻不是。許多安全機構、保險公司都是引用事故或傷亡數字來作為工廠安全績效的評估。因此經濟因素就應被考慮在內。

當定性和定量方法被採用時，數據就能表明事故發生在何處。如果事故發生率不為零，則安全工程師就有責任瞭解事故發生的任一種可能原因。在美國國家安全委員會（NSC）的年度報告中就指出這種目標是可以達到的。美國國家安全委員會給三十六家主要工業團體出版了一系列勞工無失能連續工作的最長時間數字表。這些無事故時間表，是在其有高度安全系統的公司裡，當事故可能發生之前，利用消除或降低不安全因素的方法而得到的，這與事故發生後，並成為統計數字之後，再謀求改進的方法是截然不同的。

所有定量方法都用統計以前所發生的事情來說明事故發生的次數、頻率及嚴重率。這些數字經常被用來衡量將來事故可能發生的危險性。最初，定性和定量的安全評估是由現有的公司確實決定何處需要改進。現在，這些方法仍然是最普遍、最重要和最有效的評估方式。

11.6 定量評估

以引用事實數據的定量方法來確定任一工廠的安全程度，必須要用到事後資料，如事故統計、事故頻率及事故嚴重狀況。這些數據只有積累相當程度的事故數字後才有意義。通常這些數據對解釋災變的因果關係作用有限，所以只能採取廣泛的事故防範措施。查檢表和分析表乃是更合適、更具體和更有效的安全行動。

11.7 統計有效的問題

我們所說的或然率是建立在過去事件基礎之上的紀錄，如無變化，年代

愈久，對事件的預測性就愈準確。定量的數據必須要從過去很久一段時間中蒐集資料而得，或者從大量相似事件統計而得，以保證統計的正確有效性。當數據必須採取長時間以完成其統計的有效性時，很多人在改善措施採取前就已死亡或受傷了。如果已採取了改善措施，但過去的統計又因長時間及完全類似事件的發生而不再準確了。例如，在某一特定時間內，一工廠由於機器轉動部位未加防護蓋，因此發生了一系列事故，幾乎每百萬人工小時就發生三起意外事故。於是，加裝防護蓋。但是，如此一來，以以前的事故發生率來預測這個工廠將來的事故發生率已經不再正確了。

對一個稱職的安全工程師而言，應在第一次事故發生前或發生後馬上將防護蓋裝好，而根本不應該等到這些意外事故的發生積累成數據。

事故統計的確是為主管機關、保險公司提供了有價值的訊息資料。它能說明災害的因素，確定是否需要增加安全規則以防患未然。保險公司統計員會用這些事故數據作為衡量企業主的保險費。對於缺乏或完全沒有事故經驗的企業和設備，如對新工廠或尚未試飛的飛機，這種統計資料是極好的專業臆測。由於不確定因素的存在，保險業者會根據意外事故所引起的經濟損失來計算保險費。迨企業主有了經驗之後，保險費再行調整，至於如何調整則視企業的事故紀錄而定；如果已有損失，並且預計這種損失會有繼續增大的危險性，則調高保險費。這種保險費的增加，可以威脅到迫使一些企業倒閉。這些事故和事故的威脅可能發生在齊柏林飛船、核子工廠、機器製造商、工廠技師和外科醫生身上。

一些安全工程師以事故、傷害頻率和嚴重率來作比較並確定下列事項：

1. 如何把工廠或公司的傷害率與整個產業的平均傷害率作比較？在我國，各個行業的事故率由勞動部職業安全衛生署統計出來。
2. 如何比較各階段性的事故、其傷害率和嚴重率。情況是改善了？還是惡化了？
3. 如何比較不同類型的危險作業？
4. 不同的部門是如何做好安全工作的？

傷害率的增加表明該部門對安全檢查工作的疏忽。如果展開事故防止競賽的話，傷害率就可拿來作為那個工廠或部門安全防範措施執行得好或壞的參考指標。在這種比賽之下，安全專家必須保證所有參與單位都能遵守同樣的規

則。對於傷害率也可能稍作調整以彌補由於作業類型的不同而引起不同程度的危險。通常平均產業傷害率可以作為各個被比較單位的調整標準。對此可以在各個工廠間及整個工業界進行。

11.8 失能傷害頻率與嚴重率

有關事故的失能傷害頻率和嚴重率計算方式說明如下：

一、失能傷害頻率（FR）

這個數字可以用很多方法計算，以確定事故傷亡的發生頻率。計算該頻率的分類方法是非常類似的；只是所採用的基礎有所不同，如果 A 是被統計事故失能傷害頻率的事件，B 是數值基數，而 C 則為統計量，於是

$$失能傷害頻率 = \frac{A \times B}{C}$$

如果以 1,000,000 人工時作為基準，則一失能傷害頻率可以這樣算出：

$$失能傷害頻率 = \frac{失能傷害人次數 \times 1,000,000}{總經歷工時}$$

例如：某一工廠，如在一年中有 18 人次事故，其間勞工共工作了 1,200,000 人工時，則

$$失能傷害頻率 = \frac{18 \times 1,000,000}{1,200,000} = 15.0 \ /每百萬工時$$

我國及「美國國家標準協會」均以一百萬人工時作為基準（ANSI 標準 Z16.1），而「國際勞工統計局」（BLS）則以 100 個全日勞工作為基準。一般認為 100 個全日勞工，每年要工作 200,000 小時（每個工人每週工作 40 小時，每年工作 50 週），如按這個基準來計算，則上述的失能傷害頻率則為：

$$失能傷害頻率（BLS） = \frac{18 \times 200,000}{1,200,000} = 3.0 \ /每 20 萬工時$$

由此可清楚地看到，計算失能傷害頻率必須要先知道基準數。

二、失能傷害嚴重率

有些企業，可能顯示高數字的失能傷害頻率，但也許傷勢很輕。另一些企業雖鮮傷害事故及極低的失能傷害頻率，但一旦發生，程度卻極為嚴重。於是我國及「美國國家標準協會」制定了一套以時間作為衡量而確定嚴重程度的公式。用這個方法，受傷或死亡都被定有時間以決定比率。這個所定時間決定於平均事故的情形。例如，每一個死亡或永久的終身殘廢時所定時間為6,000天。這個數字是根據每個勞工的平均壽命乘上每年的工作日而得出的。永久部分肢體殘廢的時間由表 ANSI 標準 Z16.1 列出：喪失一臂至肘部以上4,500天；喪失一隻眼睛（或視力）1,800天；一次事故喪失雙目（或失明）6,000天；一耳完全喪失聽覺600天；雙耳喪失聽覺（一次事故中）3,000天。公傷造成的暫時性失能，可由 ANSI 方法中計算出所損失的工作日作為傷害程度日數。按美國勞工統計局的計算法，只有在實際的損失工作日才計算。它的計算日計算要求將勞工從事了一工作之後的勞動時日也計算進去。

$$失能傷害嚴重率 = \frac{全部損失日數 \times 1,000,000}{總經歷工時}$$

如上述所提到的工廠如在一年中有六次傷害事故，共18人次受傷，造成240天的工作日損失，則

$$失能傷害嚴重率 = \frac{240 \times 1,000,000}{1,200,000} = 200 ／每百萬工時$$

每一人次傷害的平均嚴重程度也可確定，由兩種方法中任選一種來確定：

$$平均日數 = \frac{全部損失日數}{失能傷害人次數} = \frac{240}{18} = 13.3$$

或

$$平均日數 = \frac{失能傷害嚴重率}{失能傷害頻率} = \frac{200}{15} = 13.3$$

11.9 與定量頻率有關的問題

不幸的是，儘管事故和傷亡統計資料很有用，但常常又因資料的不全以至於造成偏差。舉例來說，為了要減少受傷人數及損失工作時日，一些公司就會將受過傷的勞工重新分配到一勞動強度較低的臨時崗位上。勞工雖得到了報酬，但因公傷造成的勞動損失日就常常未向上呈報。因為沒有工作損失時日被列入，所以好像工作傷害事故未曾發生過似的。

1986 年，國際勞工統計局對工作傷事故紀錄的有效性表示關注。工業界若扭曲及破壞有用的統計資料，將造成不正確的傷殘報告。

按美國國家標準協會標準 Z16.1 的定義，傷害的可記錄性和可報告性是有區別的。基於這個情況，報告分別按照「國家安全委員會」（NSC）和 BLS/OSHA 的定義和標準來對照。結果發現 NSC 的傷害率與 BLS 及 OSHA 的不同，前者比後者為小。1941 年，韓笠琦指出，88% 的事故是由於操作人員的「不安全行為」所引起的。《財星》雜誌依據 1967 年在賓夕法尼亞的普查結果，表明這個數字應是 26%。甚至在 1910 年伊斯特曼（Eastman）就曾指出，企業主堅決認為在匹茲堡地區 95% 的嚴重傷亡事故是由於「漫不經心」所引起的。然而根據她自己的研究卻揭示了只有 22.5% 的事故才完全或部分是由於勞工疏忽而引起的。後者的觀點與其有關德國勞工的研究報告更為相符。那份研究表明，在所有的勞動事故中，29% 要由勞工自己負責。

韓笠琦引用的數據（和匹堡地區雇主的觀點）顯然有著企業主本身的偏見，因此任何的評估都是不正確的。他所做的分析研究，是基於發生事故的公司雇主向保險公司所呈交的報告上。當然，沒有一個雇主願意對保險公司或對事故發生地區有司法權的安全機構承認自己公司有錯誤、有危險存在，或者說在他的管轄之下的工作場所未能有效地管理好？有哪一位安全人員願意承認事故的發生是由於他沒有檢查出危險狀況或未能事先加以改善？這些是令人懷疑的。任何一個企業主都不會願意對保險公司或安全機構作書面報告的承認。

11.10 統計比較的有效性

運用統計數據的一個普通問題是，準備這個統計的人員很可能呈現片面的數據給讀者，而造成錯誤的印象。在有些情形下，這並不是有意的。但有的時

候，分析家這麼做是為了想證明自己的一個觀點，以加強讀者的印象，或者只是因為這與人們固有觀點相反。有關安全統計的一個實例，以汽車事故為例。一位發言人在報紙上指出，「在 1898 年的美國，僅一人因車禍死亡；到了 1972 年，超過四百萬美國人出了交通事故，其中 56,300 人因此而喪生」。

1912 年，即美國國家安全委員會發布關於車禍統計的第一年，美國每一萬輛註冊交通車輛中，有 33 個人死亡。雖然總死亡數字已經降低，但是 1898 年的實際比率有可能偏高些。目前的這個比率是每一萬輛中死亡數低於 5 個人。顯然這兩個統計敘述，對於當今汽車是否較安全或不安全，提出了相當不同的觀點。通常統計比較的價值在於以純事故、死亡、傷殘的數字可以導致改善措施。

11.11 風險評估

當需要資金作為並非法律規定的安全缺失改善時，企業主想知道風險到底有多大，以便作出適當的決定。從理論上來說，計算事故之經濟風險應該核算一下該計畫中的安全防護的開支。企業主想知道作這樣的改進，對增加工廠的安全作業到底能起多大的作用。通常在工廠興建之前，會根據費用 / 風險 / 利潤 / 效率分析，來完成這樣的估算。

經常使用的兩種表示風險程度的數值計算法：「相對法」及「事件發生機率法」。表示風險的相對法比較簡單，使用也較廣泛，且有很多種形式。一項任務，如測定氣體的有毒性或是事故發生的潛在可能性，如果採用一件經由一群專業人士作了數值定級的儀器。這種定級有從 1 ~ 10 級，有從 1 ~ 6 級等，以測定危險或安全程度。一種級別定在 5 的氣體其毒性或可燃性要比級別為 3 的氣體為大。一種燃點在 225°F 的液體要比燃點只有 151°F 的液體來得安全。但在相對法中，若給定級數值加倍，並不代表危險也加倍。

對未來事件的發生機率，通常是從過去的經驗中估算得到。但從任一精確度考慮，這種經驗必須經過長期積累並且相對很多事件中統計出來。對所評估的可能發生的事件，其發生條件須與所統計的那些事件相類似。某位工安專家基於以往的經驗可能做出如下的預言，即在特定假日，將有一部分人死於交通事故。如果由於天氣或想去觀賞一場球賽，結果造成與該專家以往所統計的數據不同的形勢，使得實際的事故、死亡、受傷數與其預言不相符合。

　　適當地結合次級事件的機率，有時方可將事故機率發展成一種新的用途。不幸的是，由於缺乏系統的輸入資料，以至於由這些方法導出的總機率在某程度上而言已經幾乎不精確了。另外，也沒有辦法來證明這些計算估計的正確性。所以，儘管這個理論在方法上可以接受，然而在實際上尚待人們不斷地去探索。

　　事故防範標準之經濟核算機率與風險、成本、利益有關，於是產生另一個問題，就是事故和損失的機率常常估算得太低。結果造成雇主為安全防範經費所做的事前經濟核算幾乎反映不出來。1987 年，美國高等法院規定，安全比諸如風險分析等要優先加以考慮。

　　理論上最有力的一個例證就是鐵達尼號（Titanic）巨輪，如果船主經過經濟核算為其首次也是最後的、唯一的一次航行準備更多儲放救生艇的空間的話，情形就完全不同了。該船號稱是「永不下沉」的，也就是說其被淹沒的機率是零。如果將船在航行期間遭到災難性事故的機率與人遭到雷電襲擊的機率（5×10^{-7}）相比擬的話，假設每年該船有五十次航行機會，則平均每一百萬年才可能發生一次事故災難。就鐵達尼號所宣稱的安全設備，照原先的估算，怎麼也不會將增設救生艇的費用考慮在內。

　　任何一個企業團體所冒的風險可以表示成：

風險＝ Pa × La

Pa：災害發生機率

La：災害造成的可能損失

　　表 11.1 是美國原子能委員會就美國商用核電廠的災害風險加以評估，所發表一篇名為「反應爐安全研究」報告中，所列出之每一個人在一年中由於各種危險性活動可能造成致命災害的機率。其中所顯示的數字係依據美國在 1969 年所發生的特殊災害的總數除以該年的總人口數。按照此法，因滑翔事故喪生的有 160 人，比遭雷電擊的人數還少，可見這是一個相對安全的一種運動。由於僅有二萬名滑翔愛好者將自己置於可能喪生的危險之下，所以死亡機率是 8×10^{-3}。

　　因此，在風險計算時，有必要將人數和活動列入統計量因素考慮，如此風險方程式就變成：

風險＝ Pa × Ea × La

Ea：人及事物在一次事故中的暴露量

在任何風險評估（risk assessment）中，也應要求仔細考慮並納入可能的損失。事故造成的損失程度可小到微不足道，也可大到傾家蕩產。故而有必要在整個可預測的可能損失範圍內，針對不同程度增加的事故發生機率做預測，對每一平均增長的機率，必須有相應的可能嚴重程度或預計損失計算出所有總平均量，並在理論上給出一潛在的損失估測量。

這種評估方法比較複雜，所以很多公司情願列出其財產目錄，然後應用預測的損失，再加上保險公司所能認可的數目。在此重申，對事故的預測常常估計不足，而對賠償的估測反而過高，這是對實際的損失情況認識不足，而對**表11.1** 中所列出的項目沒有作現實的考慮或者是估計不足。

表 11.1　各種原因引起的個人緊急死亡風險

事故種類	1969 年總數	每年個人緊急死亡風險機率
摩托車	55,791	3×10^{-4}
摔倒	17,827	9×10^{-5}
火災和熱物質	7,451	4×10^{-5}
溺水	6,181	3×10^{-5}
中毒	4,516	2×10^{-5}
鎗砲	2,309	1×10^{-5}
機器	2,054	1×10^{-5}
水上運輸	1,748	9×10^{-6}
航空	1,778	9×10^{-6}
落體	1,271	6×10^{-6}
觸電	1,143	6×10^{-6}
鐵路	884	4×10^{-6}
閃電	160	5×10^{-7}
龍捲風	91	4×10^{-7}
颶風	93	4×10^{-7}
其他	8,695	4×10^{-5}
總事故		6×10^{-4}

資料來源：Willie Hammer, 1989.

11.12 能夠承擔的風險

　　人們所能夠承擔的風險因利益而異。斯塔（Chauncey Starr）曾就風險－利益關係發表過其見解。首先，他將風險歸類為兩種，即志願風險（voluntary）和非志願風險（involuntary）。志願風險是個人根據自身的經驗和價值，自願承擔的一種風險。非志願風險則是一個人完全受到另一個（或一些）人的判斷支配，例如汽車、火車或飛機上的旅客，要依靠駕駛員的判斷，接受他所無法控制的風險（他只有決定坐汽車、火車或飛機的權利）。

　　斯塔補充了下列意見：

1. 公眾願意承擔的自願風險大概是非自願風險的 1,000 倍。

2. 由疾病死亡的統計風險來看，它似乎是一個建立接受其他風險程度的生理學的衡量尺度。

3. 風險承擔與利益成正比，大約是其三次方的量級（實數與虛數）。

4. 社會對於風險的承擔直接受到公眾對其一活動之利益的意識程度所影響，並由產生、用途及參與人數來決定。

5. 有一個實例，將這些標準應用於原子能工廠的安全，似乎工程設計任務會形成這樣的情況，即由經濟標準決定的設計目標風險程度比。由社會對於電力工廠所願接納的風險程度要低得多（三哩島及車諾比事故從本質上就反映了這個論點）。

研究**表 11.1** 亦產生下述論點：

1. 死亡風險程度為每年 10^{-3}（千分之一）的災害類型在一般公眾中很難發現。當衡量一些特定團體暴露於所涉及的危險的風險時，對一些運動和工業性生產而言，有如此高的風險並不罕見。通常這麼高程度的風險是不被接受的，所以一旦事故發生，得立即採取行動以降低風險度。

2. 在風險程度每人每年為 10^{-4}（一萬分之一）的死亡事故中，人們就缺乏採取一致行動的意願，但是仍願意花錢來降低風險度。

3. 在每人每年為 10^{-5}（十萬分之一）的意外死亡風險，仍會引起一般人的注意。

4. 在每人每年為 10^{-6}（百萬分之一）或小於 10^{-6} 的災害死亡率，就很顯然地鮮為每個人關心了。

以上最後一條，是一個頗有爭議的結論。以**表 11.1** 所指出的，在龍捲風和颶風地區，每人每年死亡機率就小於 10^{-6}，然而，在那些地區的每個人對這一自然現象的後果仍然十分關切。所以儘管這兩種事件中的總死亡數相同，也在很短時間內造成大量的死亡事件，但總比在相當一段時間內持續發生了很多次事故，而每次死亡人數不多的情形要引起更多的關注和警惕。於是，當人們過分關切事故機率很低但可能引起上千人死亡的核能事故上時，卻忽略了五萬人將死於交通事故的事實。

工廠和其操作安全的定量評估（quantitative appraisals），事故發生率以及風險預測，仍有待探討。**表 11.1** 的研究結果，曾遭致大量的強烈的反對意見。對於現有的安全和風險的評估將隨著曾在工廠企業、三哩島及車諾比發生過的事故的再發生，得到重新的調整。

11.13 成本分析的重要性

安全的要求隨危險問題之不同而變化，某些作業並不是十分危險，但也都需要一些安全管理方案。若欠缺方案（計畫），則作業即無法加以掌控，流程易被中斷，而成本即告增加。除外，勞工士氣會降低，也難以獲得高生產力。

許多管理者都為人道主義者，因此，一旦有傷害事件發生，他們即會為了安全付出一筆合理數目的金錢。雖然安全之促進不應僅立基於金錢而已，但是有許多例子中，高級管理者常因人道主義原因而支持安全計畫，而此類行為也證明有利可圖，使管理者更熱心增加支持。

雖然安全部門立於非常有利位置，但是仍難於忽視安全活動對公司利潤的影響。一旦公司之銷售情形不佳，或有任何情形之財政損耗，管理者常會考慮削減幕僚部門的支出。因此，數字顯示安全計畫不是財政上的消耗時，即需表示為何計畫在公司業務萎縮時仍應繼續的理由，或管理者將從事系列安全計畫放在優先位置的唯一方式的理由。管理者必須先考慮到企業的成功及繼續存在的可能性。

公司中的活動可以不同方式來表示其價值，但若以金錢來說明則是最有效方式。金錢是量度及評估公司表現的一種最普通標準。部門工作的結果一旦可以以節省金額來表示，則高級主管可以立即明白而不用熟悉各自領域的表現標準。而且他們可以直接知道回收情形。

　　管理應追求作業之有效性，因此，無怪乎早在 1944 年，布雷克（R. B. Blake）這位美國勞工部勞動統計部門的資深安全工程師說過：「工業安全運動的主要推動力量是基於事故太昂貴這一事實。只有防止事故的發生才可以有實質的費用節省可言！」這一意見至今仍然廣泛地被接受，也不跟本節開始所言的相抵觸，那就是說安全工作首要及最高目的是人道主義。

　　對許多公司而言，成本之減少實是導致傷害減少的催化劑。

　　高風險及嚴重危險的地方，有效安全計畫的成本遠比安全失敗的結局還小。美國挑戰者號太空梭，蘇俄車諾比核電廠，以及印度波帕爾化學工廠就是較出名的例子。

　　「職業安全衛生法」規定工作場所應沒有危害。這要求及人道的考量就需要安全，而如果超過這方面的努力就要實施成本分析。

11.14 間接成本

　　估計工作傷害及事故的未保險成本，現代均以下列式子表示：

未保險成本＝ A× 損失工時件數＋ B× 就醫（未損時）件數
　　　　　　＋ C× 急救件數＋ D× 無傷害事故件數

　　A、B、C、D 是常數。損失工時件數可由每日統計表中查出。就醫件數，由公司診所紀錄、保險紀錄，或急救部門紀錄中有受傷送醫之紀錄。自然此件數不能與損失工時件數重複計算。急救件數由急救部門紀錄中獲得，也不得與前述兩種件數重複。至於無傷害事故之件數應為：(1) 產生八小時以上工時或 50 美元以上財物損失者；(2) 有造成對人體傷害之虞者；(3) 由於幸運而未實際造成人員傷害，或僅產生虛驚事故，不用送醫治療的。

　　1975 年，伊姆雷（John Imre）的研究中得出有趣的數字，就是無傷害事故件數與損失工時件數比約為 1：1.25。

　　關於上面 A、B、C、D 四個常數，西蒙（Simonds）曾以 1986 年 12 月之工資水準計算得出：A：530 美元；B：130 美元；C：28 美元；D：970 美元。這些數字，是以製造業 1986 年 12 月的平均每小時工資為 9.85 美元為準，若欲計算某年之平均未保險成本，則先查出當年 12 月之平均每小時工資，與 9.85 美元相比較之值，乘上 A、B、C、D 之值，即得某年之 A、B、C、D 值。

例

假設 2000 年 12 月之平均每小時工資為 14 元，若某公司在 1990 年共有損失工時案件 14 次，就醫案件 45 次，急救案件 1,400 次，而非傷害案件 16 次，則該公司之間接成本為多少？

解

(1)14÷9.85 ＝ 1.42132，所以

　A ＝ 530×1.42132 ＝ 753（美元）

　B ＝ 130×1.42132 ＝ 184（美元）

　C ＝ 28×1.42132 ＝ 39（美元）

　D ＝ 970×1.42132 ＝ 1,378（美元）

(2)2000 年間接成本

　＝ 14×753 ＋ 45×184 ＋ 1,400×39 ＋ 16×1,378

　＝ 98,470（美元）

11.15 安全績效衡量

杜拉克曾說：「沒有仔細的診斷，開出的藥方可能變成毒藥。」假如你不能明確衡量一件事情，則你將無法有效管理。由此可見安全績效衡量對安全管理的重要性了。

一、方式

至於安全績效衡量的方式，基本上可分為：

1. 定期或不定期評鑑、量測。
2. 自護制度評鑑。
3. 第一、二或三團體稽核。
4. 日常安全觀察。
5. 主管安全巡視。

二、範圍

安全績效衡量範圍，包括：

1. 系統與程序：包括依據法令設置、良好的維護及妥適運作。
2. 設備：良好技術規範及工作實務。
3. 人員：適任之人員，藉由價值觀、態度、行為或安全文化、以操作設備、履行程序或運作管理系統。
4. 工安事件：管理、人員、機械、材料、工作方法及環境因素造成之事件。

三、特質

一般而言，安全績效衡量系統應具備的特質包括（Manuele, 1997）：

1. 管理實用性（administrative practicality）。
2. 衡量標準應量化（criteria should be quantifiable）。
3. 敏感度（sensitivity）。
4. 可靠性（reliability）。
5. 穩定性（stability）。
6. 有效性（validity）。
7. 客觀正確（objectivity & accuracy）。
8. 有效率且易懂（efficiency & understandability）。

11.16 安全績效指標

指標是安全管理體系中的某些變數，可以對安全表現作出相當程度的預測或解讀。安全績效指標可以作為有效的安全管理的量測依據或工具。

常見的安全績效指標可分類為：

一、落後指標

安全績效已經變化後之表示，如虛驚事故、損時事故、重大傷害次數、財

物損失事故、民眾抗議件數、檢查機構糾正次數、環保罰單、設備故障次數。

二、領先指標

可以預測安全績效變動的變數,如安全稽核頻率、安全提案數、主管巡查次數、安全訓練人次、風險評估次數、作業環境測定次數、安全作業標準增修次數、建議改善完成率等。

11.17 安全氣候

安全氣候（safety climate）是事業單位及其部門評鑑其安全績效的一種指標,是各種安全指標之統計值。杜邦公司早已按月計算其安全績效分數,並以電子銀幕公布周知,讓全體員工瞭解公司的安全績效表現情形。

今試以某公司設計之安全氣候計算方式供大家參考。

Safety Climate（%）= 20（1 − 0.1× 員工職災 FSI）+ 5（1 − 0.1× 員工工作交通 FSI）+ 5（1 − 0.1× 員工上下班交通 FSI）+ 10（1 − 承攬商失能頻率）+ 5× 教育訓練參與率 + 5× 緊急應變參與率 + 5× 安衛宣導參與率 + 5× 自動檢查執行率 + 5× 分級查核率 + 5× 分級查核改善率 + 5× 工安查核改善率 + 5（1 − 檢查機構缺失率）+ 5（1 − 事故未報次數）+ 5（1 − 0.3× 工安罰單張數）+ 5（1 − 0.5× 環保罰單張數）+ 5（1 − 0.2× 火警次數）

註：1. 每月未發生事故,檢查機構未發現缺失之基本分數為 60 分。

2. 各項目至多為滿分,至少為負加權數。

練習題

1.在工廠設計階段，列出安全工程師所應檢討的項目。

2.哪些組織負責工廠安全檢查及評估？

3.何時開始考慮工廠安全及安全評估？

4.定量評估的利益何在？與定性評估相比較如何？可以設任何一個而進行其中一個評估？

5.敘述安全檢查應如何做才可以評鑑安全狀態。

6.安全如何量測？

7.為何不同組織需要不同的事故統計資料？每一個所要的資料型式是什麼？

8.說明失能傷害的定義、分類及職業災害報告的意義。（85專技）

9.請圖示工廠安全檢查之內容與流程。（91專技）

10.請依據行政院勞工委員會目前執行「加強高職災及高危險廠場監督檢查分級表」之內容，列出危險等級種類及不同危險等級所列管的對象為何？（96專技，衛生技師安衛法規）

11.解釋名詞：

(1)失能傷害嚴重率。

(2)暫時全失能。（83專技）

(3)失能傷害頻率。（84檢覆）

12.敘述事故損失統計資料如何才能防止扭曲？

13.為何BLS／OSHA數據與NSC的不同？

14.事故頻率如何決定？

15.若被告知你可能受傷或死亡，則你願意接納哪一級的風險？

16.風險影響保險金的程度如何？

17.你相信風險一成本一利潤分析是一種好的方法以便決定採取法律所未要求的安全措施嗎？何故？

18.若某公司一年中發生25次傷害事件，又設全年有1,5000,000人時之工作。則其傷害頻率為多少？（列出計算式、結果及單位）（83檢覆）

19.某一工廠在一年內發生意外事故的傷害情形如下：

急救事件：20件，共55人。

輕傷害事件：40件，共63人。

　　暫時全失能事件：25件，損失日數共110天。

　　部分全失能事件：共4人受傷，甲左手四指全部切除，乙右手拇指全部切除，丙右腿全部失能，丁右眼失明。

　　永久全失能事件：共2人永久性傷殘。

　　死亡事件：1人。

　　以上永久失能及死亡事件，在四次嚴重的意外事故中發生。若該廠每天工作八小時，每週工作五天，一年工作48週，全部員工共100人，試計算該工廠的FR與SR。（83年檢覆）

20.有甲乙兩工廠，其工廠及意外事件的資料如下：

　　甲工廠共有1,000人，每週平均工作42小時。

　　乙工廠共有800人，每週平均工作40小時（一個月以4週計算）。

　　甲工廠一年發生意外事件：

　　(1)部分全失能事件：3件，其中一人拇指全部切除，一人右眼失明，一人腳踝截斷。

　　(2)永久全失能事件：1件，1人。

　　(3)死亡事件：1件，1人。

　　乙工廠十個月發生意外事件：

　　(1)部分全失能事件：2件，其中一人拇指、食指全部切除，一人右腳全部切除。

　　(2)死亡事件：2件，2人。

　　求甲乙兩工廠之傷害頻率（FR）及嚴重率（SR），並比較何工廠較安全？（84年檢覆）

21.何謂「傷害頻率」（Injury Frequency Rate）、「傷害嚴重率」（Injury Severity Rate）？（85台省升8等考試）

22.(1)何謂「失能傷害頻率」、「失能傷害嚴重率」及「總合傷害指數」？試以計算公式表示之，並說明其代表意義。

　　(2)某廠有員工50人，該年共計工作140,000小時，該年因工作損失日為75天，試計算失能傷害嚴重率為何？（85高考三級）

23.做安全績效評估，對事故發生後的後果之評估方式有根據傷亡率（injury rates）來評估，請至少列出五種評估傷亡率的方法的名稱及其計算公式。（86專技）

24. 何謂失能傷害頻率、失能傷害嚴重率與總合傷害指數？並請指出三者在應用於職業災害統計時各有何特點。（88專技）

25. 請說明職業災害統計的計算方法。（88檢覆）

26. 某公司1991年發生職災事故98次，其中有66人受傷，1人死亡。受傷人中有2人發生永久殘障（1人為勞保10～12級，另1人為勞保13～15級折算失能235日）；暫時失能者64人共失能1,991日。假定該公司1991年當年年中僱用員工9,748人；總工時22,800,000；試計算該公司1991年之：

    (1)職災死亡率。

    (2)失能傷害頻率。

    (3)失能傷害嚴重率。

    (4)並說明後面兩個指標用來表示職災嚴重程度之限制。（89專技）

27. 評估工廠安全績效可用哪些方法？請說明之。（90升等）

28. 試說明此配對名詞，並比較其差異性：失能傷害頻率（injury frequency rate）、失能傷害嚴重率（injury severity rate）。（90專技）

29. 何謂風險（Risk）？風險的指標又可分為哪幾種？您如果是一位工業安全技師，受邀某機構為其擬訂風險管理架構，您又有何具體作法？（90專技）

30. 某工廠一年內計發生以下之事故：

    急救事件：75件，共100人，每人平均損失0.1天。

    輕傷害事件：50件，共150人，每人平均損失0.5天。

    暫時全失能事件：25人次，平均每次損失4天。

    永久失能事件：共四人受傷，其中一人單目失明（損失1,800天），一人右臂喪失（損失4,500天），一人左耳全部失聰（損失600天），另一人單目失明且右臂喪失。

    死亡事件：1人次。

    試計算：

    (1)失能傷害頻率（FR）。

    (2)失能傷害嚴重率（SR）。

    (3)總合傷害指數（FSI）。（90專技）

31. 何謂風險？如果你事工安人員，試問應如何進行化學品風險管理？（91專技）

32. 請說明失能傷害的種類、災害類型的分類方法，並列舉重要的職業災害指

標。（94簡任升等）

33. 管理制度的績效可由主動式（proactive）和被動式（reactive）兩種指標來檢測，試各列舉說明之。（94專技，工業安全管理）

34. 請就安全衛生績效標準的立法理念說明勞工作業環境空氣中有害物容許濃度標準與有機溶劑中毒預防規則、鉛中毒預防規則及特定化學物質預防標準之關係為何？（94專技，安衛法規）

35. 某公司年度之安全衛生改善計畫如下表：

計畫代號	所需經費（單位：百萬元）	風險降低率預估
A	0.2	0.02
B	0.5	0.01
C	1.0	0.015
D	0.2	0.0008
E	0.1	0.0006
F	1.0	0.005

依上述資料：

(1) 同時考量風險降低與經濟效益下，試將A到F共6個改善計畫，依優先執行次序排列之。

(2) 若該公司年度預備花費一百萬元進行改善，考量風險降低與經濟效益下，有多少個計畫可以執行？試依優先執行次序排列之。（94專技，風險危害評估）

36. 有哪些客觀的指標可以評估事業單位的安全衛生管理績效的好壞？（94專技，衛生技師衛生管理實務）

37. 甲乙金屬股份有限公司僱有男工203人，女工188人。於民國94年10月1日至31日期間，計工作了9,873工作天（共86,389小時）。11月份工作了10,655工作天（共87,904小時）。在此期間計有甲～戊工罹災，其罹災情形如下：
甲工於10月3日不慎從高處墜落，罹災後當日死亡。乙工於10月15日從事衝剪作業，不慎左手受傷，罹災後治療結果為左手腕切除（損失日數3,000日）。
丙工於10月20日與有機溶劑接觸發生肝中毒，治療至11月5日復原恢復工作。丁工於11月6日騎機車撞車，罹災後治療結果發現右小腿殘廢（損失日數3,000日）。戊工於11月18日因調整鍋爐而受蒸氣燙傷臉部，治療後拖延至

12月15日始復工。

試分別計算該公司10月及11月的職業災害統計：失能傷害頻率（FR）及失能傷害嚴重率（SR）。（96簡任升等）

38.中型固定式起重機設置完成時，應實施何種試驗，說明其試驗內容和方法。（99高考三級，機電防護與防火防爆）

39.有一工作場所員工100人，每日工作8小時，每月工作25日，本月份發生事故1件，其中2人雙手截斷，2人死亡，3人小輕傷（僅於廠內敷藥），3人受驚嚇（看心理醫師請病假四小時）。請計算：(1)失能傷害頻率，(2)失能傷害嚴重率，(3)及失能傷害平均損失日數。須將計算公式及過程詳列。（101高考三級，工業安全管理）

40.請解釋使用問卷方法應用於工業安全績效評估時，常要求的信度（reliability）與效度（validity）其所代表的意義為何？（102高考三級，工業安全管理）

Part 2

心理安全篇

CHAPTER 12

安全文化概論

　　工安界有些人有一個防災信念，那就是慧錠（J. F. Whiting）所提出：「防災，60% 靠工程改善，30% 管理與 10% 個人行為。」這種只在設備、環境與安全管理小圈圈轉了三十多年，如何自圓其說圖 1.3 的現象？產官學如果仍然繼續漠視安全的核心在人，也就是勞工，不在勞工的行為安全與心理安全方面努力，沒有全方位安全管理的思維與作法，則我國整體安全績效如何提高？

　　因此本書將在第二篇敘述心理安全，第三篇闡述行為安全。

12.1 建立安全文化的重要性

　　民國 103 年 7 月 23 日復興航空 GE222 班機於飛抵馬公機場時因颱風過境能見度太低，而於晚間 7 時 6 分重飛，卻發生重摔事故，造成機上 48 人亡，10 人重傷與民眾 5 人受傷（**圖 12.1**）。

　　根據飛安會提供的 CVR 摘要，原訂於 23 日下午 4 時從高雄小港機場起飛的復興航空 GE222 班機，因受到颱風麥德姆影響，延至晚間 5 時 43 分時，得到高雄塔台頒布起飛許可，晚間 6 時 27 分，高雄近場台廣播馬公天氣，02 跑

圖 12.1　GE222 班機重摔事故

道風向 210 度風速 5 浬，最大風 11 浬；20 跑道風向 190 度風速 11 浬，最大風
15 浬；6 時 28 分，高雄近場台報告馬公機場能見度 800 公尺。

　　晚間 6 時 29 分，駕駛請求馬公 02 跑道 ILS（精確儀降系統）進場，6 時
42 分，高雄近場台提及馬公機場跑道能見度 1,600 公尺雷暴當空，6 時 42 分，
駕駛再度請求 02 跑道 ILS 進場。晚間 6 時 45 分，駕駛請求馬公機場 20 跑道
VOR（非精確導設施多向導航台）進場，晚間 7 時 3 分，馬公塔台頒 20 跑道
落地許可，20 跑道風向 250 度（西南風），風速 19 浬。駕駛晚間 7 時 5 分解除
自動駕駛，晚間 7 時 6 分 10 秒時組員呼叫重飛，三秒後發生不明聲響，7 時 6
分 15 秒時，組員再度向塔台呼叫重飛，三秒後再度發生不明聲響，之後記錄
器錄音中止。機上有 54 名乘客與 4 位機組人員，卻不幸於澎湖縣湖西鄉西溪
村墜毀。

　　麥德姆颱風於 23 日登台，全台皆在颱風影響下，國內航線幾乎全面停
航，復興航空卻於中午宣布，下午 13 時起，國內馬公／金門航班視天候狀況
恢復飛航。而事故發生後，民航局說明起飛時的天候狀況還可以，但班機迫降
時間約在晚間 7 時至 7 時 10 分，能見度已由 1,600 呎降到 800 呎，仍符合降落
的範圍之內。國內外媒體在空難發生後都立即插播消息，CNN 氣象主播分析，
失事地點受到颱風環流的影響，恐怕與風速有關。CNN 氣象主播分析：「不管
是什麼原因迫降，當時的氣候都是相當的惡劣，這點很重要的，因為當時還籠
罩在颱風之內，這個地區的風速，達到每小時 75 公里。」

　　在惡劣的氣候及無精確儀降系統下，這部飛機看不清跑道就無法順利降
落，只得請求重飛，卻在雷雨中重摔。事後員工爆料說公司為求賺錢，早就將
安全放在腦後了。

　　這事故讓我們再度想起 1984 年 12 月 3 日發生在印度波帕爾的 MIC（異氰
酸甲酯）外洩事故。一個有五道安全防護設備的工廠，在那天晚上所有安全防
護設備全部失效，以至於 2,000 ～ 20,000 人死亡，20 ～ 50 萬人吸入劇毒受傷
的慘劇發生。為何設備該作用卻不動作，當然是負責維護保養的人出了問題！

　　事實上，事故前十五年聯碳公司先後換了八位廠長，而且後面七個均未有
MIC 製程操作經驗。出事前一年由於景氣不佳，公司執行「精簡人力、降低
費用」政策，大量解僱臨時工（300 人）、外調正式員工（150 人），以至於操
作人力減少一半，維修人力減少三分之二。在這種士氣低落的組織氣候中，不
斷地發生小事故，卻無人關心、重視，更無力改善，終於發生前所未有的大事

故！

波帕爾事故促使製程安全管理（PSM）受到重視，然而推動 PSM 很有成就的英國石油公司美國德州廠在 2005 年 3 月 23 日發生重大氣爆案，讓大家百思不解，何以號稱安全績效優異的英國石油公司竟然也會發生這麼慘重事故，特別是該公司長期保有安全改善績效，其在事故前五年中公司減少 OSHA 記錄中的職業災害率達 70%，而死亡率減少更高達 75%。位於美國德州休士頓東南郊 40 哩的德克薩斯市，德州廠建於 1934 年，原屬於 Amoco 公司，是英國石油公司在美國最大的煉油廠，也是美國第三大煉油廠。廠地 1,200 英畝（486公頃）有 30 座煉製工場，共有員工 1,600 人，每天煉製 46 萬桶原油，生產汽油、柴油、航空燃油及石化原料等；汽油日生產量超過 1,100 萬加侖，占 BP公司在北美產量 30%，占全美國產量 3%。

在這次事故中，造成 15 人死亡，170 餘人受傷，財物損失高達七億餘美元。更糟糕的是事故後，又陸續發生下列事故：

1. 7 月 28 日 06:00pm，RHU 工場發生氫氣管線斷裂燃燒爆炸事故。
2. 8 月 10 日 01:00am，Cat Feed Hydro unit 發生 heavy oil & gas 大量洩漏，形成蒸氣雲煙霧事故。
3. 8 月 10 日 09:45pm，Innovene plant Olefins unit 發生爆炸火災事故。

美國 OSHA 當局鑑於該公司未見改善，因此給予二千一百三十萬美元罰款，而該公司另外還需花費七億餘美元進行改善工作！被大火燒毀的異構化工場如圖 12.2 所示。

該公司主管操作與工安的資深副總經理模哥福特（John Mogford）在事故調查後，2006 年 4 月 24 日一場公開演講中提出一句值得大家深思的話：「我們將此事故視為一次製程的失敗，一次安全文化的失敗與一次安全管理的失敗。」

上述事故讓我們瞭解到安全文化的重要性，而英國石油公司案例則顯示只有部分的安全文化是不夠的，一定要建立全方位安全文化，事業單位才能長治久安。

安全文化大師蓋樂教授（E. S. Geller, 1994）曾在〈建立全方位安全文化之十項觀念原則〉一文中提出十項觀念，他所指出之第一個原則即表明：只有安全文化（safety culture），而非法規，才能使安全進步。也就是說只有優良的全方位安全文化才能確保安全績效。英國石油的慘劇，不是最佳寫照嗎？英國石

CSB investigators deployed to a serious incident at the BP America Texas City oil refinery in March 2005. Fifteen people died and more than 170 were injured in the explosion and fire.

圖 12.2　毀於大火的異構化工場

油德州廠在事故前績效很好,大家津津自喜職業災害率與死亡率的大幅降低,卻沒有人去關心安全文化是否有向下沉淪現象,而需要死亡 15 人後才覺醒,這樣的代價未免太高了,但它正好說明建立優良全方位安全文化的重要性。

12.2 全方位安全文化理念

　　安全文化第一次被工安人員重視,主要是由於這幾個字出現在國際原子能總署(IAEA),1986 年對車諾比核能電廠事件之調查報告。經濟合作暨發展組織轄下核能署(OECD, Nuclear Agency)1987 年所提的報告也不約而同地指出車諾比核能電廠事件根本原因之一是不良的安全文化。自此以後,安全文化一詞在歐、美、日、澳等工安先進國家受到重視。

　　至今文獻上已有超過一百篇有關安全文化的論述,其中對安全文化的定義、內涵、指標等有甚多著墨。柯克思夫婦(Cox & Cox, 1991)指出:「安全文化是員工對於安全相關議題之共享的態度、信念、知覺及價值」,而柏任德斯(Berends, 1996)則認為:「安全文化是指組織成員對於安全傾向的集體心智模式」。核能設施安全諮詢委員會(ACSNI, 1993)為安全文化作了一個全面的

註解：「組織的安全文化是個人和群體的價值觀、態度、能力和行為模式的產出物，此產出物決定了一個組織對安全的承諾、安全計畫的型態、和執行的純熟度，安全文化的組織應具有互信的溝通，對安全重要的共識及對防治措施的效率具備信心」。葛連登及史添頓（Glendon & Stanton, 2000）更簡述：「安全文化是指成員共享的安全態度、安全價值、安全信念、安全規範及安全實務」。紐西蘭政府則將安全文化界定為：「支持傷害預防的一套共同信仰、態度、價值觀與行為模式」。所以由上述定義，它們不僅包含個人層面及組織層面，亦加入了執行的純熟度，同時也強調管理階層對安全承諾、計畫及溝通的重要性。

另外學者（Lee, 1996）特別指出：「安全文化決定組織安全衛生管理系統有效運作之個人或團體價值、態度、知覺、能力和行為。」如此已將安全文化與安全衛生管理系統掛勾，事實上，侯萊明與喇德諾（Fleming & Lardner, 2000）即曾由安全管理與安全文化的演進，說明其與職災高低的關係，今整理成圖 12.3。

事業單位之安全文化除了與安全管理有關，也要同時考量整個大環境，包含公司政策走向是否將安全視為核心價值而不僅是優先順序，管理是否被認同以驅動個體的行為實施，亦要確認每位員工的安全行為並非依據法令規定不得不然，而是透過溝通對安全的認知而產生之自我安全實踐，各項因素彼此間是相互影響，進而達到正向的安全文化。

蓋樂教授（1995）曾指出：「全方位安全文化要求持續注意三方面：環境因素、行為因素、人的因素。」庫柏（Dominc Cooper）也有類似的看法，他認為可以從三個層面來看安全文化：心理、組織與行為。蓋樂與庫柏在全方位安全文化三面相的理念，基本上與筆者在現代安全管理所提出之中國式骨牌理論是一致的（蔡永銘，1993）。圖 12.4 即中國式骨牌理論。

影響安全文化的三個因素茲說明如下：

1. 環境安全即社會安全，也就是人所處的環境、空間、組織、社會、系統均是，包括機械、設備、工具、原物料、能量、交通、內務、通風、照明、程序、標準、法規、管理系統與社會。
2. 心理安全即人本身內在層面的部分，包括道德、人格、動機、思想、信仰、價值觀、驅力、壓力、認知、思考、情感、感覺、情緒、態度、錯覺、注意力、能力、技術、知識與智慧等。

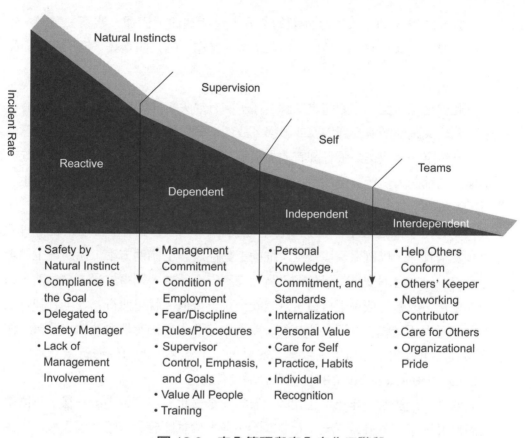

圖 12.3　安全管理與安全文化四階段

資料來源：Fleming & Lardner, 2000.

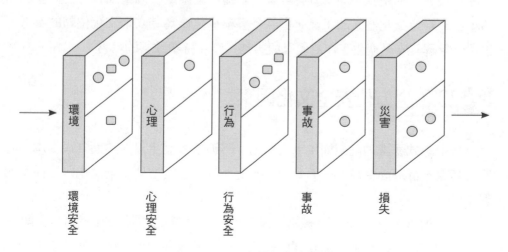

圖 12.4　中國式骨牌理論

3. 行為安全即是人本身外顯的部分，包括關懷、溝通、觀察、鼓勵、學習、教練、遵守、動作、作業位置、操作、個人防護具、濫用藥物與酗酒等。

此安全三層面，亦如鼎之三腳，任一腳有缺失，鼎即會倒下，事故即會發生，人員或設備即會受到傷害或毀損，故任一骨牌均非常重要。但值得注意的是，雖然第一張或第二張骨牌有缺失傾倒時，但如果能確保第三張骨牌的屹立不搖，也就是人員行為能即時加以導正，就能終止骨牌效應而防止事故發生，所以人員之行為安全在事故預防理論中具有關鍵地位。

為防止事故之發生，事業單位應建立整合性之安全衛生管理系統，有效執行安全管理，以確保環境安全；推動主動性之員工協助方案，協助員工健全身心，以建立心理安全；另外如果員工有不安全行為，則事故尚未發生前，即加以導正、改善，或是平日員工養成安全行為習慣，就可使行為安全骨牌屹立不搖，而人所造成在管理上的缺失，或環境的缺失，仍有機會改變、改善，如此事故就可以防止。所以，歐美工安界近二十年來，大力倡導行為為本安全（Behavior-Based Safety, BBS）的理念，良有以也！

當然，過去數十年來，正如同大家對安全文化有不同的定義一樣，不同學者設計發展不同的評量安全文化之問卷，各人均試圖確認有哪些因素較能正確地反應出安全文化，只是到目前為止，尚無一致的定論可以讓大家完全接受。中油公司於民國 85 年、92 年、96 年及 97 年曾針對員工分別進行四次安全文化問卷調查，都是以中國式骨牌理論為基礎，彙整重要因素成為一份完整的問卷，作為安全文化評量的工具，供許多事業單位作為其安全文化位階的參考，也提供瞭解其安全衛生工作的優勢與劣勢，作為持續改善的參考。

12.3 全方位安全文化因素

在中國式骨牌理論架構中筆者指出，防範事故發生以環境面為最根本，心理面其次，行為面為最後一面骨牌，並進一步提出全方位安全文化內涵模型如圖 12.5。

在此模型中筆者認為組織文化及安全管理系統之環境面雖然可以影響公司整體的價值觀及行為，卻是經由組織內部的成員共同學習與認知而表現出來

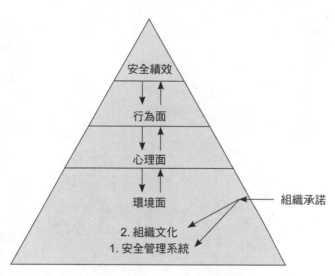

圖 12.5　安全文化內涵模型

的；而員工表現出之不安全行為若無受到適當之導正，會間接影響員工之安全
心態，積非成是之結果造成了不良之組織文化。故其三面向間仍會相互影響，
進而達到動態之平衡，只是公司整體環境面之影響程度可能較員工個人之影響
力其幅度廣且深遠。

　　筆者提出之安全文化內涵包括環境面、心理面及行為面，然其評量指標
應包括哪些因素？工業局的專案小組（2008）曾完成安全文化評量工具，其中
主要分為十一個要項，分別為：管理承諾、合作、參與、個人的優序、管理風
格、價值觀、安全行為、工作環境、支持的環境、風險態度及遵守安全系統，
並提出**表 12.1** 之矩陣表。

　　筆者多年來以中國式骨牌為基礎，不斷地蒐集資料、彙整，以及分析中油
公司前兩次安全文化評量（蔡永銘、朱蓓蓓，2004）後，針對環境面（組織氣
候及管理系統兩類）、心理面及行為面歸納成**圖 12.6** 所示。

表 12.1　安全文化衡量矩陣表

	環境／組織	組織／群組	群組／個人
態度問卷	管理承諾 工作環境	支持的環境、參與	風險態度 個人的優序
焦點團體／訪談	管理風格	合作	共享的價值觀
直接／間接觀察	遵守安全系統	安全行為	安全行為

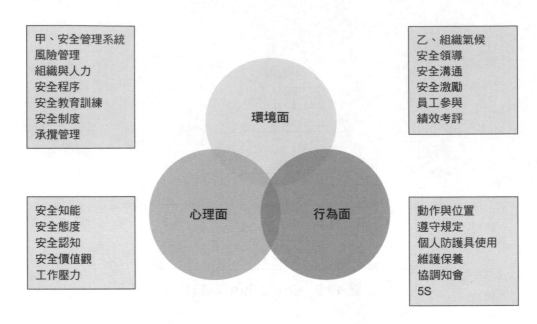

甲、安全管理系統
風險管理
組織與人力
安全程序
安全教育訓練
安全制度
承攬管理

乙、組織氣候
安全領導
安全溝通
安全激勵
員工參與
績效考評

環境面

安全知能
安全態度
安全認知
安全價值觀
工作壓力

心理面　行為面

動作與位置
遵守規定
個人防護具使用
維護保養
協調知會
5S

圖 12.6　全方位安全文化結構圖

在圖中環境面分為組織氣候及安全管理系統兩大部分，其中尤以組織氣候影響員工內在及外在行為甚大。在組織文化層面中，筆者認為主管是否以身作則，展現安全領導風格及其對安全之承諾應是首要安全文化關鍵因素。此外主管對安全之溝通模式是否為員工所接受，或仍是以權威上對下態度與屬下溝通，亦影響員工對工安之接受度。而在組織中工安最為員工垢病者為沒有任何安全激勵而只有懲處，乃至獎懲不公，使員工對工安產生排斥感。此外如果主管僅重視生產而不要求工安，績效考評與升遷沒有關聯性，又如何能讓員工建立以工安為核心價值呢？上述種種組織文化自然影響著員工之參與度。故藉由上述五點之量測，可以瞭解組織氣候對員工產生之影響程度，間接評判員工之工安表現。

在安全管理系統部分，建議以 PDCA 循環體系來探討安全管理制度面之健全情形。首先以風險管理為出發點，剖析員工是否瞭解工作現場之危害；並探討在安全程序、安全組織與人力、安全訓練、安全制度及承攬管理之管理系統運作是否順暢。其中安全制度部分可依各事業單位之特性選擇重點作為評量指標。

在心理面，筆者首先提出安全知能、安全態度、安全認知與安全價值觀四項重要因素。一個未具備充分安全知能的員工，在充滿各種危害的環境中，

猶如瞎子摸象，泥菩薩過江，易於受傷或遭沒頂。正確的安全態度，才會遵守安全程序、規範，不致投機取巧，走捷徑，以不安全行為去冒險。而且好的安全認知才會勇於承擔安全責任，與他人互護、監護，確保作業安全。除外，有安全價值觀才會貢獻安全智慧，持續改善作業安全，提供安全環境。但是這些心理因素都與個人工作壓力管理有關。一個無法抗壓、容易激動、情緒爆躁的人，無法冷靜、心平氣和地思考問題，採取安全的策施，易有冒險、不安全行為，就會肇禍，所以這些也是重要的因素。

最後，在行為面部分，每位員工之動作與位置、遵守規定，依作業標準程序作業，猶如火車在軌道上行駛，平安、順利。因此，要評量員工有無遵守安全法規、公司的安全規定，以及安全作業標準執行情形；此外，在不同危害的作業環境有無使用、穿著合適的個人防護具，以及將工作場所的工具與裝備都保養良好，才能確保作業安全，也都是重要的因素。而一個亂七八糟的場所，物品未整理整頓，又不善加標示，不僅工作紀律不佳，也非常容易使人員受傷，所以好的 5S 也是重要的行為之一。最後，組織協調與溝通不良，會造成嚴重失誤，所以作業前如能確實實施協議組織會議或工具箱邊集會，則大家會互相告知作業的潛在危害、提醒安全注意事項，而避免事故的發生。

12.4 全方位安全文化評量案例

某事業單位推動安全管理已超過四十年，工安之整體表現向為業界楷模。其間雖曾在 80 年代出現嚴重職災情形，但經過全員參與工安再造工作後，整體績效有很大進步，特別是承攬商事故大幅下降，在民國 92 至 94 年間曾締造連續三年無職業災害的佳績。但民國 95 年以後，該單位不幸發生控制室氣爆、局限空間缺氧窒息事故、全廠大停電事故，最後自民國 96 年 7 月至 97 年元月間，連續發生三件重大氣爆火災事故，造成社區鄉親圍廠抗爭，社會輿論譁然，致各級主管機關不斷地關切，要求改善之壓力，排山倒海而來。該單位特別委託社團法人台灣安全研究與教育學會，以中國式骨牌理論為基礎發展的二十二面向因素，設計 167 題問題施測 268 人中有效問卷有 232 份，經統計分析得**表** 12.2。

表 12.2　某廠與其事故工場的百分比分數

面向別		向度	2008 全廠	2008 事故工場	2013 全廠
一、環境安全	組織氣候	安全領導	68.88	52	63.4
		安全溝通	77.49	68	68.6
		安全激勵	62.73	34	59.2
		員工參與	73.99	67	67.0
		績效考評	60.01	45	56.2
	安全管理系統	風險管理	76.38	57	68.7
		組織與人力	74.95	42	64.8
		安全程序	70.31	60	65.2
		安全教育訓練	78.26	63	66.4
		安全制度	74.68	58	63.5
		承攬管理	72.23	62	67.5
二、心理安全		安全知能	75.24	66	67.4
		安全態度	72.88	62	68.5
		安全認知	77.50	69	70.2
		安全價值觀	85.64	72	72.5
		工作壓力	67.59	43	66.0
三、行為安全		動作與位置	82.09	82	75.9
		遵守規定	64.81	57	72.1
		個人防護具使用	74.32	66	71.3
		維護保養	68.05	66	67.8
		協調知會	74.38	57	65.8
		5S	68.43	59	64.5

　　由**表 12.2** 為該單位與事故工場在各向度的百分比分數。由此表可知，事故工場在所有向度中，除了動作與位置此一向度外，其他二十一向度之百分比分數都比全廠低的。

　　其後在民國 102 年該廠經過丁二烯工廠大爆炸，又委請學會執行一次客觀的評量，其百分比分數列在**表 12.2** 最右欄。由兩次評量結果顯示該廠除了遵守規定此一向度外，其餘二十一向度均退步，也就是整體安全文化明顯退步很嚴重。

　　民國 99、民國 100 年，麥寮工業園區事故不斷，某公司董事長委請學會安全文化委員會特別為其執行全方位安全文化評量，在 771 份有效問卷統計下，其安全文化平均數與百分比分數詳如**表 12.3**。由表可知除了安全價值觀與個人防護具使用二向度外，其他二十向度之平均數均不及格，也間接佐證其連串事

表 12.3　某公司安全文化向度描述性統計

項目	平均數	標準差	百分比分數
安全領導	4.16	0.92	59.41
安全溝通	4.41	0.80	63.01
安全激勵	3.19	0.94	45.53
員工參與	4.74	0.93	67.70
績效考評	3.67	1.07	52.46
風險管理	4.93	0.75	70.39
組織與人力	2.93	0.90	41.88
安全程序	4.01	0.84	57.22
安全教育訓練	4.73	0.86	67.62
安全制度	3.73	0.92	53.24
承攬管理	3.65	0.74	52.12
安全知能	4.76	0.84	67.96
安全態度	4.71	0.82	67.34
安全認知	4.91	0.67	70.16
安全價值觀	5.42	0.79	77.48
工作壓力	3.59	0.99	51.28
動作與位置	4.63	0.65	66.09
遵守規定	4.21	0.97	60.14
個人防護具使用	5.25	0.71	75.00
維護保養	3.34	0.91	47.71
協調知會	4.19	0.87	59.85
5S	3.66	0.76	52.33

故，事出有因。

12.5 建立全方位安全文化的六大要素

　　英國石油公司 2010 年在墨西哥灣 Deepwater 鑽井船爆炸而洩漏 490 萬桶油料，除了導致 11 人死亡、15 人受傷外，更讓英國石油損失超過六百億美元。我們相信英國石油公司應該都知道安全的重要性，CEO 也會強調安全，但是知道是一回事，強調又是另一回事，安全領導才是關鍵。作者認為公私組織欲建立安全文化，則下列因素應優先考量：

一、以安全領導

美國安全學會 Campbell Award 的十幾家得主，每一家 CEO 都絕對身體力行、示範安全行為，以安全領導。作者曾拜訪得主之一的北美施耐德電機公司的工安副總經理，他走樓梯時右手一定扶著扶手。另外作者也曾到德州南部杜邦公司某大工廠，總廠長在訪視中不斷地強調 BBS 與 EAP 的重要性，而且親自解說 BBS 與 EAP 的內涵、精神及作法，相信這會讓國內許多 CEO 汗顏，因為他們根本弄不清楚 BBS 與 EAP 的內涵、精神及作法。

身體力行或以安全領導就是員工上安全衛生課程，CEO 一樣要上，就如中油總公司員工接受滅火訓練，陳前董事長也一樣要參加，如此各副總就不敢不參加，而全員都會參加。多年前北美施耐德電機公司辦理自我防衛駕駛，全員參與，當然董事長、總經理亦不例外。

以安全領導另一層意義是說行合一，而不是說一套，做另外一套。嘴巴強調安全，但是大修不斷地要求趕工，就是說行不合一。

二、安全堅持

高階主管最忌諱的是不同時間、場所或單位，有不一致的要求，或因人、時、事、地、物而改變規則、懲處或獎勵標準。特別是違反保命規定，不敢從嚴處理，發生重大事故，放不下手去更換高階主管，結果鄉愿心態養成，大家知道疏忽沒關係，如此慈悲將是工安最大殺手。

三、改善決心

安全績效優異的企業，其 CEO 都有追求「0」的決心，也就是零事故、零傷亡、零汙染，當然他也深知這些被動指標不代表什麼，他更強調主動式指標的達成。因此他在意的是各項改善工作的執行情形，比每個月聽 FR、SR、FSI 還重要。

因此這些卓越領導者，善用工安專業團隊去打造工安再造工程，建立製程安全管理體系、安全衛生管理系統、教育訓練系統、工安稽核體系、績效評量系統。

卓越的領導者不重視媒體，不重視公關、工會及匿名信，他們容忍諍言、諫言，因諍言、諫言可以提供省思的機會；不怕檢驗，檢驗才能證明秉公為工安者的清白，但他們絕對不同意偏離事實的信件、攻擊與謾罵情狀存在，也不喜歡對不安全行為的縱容。

四、有感參與

忙碌是 CEO 的最大藉口，因為忙碌，所以不參加安全會議，不看查核報告，連事故調查報告審核及走動管理紀錄都委之下屬代勞，如此有哪位下屬還會相信安全是組織的核心價值？因此，卓越安全領導者親自參與所有安全會議、訓練、活動，帶領全員參與。

五、掌握真相

安全最寶貴的是真相，最有價值的是事實，最需要學習的是教訓，這一切都在現場，因此發生事故，臨場感受絕無法用照片或報告替代，現場的蛛絲馬跡都是最好的佐證，所見、所聞都是事實，不會被各級主管加工，而使真相蒙蔽。卓越企業的事故調查絕對不作為獎懲工具，而工安稽核也堅持「No Name, No Blame」，唯有這樣，才能確實反映事實或真相。

CEO 之決策對安全的影響，與其對安全理論、知識、管理的認知有關，其關鍵是安全領導的素養，一旦安全或風險管理是公私組織 CEO 的核心價值時，他會充分瞭解風險事件的發生是一個改善的契機。透過事件調查，找出組織或制度的潛在缺失，將有形、已發生的損失，變成無形、難以評估的經營知識資產。組織在各種風險事件發生時，絕不該急於懲罰，也不會掩飾事實真相。CEO 知道找出問題真相與防範未來再發生遠比追究何人缺失重要。因此，CEO 不強調懲處人員，因為這是不良的領導行為，CEO 強調的是全方位安全管理，這才是安全領導的正途。

掌握真相有賴走動管理的實踐，因為透過現場走動管理，可與現場互動與回饋，常能將安全領導功能發揮到極致。所以走動管理才能掌握現場實況，這是顛撲不破的真理。機關主管，每天在一場會議又一場會議中呼東喚西，然而現場幾乎不到，就是到了現場，也只是在主管辦公室喝咖啡、品茗烏龍茶罷

了，吝於去基層走動，以至於各級主管養成奉承文化，將現場的 5S 漠視，而漸漸地事故不斷發生，可憐的是問題在哪裡，真相是什麼，永遠不清楚。

CEO 不知道大家馬首是瞻，既然老闆不關心，何必浪費時間去處理，說不定處理不順，還會被 K。難怪有單位事故一連串，即是因為高階沒聲音，竟促使該單位慢慢走到關廠最後時刻。其間就是組織的主管缺少了那份愛心及主動關懷的情操，不到現場走動管理的結果。

六、持續改善

優秀安全領導者不怕問題存在，怕沒有專業之能量，去發現問題或解決問題，而且他會與時精進去改善，持續去改善。透過 PDCA 循環，持續改善作業場所的潛在危害，控制風險，而確保作業安全。

12.6 結語

過去幾十年來，有許多研究學者努力去闡述安全文化之內涵，也發展許多評量安全文化的指標。而這些評量以核能、石油及石化等能源工業為主，兼及運輸業、製造業及醫療保健等為輔。學者們試圖確認哪些因素才可以適當且正確地反應出安全文化。當然要讓大家可以接受一致的定論是不容易的。

由筆者多次執行安全文化問卷的結果，及多年工安工作的經驗，筆者於民國 82 年發表的中國式骨牌理論（蔡永銘，1993）中所建構之環境面、心理面及行為面，即為組成全方位安全文化的重要內涵，這模式基本上也與蓋樂教授、庫柏教授等西方安全文化大師的模式一致。

筆者強調組織氣候與安全管理系統的重要性，所以在環境面明列安全文化評量因素共達十一項，期能在良好組織文化下，配合安全管理系統之運作而持續改善。但是讓系統有效運轉的是員工，是人，人能讓系統失效、組織文化蕩然無存，所以我們要重視心理面的五大因素，強調員工應有充分的安全知能，以正確的安全態度、認知與價值觀，把持高抗壓與情緒管理能力來承擔安全責任與工作負荷；同時以行為面的六項因素表現安全行為。我們深信這三面向及二十二項指標乃是事業單位建立全方位安全文化，塑造無災害工作環境的重要參考指標，也提供產官學各界一個系統性改善安全文化的努力方向。

練習題

1.何謂安全文化？

2.蓋樂博士的全方位安全文化三面向是什麼？請說明之。

3.庫柏博士的安全文化包含哪些內涵？請說明之。

4.何謂中國式骨牌理論？請說明之。

5.請說明全方位安全文化的架構。

6.建立全方位安全文化的要素是什麼？請說明之。

7.請就安全文化的角度說明勞工安全衛生教育和訓練與雇主的法律責任有何關係。（96專技，安衛法規）

CHAPTER 13

人為因素概論

13.1 人為失誤

　　幾乎所有的不幸（mishap）都可歸咎於人的過失，不論是人直接涉入不幸事件、設計者計算錯誤，或工人不正確地生產產品等都與人有關。另外，工作人員的過失，也可能造成精密設計的設備故障。

　　問題是所有的失誤及災害常由於設備而引起，但設備一般是為統計所獲得的人的數據，而非真實的個人所設計。這些測量值與統計值只表示人平均可以跑多遠、推多重、反應多快，然而有可能的情況是工作人員的能力，在某些方面比統計上合成的人差很多！

　　近來的安全實務注重於：(1) 確保設計來消除失誤及災害的可能性；(2) 確信製程可以減少操作失誤的可能性；(3) 提供安全防護，使失誤引起事故時，可以防止人員傷害。

一、失誤的分類

　　人為失誤（human error）的定義是任何人的行動，無法與被視為正常的行為模式相符合，或與公認的次序不同。失誤可分為兩類：可預測的（predictable）和隨機的（random）。

(一)可預測的失誤

　　可預測的失誤，是那些在相同情況下顯示會產生的經驗，也會由於多次發生而可以預知。一般而言，人們會依循那些較少需體力或智力活動的，較少不舒服的，較少時間的作業程序。任何違反這種基本原則的作業程序，一定會被那些需依程序去完成工作的人所修改或故意忽視。由此理由，失誤的產生是可以預測的，除非這可能性在設計時已被排除。

(二)隨機的失誤

　　隨機的失誤，是不可預測的，而由於其獨一性，很難歸之某一特殊原因。例如，一個勞工可能在操作上完美無缺，但是卻會被一隻蒼蠅或蚊子所困擾，在用力拍打牠們時，這位勞工可能擊到一關鍵控制鈕，或敏感設備的部位。隨機失誤的型式，較可預測失誤為少，而且由於經驗之增加，這隨機失誤數目越

發減少。假如蒼蠅或蚊子成了普通困擾，而且拍打在關鍵作業上成了一個問題，那麼，它就成了所預測失誤的原因，而此可以提出合適的預防辦法。減少隨機失誤效果的預防辦法與可預測失誤的預防辦法是相同的。唯一差異是許多隨機失誤可以包括在一通常安全防護中，然而可預測失誤卻需要一特殊安全防護。一個失誤一般是由於：

1. 無法完成所要求的功能（走捷徑，omission）：有意地或無惡意地遺漏所訂定程序中的一個步驟，或未完成操作中之一步驟。有些例子中，勞工有意遺漏，可能是由於操作步驟過長，或寫得不清楚，表達不明確，或忽視正常操作步驟，或導致說明之不理解等等。
2. 執行一件並非要求的功能：這包括非必要地重複一程序或步驟，將不必要之步驟加在作業中，或者用錯誤的步驟代替一所要求的步驟。
3. 無法認出一需採取改善措施的立即危險狀況。
4. 對一很嚴重的偶發事情反應失當。
5. 對解決某一問題的決策錯誤。
6. 時間控制太差（poor timing），導致對其一特殊狀況之反應太遲或太快。

二、設計與計畫失誤

設計設備或計畫供作業或操作的人，不但可能在設計時計算錯誤，而且可能無法排除或控制某種危險，或者沒有按照安全要求來防止事故，以至於無法保護好工作人員。如果設計者或計畫者不能完全消除危害及事故發生的可能性，他即應盡可能減少他人犯錯誤的可能性。設計者應將系統設計成「白癡－安全」（idiot-proof），縱使知道他總會受到墨菲定律（Murphy's Law）的必然性的結果。

墨菲定律有成千上萬個古怪的說法、解釋，而每一個都有一定的真實性，不幸地它們都有極大的應用性。舉例如下：

1. 任何可能做不好的事情，總有一天可以做好，即使可能性非常小。
2. 不論多麼難以破壞一設備，總可以發覺一個法子。
3. 任何可能失敗的項目，在最不合時機及破壞性時間，總能夠等到其失敗。

4. 最危險的、複雜的工作在完成時總會忽視指示的。

5. 如果一切事情似乎都進行得很順利，你也許已誤入歧途。

6. 如果你不測度它，它就不會發生。

7. 對人類的每一種反應而言，都有一種過度反應。

8. 一旦你去除了不可能的事，剩下的不管是什麼，也不管多麼不可能，必然是真實的事實。

9. 經充分周密計畫的任何緊急事件，將不會發生。

10. 任何好事都有轉壞的可能。

三、關鍵性作業

對某些作業而言，特別是高危險性作業，失誤遠比其他的作業來得嚴重。在這些情況下，應常維持著更加緊密的控制，以便去減少犯錯所可能引起的傷害、毀損或失誤的可能性。安全工程師、主管人員及勞工間之緊密協同合作是必要的。

一般而言，這些作業都歸屬於保命作業範圍，通常勞工在獲得單位副主管以上授權或許可下，絕對禁止去作業，也就是要在工作許可證已獲得他們同意並簽准後才准予開始作業。轄區專任或兼任安全管理的人員及工作場所負責人，應檢查既存的狀況及安全準備情形，檢查勞工以確保他們體能上都沒問題，他們都知道要完成什麼工作，他們都明白工作中的危險所在，知道如何去區辨突然危害狀況；確定使用夥伴制度，而夥伴知道該做什麼，也知道有什麼已適當加以裝備。下列是這些關鍵性作業所包括的，但不限於下列這些：

1. 進入儲槽：清洗、檢查或修理而進入儲槽或其他局限空間之作業。

2. 電銲作業：除非使用適當的安全防護措施，否則電銲會發生災難性後果。

3. 實驗室作業：含高能量反應之作業。

4. 爆炸物：含爆炸物存在、使用、處理或運輸作業。

5. 毒物：有高毒性物質存在、使用、處理、運輸或校正、檢查、維修、拆換的作業。

6. 輻射物質：含輻射物質之存在、使用、處理或運輸作業。

7. 高壓電系統：高壓電系統之修理、修改或維護。

8. 列車通行軌道作業：列車通行之軌道上維修作業。

四、兩個人觀念

為了減少核子裝置作業程序中有人為失誤的可能性，美國國防部發展一套「兩個人觀念」（Tow Men Concept），即使用兩個或兩個以上的人，其中每個人都能執行規定的工作，也能知道作業中任何不正確或未經允許的步驟。其中一個人每完成作業中的一步驟時，另一個人就查核他的步驟是否正確，因此遺漏或失誤的可能性減少了。當然並不需要兩個人有相同的知識，只需要每個人能夠察知並確定另一個人的行為是正確，被同意，而且沒有偏差。

工作場所中有重要裝配的部分都可以使用相類似的方法，像實驗室要裝設相當高電壓的設備即是。「兩個人觀念」與「夥伴制度」（或稱「互護系統」，Buddy System）有所不同。「夥伴制度」是一人作業，另一人負責監視其安全，在緊急狀況時可以施以援手，保護作業者的安全。

有人建議瓦斯公司可以用修正後的兩個人觀念。這個方法中，在接獲天然氣洩漏的危險報告後，會由一位合格的維護人員立即進行修護作業，有時修護作業完成後，在該名員工離開去進行另外一件工作前，其主管人員或第二位合格的員工再次查核第一個人的作業，以保證作業正確且完全做好。

13.2 「不小心」一辭之濫用

對意外事故原因最古老及最不正確的歸類，是將之視為由於「不小心」（carelessness）所引起。但越來越多的人認為精神與情緒的因素不僅會影響一個人對社會需求與生活問題的反應，而且也會或多或少導致傷害。

意外事故的發生，每一次的傷害，都有一個以上的原因，這些原因可能是外來的，也可能是當事者本身所造成的問題，而且，原因可能與上述兩個情況都有關。而「不小心」則需被強調為人們自己造成的最重要因素。事實上，「不小心」這辭只說明原因之一小部分而已，易於誤導觀念，且有太多人接受這觀念，因此有必要加以深思。

例如，一件汽車事故中，司機在濕滑的路上高速駕車時，無法在轉彎處順利彎過而衝向一棵樹，導致司機斷了一條腿，臉部與頭部也嚴重受傷。他的 10

歲女兒傷重送醫不幸死亡，而妻子受傷非常嚴重，變成永久殘廢。或許，又有人說是由於司機之「不小心」而造成這次事故。

有個機工雖知安全實務告訴他修理機械前要關掉機器，但是有一次他在設備運轉時調整機器而切掉一隻手指。他不認為這是由於自己不小心；事實上，他的理由是他不想打斷作業，不想損失寶貴的時間，而且也不想要受傷！

因此，將「不小心」當成傷害之一個原因，即無法對傷害原因的改善提出說明或定義，也無法顯示人類行為的現象對傷害原因的改善的有效性。相反地，正如快速搖動毯子，覆蓋住事實真相，遮蔽真理一樣，容忍傷害原因不見，而將傷害因素歸之於所提出的假設中。每次一旦傷害原因屬人為時，就歸咎於「不小心」是太不深思熟慮了！除了「不小心」外，欠缺思考也是原因之一，而只要改進人的習慣，將人加以訓練，或增加專心的能力，都可以達成改善的目標。

13.3 有事故傾向的人

早期的工安文獻中，指出有部分人是有事故傾向的（accident proneness），這又是誤導人們的另一個辭彙。

事實上，這是毫無道理的。一個人若老是發生事故，原因可能是本身情況涉及個人身體上或精神上的缺陷，或其工作環境有所欠缺。每一個人都應努力去發掘事實的真相，而不要偷懶就指出當事者是有事故傾向的人！

人被稱為有事故傾向的主要因素，乃是其發生傷害之頻率高，比其他人易於受到傷害，因此應將這種人從工作場所中剔除，就會減少事故傾向者。事實上，在統計上這是不切實際的。第一，整個傷害事件中這些人僅是小部分罷了，其次，把這些人剔除，代之以新的一群人，仍難免會有較多的傷害事故時，這是正常統計分布的特性。

其實較佳的辭彙應是重複受傷者（injury repeater）。一個人只要被發現比其他的人易受到傷害，就是這類的人。這樣的分類，並不能表示其為何重複遭到傷害。欲加以解釋，就需辦認傷害原因，但結果並不一定與個人缺陷有直接關係。

工作場所環境因素的影響，也是不可忽視的，例如有些化學物有麻醉效果，小量的化學物即足以使人精神遲鈍、混淆、昏昏欲睡，而這些都容易導致

事故。有些工廠的照明情況不良，而視覺不良的結果是傷害的發生。因此，即使傷害與個人有關也需加以瞭解，原因不一定在人們身上，而可能是外界因素的結果。冥想的影響，可能比傷害本身更是一個嚴重因素。工作的疲累、一氧化碳及有毒物質，在事故中都占有一席之地。酗酒及藥物使用，也都可能有關。

斯酷秦格（Schulzinger, 1954）曾於美國工業醫藥研究雜誌上，發表其就二萬七千件工業傷害案件及八千件非工業傷害案件所做研究報告，結論顯示，重複受傷者在工安計畫中並非明顯因素。報告內容包括：

1. 在三年期間，每年經常受到傷害的人，僅占傷害數的千分之五而已。
2. 大多數的人（86% 中有 74% 的多數受傷者）是由於非常不尋常的獨特經驗。
3. 受傷的組群研究發現，最多數的傷害發生在 20 ～ 24 歲間，其比率比 40 ～ 44 歲組的多 2.5 倍，比 50 ～ 54 歲組的多 4 倍，比 60 ～ 64 歲組的多 9 倍，而且在工業界與非工業界都一樣。這顯示易受傷害程度，隨年齡之增加而減少。

對事故傾向員工的基本觀念，主要是由於無法瞭解機率分配的特性。在常態分配上，僅有少數人比其他平均的人傷害多。敏慈與布魯姆（Mintz & Blum, 1940）在《應用心理學期刊》上告訴我們，重複者傷害頻率大約是機率（即 Poisson）分配。而英國國立工業心理學學會出版的《職業心理學》一書中，赫爾與赫爾（Hale & Hale, 1970）在一篇文章中指出，早期研究者均假設事故傾向者是一種固定的人格特質，但近來的研究並不支持這樣的論點。

13.4 相關的生理因素

在考慮可能的傷害原因時，對某些事故是由於個人生理上的缺失或失調所導致的可能性，幾乎沒有任何爭執。在生理方面的範圍內，來考慮這些因素並非不尋常因為這些因素均可經由討論勞工的安全計畫加以偵測、修飾或改正。

一、視力

視覺表現與傷害間的關係，已有許多學者加以研究並提出報告，在每一個不同的研究中，結果都顯示眼睛有問題的組群，與其他無問題的組群間，傷害經驗明顯不同（Tiffin, 1947; Kuhn, 1941; Wirt & Leedke, 1945）。

二、反應時間

一個類似的邏輯假設，可能是反應時間會對一個人防止事故的能力有很明顯的影響。然而，證據卻相當有爭議性。因反應時間對傷害因素並無重要關係。

法瑪及簡伯斯（Farmer & Chambers, 1929）的研究結果即發現反應時間與傷害頻率的關係太低了！不過魏契斯樂（Wechsler, 1926）及美國國家安全委員會（NSC, 1946）的研究卻很有意思。前者研究計程車司機發覺，比普通人反應時間較快或較慢的，其意外事故也比平均反應時間的普通人為多。而後者研究報告則指出，快速反應者比反應慢的司機有較多的事故經驗。

三、知覺、肌肉反應及傷害間關係

德雷克（Drake, 1942）在一本書中指出，其研究結果發現於視覺偏差、肌肉反應速率及事故之間可能存有一種相關性。他的結論為——反應較知覺快的人比那些知覺比反應快的人有較多的事故。

四、智力與傷害經歷關係

一般均覺得一個人若要避免受到傷害，必須有某種程度的智力。好多個研究均顯示，智力與傷害經歷間存有關係。《美國國家安全訊息》第 25 期裡，勞兒（Lauer, 1932）即指出 IQ 低於 75 的汽車駕駛員，有較多的事故紀錄。簡伯斯（Chambers, 1939）在第 85 期的《精神科學期刊》上指出重複事故者中很少有人比普通人的學習、智力及手藝上表現高超。而黑尼格（Henig, 1927）在《教育研究期刊》第 16 期的一篇〈智力與安全〉文章中指出，事故與智力測驗低分數間，有一定關係。

當然，有些報告也指出，傷害重複者與智力水平間並無相關性，這樣子的差異可以解釋為某一最低智力是為避免傷害與損害所需，在這最低水平之上，毫無疑問，可以發覺在傷害與智力間，有某種相關存在。

因此，智力測驗，對區別一般勞工與極低智力勞工是有幫助的。

五、聽力

聽力受損對一個人傷害經驗有一定程度的影響，因一旦聽力受損，則對警告訊號及機器運作正常聲音有所改變時之辨認能力即受到影響。

哈偉與陸翁格（Harvey & Luongo, 1945）在《美國醫學會雜誌》第 127 期中指出，聽力受損的殘障者比其他部分殘障的較易受到傷害。

六、年齡

年齡對事故紀錄有些關係。蘇利（Surry, 1969）指出，20 ～ 27 歲的勞工傷害率穩定地下降。然而，工業傷害的死亡率則在 20 ～ 60 歲間無多少差異。

由密西根州立大學企管研究學院謝壞—沙賴（Shafai-Sahrai, 1973）的研究報告，也支持勞工年紀增加，傷害率降低的結論。

七、經驗

傷害與經驗之密切關係，正如年齡的情況一樣，費謝（Fisher, 1922）的報告即指出當個人工作經驗年資累積，其潛在傷害即告減少。二十五年後吉謝里與布朗（Ghiselli & Brown, 1947）的報告也一樣支持費謝的結論。

然而值得注意的是史蒂芬斯（Stevens, Jr, 1922）與史洛斯布利（Shrosbree, 1933）的不同結論，工作傷害隨年齡之增加而增加。相抵觸的原因何在？道理很簡單，結果之變化起因於研究組群的改變，而某些需能力與重體力的工作，對年紀大的勞工較危險！

八、情緒不穩

赫謝（Hersey, 1936）在一篇事故的情緒因素的研究中，指出情緒與傷害是

有相關的。針對 400 位小傷害案件的治療研究，過半數以上的人均有憂心、掛慮，或情緒低落情況。平均 20% 的勞工都會因工作、家庭困擾、失眠、疲勞等而導致情緒低落。

雖然情緒狀態非主管人員所能控制，但這卻是工作安全的徵候。因此主管人員可控制工作環境，以減少使勞工有生氣、害怕或激動的感覺。改善之道，首在良好的安全溝通，當然也不要造成過度安全溝通，因後者也會產生不必要的憂煩，此乃有些問題是某些高級主管或一般主管的責任，而若公開給那些權限不相關，或無法完全瞭解背景的員工，只會導致無謂的關心而已。這點特別值得那些大開溝通之門的主管人員注意。

安全溝通是預防情緒不良的好法子，但一旦員工已陷於情緒困擾時，則需求助於專業諮商員的諮商了，也就是員工協助服務中心的協助、解決。這點將會於本書後面之章節中討論。

九、婚姻狀況

謝壞—沙賴的研究，發覺婚姻狀況良好的員工，比狀況差的有較好的安全表現紀錄。事實上，員工大部分都已婚的公司，也較只有少部分員工結婚的公司，有較少的傷害事故率。這主要是已婚者較穩定，較有責任，也對傷害結果較關心；婚姻不和諧的、快要破產的，或家中成員生病或受傷的員工，都易造成情緒沮喪，對工作不專心，而連帶地導致不安全行為及傷害。

十、其他因素

(一)疲勞

疲勞的人，不易專心於工作上，很容易造成意外事故是很明顯的，特別是夜間失眠，致操作設備時打盹而發生意外。而高速公路飛馳的司機，易因疲勞陷於精神無法集中，因此而發生事故的例子時有所聞。

另外，人在疲勞時，對危險的情況較無法感覺出，以致身陷險境而不自知。有的人反應很差，所以常無法避免受到傷害，而這也是為什麼操作人員不得連班值班的主要原因。其他防止疲勞的方式，有改善工作環境之照明、噪音與空氣情形。

(二)照明

照明不足，是造成傷害的重要因素，無法看清自己工作位置及所做的事情，被炫光或陰影所混淆的勞工，較易受到傷害。葛雷（J. S. Gray）曾指出，旅行家保險公司估計，美國有 24% 的事故，是由於照明不良所造成，而一項在英國所做的研究，顯示照明不良會導致總傷害案件增加 25%，而其中墜落事件約增加 75%。一些照明不完善的老工廠，夜間的墜落案件為白天的一倍。

(三)噪音

大家對噪音都很清楚，但許多人卻忽視其對生理與心理的影響。人在嘈雜的環境容易心神不寧，自然容易出事。哈佛大學史蒂芬斯（Stevens, 1941）等即指出噪音、速度及表現精確度間的相關度。而葛里瑪（Grimaldi, 1955）在噪音與安全表現中，也有相同的結論，他指出噪音存在的場所，平均反應時間、總失誤次數、每單位產品的失誤次數，均告明顯增加。

(四)空氣情況

工作場所室內空氣特性，對勞工安全表現的品質有很大影響。例如有些物質，像四氯化碳、氯乙烯、三氯乙烯及二氧化碳，一旦吸入時，即會造成精神錯亂、興奮、無精打采、頭痛或視覺受阻。

奧斯朋及佛儂（Osborne & Vernon, 1922）的研究結果指出，溫度與傷害率之間有關，溫度比 70°F 增高，或降低時，傷害率也增高。

(五)工廠環境

要決定許多身心與環境因素間的因果關係是很難的，因為幾乎無法隔斷相關之變數。但舒適感及清潔、整潔有序，似乎與傷害事故之減少及較佳生產品質有關。在某程度上，這可能是由於這類的作業環境較無危害。另一方面，零亂無序會影響勞工的精神狀態，致少數事情就會分散其注意力，更易暴躁。

姬南、克爾及謝爾門（Keenan, Kerr, & Sherman, 1951）曾試就心理情況或物理環境的十項因素與傷害經驗找出相關度，結果發覺沒有多少證據可以說明有關，不過良好的工廠環境倒是安全行為的主要因素。

(六)工作壓力

自謝宜（H. Selye）於 1970 年開始提出壓力的觀念以後，壓力這一主題即引起了科學界與社會大眾極大的注意。有關工作引起的壓力造成職業上補償性疾病的文獻日漸增加，另一方面壓力影響行為，導致事故的發生也漸漸增多。

雖然人人都有受到壓力的經驗，然而要對壓力下個定義卻不容易，事實上也沒有一個大家都能接受的壓力定義。華沙（Warshaw）稱壓力為一個物理的、化學的、生理的、精神的、情緒的，甚至形而上學的過程。壓力的方向與強度是動態的，常由於知覺、能力及個人的抗拒性的改變而變化。

噪音、振動、熱、冷、輻射等情境都有可能在人的工作場所存在，而這一些都可能是壓力源（stressors）。

壓力源是否會造成傷害性壓力，就由許多因素而定，主要的有個人的基本人格特質、生理反應能力、經驗、教育水平、個性對物質（特別是酒精與藥物）之依賴程度。也有一些因素會影響壓力之運作，這些因素包括社會環境、種族及文化影響、工作或社區環境等。從上述這麼多壓力源來看，不同個體對同一壓力源之反應會不一樣。有關壓力，李德（Reed, 1984）列出過度壓力之查檢表如表 13.1。

表 13.1　過度壓力之查檢表

身體現象	心理現象
1. 過重	1. 常有不安感覺
2. 高血壓	2. 對家人或同事易怒
3. 缺乏口味	3. 厭煩生活
4. 有問題時想進食	4. 不停地感到生活不適應
5. 時常心痛	5. 渴望有錢
6. 長時間腹瀉或便祕	6. 過度敏感地害怕生病，特別是癌症或心臟疾病
7. 失眠	7. 擔心死亡
8. 經常感到疲勞	8. 感到被壓抑的憤怒
9. 常常頭痛	9. 無法開懷大笑
10. 每日需用阿斯匹靈	10. 有被人排拒的感覺
11. 肌肉痙攣	11. 對不成功的雙親絕望
12. 未進食卻感到飽飽的	12. 畏懼週末之到來
13. 無法呼吸	13. 勉強休假
14. 有暈眩傾向，或噁心欲吐	14. 感到無法與任何人討論自己的問題
15. 無法哭泣，或易掉淚	15. 無法集中注意力，或在事情開始前無法完成另一件工作
16. 性的困擾	16. 害怕高處、密閉空間、閃電或地震
17. 潛能無窮卻無法鬆弛	

資料來源：Reed, 1984.

工作場所壓力的影響，主要可歸納為下列四種：

1. 員工與眷屬不斷增加的疾病及失望，導致需要更多的診斷治療及諮商服務或員工協助方案服務。
2. 事故、酗酒、曠職及成本之增加。
3. 生產力下降、品質下降、決策不良與產出減少。
4. 士氣低落，導致生產力降低、員工不安及抱怨增多、高離職率、設備被惡意破壞等，使得成本大增。

李德指出，任何員工有兩項以上身體現象，或四項以上心理現象，即需進一步檢查。如不注意，壓力會嚴重影響身體之健康。其對身心之影響，羅希博士（P. J. Rosch）曾以圖 13.2 說明（Palisano, 1985）。

壓力影響身體的部位，包括：

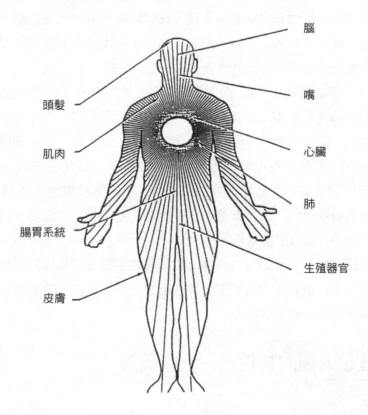

圖 13.2　壓力影響部位

資料來源：Palisano, 1985.

1. 頭髮：過度掉落或禿頭。
2. 腦：造成精神及情緒問題，如失眠、頭痛、人格改變、易怒、焦慮、沮
喪。
3. 肌肉：頭及肩部之痙攣，肌肉骨骼痛、下背痛、肌肉抽搐。
4. 嘴巴：嘴角潰瘍或太乾。
5. 腸胃系統：胃炎、胃及十二指腸潰瘍。
6. 心臟：心臟血管疾病及高血壓。
7. 肺：氣喘。
8. 皮膚：濕疹、乾癬。
9. 生殖器官：男性陽痿、早洩；女性生理週期失調或陰道感染。

　　由身心受壓力影響的嚴重性，顯示單純的心理諮商性服務已不足以解決，一定要配合醫療性服務才可解決。各事業醫療服務內容為門診治療、住院治療、電話諮詢、精神鑑定、心理評鑑、職能治療、生理回饋治療、心理諮商、危機調適，戒菸、戒酒、戒毒及藥物。另外，廣義言之，醫療性服務項目也應包括員工眷屬體格檢查、健康檢查及特殊健康檢查。

　　其次，員工生活中，除了工作八小時外，其他大部分時間必須過著休閒生活以緩和精神的緊張，以恢復精力，並充實生活內容，增加生活的意義及價值。事實上，員工人生的幸福指標，除了參考工作成就外，主要以休閒生活之充實否而加以衡量，更由於良善之休閒生活，與工作場所的工作士氣、生產力、工作效率及安全績效息息相關，因此，事業單位實應全力辦好休閒性服務。休閒與福利措施，各事業單位均有經驗。至於其他的服務，則包括申訴服務、法律服務及勞資爭議處理等。

　　在美國由於工作壓力造成事業單位損失的金額，每年達到千億美元以上，因此許多公司行號都大力推動壓力管理方案，有些就併入員工協助方案中，或直接以諮商輔導方式來解決。

13.5 人類的特性——人為失誤

　　依人類的特性而引起的失誤稱為「人為失誤」，從心理學觀點來說，人類本來就有許多缺點，例如看錯、聽錯、說錯、記錯、做錯等均為常見的人為失誤；因此說，人不犯錯才怪，人為失誤所引起的錯誤作業、操作、判斷等往往

是造成災害事故的主因。

　　然而大多數的錯誤及人為失誤，幾乎都起因於不注意、錯覺，或者是偷懶、任性、急躁、心猿意馬、弄錯、疏忽等人性弱點的心理作用，基於災害預防觀點，若想預防或消除工作場所可能有的危險因素，就得將人類失誤行為的「心理」予以分析，深入瞭解其特性，才能辦得到。有關常見的人類行為特性，就安全心理學觀點，說明如下：

一、錯覺

　　物理上客觀的事實，與心理上主觀的事實之間的差異，在心理學上稱為「錯誤現象」或「錯覺」。可見人類無法把一切事實都正確掌握，並下達正確判斷而付諸行動。下面列舉幾種常見現象來說明：

(一)遠近距離反轉現象

　　當我們看**圖 13.3** 垂直線上之黑點時，兩側的點看來比較近，此一現象稱為「遠近距離反轉現象」。信號燈之遠近，因為架線及支柱而有反轉之錯誤，此一錯覺現象常為發生災害的原因之一。又如**圖 13.4** 中之○印看來有時浮現於前面，有時則沉於背面的現象。

(二)垂直線和水平線的錯覺

　　圖 13.5 垂直線 CD 和水平線 AB 完全相等，但看起來 CD 線比 AB 線較

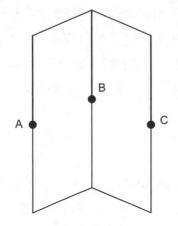

圖 13.3　遠近反轉現象（1）

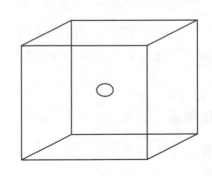

圖 13.4　遠近反轉現象（2）

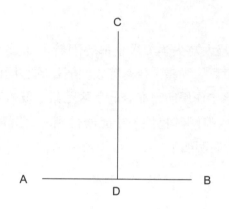

圖 13.5　垂直線和水平線的錯覺

長，在幾何學上看來長度一樣，但人類的視覺感受則不一樣長。

(三)進出色和後退色

相同距離，有些色看起來近，有的感覺較遠，具體說來，有色的比無色的、色暗的比色亮的都更為醒目。交通號誌或警告燈之所以使用紅和黃色燈的原因即基於此。信號機的色燈，一般依紅、黃、綠的順序看起來有較近的感覺。需在瞬間判斷信號時，此種現象與遠近距離反轉現象會有重複，而常造成遠近判斷之錯誤。

(四)大小判斷的錯誤

長度相同的鉛筆，以判斷觀察為 2 公尺時，在 1 公尺之距離應為二分之一大小，但其實際感覺看來是同樣長度的鉛筆。日常穿衣服的經驗，同樣形態、大小，白色看來比黑色大，黃色、紅色看來更大，而綠色則較小，光度明亮者看來較大，暗時則較小。豎立在高處之電線桿，如倒置於地面時會發現其長度變得更短。圖 13.6 之正方形豎立為直立之菱形時，菱形的面積或邊長看來較大。

(五)錯視圖

圖 13.7 中的四條平行線乍看不是平行；圖 13.8 中 A、B 之長度相等，但在心理上的感覺 A 比 B 短；圖 13.9 中 AB=BC，但看來並不相等；圖 13.10 中 A、B 直徑相等的圖，但看起來感覺大小不一樣。

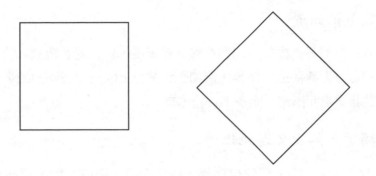

圖 13.6　大小判斷的錯誤

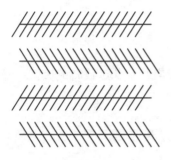

圖 13.7　四條平行線？

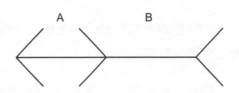

圖 13.8　A、B 線段之長度相等？

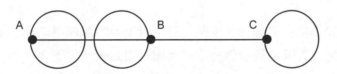

圖 13.9　AB=BC？

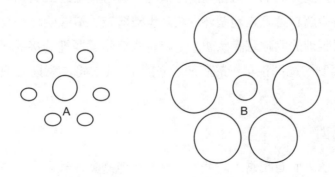

圖 13.10　A、B 兩圓直徑相等？

(六)聽覺的錯覺

耳朵對聲音判斷的方向和距離之正確度，也有顯著錯覺，特別是容易受聆聽者的心態影響而造成錯誤。例如聽到電視上歌星從口唱出的歌聲，但聲音實際上並非從畫面出來，而是由音箱出來。

(七)觸覺、知覺之遲鈍化

人之觸覺，因人體部位而異，例如舌頭先端最敏銳，背部和大腳則較遲鈍。例如以兩根牙籤，兩端大小 1 ～ 50 釐米，對身體各部位刺激時，觸知覺有不同的感受，可以理解。

(八)時間的錯覺

相同之時間則有長或短之感覺，例如，空虛、單調、沒興致時的時間，感覺比實際的時間為長。

從以上錯覺現象看來，「人當然會有錯誤」，有錯覺才是正常。就安全管理觀點而言，人類的行為特性，值得吾人探討。

二、不注意

選擇並集中於環境中之部分（或某一特定對象）刺激反應的心理活動現象即稱為注意。注意是「限定於少數特定的目標，如知覺及思考等，所作選擇之機能」。「特定對象是朝意識方向識別瞭解或努力於想要識別之事」。在我們心中操作的範圍內，並非能全部明瞭或正確地處理事物。特別是傾向於意識的部分，即使瞭解，而對於其他部分常有模糊之情況。隨著脫離意識的焦點，而變成逐漸不明瞭，最後超越意識之範圍外。注意也被稱為「造成明瞭的意識狀態之能動作用，或者眼前的明瞭意識狀態」，「將有些情報選擇性的接受容納，同時將其他的情報抑制的選擇性集中的狀態或心態」。其次將注意以五種性質的角度觀察。

(一)注意有其範圍

注意的範圍，依人而有相當大的差異，會不斷地擺動或改變中。注意的範圍依瞬間顯示器如**圖** 13.11 所展示，同時能觀察之注意範圍，在一般成人，平均

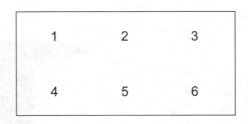

圖 13.11   瞬間顯示器

為 6 個左右。對具有觀察 6 個能力者，如增加到 7 ～ 8 個的話，變成只能正確讀出 4 ～ 5 個而已。同樣的心理學實驗很多，都可以證明知覺範圍是有界限的。

在數字的記憶上，將數字以 1 秒間隔，不依一個字一個字的拍子，如以「5, 3, 2, 4, 6, 1」讓之傾聽，重複叫唱觀察時，正確應答的範圍大約到 6 個左右。正答在 6 個者，增加到 7 ～ 8 字時，變成只能將 4 ～ 5 字左右唱出正確順序。

(二)注意有選擇性

人類雖對眼前的行為及動作，會承受有意義的刺激，但對認為沒有關係的刺激幾乎都予以排除。因對眼前的行為只選擇必要的部分，故對一方予以注意時，當然對另一方就會不注意。注意的範圍，與集中之關係呈現逆相關，依某對象之集中注意程度，其明瞭度也增加，反應時間也變快，注意的範圍變狹。注意範圍變廣泛時，對個別刺激的瞭解度會減低，反應時間也變慢。

(三)注意有方向性

引導注意之眼神焦點為視線。符合視線的焦點時，清晰可見，離開視線部分則幾乎看不見。人類因具有雙眼，幾乎 200 度的範圍是看得見。但是 200 度視野並非全部都看得見。能明顯看到部分是向著眼睛方向的小範圍，遠離視野部分則變成模糊或看不見的狀態。

(四)注意有變動性

對一事物的注意，到底能維持多久，可從實驗得知。圖 13.12 及圖 13.13 的場合，任一圖形即使時間不變，暫時注視時會有交互反轉現象。任一方即使想努力固定注意力，也是不可能的。注意會呈波浪式變動。

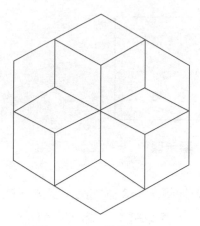

圖 13.12　錯視圖

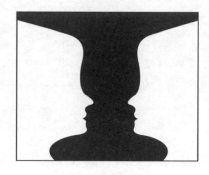

圖 13.13　羅賓之魔壺

(五)注意有旋律性

如圖 **13.14**，注意及不注意，緊張及弛緩的現象形成一般之旋律化波動者。注意之後會形成不注意現象，緊張之後必產生弛緩現象，此為人類一般自然意識之現象。

此種意識之強弱變化是無法避免的。不注意時也依自然法則所生之自然現象由之。料想已注意，可是查看時，常有忘記重要事情的情事發生。關於一連續性作業時間的實驗，調查作業效率低下是何時出現時，結果發現是在三十分鐘前後會發生，故三十分鐘前後被認為是精神持續的界限。問題是不注意波與危險作業及狀態重複時，則變為事故發生之原因。察覺注意時，手已被挾傷之事故經常發生。為了從事安全的作業，危險的狀況及不注意，不應使其結合是

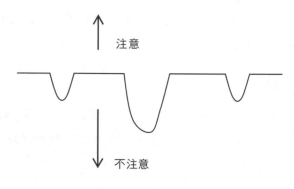

注意

不注意

圖 13.14　注意之波

重要的。

　　發生事故和災害時，往往常將其原因歸咎於「個人的不注意」但是難道有人會願意不注意而任由災害發生嗎？其實，不注意亦是不完美人類極為正常的現象。「為什麼會不注意」？首先應找出引起不注意的真正原因，並採取有效的對策，來消除不注意，才是根本之道。

　　不注意是結果，並不是原因，引起不注意的真正原因是什麼？才是值得我們探討的問題。注意有範圍性、選擇性、方向性、變動性、旋律性等性質。在心理學上，引起不注意的原因，可以分為人本身（內在原因）和環境因素（外在原因）兩方面。

　　人類行為特色乃是人有錯覺與不注意，而此特性正是不安全行為的主要因素。要克服這樣的劣根性，只有依賴員工協助方案與行為安全了。

練習題

1. 不小心與有事故傾向的人在歷史上如何被誤用？用這兩個辭彙的不良效果何在？

2. 試就生理因素列舉與工業安全的關係。

3. 試說明工作場所環境如何影響人的安全行為？

4. 就工業安全的觀念，人們如何增進良好的行為以促進安全？

5. 說明人產生錯誤，不注意的原因為何？並說明人性弱點如何加以預防？（84台省基層乙等特考）

6. 說明工作壓力不舒解對損失控制管理的影響。（86高考三級）

7. 近年來，由勞保職業災害的現金給付情形，發現職業災害有逐年下降的趨勢，然而一般人的印象中，國內工安事故依然頻傳，請就各項可能原因加以探討。（87檢覆）

8. 解釋名詞：Human Error（90專技）

9. 人為失誤（Human Error）為意外事故的主要原因，請說明人為失誤如何發生和如何運用人因工程方法加以防範。（94專技，人因工程）

10. 請分別條列出來工作人員在職場中，因為工作壓力（stress）所引起的常見的短期和長期的心理衛生問題（mental health）。（94專技，工業衛生概論）

11. 有哪些個人生理因素的缺失會造成不安全的行為，而必須加強安全管理工作。（86專技）

12. 何謂互護系統（Buddy System）？互護系統有哪幾種形式？成功的互護系統在執行時需注意哪些事項？（90專技）

13. 人為失誤是許多事故的主要原因。請對人為失誤進行分類，說明各類人為失誤的定義，並各舉一例。（100高考三級，人因工程）

CHAPTER 14

員工協助方案

14.1 安全心理學

　　1931 年，美國工業安全之父韓竺琦研究七萬五千個工業意外事故個案，推論出不安全行為占事故因素的 88%。雖然此數字迭有爭議，但無人否認工作場所不安全行為是很重要的事故肇始者，而不安全行為的主體是人，再好的安全防護措施，也難免因人為失誤而造成事故。印度波帕爾事件即是最佳佐證。

　　布魯縕梭（M. Blumenthal）對事故所提系統模式理論（**圖 14.1**），也可以說明安全的關鍵是人。該理論認為人的生活環境、工作場所或社會大系統中，人的表現能力，是造成事故與否的重要因素。無論系統的要求多高，只要人的表現能力更高，就可以保持安全。在鄉村車少的道路開車，只要注意就很平安，但在高速公路上，人就要非常專心，隨時準備應付狀況，才能平安。前者對人的表現能力要求較後者為低。

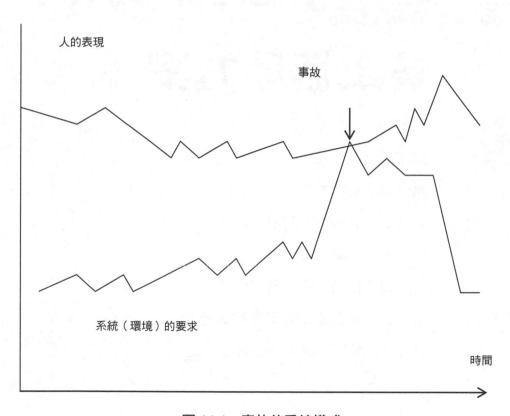

圖 14.1　事故的系統模式

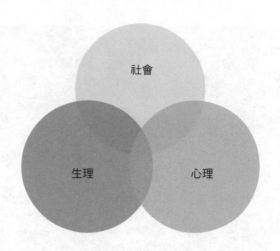

圖 14.2　安全三面向

　　對於人而言，安全有三個層面，即心理的、生理的及社會的安全（**圖 14.2**）。社會的安全，包括與環境，設備，能量等有關的安全，例如民國 80 年 11 月造橋火車事故，百餘人因社會的不安全而傷亡，並非他們自身的不安全的傷亡。至於生理的安全，像酒醉的人較無安全可言，常會有偏差行為或失誤行為而造成意外。一般而言，身體狀況正常良好的人，反應能力較佳，比較安全。最後是心理的安全，與人的個性，態度，情緒，精神，意志都有關。一般心理健康的人較易獲得安全保障。

　　日本 JR 西鐵路公司於 2005 年 4 月 25 日在兵庫縣發生重大火車事故，一共造成 117 人死亡，457 人受傷。其問題乃是該車司機只有 23 歲，為一位只有十一個月開火車經驗的新鳥駕駛，對於開火車的技術尚未駕輕就熟，所以定點停車讓乘客上下車的能力與準點的能力都不足，一碰到誤點就擔心被處罰，在環境壓力與心理壓力下，猛超速而在轉彎處就衝出去，撞入大樓而造成大災禍。**圖 14.3** 為車禍現場實況。

　　在鐵路公司車禍中，年青駕駛技術差、壓力大，又採取不安全行為，終於釀成慘劇，所以企業界要防止事故的發生，就要注意人的因素，不但要消除不安全的社會狀況，也要預防不安全的生理（行為）與心理狀況。行為安全有賴 BBS 的推動，而心理安全則需賴員工協助服務工作的加強，以健全員工身心，確保人人身心正常、安全，也就是說要推動員工協助方案。

圖 14.3　日本 JR 西鐵路公司車禍現場

14.2 員工協助方案

　　員工協助方案（Employee Assistance Programs, EAPs）在美國推動百年來，對美國企業界推動工作安全，貢獻良多，然而，EAPs 對台灣而言，卻還是陌生的面孔。所幸近來在行政院勞工委員會勞工福利處的大力倡導，新竹市生命線、鉅微管理顧問公司與台灣員工協助專業協會及其他組織團體等的鼎力推動下，已漸為企業界瞭解與接納。

　　華許（Walsh, 1982）曾對 EAP 給予如下的說明：EAP 是一個方案，利用公司的政策及一套程序來對某些直接或間接影響工作效率的員工個人或情緒問題給予辨識或反映。它提供諮商、諮詢及（或）轉介去接受適當的諮商、處理與支持服務，費用則全部或部分由公司負擔。

　　另外，歐唐尼爾博士（O'Donnell, 1985）認為，EAP 為對員工有關藥物濫用、情緒或家庭、壓力問題等之辨識、評估、轉介，及對危機調適服務的一種方案。其目的乃在促進參與，增加生產力、效率，提高工作士氣，改善工作生活品質，與降低醫療成本、增補人員費用、勞工補償費用及保險費。

　　我國學者羅業勤明白表示，員工協助方案是事業單位基於對員工的關切，在勞資雙方支持下，由事業單位提供資源及時間，經由制定的人員及程序，以接納的態度，協助員工處理有關酗酒、情緒、家庭、嗑藥等問題，以及其他組織內有關人群關係，如主管部屬、同儕、男女感情或工作問題，例如績效、晉升、待遇、懲戒等等更廣泛的事件。

　　綜合以上觀點，員工協助方案可以定義為：「員工協助方案」是事業單位基於員工福祉及提升生產力所提供的一種活動，其目的為發現並解決影響工作效率的員工問題。也就是說，員工協助方案是一種為了因應員工職場壓力問題而發展的解決管理問題的方案。我們可以說員工協助方案是由「組織內，社會工作、心理輔導與管理等專業人員的服務中，以系統化方式規劃出的福利性或協助性措施，其目的乃為預防與協助解決一些員工問題，包括身心健康、家庭婚姻、法律、理財、情感、工作壓力、人際、酒癮等等，讓組織達到穩定員工工作品質及安全，並促進勞資關係和諧的目的」（Employee Assistance Professionals Association, EAPA, 2003）。也就是說，EAP 提供問題評估（assessment）、諮商（counseling）、轉介（referral）、追蹤（follow-up）等系統性協助流程（Gerstein & Bayer, 1988）。

　　具體而言，員工協助方案的服務內容包括「工作」、「生活」與「健康」三個層面。依我國勞委會的工作手冊（勞委會，1998），EAPs 的服務內容可分為工作面、生活面與健康面，其關係如圖 14.4 所示。

1. 工作面：勞動條件、工作設計、專長發展、工作調適、職位轉換、生涯發展、績效考核、職位晉升、退休計畫、離職安置等。
2. 生活面：家庭婚姻、生活管理、休閒娛樂、保險規劃、托兒養老、人際關係、法律財務等。
3. 健康面：心理衛生、壓力管理、運動保健、焦慮處理、嗑藥毒癮、酗酒戒賭等。

另外，依據林桂碧教授等學者的研究，EAPs 工作內容可分為：

1. 員工生活、工作及社會適應之協助。
2. 員工身心健康與工作生涯之諮商輔導。
3. 方案之設計、研究、評估與管理諮詢服務。
4. 員工及其家庭之協助與社會服務推展。

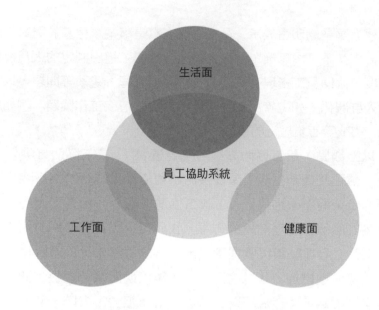

圖 14.4　員工協助方案三面向

5. 社會福利資源之發掘、整合、分配與轉介等。

　　但是，為何美國企業界會推動 EAP 呢？依許多學者的研究，主要是因為工作場所的員工，在生活上的問題，例如壓力、酗酒、濫用藥物、家庭衝突、人際困擾、財務壓力與其他問題，不但會影響員工本人，更影響到工作表現及生產力。且據厲奇（Wrich, 1980）指出，有嚴重個人問題的員工占企業界全體的 10～20%，他們的問題，對美國企業界造成相當大的經濟損失。

　　美國勞工統計局（BLS）在 1995 年的報告中指出，工作場所人員死亡事件中，每八個人就有一個人是與濫用藥物或酗酒有關。另外美國交通研究局統計，商業駕駛人員的死亡事故有 25% 與喝酒有關；而美國國立衛生研究所針對三萬人所做的研究顯示，酗酒與職業災害有明顯的相關（Dawson, 1994），另外郵政員工之職業災害中有 85% 是有濫用藥物的傾向（Zwerling, Ryan, & Orav, 1990）；美國華盛頓州的另外一項報告也指出，駕駛員死亡事故中有一半與酗酒及（或）濫用藥物有關，而單一車輛死亡事故中有 61% 與酗酒有關（Logan & Schwilke, 1996）。

　　由於上述的報告，美國企業界乃大力尋求解決員工問題的途徑，而 EAP 被巴龍說成對工作壓力之降低及問題員工之協助大有助益（Barren, 1985），因此才會如此被各公司所努力推動。

另外一些學者的報告如下：

1. 美國國會技術評估辦公室 1983 年估計酗酒與濫用藥物造成一千二百億美元之損失（Saxe et al., 1983）。
2. 美國健康與人民服務部（HHS）估計西元 2000 年全美保健醫療支出高達一兆五千億美元（Moretz, 1988）。
3. 1991 年，全美國失能傷害成本為一千一百七十億美元，而 2000 年估計約為三千五百億美元（Beger, 1997）。此由克拉姆、娜狄茲與約勒（Kramer, Nerditz, Eller, 1997）指出，美國精神疾病與神經失調之保險給付在 1995 年比 1989 年增加 335% 可為證明。

因此，讓我們對員工協助方案之歷史與成果加以探討。

14.3 員工協助方案的發展歷史

依史密斯博士（Smith, 1988）的研究，美國企業界推動員工協助工作可以追溯到 1880 年代。當時，有位社會工作先進曾被企業界僱用來提供服務。不過當初以福利工作為主，有點類似福利秘書的工作。

1917 年，明尼蘇達州明尼亞波利斯市的北方州電力公司聘用湯姆遜女士（R. G. Thompson）擔任社工員，協助公司員工及眷屬解決問題。

紐約的梅西（Macy）百貨公司首創社會服務部門，由伊凡斯小姐（E. Evans）擔任詢問、社會及精神治療角色（Masi, 1982）。而 1925 年，於研究顯示該公司員工下班後的問題會影響上班時的工作效率，因此該公司更設立精神衛生方案（Anderson, 1929）。

1919 年，紐約市一位很出名的護士，布魯克威小姐（M. Brockway）被大都會保險公司僱用以提供該公司女性員工調適雙生涯的問題（Daily Labor Report, 1984）。到了 1922 年，該公司更增聘一位精神科醫師，以便提供員工有關精神病醫療服務。

1936 年，伊利諾州的西方電氣公司霍桑工廠，有工業社會學之父之稱的梅堯（E. Mayo）創辦了非精神病的工業諮商方案（Mayo, 1945）。該公司在工業關係部門聘有男女各二十名諮商員，在六位督導及人事諮商與訓練主管指揮下工作。當時每位諮商員各負責三百至四百位同性員工，提供服務。

1949 年，保德信人壽保險公司位於紐澤西州紐華克的總部成立了諮商方案。拍立得公司則於 1958 年設立了同樣的方案（Staples, Kelsey, & Thomas, 1980）。次年，拍立得並僱用一位全職的社工員提供員工諮商服務（Masi, 1982）。

事實上，1960 年代以前的企業界，EAP 並不普遍，一直要到酗酒及藥物濫用問題明顯使生產效率下降以後，才有進展。在 1930 年代初期，企業界已有許多人注意到員工酗酒的嚴重性，而此時，隱名者戒酒團體（Alcoholics Anonymous, AA）創立，加上耶魯大學及拉特加大學相繼進行有關酗酒問題的研究，才有美國酗酒學會（NCA）在 1940 年成立。按著美國醫師協會與世界衛生組織都承認酗酒是一種疾病，促使美國國會於 1970 年 12 月 31 日通過了「酗酒者預防、治療、復健法案」，或稱為休斯法案（Hughes Act）。該法案規定聯邦政府應設立國家酒精濫用及酗酒研究所（NIAAA），並在每州設有二位酗酒顧問，負責推動工業界之酗酒方案。休斯法案也要求公務員委員會或國防部等單位均應成立酗酒方案（Masi & Spencer, 1977）。同時，有個全國性民間組織稱為勞資酗酒諮詢協會（ALMACA）也在大力推動 EAP，使得 EAP 如雨後春筍般創立並茁壯。

除了酗酒問題，濫用藥物也同時日益嚴重，依華秀（Warshaw, 1979）的說法，美國國家藥物濫用研究所（NIDA）估計，1978 年，全美有二千二百萬人吸食大麻，七百萬人使用非醫生處方藥物，三百萬至四百萬人使用古柯鹼，五十萬人吃海洛英。他們的工作效率低，常怠工，事故又多，使得醫療費用劇增，迫使企業主不得不全力推動 EAP。

企業界最早的酗酒方案是新英格蘭電話公司的林奇博士（Dr. D. Lynch）於 1939 年所創設（Trice & Schonbrunn, 1981）。此類酗酒方案在 1950 年，估計有五十個，1975 年有五百個，1980 年有四千四百個，至 1985 年則有八千個（MacLeod, 1985）。

上述 EAP 已不單純是酗酒而已，大部分都推廣至處理個人問題，如婚姻、財務、親子教育及其他心理困擾問題。有些公司的 EAP，甚至包括健康促進或健康方案，較有名的有嬌生公司的 Live for Life 方案、控訊公司（Control Data Co.）的 Staywell 方案。根據陳歐士博士估計，1984 年約有二千個此類方案在推動（Chenoweth, 1984）。事實上，美國在 1939 年設立第一個 EAP 後，到 2001 年，美國企業的 EAP 普及率已達 60.1%（Roman, 2001），2007 年更提

高至 84%（EAPA, 2007）。就美國五百大企業而言，目前已有 92% 在提供 EAP
服務（Kirk & Brown, 2003）。根據美國勞工統計局的全國性勞工福利調查，顯
示美國企業界的員工有 76% 曾接受 EAP 諮商服務（Bureau of Labor Statistics,
2006）；而目前美國企業推動 EAP 情形為，250 ～ 1,000 人企業約占 75%，
1,000 ～ 5,000 人企業約占 80%，5,000 人以上企業約 97% 有提供不同內容的
EAPs（EAPA, 2007），顯示 EAP 服務已普遍受到美國公私組織的重視與運用。

14.4 員工協助方案案例

一、保德信人壽保險公司

1948 年 10 月，保德信人壽保險公司成立了諮商中心，聘請一位心理學家
布洛模（Dr. J. A. Bromer）擔任中心主任，另由兩位心理學家及一位社工員組
成了幕僚群。中心直接向主管人事的副總裁負責，但與人事部門無關。

保德信成立諮商中心之目地，乃在為紐華克 11,000 名員工服務，期盼能提
高員工士氣，提升工作滿足感，並促進勞資和諧關係（Palevsky, 1950）。

一般而言，保德信諮商服務方式以非指導性為主，但若有關社區資源，訓
練機會或行政方面問題，則會直接給予答案。除外，中心常被高級主管要求提
供有關處理人事問題的諮詢服務。

據統計，創立後第一年，有 331 位員工拜訪過中心，進行 983 次諮商服
務。至 1952 年，則有 1,500 位員工使用了諮商中心（Levinson, 1980）。

二、卡特彼勒牽引機公司

1945 年卡特彼勒牽引機公司（Caterpillar Tractor）的醫療主任房納陳博士
（Dr. Harolc Vonachen）及皮歐利亞工場醫療服務經理克冷伯格博士（Dr. M. H.
Kronenberg）與康乃爾醫學中心的心理學家及精神科學家設計成立了該公司精
神衛生部門，由一位工業心理學家擔任主任，另有兩位工業心理學家及一位臨
床心理學家一起工作。另外，當地的精神科醫師則提供諮詢服務。

卡特彼勒牽引機公司諮商服務範圍包括（Levinson, 1980）：

1. 心理治療。

2. 與主管人員諮商員工問題之管理。

3. 提供心理測驗資料與解釋。

4. 協助有情緒困擾的員工安排調職、改換工作或接受治療。

5. 協助情緒嚴重失調員工轉介到私人醫院或社區中心。

6. 與醫生及主管人員協商那些遭遇嚴重精神或情緒困擾的員工，在完成治療後進行復健與心理調適。

7. 保存個案紀錄。

卡特彼勒牽引機公司的方案，有一個特色是它與人事部門合作，對新進人員給予心理測驗。

三、全錄公司

1979 年，全錄公司全力推動 EAP，以為該公司在美加的六萬五千五百位員工服務。其主要目的，仍在維持良好的工作效率，減少酗酒引起怠工及其他生產問題的高損失，並控制醫療保健支出。

全錄的主管人員均需接受兩個半小時以上有關 EAP 訓練過程，學習如何辨識那些需接受協助的員工其行為模式。而在全錄，EAP 訓練已成為基本的管理課程，經理人員均被教導檢視工作表現低落的員工，並學習如何藉由正常督導手段加以改善。但若無法改善，則經理人員會向員工建議參加 EAP，並警告員工如果工作效率未能改進即有丟掉工作的可能。一般而言，員工會打電話給 EAP 協調員，以尋求或接受協助，而公司與美加的一百九十個治療中心簽有契約，均可提供診斷及治療服務。經兩階段診斷後，員工開始一個為期二十八天的住院計畫，其中包括復健、團體或個別諮商、家人參與治療、隱名者戒酒團體階段；或參加另一種門診計畫，包括個別或團體諮商，隱名者戒酒治療集會。但 35 歲以上員工，因常有藥物及酗酒問題，就需參加增加為四十五天的住院治療。

依全錄 EAP 主管佛烈德瑞克（R. Frederick）的統計，方案推出後三年，已有數千人使用過 EAP，其中 35 ～ 40% 為藥物濫用及酗酒者，70% 的人治療成功，他們的工作表現已恢復到可接受程度。

佛烈德瑞克指出，標準的二十八天住院治療，每人約花費七千至一萬美元，但若及早發現有問題而藉由門診治療，則費用僅需一千至三千美元。值得一提的是，該公司員工 80% 會自我尋求參加 EAP（Sheridan, 1983）。

四、聯合技術公司

1975 年，位於康乃狄克州哈特福特的聯合技術公司（United Technologies Corporation, UTC）白雷特與懷特尼（Prati & Whitney）集團創辦 EAP。經過五年的觀察，發現 EAP 的人員有年輕化，且他們在酗酒初期即會尋求協助，接受為期二十八天的住院治療，費用劇增 3 倍，但成功率仍維持在 70% 左右。因此 1980 年春天，康州新大不列顛的 UTC 工廠開辦日間治療中心，提供戒毒與醫療評估服務。依 UTC 特別健康服務部門經理皮京頓（C. F. Pilkington）估計，八成 UTC 員工接受日間治療。諮商中心每週開放五天半，員工可以在白天聽演講，看影片、參加團體討論，及一對一諮商，而在晚上回家休息。員工每週參加兩次隱名者戒酒團體集會，同時參加社區 AA 活動兩次，而員工眷屬每週也需參加兩天的諮商課程。

六百五十位參加日間治療計畫的 UTC 員工目前仍在職，其中 68% 已完全戒酒或戒藥物，平均每位員工參加治療的費用約為一千二百美元，比住院約五千美元節省許多。佛烈德瑞克估計 UTC 之 EAP 的投資報酬率為 7：1（Sheridan, 1983）。

五、伊利諾大陸銀行

伊利諾大陸銀行（Continental Illinois National Bank）早在 1970 年初期即在人事部門的要求下設立了非常成功的員工協助方案，提供員工諮商服務（ECS）。以芝加哥為大本營的該銀行有一萬名員工，約有 12% 利用過 ECS。

大陸銀行的 ECS 提供的服務包括戒酒、戒藥物、情緒失調、工作壓力、婚姻、家庭、法律、消費、財務、度假與日間照護問題之協助，也就是員工工作及個人福祉的所有問題均給予協助服務。

大陸銀行的 ECS 有一位心理學家、一位社工員。員工會尋求協助，可能是自願的，或被人事部門、醫務部門、主管人員之要求所轉介前去的（Nahrwold, 1984）。

六、達美公司

　　總部設於馬里蘭州巴爾的摩的達美公司（The Delta Corporation）是生產消費性產品及工業性電子產品的著名廠家。其 EAP 約在 1984 年設立，共有六位擁有社會工作碩士學位的社工員和一位有博士學位的心理學家，另外計畫之協調者本身也是社工員。他們直接向人力資源部門主管負責。

　　達美的 EAP 所提供的服務範圍很廣，包括個別諮商、員工或眷屬轉介服務，二十四小時熱線服務。

　　達美的 EAP 人員，在公司考慮是否關閉底特律廠而購併巴西及印尼的礦廠時，發揮廣泛專業才華，包括行銷、財務、會計、作業管理、人力資源管理、及策略規劃能力。當時應上級要求所提出之建議，包括：

1. 關廠對社區可能反應？
2. 解僱與再訓練的成本效益分析。
3. 不同國度社情如何防止員工關係惡化？
4. 關廠與新廠運作之發展計畫，與工會的影響分析。
5. 人資因素之考量。
6. 公司文化、歷史及價值對決策之影響。（Faherty, 1988）

　　達美 EAP 人員所扮演的角色，實是各企業界 EAP 人員未來角色之參考模式。

七、杜邦公司 La Porte 廠

　　杜邦 La Porte 廠是杜邦 Packaging & Industrial Polymers 事業部之一主要工廠。工廠位在休士頓東南方的 La Porte 市，地址為 12501 Strang Road，筆者於民國 94 年拜訪該廠，其廠長葛雷二世，他在台灣、日本、韓國、新加坡及中國大陸的工廠都服務過，所以經驗豐富。

　　葛雷二世在工安及 EAP 方面都很清楚、深入，他又喜歡自己說明，所以從他的身上真的看得到杜邦的文化。他說明自己的時間有 30% 在管理區內各單位，20% 做規劃性工作，20% 行銷，另外 30% 在關心安全工作。當然他也說明工安已是各作業的一部分，所以做其他事時仍然涉及安全方面。印象最深刻

的是他不斷地強調 Safety Leadership 的重要性，他很關心員工的安全與身心健康，所以工安及 EAP 都是他一再強調並領導的工作。EAP 的負責人娜奎恩博士，建立 La Porte 廠的 EAP 已有十四年，深得葛雷二世廠長的信任。我想她能獲得廠長信任，與平日工作直接向廠長報告有關，不過重要的是她的專業，能夠幫廠方、員工及其眷屬，在所有工作、生活與健康上產生會因身心問題而影響工作績效時，協助解決問題。

　　杜邦在美國本土共有十四位 EAP 專業人員，工作性質都大同小異，都能提供二十四小時 EAP 服務。他們 EAP 理念跟作法與筆者在青草湖礦廠的作法很像，廠長有問題時也一樣會找娜奎恩博士談。La Porte 廠並未推動 14000、18000，只有 PSM、RC、BBS 等 Programs，前兩者幾乎是杜邦發展出來的，後者已非單純的 STOP，而是類似 Safety Coach。

八、康菲公司

　　康菲公司在合併前之康納和石油公司（Conoco）與菲利普斯石油公司（Phillips）均各有自己的員工協助方案在運作。以康納和公司而言，該公司在 1990 年 1 月就開始推動員工協助方案，來管理醫療方案，其與安全相關的部分有：

1. 提供員工、退休人員及其家眷精神健康服務（Mental Health Services）。
2. 對精神健康及濫用藥物治療的服務。
3. 運用 EAP 以瞭解人類行為，辨識諮詢方法，提供監督人員、主管人員與工作團隊參考，而確保工作場所安全與健康，提高生產力。
4. 運用 EAP 知識、技術，協助公司在制訂政策及計畫發展之心理風險管理，因此其功能有：
   (1) 評估及轉介個案，決定最佳方式及醫療等級。
   (2) 監督所有精神保健及濫用藥物治療的福利運用。
   (3) 有效的個案管理，檢討所有住院，及（或）精神保健及濫用藥物案件。
   (4) 發展較好的醫療網與維持。
   (5) 與 EAP 顧問公司及世界各地的醫療提供者簽約，提供積極心理諮商與服務。

(6) 對精神保健及濫用藥物問題員工短期失能傷害管理。

(7) 與公司福利幹部諮商及持續合作，在影響精神保健及濫用藥物治療上有關福利之設計及利用。

(8) 保險理賠管理。

(9) 資料分析、計畫評估及策略方案。

康納和公司 EAP，1990 年創立以後，Conoco 公司的員工已非常瞭解 EAP，所以其功能逐漸顯現中。全體員工無論在何處，只要有需要，可以打二十四小時免費電話尋求當地與公司簽約之專業機構尋求協助；而在休士頓等地，更可打電話向公司五位專業 EAP 人員求助，或約談。一般而言，員工接受醫療計畫的人數逐年明顯下降，但退休員工則有逐年增多趨勢。就醫療方案而言，約有 90% 費用用在精神保健上，其中門診的與住院各占一半。就 EAP 使用率而言，一般員工占 39%，眷屬占 57%，退休員工只占 4%，且其中高達 90% 都是自己尋求協助。由監督人員正式轉介的 1%，非正式的 6%。

該公司的 EAP 長期在行為安全與心理安全上提供專業服務，最著名的例子是 1997 年 3 月 2 日晚上發生在台灣的德安航空出動緊急應變演習時，在台灣海峽鑽井船失事的案子。當晚，由於飛機墜海，3 人失蹤，致鑽井船上各國籍員工產生非常大的衝擊，鑽井船上的 Dixie Wilson 立即打電話給康納和石油公司海外協助方案（Overseas Assistance Program）亞洲區負責人 Carl Schubeck，請求緊急事件壓力處理服務（Critical Incident Stress Debriefing, CISD），由 Wilson 回報鑽井經理 Joey Armstrong，因原始請求協助的是他。Schubeck 打電話給 Armstrong，共同研討服務範圍，初步決定由台北的 Dr. Anges Wu 在 4 日上午 9 時開始 CISD 課程。不過鑽井工程師 Allen Thunderbird 覺得船上大多數員工是外籍人士，需要請社會工作經驗豐富者來服務，方能竟其功，因此後來轉向日本獲有碩士學位的 Ms. Kelly Lemon-Kishi 及 Kazumi Fujimori 博士由 Osaka Yokohama 分別搭機飛到高雄來執行服務。他們二人於 3 日下午 4 時到高雄，自下午 6 時即與 Armstrong、Thunderbird，及康納和在台總經理會合討論實施方式。

3 月 5 日，各經理人員及船上醫生實施四個半小時的管理 debriefing session。另 Mr. Armstrong 決定將 Dr. Fujimori 的文件分發給其他鑽井船員工。

由於諮商服務的提供，對安定員工在本次事件的心理甚有助益。Conoco 公

司的 Ms. Schubeck 在 3 月 11 日及 3 月 24 日分別追蹤結果，Mr. Armstrong 及
Thunderbird 的評估均認為很有幫助。

　　這次事故能立即解除危機，重要的是康納和公司在台海的鑽井計畫中，早
就規劃有一組 EAP 人員可以隨時提供心理安全服務，他們是台灣的 Dr. Agnes
Wu、日本的 Dr. Fujimori 與 Ms. Lemon-Kishi、馬來西亞的 Mr. Azman Aziz 及曼
谷辦公室。

九、嬌生公司

　　嬌生公司在 1978 年創建 EAP 服務體系，初期是員工福利的一環，但 1995
年起開始強調職業衛生，失能傷害管理及工作、家庭與個人生活合一的員工協
助方案，2004 年被併為全球性安全衛生的一部分，並提出公司安衛願景為：

We are committed to making

Johnson & Johnson the world leader in health and

safety by achieving healthy lifestyles and

injury-free workplaces

　　目前嬌生公司的安衛工作中 EAP 即為其一重要工作。嬌生公司的 EAP 提
供下列幾項很棒的健康服務：

1. 疾病管理：
　　(1) 慢性病（糖尿病、心臟疾病、氣喘、高血壓）。
　　(2) 複雜性疾病（癌症、脊椎疾病、高風險懷孕、器官移植）。
2. 挫折感篩選個案管理。
3. 線上精神疾病篩選。
4. 壓力模式與復原訓練。
5. 酗酒與藥物覺知模式。

　　嬌生公司的 EAP 是很成功的方案，員工使用率為 8%，比美國平均使用率
7% 為高，而使用滿意率高達 99%。其缺席率減少 90%，精神疾病改善 93%，
可謂成效卓著！

14.5 員工協助方案的具體成果

　　美國企業界推動 EAP，不但花費可觀心血，更花費不少經費，有時為了治療一位酗酒員工，其治療成本就高達一萬美元，然而，公司負擔了該筆費用，即可代替了聘僱一位高級技術人員所需更昂貴的費用。這就說明了為何俄亥俄州工會安全衛生委員會一宣布提供 EAP 免費諮詢服務時，立即有一百二十家中小企業要求協助創辦 EAP。

　　因此，讓我們來檢驗一下 EAP 的成果：

一、伊利諾州貝爾電話公司

　　1950 年，伊利諾貝爾電話公司開辦酗酒復健方案。研究發現該公司工作復健率達 77%，工作效率良好的由 10% 提升為 60%，工傷事故減少 61%，工餘事故減少 42%，因請假率降低而節省一百二十七萬美元費用（Asma et al., 1980）。

二、新英格蘭電話公司

　　1966 年，新英格蘭電話公司開始聘任全職的社工員推動 EAP，據統計復健率為 70.5%（Masi & Spencer, 1977）。

三、肯內克特銅礦公司

　　1969 年，猶他州肯內克特銅礦公司開始一項名為 Insight 的方案，二十四小時為員工提供有關濫用藥物、家庭婚姻、金錢及其他社會與情緒問題之諮商。

　　據厲奇（1984）研究，52% 的參加者有改進，而失能補償費減少 75%，保健支出減少 55%。相較於其他一百五十位未參加方案的員工，不但這些未參加的人怠工增加，且各種支出也大幅增加。統計顯示方案之投資回收比為 6：1。

四、波多馬克電力公司

1979 年，華府的波多馬克電力公司（PEPCO），利用住院或門診方式治療來解決員工問題，而成功率依其 EAP 主管麥金來（R. Mckinley）估計，高達80%。接受 EAP 服務的員工，戒酒或戒藥物在 1981 年分別增加 85% 或 100%（Sheridan, 1983）。

五、聯合航空公司

聯合航空公司的 EAP，據其 EAP 主管厲奇自己研究，以減少怠工之損失而言，每投資 1 美元，可回收 16.35 美元，而公司員工因病之缺席率降低74 ～ 80%（Wrich, 1984）。

六、麥道飛機公司

1970 年左右，麥道飛機公司即開始推動 EAP，有化學物依賴傾向的員工經21 ～ 28 天之治療後，復健率為 78%。在十年間，EAP 節省公司約四百萬美元之醫療保健費用（Sheridan, 1981）。

七、紐約電話公司

紐約電話公司的 EAP，在 1980 年為八萬名員工服務，復健率高達 85%，因此節省了六百萬元的費用（Herzinger & Calkins,1986）。

八、通用汽車公司

通用汽車公司在北美洲的一百三十個工廠都在推動 EAP，有四萬四千餘人（約為公司員工人數之 7%）參加，其成果為傷害頻率降低一半，員工損失時間降低 40%，傷病醫療支出降低 60%，員工抱怨減少一半以上。投資回收比為3：1（LeRoux, 1982）。

九、美國底特律地區

底特律地區四個 EAPs 所得到成果，據密西根州公共衛生廳與藥物濫用服務辦公室所支持的研究，發現有兩家公司在怠工、工作傷害、看病、訓練行為、抱怨、勞工補償與傷病補助等，每年可以節省 198,397 美元或 154,178 美元（MacLeod, 1985）。

十、金伯利克拉克公司

威斯康辛州的金伯利克拉克公司（Kimberly-Clark Corporation），其 EAP 使意外事故降低 70%，缺席率減少 43%，而缺席率每降低 1.5% 相當於節省六萬五千美元（Herzinger & Calkins, 1986）。台灣的金伯利克拉克分公司，其職災與下班後事故率減少 70%，缺勤率改善 50%，生產力提高 50%。

十一、康納和石油公司

在推動 EAP 之前，康納和石油公司的安全績效在 API 排名在中段班，由於與杜邦合併，因此開始推動 EAP，也同時推動 BBS，四年後其職災減少79%，安全績效名列 API 前茅！

14.6 台灣員工協助方案發展概況

作者在民國 88 年接下新竹市生命線協會理事長職務，深感公開募款之困擾，特別是許多生命線都面臨工作人員薪水發不出來的困境。就開始培訓義工督導相關 EAP 的理念，然後派往新竹區事業單位提供諮商服務。後來爭取勞委會勞工研究所戴基福所長之認同，在協會試辦 EAP 服務，於民國 90 年 2 月20 日正式成立 EAP 服務中心（EAP Service Center, EAPC），正式掛牌為高科技產業員工服務。由於台積電公司診療所劉醫師的支持，第一個服務對象就是TSMC 員工。由於生命線具有公益性質，因此委託 EAPC 單位不斷地成長，目前約有四十家，為二十萬以上之企業員工問題解決，提供立即服務。

作者卸下理事長職務，就由繼任張祖琰理事長持續經營，加上經營團隊

堅強，所以績效逐漸顯現，EAPC 的成就終於受到前勞委會陳菊主任委員的重視，指示台灣安全研究與教育學會首任理事長陳朝威先生，希望在台北地區為弱勢勞工成立 EAP 服務單位。最先構想是每位理監事認購股份，集資設立，無奈理監事共識不足，只得由理事長指示由作者等人墊款，於民國 93 年 9 月設立鉅微管理顧問股份有限公司，欲仿效美國 EAP 界模式，為公司職場服務。由於一開始就獲得 IBM 的信賴，於是許多跨國性企業逐漸使用這全方位解決員工問題的公司，迄今為超過四十家公司組織的十萬名員工服務。

在台灣安全研究與教育學會第二任理事長潘文炎博士支持下，學會於民國 96 年 5 月在台北辦理亞太區員工協助專業論壇，共有十四個地區與國家之 EAP 專業人士參與此盛會，也獲得 EAP 總會的肯定及主管機關支持，迅速於民國 96 年 10 月 26 日成立台灣員工協助專業協會，由陳家聲博士、王精文教授及作者先後擔任理事長，為員工協助理念之傳揚而努力。

14.7 員工協助方案與身心健康促進

歐美安全衛生工作已有走上全方位安全管理（Total Safety Management, TSM）的趨勢，此與作者的中國式骨牌理論不謀而合，歐美企業在環境安全與行為安全良好基礎上，逐漸在推動心理安全工作，杜邦公司與嬌生公司就是最佳佐證。

心理安全根基在於員工協助方案（EAP），因此企業單位，甚至於政府機關，都應建置員工協助方案部門、規劃機制與推動辦理員工協助服務，解決員工問題，促進員工身心健康。至於員工協助工作，納入人資系統，或如嬌生公司與安衛結合，或參考杜邦公司、康菲公司獨立運作，都宜依公司特性去規劃設置、解決。重要的是公司 CEO 應下定決心，及早推動員工協助工作，這絕對有益於公司確保員工身心安全與健康。

事實上，美國安全工程師學會（American Society of Safety Engineers, ASSE）早就將員工協助方案人員納入其會員內，可見美國工安界對員工身心協助工作之重視。而且安全工程師刊物《安全專業》（*Professional Safety*）也時常有 EAPs 的介紹、訓練廣告。

我國「職業安全衛生法」第六條第二項明訂：「雇主對下列事項，應妥為規劃及採取必要之安全衛生措施：

一、重複性作業等促發肌肉骨骼疾病之預防。

二、輪班、夜間工作、長時間工作等異常工作負荷促發疾病之預防。

三、執行職務因他人行為遭受身體或精神不法侵害之預防。

四、避難、急救、休息或其他為保護勞工身心健康之事項。」

　　未來職場身心健康事件將會激增，除了可依刑法與民法處理外，員工身心受到創傷，非員工協助方案專業人員，恐無法給予助力，因此事業單位亟待建立員工協助服務機制，以保護勞工身心健康。

14.8 結語

　　美國國家職業安全衛生研究所早在 70 年代即將工作壓力放在顯微鏡下加以檢視、研究、探討，而許多學者專家及企業界的有識之士也不斷地對企業界員工的問題加以探討，推動員工協助方案來解決。而且據 EAP 專家協會（Employee Assistance Professionals Association, EAPA）的官員比克頓（Richard Bickerton）說，EAP 每花一美元在服務上，至少會有五美元的回收（Minter, 1990），顯然，EAP 是很賺錢的方案。

　　狄克遜博士（O. B. Dickerson）曾指出二十世紀的開始，工作壓力將是工作場所的主要問題（Minter, 1991）。除了工作壓力，員工的問題一定會隨壓力而惡化，因此為了經濟力的維持，我們一定要大力推動員工協助方案，解決員工問題。

　　事業單位欲追求零災害的目標，一定要在環境安全上，建立安全衛生管理系統，將風險高，有安全顧慮的環境安全化，使成為無災害的工作環境；在行為安全方面，要讓工作人員在工作前、工作中、工作後實施預知危險活動，而主管人員要定期或不定期赴轄區進行安全觀察，扮演安全教練角色，隨時導正工作人員的不安全行為或狀況，確保人員的行為安全；而在心理安全部分，主管人員應有 EAP 基本理念，發現員工有表現或績效的異常，就應給予關心、協助，如有需要就轉介給 EAP 部門或專業機構、組織，來解決員工問題，安定員工身心，確保心理安全。如此，三個骨牌均能有效運作、屹立不搖，就能避免事故發生，而保障員工安全與設備安全。

練習題

1. 何以人是安全的關鍵？
2. 安全的三層面各是什麼？試說明之。
3. 何謂員工協助方案？與工安之關係如何？提供何種方案？
4. 員工協助方案可以在台灣生根嗎？為什麼？
5. 工安的新趨勢是什麼？
6. 你的工作場所如何推動**EAPs**？
7. 貴公司應如何去結合工安與心理健康促進工作？
8. 請說明事業單位應如何推動員工協助方案？

行為安全篇

行為為本安全

CHAPTER 15

15.1 行為為本安全之發展

「行為主義」概念率先於 1910 年為華特生（Watson, 1913）所提倡，在 1931 年由韓笠琦提出「不安全行為」理念而發揚光大，再由柏德與史樂辛格（Bird & Schlesinger, 1970）將「強化安全行為」觀念向安全專業人員灌輸，1980 年克勞思（Thomas R. Krause）博士正式提出行為為本安全（Behavior Based Safety, BBS）名詞。其後多位學者如皮德生（Dan Petersen, 1989）、克勞思博士（1990, 1995）、馬克史溫博士（1993）、蓋樂博士（1996）撰寫有關行為安全之著作，使行為為本安全（簡稱行為安全）之觀念蓬勃發展。

依皮德生（Petersen, 2000）的結論，行為安全的基礎始於 1913 年，50 年代導入企業界，工安界自 1970 年開始運用，而過去這三十多年的發展非常神速。克勞思博士創辦的行為科學技術有限公司對行為安全的發展貢獻良多，在 1990 年，他已為全美四十家公司推廣行為安全理念，而 1990 年中期則有超過四百家公司在推動。1988 年開始有行為安全研討會召開，而美國安全工程師學會（ASSE）與美國安全學會（NSC），也都在每年大會中將行為安全列為相關議題。

ASSE 在 2002 年 10 月的《安全專業雜誌》上，蓋樂博士將行為安全理念提升為「以人為中心之安全」（People-Based Safety, PBS），並於 2005 年將他為《工業安全衛生通訊》（*Industrial Safety & Hygiene News, ISHN*）所撰 168 篇文章中精選 72 篇有關他發表於《安全心理學》一書中所強調的「人本安全」（Person-Based Safety）文章彙編出版 *People-Based Safety: The Source* 一書，使行為安全理念提升為更符合現代安全衛生管理思維中以人為出發點之現代觀。

15.2 建立行為安全的重要性

許多事業單位推動行為安全，主要是依據事故比例關係之發現。韓笠琦首先在 1931 年提出 1：29：300 事故比例關係（**圖 15.1**），柏德在 1969 年提出 1：10：30：600 事故比例關係（**圖 15.2**）；近期的研究則有英國在 1993 年的 1：7：189 事故比例關係（**圖 15.3**）。

另外，杜邦公司的研究發現，工安事故發生有如**圖 15.4** 的比例關係，亦即每一件死亡事故發生之前，已經發生三十件失能傷害事故，三百件可記錄之

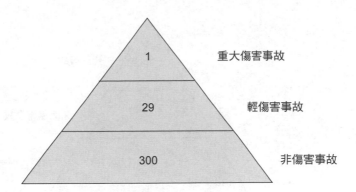

圖 15.1　韓笠琦事故比率關係圖

資料來源：Heinrich, 1931.

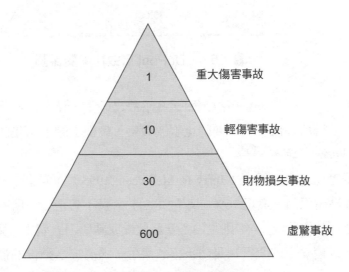

圖 15.2　柏德事故比率關係圖

資料來源：Bird, 1969.

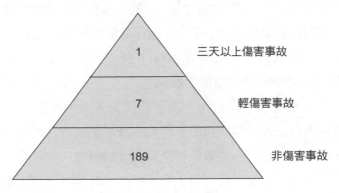

圖 15.3　英國事故比率關係圖

資料來源：British HSE, 1993.

現代
安全管理 Modern Safety Management

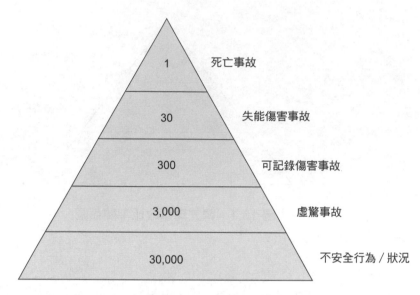

1	死亡事故
30	失能傷害事故
300	可記錄傷害事故
3,000	虛驚事故
30,000	不安全行為／狀況

圖 15.4　DuPont 事故比率關係圖

傷害事故，三千件虛驚事故，而這些事故之發生，更是由於累積三萬件不安全行為或狀況所造成，所以要防止事故發生，最根本的方法是將最基層的不安全行為與狀況消除。

學者馬克史溫博士（Terry E. McSween, 1993）經過十年的研究、統計與分析事故發生原因，發現 76% 之事故是由於人員不安全行為所導致，20% 導因於不安全行為與狀況，4% 則是由不安全狀況或其他因素產生（**圖 15.5**）。

所以消除不安全行為是防止事故發生，提高安全績效的最重要工作。難怪韓森（Hansen, 2000）會指出（安全）行為是達成安全卓越的關鍵。因為人的行為所導致之事故比例很高，所以如果我們能就人的外在行為加以協助並導向安全方向，久而久之使他養成安全習慣，那麼自然能減少事故的發生。這就是國際上強調行為為本安全理念（又稱行為導向安全）（BBS）暢行之理由。

學者伊爾聶斯特（Earnest, 2000）在〈讓安全成為一種基本價值〉文章中曾以**圖 15.6** 說明行為與事故之關係。

其中安全管理方案包括：安全期望與參與、安全目標設定與行動方案、安全程序執行、安全環境規劃、現場訓練規劃、行為觀察、行為回饋、績效追蹤。而價值是：沒有一件事值得讓我們受到傷害、安全是可以管理的、任何災害都可以防止、安全是每一個人的責任。也就是說工作人員的安全認知、信念及價值觀，會影響他們參與安全活動、方案，而其行為的正確、偏差，就會影

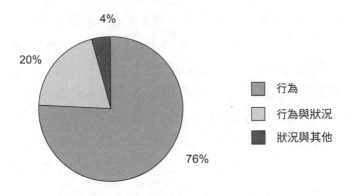

圖 15.5　馬克史溫事故比例關係圖

資料來源：McSween, 2003.

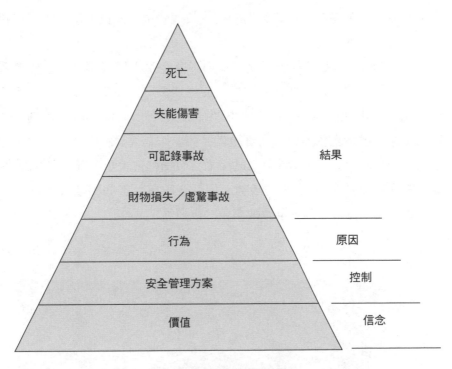

圖 15.6　行為與事故關係圖

資料來源：Earnest, 2000.

響安全的績效，不安全行為會成為各種事故的主因。所以消除事故，主要在不安全行為的消除，但在方案的執行上，價值觀的建立上，都會有影響，事業單位良好之安全文化將有助於行為安全之建立。

　　很多研究文獻也證實，強化安全行為，可以有效地降低職災（Guastello,

1993; Komaki et al., 1978）。安全文化大師蓋樂教授也曾在〈建立安全文化之十項觀念原則〉一文中提出十項觀念（Geller, 1994），他所指出之第二個原則也明白告訴我們：只有人與其行為才是決定安全成功與否的關鍵。也就是說人發自於內之安全觀念與其表現出之行為安全，才是建立事業單位安全文化成功與否之重要因素，由此可知行為安全對提升安全績效的重要性。

以中國式骨牌理論（蔡永銘，1993）而言，環境安全與心理安全兩大骨牌雖然都很重要，但行為安全骨牌能屹立不搖，那麼事故骨牌就不會傾倒，就不至於有人員受傷或財物損失，這也是為何行為安全在確保安全績效上居於重要地位的原因。當然筆者並不是說前兩個骨牌不重要，而是說就如以前的卡奴一樣，當事人山窮水盡之際，心裡痛不欲生之時，只要不採取自殺行為，悲劇仍然不會發生，或者在其自殺剎那間有人救他、拉他一把，使其放棄自殺行為，悲劇仍可以避免。

2007 年 8 月 20 日華航班機在那霸降落發生火燒機事件，在機翼冒煙起火之初，機場作業人員立即通知機長，使得機長可以在第一時間採取應變行為，立即關機、起動滅火程序並打開機門疏散乘客，在 94 秒內成功讓 165 條生命安全離開，獲得全世界輿論同聲讚賞。機場作業人員與機長在事故過程中採取正確、安全的行為，使 165 個人的生命不致損傷，說明了行為安全的重要性！

圖 15.7 照片雖令人不勝唏噓，但保全所有乘客與機組人員安全，仍說明在導正不安全行為上，安全教練角色的重要性。

圖 15.7　浴火重生的飛機

🔧 15.3 行為安全的關鍵思維

「行為安全」顧名思義是藉由對員工作業時之行為觀察，改善、導正為安全之作業行為。奧勒岡州克閥里斯的 HP 公司生產經理兼 BBS 負責人佛濟（Bob Veazie）曾指出行為安全有八大原則（Veazie, 1999）即：

1. 回饋是改善的關鍵。
2. 行為是災害的主要原因之一。
3. 安全風險越早發現越好。
4. 結果會激勵行為。
5. 能加以量測的才可以實踐。組織應設立主動式指標來量測安全績效並降低傷害。
6. 安全溝通有助行為改變。有益的安全溝通可以創造動能，產生安全熱情。
7. 參與創造授權。
8. 統合來自員工整體的努力。

有了以上這些原則，很多研究文獻陸續不斷地證明，增進安全行為可以有效地降低職業災害的發生（Guastello, 1993; Komaki et al., 1978）。

行為安全之推動重心有二，分別為「安全觀察」與「溝通」。安全觀察之技巧易於培養，不安全行為的改變則有賴於良好且雙向之溝通來達成。韓森（Hansen, 2000）提及史密茲曾指出：改變有三個層次，即第一層次為改善性改變（corrective change），有缺失就修正（fix）；第二層次為持續性改變（continuous change），持續不斷地改善；第三層次為創新性改變（creative change），做些完全不一樣的改變。這三層次之改變以第三層次的改變最能持久，但也最不容易。因一般都習慣於解決表象問題，亦即僅針對「點」之改善，不會延伸為「線」或「面」之改善，亦即未以系統性之方式解決不安全行為。導致不安全之行為一再發生而無法本質改善。

韓笠琦（1959）曾明確指出，不安全行為是造成職業災害的主要原因。因此工安界常認為：直接、快速防止災害的方法是找出工作場所的不安全行為，減少這些行為，就可以降低職災。歷史證明這思維是有成效的，但基本上是有限的，因為這思維往往是傳統式與被動式的防災態度，是以害怕失敗為依

據的,因而員工面對和處理安全問題的態度,是被動的,且往往有負面情緒反應的,因此在事件發生時,常會有逃避責任的心態,想極力掩飾自己行為的疏失,以淡化自己的責任。也由於如此而無法探察造成事故的真相,造成日後類似事故不斷地發生和災害損失。

所以行為安全之推動應思考如何有系統地、有計畫地增加和鼓勵安全行為之執行、建立,如何強化正面安全行為文化,促進工作場所常規性、持續性地執行安全行為、安全文化之目標。這也是蓋樂教授所指出:員工對「安全議題」的態度會比較是積極的和正面的,才能夠有益於增進工作場所的安全(Geller, 1996)。

因此行為安全之推動,不單是實施安全查核,觀察人之不安全行為與現場不安全之環境,更重要在於與現場同仁之雙向溝通,瞭解員工對安全之想法,並鼓舞員工參與安全活動。這些年來,行為安全由 BBS 轉化為 PBS,已跳脫原來被動式觀察人之「行為」,而更為重視「人」的高層次,轉為改變人的安全觀念。安全行為之增進是利用行為科學的操作制約原理,重視、鼓勵、和獎勵安全行為之執行,絕不是單方面的糾正或懲罰不安全行為,因此得以增加安全行為而降低事故率。在這種過程中,員工受到尊重,也獲得授權,因此對安全問題的態度比較正面、積極,個人責任感、承諾度、成就感均增加,有助於安全行為之增進及持續改善。

PBS 最重要思維是源自於蓋樂教授全方位安全文化三面向中個人(person)面向,其重要內涵就是個人內在的安全知能、態度、認知、價值觀與人格(Geller, 2003),也就是筆者所謂的心理安全的內涵所在。蓋樂教授(Geller, 2005)明顯告訴我們:「PBS 包括 BBS 的行為觀察與回饋,但不限定行為,不只是交交觀察表與給予回饋而已,PBS 的核心是要我們視彼此為人,而不是物,或達成目標的手段。」他指出:「PBS 需要一份誠懇、誠實欣賞他人的心,它需要對他人內在感覺、需要與認知加以瞭解並接納,每個人的獨一無二、各別性應予以認識與欣納。」

PBS 是建立安全行為的具體實踐行動(ACTS)。它包含主動關懷(active care)行為、教練(coaching)行為、用心思考(thinking)行為與覺知(seeing)行為。主動關懷是 PBS 成功的基礎,教練是 PBS 成功的關鍵,用心思考是 PBS 成功的格言,危險覺知是 PBS 成功的保證。

整合 BBS 及 PBS 之觀念,行為安全理念就是以安全教練行為為核心,運

用安全觀察技巧，聚焦在他人的行為，在溝通回饋過程中瞭解當事人的想法，應用行為與個人為基礎的心理學原理來感化或改善員工的安全觀念，進而願意以安全的方式來從事作業。

15.4 行為安全推動績效

馬克史溫教授在其《價值導向安全》一書中曾告訴我們，某家鑽探公司於1980 年開始導入行為安全方案，該公司 OSHA 可記錄傷害率（20 萬工時）改善情形如**圖 15.8**，傷害率下降 48%。

另外，美國一家主要管線公司在 1995 年開始推動 BBS，很快地在 1998 年開始達成零事故的傲人成果，其推動前後傷害率統計如**圖 15.9**。

美國伊士曼化學公司德州廠自 1990 年開始推動建立行為安全方案，四年後傷害率下降 78%，其成果如**圖 15.10** 所示。

有一家肉品公司，其傷害率是同業平均值（30）的四倍，該公司引入BBS，傷害率下降 40%，其勞工補償費用由一百八十萬美元減為四十萬美元（NSC, 2000）。美國克羅拉多州黃金市的 Rocky Mountains Remediation Services（RMRS）公司，1995 年職災率高達 2.6，管理階層痛下決心推動 BBS，在努力數年後，1999 年的職災率降為 0.6，下降 77%，績效顯著（Findley, 2000）。而 HP 公司的柯巴里思與波多黎各廠在 1996 年職災率分別高達 7.79 與 4.8，經過兩年期間的 BBS 洗禮後，職災率分別降為 2.34 與 0.4，也就是分別下降 70%

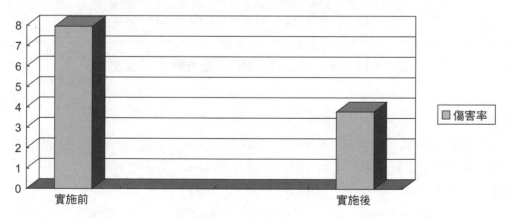

圖 15.8　某主要鑽探公司實施 BBS 前後傷害率情形

資料來源：McSween, 2003.

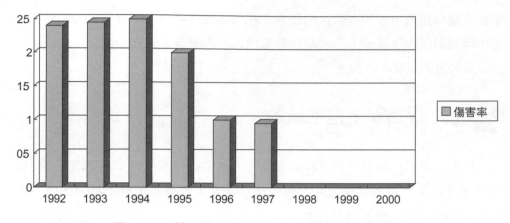

圖 15.9　某管線公司推動 BBS 前後傷害率情形

資料來源：McSween, 2003.

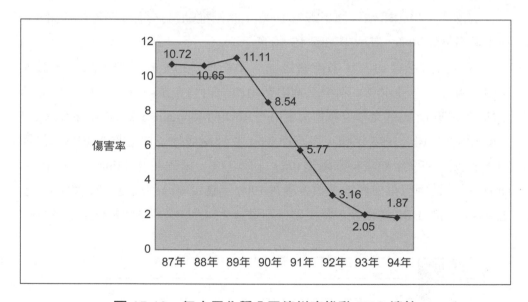

圖 15.10　伊士曼化學公司德州廠推動 BBS 績效

與 92%，績效非常優異（Veazie, 1999）。

　　另外，依克勞思教授（Krause, 1995）的統計分析，一般而言，推動 BBS
後，事故率之下降，第一年為 34%，第二年是 44%，第三年可達 61%，第四年
更可達 71%。顯示行為安全是提升安全績效的利器！

　　克勞思教授在 2002 年 8 月份美國安全工程師學會的《安全專業》雜誌上
告訴我們，過去十三年有 566 家推動行為安全的公司，仍有 93% 在繼續推動

中。他也用數據告訴大家，推動行為安全，在安全意識上可以增強 92%，安全行為增加 90%，安全環境增進 76%，安全參與提高 81%（**圖 15.11**）。證明 BBS 對安全績效提升很有助益。

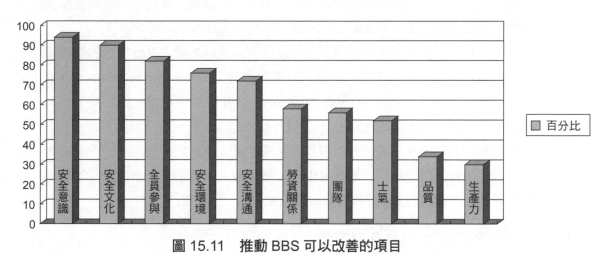

圖 15.11   推動 BBS 可以改善的項目

資料來源：Krause, 2002.

15.5 行為安全實務

「職業安全衛生法施行細則」第三十一條第八款，將現場巡視列為職業安全衛生管理計畫中，因此主管人員依法應定期或不定期執行現場巡視，去觀察現場的安全衛生相關問題。

推動行為為本安全（BBS）可提供事業單位一個切入點，藉由安全觀察以瞭解現場安全之現況，並經由與員工之溝通，逐步落實現代安全管理，以建立良好之安全文化。

15.6 行為安全執行之核心要素

一、安全觀察

第五章前言所提及之死亡事故，在主管去碰觸針閥的不安全行為時，儀器專業人員如果想到會洩漏，就制止碰觸行為，該事故就被終止了。

要防止不安全行為或狀況演變成為事故，工作場所各級人員發揮觀察能力，覺察到人員不安全行為或現場不安全狀況就非常重要。現今社會有許多風險行為（risk behavior），如濫用藥物、酗酒、詐欺、貪腐、暴力、幻想、恐怖活動與不安全行為都會影響職場安全衛生績效。瞭解員工風險行為是防止事故發生的焦點，所以處理或預防事故是建立於下列三個基本問題：

　　什麼樣的行為需要去增加或減少，以便防止事故的發生？什麼樣的環境條件，包含人於人之間的關係，會讓不期望的行為（undesirable behaviors）持續發生或是抑制適當行為（desirable behaviors）？什麼樣的環境、氛圍或工作條件能改變、減少不適當的行為及增加適當行為？

　　風險行為改變是處理或預防事故的預期結果，也是對所發現問題的解決方法。因此，行為改變既是一種結果也是一種過程。重要的是什麼風險行為是職場要導正的？這也就是安全觀察之重點所在。

(一)安全觀察之作業及觀察點

　　風險行為改變首先需要去辨識哪些行為是有風險的（risk），也就是說要去辨識或定義（identify or define）所有的不安全行為，分析瞭解單位及現場安全衛生狀況。一般而言，事業單位常以下列資源去尋求安全觀察之作業及觀察點：

1. 分析現場之危害源。
2. 檢討過去三至五年之事故案例或醫療病歷。
3. 分析事故發生之作業（經常性或臨時性）及其原因。
4. 依據安全衛生作業標準。
5. 依據安全衛生法令或標準。
6. 分析員工抱怨點。

(二)安全觀察的對象

　　行為安全執行者之觀察對象以下列為主：

1. 屢勸不聽、有事故傾向者。
2. 新手或初調換作業者。
3. 特殊高危險作業者。

4. 非例行性作業，不熟練操作步驟者。

5. 喜冒險者。

6. 情緒不穩者。

(三)執行者的之心態

然而現場執行安全觀察人員往往因為對現場習以為常而降低危險感受性，疏於注意一些不安全狀況或行為，或者覺得同樣場景，過去沒事，此時此刻應當也沒事，就未特別注意、要求改善。也有一些人，覺得要去導正不安全狀況或行為，會引起衝突或破壞大家感情，因此能不說就不說；也有一些人心存僥倖，覺得自己總不至於運氣那麼背，能忍就忍忍，過了就好，因此不想去改正所觀察的問題；還有一些人覺得觀察是法定事項，依法執行並留存紀錄就好，所以被動到現場走一遭，並留下靜態紀錄而已。

上面所談的是傳統式的安全觀察，行為安全強調的觀察是主動關懷的觀察，是教練式的觀察，是一面觀察一面分析所看到行為背後的真正原因的過程。

二、溝通

安全觀察所發現之缺失是否能確實改善，避免日後再犯，其關鍵在於執行者之溝通能力。

(一)執行者的態度

行為安全執行者前往現場進行安全觀察，應抱持下列的態度：

1. 公正客觀。

2. 和氣友善。

3. 堅持規定。

4. 就事論事。

5. 諄諄善誘。

6. 誠懇稱讚。

7. 忠實記錄。

(二)溝通的重點

1. 建立信任關係。
2. 養成傾聽習慣。
3. 運用同理心技巧。
4. 避免不良溝通方式。
5. 對安全行為表示肯定。
6. 堅持安全的標準。

(三)觀察的回饋（feedback on observation）

執行者良好之回饋過程可使觀察對象易於接受指導而確實地改善。安全觀察執行者每次觀察時均應盡可能提供回饋過程，除非觀察場所是高噪音作業場所，或觀察者與被觀察者都使用呼吸防護具。在這兩種情況下，執行者仍應儘速完成回饋過程。

回饋過程包括三個步驟：

1. 描述所觀察到的行為。
2. 與當事者討論這些行為的可能結果（potential impacts）。
3. 傾聽當事者的說明，導正他，請他想想不同的行為的可能作法，以助人者角色（helper）協助他。肯定他，讓他持續良好的安全行為；鼓勵他，讓他改善、改變不安全的行為。

回饋過程的重點在發揮有效的溝通技巧。例如，安全觀察者在觀察到工作人員抬舉物品時動作確實，就跟他讚美說：「我注意到你在抬東西時，背部有挺直，這樣子你就可以避免腰閃到。」然後等待當事人的反應。又如有人在高處油漆，未使用安全帶，就跟當事人說：「我注意到你在油漆時，沒有使用安全帶，這樣子可能有墜落危險。」然後聽當事人的回應。說不定他會辯說：「工具室的安全帶都被借走了，主管要求下午開爐前，要漆好管線。」好的安全教練就要堅持先找到安全帶再工作，當然可以跟他討論哪裡可借到安全帶，只有這樣誠懇的助人行為，才會讓當事者真心願意改變不安全的行為。而這樣的回饋過程才是有效的。

15.7 行為安全執行程序

行為安全方案之執行程序為決心→準備→觀察→行動→記錄（報告），缺一不可，其要點如下：

一、決心

下定決心是行為安全方案能否成功最重要的關鍵，執行者是否具備「安全是當責」的心態赴現場巡視，其心態正確與否導致行為安全觀察的成效甚鉅。

二、準備

要去現場觀察前，應有適度準備，想一想要看些什麼人、什麼作業？例如先瞭解現場有無特殊作業、承攬商施工、動火作業、局限空間作業或共同作業？或要複查以前走動管理、工安查核、自動檢查、外部稽核或檢查機構等所發現缺失的改善情形？或只是將單位查核之大項、細項再看一遍？只有用心想過、準備，才能有效進行觀察活動。

觀察者也可能要瞭解 SOP 之正確性，則觀察前就要將已訂定之工作安全分析表或安全衛生作業標準調出來研究一番，如此在作業場所才會知道觀察之重點，瞭解作業之程序、方式，應使用之防護具，這樣的深度觀察才有意義。

三、觀察

在進入工作場所時，要先在門口或禁區線停下來，以三十秒時間，做 360 度全面性觀察。教練用眼睛仔細地觀察，用耳朵細心地聽，用鼻子仔細地聞，用心仔細地想：現場有哪些缺失，特別是那些因你自己的出現而有所反應的工作人員或承攬商人員，是否有哪些不安全行為？只有你努力去停、看、聽、聞、想，才能確實掌控現場實況，並加以導正、改善。

除此之外，也要注意現場的改變，有無因你出現而消失的行為，例如是否有作業人員之不安全行為，因擔心被發現而先加以改變，這一切都要在安全觀察之初的三十秒內仔細留意人員是否有反應，以注意潛在問題所在。

四、行動（溝通導正、鼓勵實踐）

對於有不安全行為的工作人員或承攬商人員，要不吝於立即導正他，但千萬不要因語言不佳或態度不好而引起反感或反彈，務必要和氣，誠懇地進行安全溝通，使之瞭解自己不安全的地方，以及可能造成的後果、受到的傷害，並知道如何改變才是正確的。

最好的方式是要表現出教練的主動關懷、真誠、尊重，和氣引導被觀察者瞭解到什麼行為、方式、狀況不對，可能產生什麼傷害。同時也要讓當事人自己明白什麼行為、方式、狀況才是對的，要如何做才不致發生災害，如此讓當事人提出自主性改善方式，較易保持安全行為，才會樂於實踐共同決定的共識。

對於人員安全的作業及正確的改善、改變，主管要鼓勵工作人員努力去做。主管的真誠、關心、支持及鼓勵、尊重，工作人員才較會努力、認真，而自願做到安全的行為、方式或狀況。

此外，原本即採取安全作業方式之作業人員，主管更應不吝給予讚美，使其樂於繼續以安全方式作業。

行動是建立安全行為的關鍵，過去安全觀察的最大問題是只觀察而無回饋，只記錄而無溝通，只處分而無鼓勵。試想：靜態觀察，沒有行動，被觀察者會怎麼想？有什麼感覺？他會覺得自己是被觀賞的人、無足輕重的、被動的？他會猜測自己行為的正確性，或覺得觀察者默許他的不安全行為？認為這樣子也無所謂！

所以，觀察而無行動是危險的，只有立即行動、正確回饋，才可讓當事人知道他的行為的正確性，讓他知道安全的標準、該遵守的程序。更重要的是，如果他的動作是正確的時候，給予肯定、稱讚，會鼓勵他維持安全的行為，久而久之就會成為安全習慣。

五、記錄（報告）

對於本次的觀察，應於事後馬上記錄，寫入記錄表中，或鍵入資訊管理系統中。記錄不是為了獎懲，故請勿將人名記錄，僅陳述事實真相，其目的在於使上級主管瞭解現場之安全狀況，以便於管理審查時提出改善報告，並供安環

部門作為全單位安全衛生問題統計、分析及改善對策之依據。

　　觀察時如有發現應改善事項或鼓勵事項才須鍵入資訊管理系統中，否則可免填此份記錄表，惟仍應在其他安全衛生相關記錄中有觀察記錄。

15.8 行為安全觀察記錄表

行為安全觀察之記錄應寫些什麼？一般記錄應寫明（**表 15.1**）：

1. 觀察區域。
2. 觀察日期。
3. 任何觀察到的安全行為。
4. 對安全行為人員的鼓勵行動。
5. 任何觀察到的不安全行為。
6. 立即採取的導正行動。
7. 簽名。
8. 主管的簽名。

表 15.1　○○廠○○組行為安全觀察記錄表

觀察場所	觀察時間	觀察到的安全行為及鼓勵行動	觀察到的不安全行為及採取的導正行動

觀察人員簽章：　　　　　　　　　　主管簽章：

15.9 行為安全觀察檢點表

事業單位使用之行為安全觀察檢點表（**表 15.2**）之製作流程如下：

1. 分析瞭解單位及現場安全衛生狀況。安全教練常以本章所列觀察點項目去分析檢點項目。
2. 依觀察八大項目設計適合單位或部門特性使用之檢點表。
3. 修正行為安全觀察檢點表。
4. 嘗試依設計之行為安全觀察檢點表及觀察程序執行，並加以修訂完成。

表 15.2　行為安全觀察檢點表

人員位置	人員動作
安全防護具	工具與裝備
安全作業標準	協調與知會
安全規定	5S
不安全狀況	其他

15.10 行為安全執行者——安全教練

在工安領域中，要防止不安全行為或狀況演變成為事故，工作場所行為安全執行者發揮觀察能力、溝通能力與幫助當事人導正不安全狀況及行為的助人能力就非常重要，筆者稱呼此執行者為安全教練。

愛克遜公司位於德州的石化廠在 1992 年的總合傷害率（Total Recordable Injuries Rate, TRIR）為 4.11，推動安全教練一年後降為 1.60，經過兩年後，更降為 0.35。安全教練在觀察 51,048 件行為中，有 4,389 件為不安全行為，其他

安全行為有 46,659 件。由於安全教練增加大家的安全認知與態度，所以傷害率明顯下降（Geller, 1995）。

15.11 安全教練是建立人員安全行為的關鍵人物

安全文化大師蓋樂教授（1994）曾在〈建立全方位安全文化之十項觀念原則〉一文中提出下列十項觀念：

1. 只有安全文化，而非法規，才能驅動安全過程。
2. 行為與人為主之因素決定安全成功與否。
3. 安全工作應重視的是過程，而非結果。
4. 行為由外在刺激所引導，並被結果所強化。
5. 安全重在正成就之追求，而非在避免災害之發生。
6. 安全觀察及正向回饋有助於安全行為之建立。
7. 安全教練行為會產生有效之回饋。
8. 安全觀察及安全教練行為是主動關懷員工之關鍵過程。
9. 自尊、歸屬感、授權會增強對安全之主動關懷。
10. 安全應由第一優先轉為價值觀。

在蓋樂教授的十項觀念原則中，不安全行為的持續改善，是建立安全文化的必經過程，這中間，安全教練居於關鍵地位，只有人人扮演好安全教練，發揮教練行為，透過安全觀察，安全溝通之回饋過程，而引導並強化員工的安全行為。當工作人員都能展現良好的安全行為，安全文化才有建立之日，而安全卓越才有達成之時。這也是蓋樂博士強調「安全教練是塑造全方位安全文化的關鍵過程」的理由（Geller, 1995）。

一、安全教練的意義

小馬受命要在下班前完成牆壁（高 8m× 寬 12m）油漆作業，正站在木梯上趕工中（圖 15.12）。

小馬的工作很簡單，作業中也存在一些很明顯的風險行為，其中最令觀察者擔心的是小馬看似情緒低落的樣子。

圖 15.12　哀傷的小馬在油漆作業

　　你是主管人員，遇此場景，你會如何處理？

　　現今社會有許多風險行為與心理風險，如濫用藥物、酗酒、詐欺、貪腐、暴力、幻想、憂鬱、哀傷，會成為不安全行為，也會影響職場安全衛生績效，因此，瞭解員工風險行為與心理風險是主管人員執行行為安全的焦點之一。

　　一位優秀的安全教練無法不重視屬下的心理風險與風險行為，而只注意到他外顯的不安全行為而已，因此要成為優秀的安全教練有其難度，我們需要深入瞭解安全教練的意義。

　　安全教練之教練一字，英文是 COACH，有如下意義及能力：

1. C（Care）：關懷能力。
2. O（Observation）：觀察能力。
3. A（Analysis）：分析能力。
4. C（Communication）：溝通能力。
5. H（HELP）：助人能力。
   (1)H（Humanity）：人性化。
   (2)E（Empathy）：同理心。
   (3)L（Listen）：傾聽。
   (4)P（Praise）：讚許。

　　基本上，安全教練就如體育教練一樣，是對被教導者一種一對一觀察及回

饋的過程。這兩個過程是行為安全建立的關鍵因素，沒有回饋，行為安全就是安全觀察而已；有觀察又有回饋過程，才是安全教練行為。

安全教練認知並支持安全行為，並對不安全行為提供建設性的回饋，也由於他的正向回饋，不安全行為才得以消除；又由於他的支持，安全行為才得以持續性發展，終於成為安全的習慣，造就安全文化。

安全教練與體育教練一樣，他們都不斷地在觀察、教導、協助、塑造良好的行為，只是體育教練志在贏得比賽的勝利，而安全教練則志在建立安全行為，塑造安全文化。安全教練以建立良好的安全行為目標，所以不斷地、持續地要求工作人員增進安全的行為，鼓勵、支持建立安全的行為，讓大家視安全為成就導向而非失敗導向，尋求事實真相，而非追究過失，是主動的，而非被動的。

我們應強化主管人員的安全教練角色，發揮教練功能，才能使安全績效提升。但更重要的是先瞭解安全教練的精義。

二、教練的五種能力

(一)關懷能力

在工作場所，許多人忙於自己的事情，對於屬下、同事或承攬商人員的行為，不一定會關心、注意、瞭解或重視，或抱持自掃門前雪心態，默不關心現場的問題，就不會在意他人行為是否安全，會不會陷入險境，而在這冷默之際，如果當事者未覺察或不知道自己已陷入險境，或無能力處理險境，工安事故往往就會發生。

安全教練在職場會關心安全，主動關懷他人的安全，這份關懷是真誠的、是尊重對方生命權的、人格權的，所以工作人員或承攬商人員願意接受他的指導與教導。真誠是教練很重要的人格特質，他真摯的關懷，沒有傷害性，使得他的指導富有建設性，而被屬下或承攬商人員接納，因而願意改變自己的不安全行為，減少災害的發生。

(二)觀察能力

安全教練就像棒球場上的總教練一樣，在兩軍作戰時，客觀而有系統地觀察自己隊員的投球、打擊、守備與捕手行為，一旦有任何情況發生，立即梃

身而出，應變處理，防止失分。體育場上教練贏球的最大本錢，就是那份敏銳的觀察能力，並對表現良好球員、選手的肯定與支持，以及對風險的掌控與導正，防止或減少不期望事項的產生。

職場安全教練的安全觀察會看出不安全行為與狀況的根本原因，由肢體語言瞭解其內在的問題、困擾，這份貼心，使當事者產生信任而接受他，並心甘情願地跟教練互動，願接納教練的教導而自行改變不安全的行為！

安全教練的觀察能力是由於熟悉工作場所的危害、作業程序、標準與規範，也很清楚法令規定，因此能夠掌控風險所在，具有防災能力。

重要的是安全教練的安全觀察不是安全檢查、安全查核。其觀察時也不應扮演警察或檢察官角色，好像在執行執法的工作，或偵察員工的過失、承攬商人員的過失。安全教練應將安全觀察成為協助員工消除不安全行為、建立良好行為的過程。

(三)分析能力

安全教練運用 ABC 原理來分析他所觀察到的行為，A 就是刺激物或啟動因子（Activator），如安全標示、安全漫畫、安全標語、安全作業程序告示牌、安全訊號、備忘錄、指示、政策、警報，或員工本身的情緒、思想、價值觀、壓力、人際問題、家庭問題、身心問題等等，這些刺激物或啟動因子導致員工採取某種不良的行為 B（Behavior），而造成不良的結果 C（Consequence）；例如，員工心情不好（A）而忘了點火前要進行吹驅程序（B），造成氣爆事件，導致身受重傷（C），即是 ABC 最好的說明。

工作人員常常有人為失誤、帶困惑的心情、疲勞的身體到工作場所去工作，安全教練觀察到有問題的情況時，透過分析能力會協助員工探討、發掘不安全行為背後的真正原因、基本問題、問題的關鍵。有時候承攬商人員未戴耳罩就在研磨鐵件，不是他不愛護自己的耳朵，而是老闆提供的耳罩一戴上，聽不到作業夥伴的聲音，所以不安全行為 B，是承攬商未提供良好（可調音量的）耳罩，要防止 B 的行為，是要求承攬商提供可調音量的耳罩，而不是強迫他戴普通耳塞、耳罩。因此，安全教練與當事人共同探討問題所在，發現事實所在，而非尋找過失，是非常重要的。

安全教練要客觀而有建設性地檢討當事人自己的行為，真誠與他討論影響工作習慣的刺激源、問題所在及可能導致的結果，這過程常會引導環境或系統

的改善，有利於安全文化的建立。

(四)溝通能力

安全教練行為最重要的是俱備有效的溝通技巧，這就需要良好傾聽能力、同理心及說服力。安全教練觀察到某種不安全的行為，經分析後知道其真正原因，就會讓員工確實瞭解自己問題所在，或才明白自己所陷入之情境已危及自身的安全，而願意自行改正，因此溝通過程就非常重要。

一般而言，主管人員最缺少傾聽能力，一方面是由於習慣性以命令方式向屬下交代事情，一方面是與未受過完整的同理心訓練、溝通技巧訓練有關，及與人格特質或工作忙碌有關。主管人員在工作場所常常不願意或不喜歡耐心聽屬下說明、解釋或報告，也因此喪失很多瞭解問題真相的機會或協助他人的機會。

好的安全教練會表現真誠、尊重的態度，同理心專注，並接納員工所敘述的情緒、感覺，讓溝通有效、容易進行，並發揮溝通效果。

(五)助人能力

安全教練是一種助人行為歷程，是在協助員工或承攬商人員建立安全行為，以防止災害的發生。

助人（HELP）一字有下列四個意義：

1. H 表人性化（Humanity），人性化自主管理可增進員工參與安全工作，提高參與興趣，增加對溝通與安全行為接納程度，減低對消除不安全行為的阻力。

2. E 表同理心（Empathy），同理心是溝通成功與否的重要因素，主管人員應站在工作人員的立場、角度去看問題，瞭解他為何有那些不安全行為與情形，也知道如何站在屬下的立場去改正自己的不好行為。

3. L 表傾聽（Listen），傾聽會傳達安全教練關心、關懷屬下的訊息，也表示他的話有價值。好的安全教練會傾聽屬下所有的聲音，用眼睛觀察所有的語言，用心去思考不安全行為的問題所在、意義與改善之道。

4. P 表讚許（Praise），對員工願意立即改善給予讚許、肯定，只要安全教練不斷地鼓勵，久而久之，屬下就會養成安全習慣，而建立安全文化。

在事業單位查核中，常常可以發現許多高處作業未使用安全帶，工作許可證未確實檢點施工安全與作業環境，甚至於有工作前飲用酒精性飲料，電銲機接地不確實，未裝置漏電斷路器，不安全上、下施工架等不安全行為。這一些都是導致重大災害的元凶，但也是很容易發現、改善的事，問題就在大家不去關心，總覺得哪有那麼倒霉會發生事故！而一旦發生事故，卻又後悔不及，悲嘆喚不回一條條寶貴的生命！

其實每位工作人員擔負轄區安全責任是天經地義的事情，哪有任憑不安全的狀況或動作存在而不去關心、改善的道理？因此主管人員平時，要用心去觀察作業場所的人員有無確實善用防護具，其作業位置及動作的安全性，使用工具與設備的良好情形，有無依安全規定、程序去作業等等。如果要面對面溝通，須讓工作人員明白這些行為會造成哪些災害，而共謀改善的方式。一旦工作人員採取安全的行為，立即嘉許他。久而久之，他就會養成安全的習慣，而避免事故的發生！

這樣的安全教練，在走動管理、工安查核、安全觀察時都可以實施。重要的是主管人員要主動關懷工作場所的安全，用心去觀察既有潛在的不安全動作與狀況，瞭解安全缺失所在及不安全行為的後果後，不吝與當事人溝通、交流安全經驗、作法，導正他去消除與改善，而且協助他真正採取安全作業方式。

此外，在我國「職業安全衛生管理辦法」第十二條之一條中亦明定，雇主應依其事業單位之規模、性質，訂定職業安全衛生管理計畫，要求各級主管及負責指揮、監督之有關人員執行。也就是各級主管人員應依此條規定善盡安全衛生職責，其中包括第四、五、六、七款要求主管人員應定期或不定期實施巡視，提供改善工作方法，擬定安全作業標準及教導、督導所屬依安全作業標準方法實施。辦法精神與上述蓋樂教授認為「主管是執行人員安全行為關鍵人物」之理念不謀而合。

故將此精神落實於安全巡視工作，主管執行現場巡視，進行觀察工作，發掘人員不安全行為及狀況，同時與相關作業人員進行對話溝通，促其改善工作方法，鼓勵所屬依安全作業標準方法實施，是實施安全觀察的理念所在。

🏋 15.12 不安全行為與不安全狀況觀察項目

一、不安全行為觀察項目

安全教練要觀察的項目，一般不安全行為部分有：人員位置、人員動作、個人防護具、工具與裝備、安全規定、協調與知會、安全衛生作業標準及 5S 等八個項目。

(一)人員位置

安全教練在工作場所，應考慮作業人員或承攬商工作人員的作業位置是否安全，所在位置會不會有以下之危險：

1. 有衝撞機械設備、車輛或被撞之危險？
2. 有無被夾、被陷或被掛在移動、轉動、滾動物體之裡面、中間、上面之危險？
3. 有無跌倒、由高處或開口處墜落危險？
4. 有被物體飛落砸傷危險？
5. 有被土石、櫃子、開挖崩塌或倒塌時壓傷、掩埋之危險？
6. 有被利物、旋轉體、移動物切傷、割傷或擦傷之危險？
7. 有接觸到有毒、有害之物質而中毒，觸及帶電的導體、靜電或高壓電而感電之危險？
8. 有接觸超高溫或超低溫之設備、管線或物品，致人員有燙傷、灼傷、燒傷或凍傷之危險？
9. 會因風向、通風關係而吸入、滲入或吞入有害物之危險？

(二)人員動作

安全教練應仔細觀察作業人員或承攬商人員有無下列動作：

1. 觀察人員有舉、拉、推、壓物或伸展身體時用力過度，造成腰傷、手脫臼，或身體失掉平衡而跌倒之危險。
2. 有無人員重複性動作？
3. 有無長時間維持同一姿勢，造成身體肌肉骨骼受傷之危險？

4. 有無神情異常情形？

安全教練特別要注意在進入作業場所之最初三十秒內，作業者或承攬商工作人員，是否會因他自己的出現而有下列動作：

1. 停止工作或離開工作？
2. 改變原來位置、姿勢？
3. 改變作業方法？
4. 調整或趕快使用個人防護具？
5. 接上接地線或將電源開關上鎖？

上述人員立即改變行為之現象，一般稱之為「消失的行為」、「蒸發的行為」，意思是這些行為會因為安全教練的出現而消失、改變、不見，有可能是因為他們認為遵照作業程序做事是主管的要求，對他們本身作業很不方便或沒有任何利益，所以視不安全行為是一種須隱藏的行為，而不會造成自己或他人傷害。在如此心態下，當安全教練出現時，這些作業人員會停止不安全行為，而安全教練就必須在進入作業區內的十至三十秒對他們的反應有所警覺，因為這些可能是造成不安全行為的線索。

(三)個人防護具

個人防護具在人與危害點之間提供一層屏障，是員工及承攬商人員避免傷害的最後一道防線。個人防護具應由頭到腳考量，包括：

1. 眼部：面部、安全眼鏡、護目鏡、面罩、眼罩。
2. 耳部：耳塞、耳巾。
3. 頭部：安全帽、頭巾、防火帽、皮帽、防酸罩。
4. 手部、臂部：手套（皮、塑膠、安全網式）、袖套、長手套。
5. 腳部、腿部：安全鞋、合成膠鞋、護腿器。
6. 呼吸系統：空氣呼吸器（供氧式、機械過濾、化學罐）。
7. 軀幹：防護衣、圍裙、背心、披肩、墊肩、安全帶。

安全教練應視現場作業特性不同，而用心觀察並確認員工，特別是承攬商人員穿戴之個人防護具是否適用於該項工作、防護具狀況是否良好，而且被適當、正確地使用。

(四)工具與裝備

不論在何種作業場所,工作人員都要使用正確之工具與裝備,才能消除傷害發生的風險。

工作中所使用之工具或裝備,安全教練應仔細觀察有無下列情形:

1. 該工具或裝備是否符合工作需要?
2. 工具或裝備是否被正確使用?
3. 工具或裝備是否保養良好,安全可用?

(五)安全規定

遵守政府職業安全衛生法規或事業單位安全規定、程序去作業,是工作之最基本要求。安全教練應針對各項安全規定中,如管理面、設備面及作業面,查核作業場所是否符合規定及人員是否遵守。也就是說,人員的行為是否有下列情況:

1. 法令不符合事項。
2. 安全程序不符合事項。
3. 安全衛生作業標準不符合事項。
4. 行政命令不符合事項。
5. 工程標準不符合事項。
6. 作業程序書與工作指導書不符合事項。

(六)協調與知會

安全教練要特別注意到工作人員有無下列情形:

1. 交接班不良。
2. 協議組織運作。
3. 未經授權即作業。
4. 信號不通。
5. 警示標示不當。

例如:

1. CPI 銲接作業:有無知會所有相關製程部門暫停排放作業?

2. 共同作業：有無協議組織？作業場所負責人有協調、指揮作業？
3. 工作許可：到其他部門工作，有無召開協調會議之紀錄？或有公務連繫單，知會對方？有無工作許可證？依程序簽發？

(七)安全衛生作業標準

責任轄區內可能有許多例行性和非例行性工作，員工或承攬商人員遵循安全衛生作業標準，才能以最安全及最有效率的方法完成工作。

安全教練應觀察人員作業時所牽涉之安全衛生作業標準，是否有下列情形：

1. 有依安全衛生作業標準程序去作業？
2. 安全衛生作業標準有瞭解嗎？
3. 有無安全衛生作業標準？

(八)5S

工作場所的 5S 是安全工作的最根本工作，一個有秩序、整潔的場所代表的是大家對安全紀律的重視！事實上一個 5S 做得好的工作場所，除了可避免安全、火災和衛生危害，而且可使員工工作得更有效率。

5S 就是整理（Seiri）、整頓（Seiton）、清掃（Seiso）、整潔（Seiketsu）、教養（Shitsuke），安全教練觀察 5S，不是清潔而已，重點是要有深度與廣度：

1. 有無整理，將需要的東西留下，不要的丟掉？
2. 有無分類，資源再生運用？
3. 物品有無定位，有無標定名稱、標示位置？
4. 有無掃漏、掃怪、掃黑？
5. 有無髒亂情況？
6. 安全紀律如何？

二、不安全狀況觀察項目

不安全狀況就是潛在的危險設備、原物料等危害，例如：

1. 危險的機械、設備。

2. 危害性化學物質。

3. 作業環境危害（通風、照明、噪音等）。

　　要特別提出來的是這裡的機械、設備，是指原來採購或裝置的，沒有人為應作為或不作為的問題。例如原來正常裝置的防爆開關箱，人員檢修後少鎖兩根螺絲，是不安全行為；但 Class I，Division I 地區，所裝設的防爆馬達其防爆等級為安全增防爆構造，就是不安全狀況。

15.13 結語

　　不安全行為的持續改善，是建立安全文化的必經過程，也只有人人是安全教練，工作人員時時都能展現良好的安全行為，職場安全文化才有建立之日，而安全卓越才有達成之時。

　　正如康磊（Conley, 2000）在〈安全管理方案評量〉一文中指出：「評量安全管理方案的領先指標包括製程危害評估、事故調查、行為觀察、稽核、安全態度調查、教育訓練與潛在事故量測」，「行為觀察」在安全文化建立過程中扮演非常重要的角色。

　　曼紐雷（Manuele, 2000）更在一篇文章中引用西蒙（Simon）博士說法：「文化驅動行為，文化改變是行為安全成功關鍵！」當然行為塑造是行為觀察中以個人為基礎的訓練過程，而文化改變則是系統改變的努力過程。因此，同篇文章亦指出馬克史溫博士（2000）曾說到：「我們都努力去建立一個以安全為核心價值的文化，也只有安全是核心價值，組織成員才會安全工作。」因此，建立安全行為的前提是企業決心在倡導優質安全文化的塑造，組織只有朝向安全文化的改變才能確保行為安全成功。

　　但是在建立安全行為過程中，哈特思亨（Dan Hartshorn, 2000, Oct.）曾說過：「處罰只會減少行為，增強才會增加安全行為。」這句話是我們推動行為安全要深思的話，而這也是筆者強調溝通，每一位實施人員擔任「安全教練」的重要性。

練習題

1. 請以行為安全的角度說明教育訓練成功的基本要求為何？（94簡任升等）

2. 簡述歐美行為安全（BBS）發展的歷史。

3. 請說明行為安全的重要性。

4. 試以事故比例關係說明行為安全的重要性。

5. 請說明行為為本的安全（Behavior Based Safety, BBS）之意義，以及達成的方法。（100高考三級，工業安全管理）

6. 行為安全的核心要素是什麼？請說明之。

7. 行為安全觀察的主要對象有哪些？

8. 請說明執行安全溝通的態度有哪些重點？

9. 請回答行為安全的溝通重點是什麼？

10. 行為安全成功的關鍵是回饋，請說明回饋過程的三個步驟。

11. 請問行為安全執行之五個程序是什麼？請說明之。

12. 請設計一份本教室的安全觀察檢點表。

13. 何以安全教練為行為安全的關鍵人物？

14. 安全教練的五種能力是什麼？請說明之。

15. 不安全行為觀察項目有哪些？

16. 請問現場最容易消失的行為有哪些？

17. 請問安全教練在安全作業標準方面觀察的重點是什麼？

18. 一般而言你的工作場所有哪些協調知會的問題？

19. 為瞭解現場依規定配戴個人防護具之比率p，擬進行安全觀察，若主管希望觀察之個人防護具配戴比率在90%信賴水準下，其誤差在正負10%間，請問應該至少觀察多少人次（即至少應有多少樣本）才能合乎要求？（※提示：標準常態分配之$Z_{0.05}=1.645$）（96專技，工業安全管理）

20. 以下問題，請詳加說明：(1)何謂5S？(2)如何推動與落實5S？（99高考三級，工業安全管理）

21. 不安全行為是事故的主因之一。請問如何改變員工的不安全行為？（101高考三級，人因工程）

CHAPTER 16

預知危險活動

事業單位推動安全工作的終極目標，就是要達成人人健康平安，即所謂零災害（Zero incident / accident）！

零災害，這一目標，就許多人而言，是太崇高了。但事實上，這絕對是可以達到的目標，也是每位有企業良心、願永續經營的雇主及負責任、有企圖心、尊重人命的事業單位及其 CEO 應努力追求的目標！

這就要問事業單位為何要追求零災害目標？為什麼要推動零災害運動了。

在歐美先進工業國家，工作場所建立卓越的安全文化，常是追求零災害目標的終極目標，而作業前實施工具箱邊集會（Tool Box Meeting, TBM），就是一項作業前工作人員提高安全警覺、研討並防範危險發生的自主管理活動，與預知危險活動類似的安全集會、安全會議，但是由於這類集會，大多由事業單位主管人員來主持，因此就像損失控制一樣，而主管人員除非以安全為重，不然由於業務忙碌，常常無法每日工作前帶領實施此項活動，也因此無法落實員工參與工安工作，以致成效不彰，這也是美國安全教育那麼發達，而傷害頻率與傷害嚴重率仍居高不下的一大因素。

反之，日本推動零災害運動，每日隨時進行預知危險活動這麼多年，成效輝煌，而原來較美國高的傷害頻率與嚴重率已低於美國。因此，主管人員為了保障屬下的安全與健康，非貫徹零災害理念，確實推動預知危險活動無以為功！

其次，就情、理、法而言，主管人員也應戮力追求工作場所的零災害，確保部屬的安全與健康。我們分別敘述之：

第一，就情而言，主管人員平日與屬下生活在一起，工作在一起，感情濃厚，工作場所就似小家庭。主管似家長，又似兄長，帶領子弟一起打拚，大家親如手足！這小團體的生產力、工作效力，完全靠每位成員同心協力，奮鬥去打拚，才能獲得好的成果。任何一位團體成員若受到傷害或職業病，對團體都是很大打擊，對每位成員而言，將是很大的壓力，因此，從情而言，每位家長，絕不希望自己兒女受到傷害，主管人員有最大責任保護成員的安全。

第二，就理而言，團體成績，除了主管人員的規劃與領導能力以外，最重要的是靠屬員的勞心勞力，才能獲得。屬下這份辛勞，換來主管人員的功勞，主管人員如何可以不善加保護這些人力資源呢？禍福與共，理上至明！所以主管人員一定要以達成零災害為目標。

第三，就法而言，一部「職業安全衛生法」，全部法令的安全衛生責任都

在雇主的身上，但是代表雇主執行管理行為的主管人員才是關鍵人物，而且我國「職業安全衛生法施行細則」第三十四條規定：安全衛生管理，由雇主或對事業具管理權限之雇主代理人綜理，並由事業單位內各級主管依職權指揮、監督所屬人員執行。

由此可知屬下工作安全之管理，法律上責任在主管人員肩上。每位主管人員應確實依職權指揮、監督所屬人員推動預知危險活動，以確保屬下的工作安全。

16.1 零災害運動理念原則

零災害運動的基本信念，就是愛工作場所的每一位夥伴，不讓他受到傷害。這是宗教家的愛心。而上帝的愛心是沒有階級之分，也沒有貴賤之別的；沒有性別的差異，也沒有種族的不同。

零災害基於這份愛心去尊重人命、愛惜人的價值、關心每個人的安全與健康。

事業單位推動零災害運動，要先瞭解其理念三原則，茲分述如下：

一、零的原則

事業單位安全的哲學是：災害是可防止的、可避免的。只要努力，零災害的目標是可以達成的！保持零災害，絕無僥倖之理。沒有災害，絕對不是運氣好，而是努力去達到的！

災害事故絕不是命定的。要不要災害，決定權在我們自己的手上。只要願意就可以不讓災害發生。只要努力，零災害是絕對可以達成的目標。

二、先知先制的原則

幾乎工業界的所有事故，事先都已經由先進先賢討論過，也都提出防範對策及改善措施，因此，任何工作，都可以事先加以預測其潛在危險，及可能發生的災害類型，事先針對危險點加以防範，防止災害的發生。

安全衛生作業標準針對每個作業的工作步驟，提出潛在危險；就所有的潛

在危險，提出安全工作方法，列出安全作業對策及事故處理方式，也是一種先知先制的措施。危險性工作場所要求事業單位執行製程危害評估，職業安全衛生管理系統需要進行危害鑑別、風險評估、風險控制，亦都是先知先制的具體作為。

三、人人參加的原則

損失控制最大問題就是八大工具均為主管人員負責，因此造成基層人員看熱鬧、旁觀心態。這是傳統安全管理強調舊 3E 的思維，將安全衛生執行加諸主管人員的錯誤作法，也是我國安全衛生績效不彰的主要緣故。

安全是全體人員的安全，絕不能是部分主管人員的安全，唯有是全體的，有基層人員的參與，使組織內所有成員都能參與、承擔，大家齊心協力，共同愛惜自己生命、珍惜他人生命，才會互相關心、互相愛護、彼此保護，大家才都安全！唯有不是部分人的，才不曾因個人的失誤，而影響到別人的安全。

零災害運動，不只工作人員要實施，主管人員也要主動參與，唯有主管人員，特別是高階人員的參與，工作人員推動時才會更帶勁，否則口頭上的支持，是無法讓工作人員受到鼓舞而真心努力去實施預知危險活動的。

人人參加，可以使主管人員的智慧更得以適時適地去發揮，讓預知危險活動更圓滿。

16.2 零災害運動三大支柱

事業單位除了有明確的理念三原則外，也要確實瞭解推動零災害運動的三大支柱，讓零災害運動三大基柱，在企業內屹立不搖。

一、安全的經營態度

全世界安全績效卓越的杜邦公司，以及力求零災害的許多偉大的公司，每次會議時，CEO 的第一句話是，公司的安全怎麼樣？而在雇主有安全是事業核心價值的態度，或是有安全第一的決心時，各主管人員絕對不敢讓自己部門安全成了雇主的檢討話題，因此杜邦的安全成果才會成為各事業單位的楷模，而

許多卓越的事業單位也才有輝煌的安全績效！

　　雇主的安全政策，一定要書面宣示其決心追求零災害的目標，重視每位工作人員的安全與健康，不容許任何成員受到傷害或疾病！

　　唯有雇主安全經營態度是「安全是公司的核心價值」，零災害才有可能！

二、安全工作現場化

　　安全工作，依情、理、法都是每位主管的責任，絕不能是安全管理單位或人員的責任。因為每一次的事故，受傷害的人一定是現場的工作同仁，很少是安全工作人員，假如現場的主管不以屬下的安全為念，不關心工作的安全，那麼安全無疑是夢想，將難以達成！

　　歐美先進國家，工廠的工安部門只是幕僚而已，不是執行單位，自動檢查工作是現場的責任，安全管理是直線主管的責任，此在我國「職業安全衛生管理辦法」中有清楚規定。

　　綜上所述，我國法令與先進國家一樣，都是將安衛管理單位定位在幕僚上，而安衛工作依法應現場化了。

三、安全活動活潑化

　　安全衛生現場化，安衛工作是現場同仁自己的事，靠自己努力去保護自己，絕沒有自己安全要依靠別人的道理，絕不可能將自己生命交給別人，因此自己應在工作崗位上盡力達成安全衛生責任，主動參與部門與事業單位的安全管理活動。

　　現場單位不但要明確劃分各階層之安衛責任，使安衛現代化落實，而且為確保工作人員之安全健康，也要主動、熱誠地推動安衛自主管理活動。

　　任何活動如果只是應付了事，其成效一定不彰，而現場主管人員為了工作場所的安全，一定要使安衛活動活潑。這就涉及主管人員的領導能力與創造力了！

　　譬如說張貼安全第一這標語，不如掛一幅安全第一的漫畫來得生動，更容易引起屬下的注意。因標語是冰冷的、八股的、官僚的，所以要儘量減少工作場所標語，代之以溫馨的漫畫。

另外，預知危險活動不一定依 1R、2R、3R、4R 死板地進行，要使之生活化、活潑化，大家做起來才有興趣，人人才願意參加零災害運動。

16.3 人的意識水準

工作人員在工作場所會想錯、看錯、說錯、做錯，有不安全行為，往往與其意識水準有關。日本有位橋本邦衛教授把人類的意識型態區分成五個水準（**表 16.1**）。

工作人員因意識水準之變化，而有明顯的不安全行為，而且水準相互移動，並不一定會依順序移動。從水準 I 到 IV，如昏昏欲睡時，突然見到一隻毒蛇即是。水準 III 的意識狀態最正常、清醒，生理狀態為積極活動，此時注意力及判斷力最正確，最不易發生錯誤，最能保持工作安全。

當然，一個人無法一天都維持在水準 III 的狀態，久了會疲勞，就轉成水準 I 的狀態。一般而言，工作人員大都在水準 II 的狀態下工作，也就是意識嫌鬆散，無法應付緊急狀況，對需集中精神，加以注意或較危險的工作，就可能會犯錯，而發生事故！

總之，人為失誤一般發生於意識水準為 I、II 或 IV 的狀態，所以要避免人為失誤，最好是讓工作人員在執行較重要的工作，需注意、較危險的工作，要維持在意識水準 III 的狀態。

表 16.1　意識水準和潛在失誤關係

水準	腦波型狀	意識狀態	注意力	生理狀態	潛在失誤
0	δ 波	無意識，失神	零	睡眠	0
I	θ 波	下意識	不注意	疲勞、單調、嗜睡、醉酒	< 0.9
II	α 波	正常，鬆弛	被動	安靜、休息，正常作業時	0.99 ～ 0.999999
III	β 波	正常，清醒	主動	積極活動	> 0.999999
IV	α 波	過度緊張	凝注、停止判斷	興奮、防衛	< 0.9

16.4 指認呼喚

零災害運動為防止事故發生，所開發出來的指認呼喚，就是要使工作人員將意識水準維持在 III 的狀態。

零災害運動的指認呼喚,是在預知危險訓練或預知危險活動的重點實施事項加以確認並呼喚。呼喚方式如「安全帶,好!」、「絕緣手工具,好!」、「溫度 40℃,好!」。

據實驗顯示,工作場所有實施指認呼喚的,可以增加作業的正確性,減少錯誤率。圖 16.1 是實驗結果。

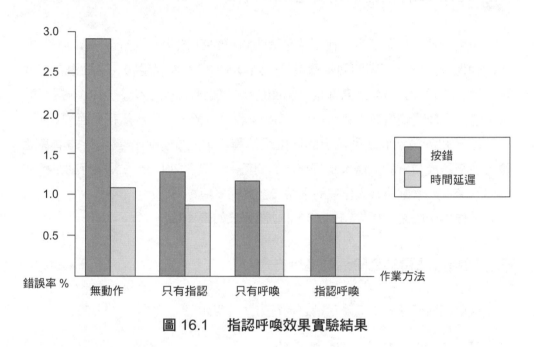

圖 16.1　指認呼喚效果實驗結果

16.5 預知危險活動

零災害運動推行的主要手段是預知危險活動及工作確認。工作確認,則是確認工作場所一些危險關鍵項目,如能配以口呼喚即為指認呼喚,則更能提高警覺。

至於預知危險活動,是零災害活動成員以小組長或個人為中心,在作業前、作業中或作業後,所實施的安全活動。

預知危險活動是零災害活動小組的成員,以素描圖,或現場實物,在短時間內進行討論、協商或自問自答的活動。在活動中,大家運用腦力激盪術(Brain Storming, BS),共同發掘作業場所的潛在危險及危險關鍵,並據以擬訂防範對策及行動目標,大家一起來防止災害之發生,以確保全體成員之安全與

健康。

預知危險訓練是零災害成員，針對危險根源，個人或團體成員一起互相協商、互相思考、集思廣益，去解決問題，所實施的一種短時間安全活動訓練。

16.6 四階段法預知危險活動

現場的預知危險活動，使用的是解決問題的四階段法。所謂四階段法，即將活動過程分解為下列四個步驟：第一階段（1R）：掌握現狀，發掘潛在的危險；第二階段（2R）：追究真相，協商危險的關鍵；第三階段（3R）：擬訂對策，建立具體防範對策；第四階段（4R）：設定目標，決定小組行動目標。

而預知危險活動即利用上述四階段法程序，先知先制作業場所的潛在危險，由全體成員針對危險關鍵提出防範對策，而就當次作業的具體行動目標加以協商後，大家確認當天作業的重點安全實施事項。

工作場所經常使用之預知危險活動記錄表如**表 16.2**。

一、四階段法預知危險活動進行方式

現就四階段法預知危險活動之進行方式說明如下：

(一)第一階段（1R），潛在危險

1. 零災害活動小組之小組長，集合小組成員，圍成一圓圈，問早道好後，把當天要進行之作業的素描圖，或就現場實物、實際情況，向成員說明清楚。並向全體成員詢問有無疑問，有的時候即詳加解說。

2. 小組長問：「請問各位同仁，本次作業有什麼潛在的危險？」要求成員提出看法。

3. 小組成員就作業狀況中所有的危險根源，包括不安全的行為、設備與環境，踴躍加以發言。

   發言方式以下列為準：

   「因為 ×××（原因），所以有 ×××（結果），危險。」或「如 ×××（情況），會 ×××（結果），危險。」

4. 進行方式為以腦力激盪術來尋找危險根源。小組長要鼓勵全體成員多加

表 16.2　預知危險活動記錄表

小組名稱：	小組長：
小組成員：	
活動時間：　　年　　月　　日　　時　　分起至　　時　　分	
工作名稱：	
1R 工作有哪些潛在危害？ 2R 危險關鍵是什麼？（加◎記號）	3R 提出防範對策 4R 決定行動目標（加 ※ 記號）
1.	
2.	
3.	
4.	
5.	
6.	
7.	
8.	
9.	
10.	
其他安全注意事項	
主管：　　　覆核：　　　記錄：	

發言，引導成員深入探討所有的危險點。

5. 小組長指定之記錄人員，迅速地記下所有發言內容，一條一條地記在黑板上或預知危險活動記錄表上。可以使用大家同意之符號代替文字，以求快速而不遺漏成員發言內容。

6. 當告一段落時，小組長宣告進入下一階段。

(二)第二階段（2R），危險關鍵

1. 小組長就記錄所示之各條，逐一朗讀，而成員若對該項所示危險點，覺得重要的，成員即表示該條重要，小組長或記錄在該項目前做個圓圈記號（○）。

2. 其次，在註有○記號項目，小組長要求成員一起協商，將大家都感到特別關心，覺得容易發生災害的項目，或大家都有一種感覺，覺得那是最重要的危險根源的項目，註上◎記號，或在項目下劃線註記，作為危險關鍵。

3. 將有關的關鍵加以合併，濃縮為二至三項。

4. 小組長帶成員做指認唱和。全體成員以右手食指指著關鍵點，小組長唸：「危險關鍵，×××，×××，危險！」大家跟著大聲朗誦一遍。

5. 每條危險關鍵朗誦三遍後，進入下一階段。

(三)第三階段（3R），防範對策

1. 就危險關鍵項目，小組長向成員發問：「如果是你的話，要怎麼辦？」，讓大家以腦力激盪方式，來提出具體而可能實施的防範對策。

2. 每一個危險關鍵提出三至五個以上的防範對策。

3. 所有危險關鍵均分別提出防範對策後，進入下一階段。

(四)第四階段（4R），行動目標

1. 在第三階段（3R）的對策上，由小組成員協商，把對小組而言，有馬上要做，且無論如何，非做不可之對策，當作重點實施項目，註上 ※ 號。

2. 重點實施項目中一至二項，用精簡的標語式文字改寫為小組行動目標。

3. 行動目標實施指認唱和。大聲朗誦：「做……，我們要 ×××，好！」一遍。

4. 重點確認事項指認呼喚，把上述行動目標的關鍵字加以呼喚三遍，如：「安全帶，好！」、「壓力，10 公斤，好！」等。

5. 碰觸呼喚：「零災害，好！」三遍。

二、實施四階段法預知危險活動注意事項

1. 小組長盡可能準備好素描圖來做預知危險活動。當然用數位相片也沒關係。

2. 素描圖最好由自己部門曾發生過之災害或虛驚經驗的事例，去繪製自己單位的素描圖，一個成功的領班、主管，要有幾十、幾百張素描圖去做

預知危險活動。

3. 製作素描圖不要胡亂加入一大堆狀況。一張素描圖原則上以五個危險根源為理想。當然，因作業狀況而自然存在之危險點是合理的，人為去添加的狀況是不好的。且素描圖不宜過於細部描繪得有如一張照片。

4. 臨時性作業，或作業中來不及準備素描圖時，小組長即就地以口頭說明作業狀況去進行預知危險活動。

5. 預知危險活動應嚴格遵守腦力激盪術規則：

    (1) 禁止批評：別人意見無論對錯或可笑否，均不得提出討論或批評意見，判斷性意見在第一階段告一段落時才提出，最好不要傷害原提出人，以免集會不順暢，被傷害者不願再提出意見。

    (2) 自由發揮：主意似急流奔放而出。

    (3) 大量生產：意見愈多愈好。

    (4) 搭便車：將他人意見加以引申或聯想，改進後產生自己新的主意。

6. 第一階段只要將危險的根源提出即可，不要與第三階段混淆，說出對策。也就是只把危險的原因、現象說出來即可。

7. 危險根源不會遺漏任何一項，任一遺漏即會造成災害。

8. 危險根源不要只注意行為、動作而已，也要注意不安全的設備或環境。但宜注意的是危險根源以針對會造成人員傷害的才提出。

9. 第三階段是針對危險關鍵去提出防範對策，而不是把全部危險根源都提出防範對策。每一個危險關鍵，都要盡可能提出對策，對策愈多愈好，考慮愈周到，愈不會因疏忽而肇生災禍。

10. 第四階段是針對所提出之對策中，挑選作業中要採取行動的準繩，要讓全體成員都有一種感覺，認為：「對，對，我們就是要這麼做才好」的當行動目標。

11. 發呆，茫然時最易失誤，錯覺更易造成誤動作，而漫不經心更會發生災禍。因此為了人們常看錯、聽錯、想錯、做錯，我們一定要實現指認呼喚。大聲指認唱和及呼喚，會使成員集中心志，知道要怎麼做才是對的，以避免災害之發生。

12. 小組長應學習如何使預知危險活動在愉快而輕鬆的氣氛下進行。所以小組長的領導能力是預知危險活動成功之鑰！

13. 當然主管只有關心及支持是不夠的，唯有主管的參與預知危險活動，

才能確保預知危險活動能生根、發展且成功！

14. 活動中，小組成員以六個人以內為佳，太多的人，無法讓每位成員充分參與，會造成有人脫離活動情況，所以超過六個人時，即分成一個以上小組。

15. 預知危險活動記錄，要一邊活動、一邊記錄，事後填報，易流於行式，無法落實。更切忌只記錄，不活動。

16. 盡可能進行標準的四階段法，當然，時間不足時，也可以進行到第二階段，即由小組長指示行動的目標。依時間情況去決定進行到 2R、3R、3.5R 或 4R，都可以。也可以考慮不同方式之預知危險活動。

16.7 五分鐘安全集會

1982 年以後，日本零災害運動研習會，發展一套新的預知危險活動方式，即五分鐘安全集會。在五分鐘內可以完成活動，因此稱之為五分鐘安全集會。

一般而言，五分鐘安全集會包括五個階段：(1) 導入，七十秒；(2) 裝備點檢，三十秒；(3) 作業指示，七十五秒；(4) 預知危險，八十秒；(5) 確認，四十秒。其實施方式分別說明如下：

一、導入

1. 零災害活動小組之小組長集合成員成一列或二列，或成圓圈後報數。
2. 大家一起問早、道好。
3. 做體操或暖身運動。
4. 安全講話，大家輪流報告安全事宜，也可就電視、新聞內有關安全衛生事情提出。

二、裝備點檢

1. 小組長將成員排成對向二列，由頭到腳，互相檢查服裝、防護具、工具、防護器材或車輛等。
2. 進行方式是由小組長逐一喊點檢項目，如「安全帽」、「安全眼鏡」，而

成員順著小組長所喊項目，互相檢查對方該項目是否良好，若有不良處，即刻糾正或調整後，指認呼喚，大聲朗誦「安全帽，好！」或「安全眼鏡，好！」

三、作業指示

1. 小組長將作業內容以 5W1H 方式，向小組成員明確詳細說明指示。
2. 指示內容為：
   (1) 作業目的：為何（Why）。
   (2) 作業內容：何時（When）、何地（Where）、何事（What）。
   (3) 作業負責人及人員配置：何人（Who）。
   (4) 作業程序及方法：如何（How）。
3. 質疑或複誦。小組長先向成員問有無問題，若大家都已瞭解，則可要求成員之一、二複誦作業指示內容。當然複誦也可部分複誦，即就該成員之任務加以複誦，與自己無關者不加複誦。小組長藉複誦機會，瞭解成員是否確實明白作業內容。

四、預知危險

1. 小組長就作業內容，要求成員實施四階段預知危險活動，或各種方式預知危險活動。
2. 小組長可針對特定人員實施個別預知危險，以瞭解該員確實知道如何安全地進行作業。

五、確認

1. 小組長帶領大家做沉思活動，以鬆弛肌肉，集中精神、意志。
2. 就行動目標實施指認唱和，重點確認事項實施指認呼喚。
3. 碰觸呼喚：「零災害，好！」

16.8 自問自答卡預知危險活動

　　在工作場所，一個人單獨去進行一項作業的機會非常多。而一個人獨自作業時往往會漫不經心、粗心大意、錯覺、偷懶、較無安全感，而發生意外，造成傷害事故。因此為了確保每次個人作業之安全，應實施個人預知危險活動。

　　個人預知危險活動使用的工具是「自問自答卡」，手段仍是「四階段法」。

一、自問自答卡

1. 所謂自問自答卡，乃依自己部門作業特性，而事先設計出有各種事故之危險點的卡片，以作為作業前，作業者自己依卡上項目，一邊朗讀，一邊檢查有無危險根源的工具。

2. 自問自答卡由主管、領班、作業者大家依 BS 原則，集思廣益去設計自己部門之各式自問自答卡。不同作業可以有不同內容之自問自答卡，也可以有包羅萬象之自問自答卡。

3. 自問自答卡參考項目，如：(1) 跌傷；(2) 扭傷；(3) 撞傷；(4) 碰傷；(5) 割傷；(6) 夾傷；(7) 擦傷；(8) 燙傷；(9) 感電；(10) 窒息；(11) 爆炸等。

自問自答卡如**表 16.3** 所示。

表 16.3　自問自答卡

1. 不會被夾傷嗎？
2. 不會被割傷嗎？
3. 不會被捲入嗎？
4. 不會墜落跌倒嗎？
5. 不會被燙傷嗎？
6. 不會扭傷腰部嗎？
7. 不會感電嗎？
8. 不會有其他傷害嗎？

二、自問自答預知危險活動進行方式

(一)1R

作業者站立在作業現場，依現場實物、實際狀況，或依素描圖狀況，依照自問自答卡項目，高聲朗讀「不會……嗎？」，自答「不會！」，如此方式去查檢作業有哪些情況是安全的，在查檢到有哪些項目是危險的時候，則將危險根源高聲自答「因為……，會……，危險！」或「若（原因）……會（情形）……（結果）……危險！」

(二)2R

1. 將危險根源中自己最關心，最有可能造成重大災害，需馬上採取防範的危險根源，當作單一重點危險關鍵。
2. 實施指認唱和：「危險關鍵，……。」

(三)3R省略

高聲朗誦：「第三階段省略！」

(四)4R

1. 就單一重點危險關鍵，構思防範對策。
2. 決定單一重點行動目標並指認唱和。
3. 重點確認事項指認呼喚三次。

16.9 預知危險活動實例

我國推行預知危險活動已三十多年，各事業單位已發展出許多模式，今就標準之五分鐘安全集會方式，模擬實例說明如下：

一、導入

(一)問早道好

小組長喊集合口令，將零災害活動小組成員排成一列或圍成圓圈，報數，

實施問早道好。小組長：「大家早安」，全體成員：「小組長早，大家早。」小組長再問：「各位昨晚都睡得好嗎？」等等，噓寒問暖，互相關懷。

(二)確認健康

小組長：「各位身體都好嗎？」成員：「很好！」小組長可再就身體有毛病的同仁特別確認，以瞭解成員詳情，而適當地分派工作。

小組成員輪流帶大家做簡易體操，動動身體，防止作業時腰痛等。

確認健康也可以健康預知危險方式進行。

(三)安全談話

小組成員中有人自願，或輪流擔任，或由小組長就電視上、報紙上的安全事情，提出報告，也可就前一日作業中虛驚事故，提出說明，而生活上、上班途中發生有關安全的事情，都可列入安全話題。

譬如老吳上班途中看到一場車禍，就可以報告說：「我今天從板橋搭捷運來上班途中，在市政府站出來過馬路時，看到一位年輕人，騎越野車快速飛奔右轉松仁路，撞上了前面斑馬線上行人，結果兩個人都受到重傷，血流滿地，好恐怖。所以請各位特別注意交通安全，騎車不要太快，更要讓行人先走斑馬線，才保證快快樂樂出門，平平安安上班！」

二、裝備檢點

小組長就當日作業所需之裝備，實施檢點，檢點內容包括防護具等，由頭到腳，全身檢查。小組成員兩人一組，面對面，由小組長喊檢點項目，小組成員互相檢查、調整並呼喚。

例如小組長喊：「安全帽，好了沒有？」

小組成員互相檢查安全帽，看看帽帶繫緊沒？若未繫好、戴好，則替對方調整好。都好了，大家一起喊：「安全帽，好！」（也可由帶頭的喊）

如此從頭部檢查到腳部，將全身服裝、工具、防護具、全部檢點，確認良好。

三、作業指示

小組長將當日的作業，在現場或辦公室，以 5W1H 的方式，詳細明確說明作業情形。

1. 作業目的：作業為什麼要做？目的何在？原因何在？
2. 作業時間：作業期限是什麼？什麼時候開始做？什麼時候要完成？（如今日上午九時到下午二時）
3. 作業地點：到哪裡去工作？要交待清楚。如烷化工場的 P-2201A 馬達處，或油槽區輸油泵浦房。不能大概說工廠東方，易生誤會。
4. 作業項目：做什麼事？如安全閥拆修，或輸油泵拆修等。
5. 人員配置：由什麼人帶班，有哪些人一起做哪一項工作，將小組工作分配清楚。
6. 作業方法：作業的程序，作業步驟，作業方法，要說明清楚。而作業中要注意的事項是什麼？安全注意事項是什麼？都應該說明、交待。

上述作業指示完畢，可以指定某成員複誦，也可以詢問某成員他的任務是什麼，以瞭解成員是否確實知悉作業內容及作業方法。當然複誦不完整、答覆有錯誤的，一定要加以改正、補充，至全體正確瞭解為止。

四、預知危險

預知危險部分，原則上可以使用各種預知危險活動方式，例如工具箱邊集會、三角預知危險、單一重點預知危險，或標準式四階段法預知危險。而若為了評審方便，觀摩人員學習方便，可能有記錄顯示較理想。茲就標準四階段法加以說明：

(一)1R，發掘潛在的危險

小組長將成員集合在素描圖前，或現場，告訴成員說：「各位同仁，請仔細看一看，好好想一想，今天作業中，有什麼潛在危險？」

全體成員迅速、踴躍地提出自己的看法，以腦力激盪方法來進行。提出時，可能以「因×××（原因），有×××（結果），危險！」或「如×××

（動作情況），有 ×××（結果），危險！」方式發言。

【注意事項】

　　1. 忌用「未戴安全帽，危險」，宜用「未戴安全帽，物品掉落，頭部有被
　　　打傷危險。」或「電源開關如未關，A 君有感電危險。」

　　2. 為了方便記錄，小組長可以複誦，如「你的意見是未將電源切離，A 君
　　　頭部、手部，或身體有碰到電線而感電的危險嗎？」如此，可澄清說話
　　　者與收訊者瞭解程度，也利記錄。

　　3. 進行中不加批評，或指導。批評就會中斷意見提出，指導往往會誤導。

　　4. 小組長複誦時，不可將 3R 對策提出來。如小組長說：「對對，電源未
　　　關，A 君會感電，所以我們要關掉電源。」

　　5. 可適時實施個別預知危險及複誦。個別預知危險，是對從事特別危險的
　　　工作，或有問題員工（經驗不足、知能不足、情緒不佳者等），要個別
　　　提醒他，如「老王，電源未關，會有感電危險，這一點要特別加以注意
　　　哦。」老王複誦，「作業前未關電源，會有感電危險！」

　　6. 發言停頓、遲疑時，小組長可以引成員發言，如「那個油汙，……」讓
　　　成員搭便車發言。

　　7. 記錄也宜加入發言，適時提出意見。

　　8. 記錄內容簡明扼要，條列所有發言內容。

(二)2R，探究危險關鍵

　　小組長就 lR 所引列項目，逐條朗讀，成員中有覺得該項目是重要的，就
喊重要，而小組長或記錄即在該項目號碼前畫個圓圈（〇）。不覺重要的，或
稍加注意即可，不打圓圈。

　　其次，依單圓圈（〇）項目，由小組成員一起協商，將大家都感到特別關
心，認為它是很容易發生災害的項目，註上雙圓圈記號（◎），或在項目上劃
紅線，此即為危險關鍵項目，危險關鍵要實施指認唱和。由小組長帶全體成員
舉右手，食指指危險關鍵項目，高聲唱和：「危險關鍵，因（若）×××，有
×××，危險！」一次。

【注意事項】

　　1. 潛在危險中相關的，可以濃縮合併。

2. 危險關鍵是全體協商的，不是表決決定的，應是全體成員都有一種感覺，覺得：「對對對，這確實是危險的關鍵，最要注意，需立刻加以防範的項目」。

3. 危險關鍵只有一個的，是單一重點預知危險活動方式。一般有二至三項，但不宜有四至五項，否則演練或活動時間會很久。

4. 每一個危險關鍵都要指認唱和。全體成員一起指認唱和，特別是記錄人員不宜做旁觀者，甚或在旁痴痴地笑。

5. 決定重點項目，不宜問：「這一點危險嗎？」宜逐條朗讀，成員表示這點重要，或成員說第幾條重要的方式進行。

(三)3R，建立防範對策

就 2R 決定之危險關鍵，小組長向成員問：「因（若）×××，有 ×××，危險。老李，你會怎麼辦？」來讓全體成員用腦力激盪術提出具體可行的防範對策。

每一個危險關鍵都要有防範對策，對策越多越好。迅速記錄所有防範對策。

【注意事項】

1. 對策忌只有一種。一針見血，不一定就是最好。要使每個關鍵點都提出二至三項以上防範對策才好。

2. 對策應是具體可行的。模糊不清的對策，做不到的，不宜提出。

3. 只有危險關鍵才要提防範對策。

4. 對策中相關的可以合併濃縮。

譬如危險關鍵為第五項：「電源未關，A 君有感電危險。」對策可能為：

5-1 作業前先關電源開關。

5-2 開關上鎖。

5-3 開關掛安全掛籤。

5-4 派員監視作業。

5-5 將電線被覆絕緣物。

5-6 工作人員穿絕緣服裝。

(四)4R，決定行動目標

針對 3R 之防範對策，我們知道有些是馬上可做得到的好方法，所以由小組成員一起協商，將對策中有對小組而言，有馬上要做，非做不可的項目，當作重點實施項目，註上星號（※）。重點實施項目加以改寫成標語式文字，當作小組行動目標。

小組長帶大家實施指認唱和一次。

譬如 3R 的例子，若重點實施項目為 5-1、5-2、5-3，加以合併，改寫成「作業前，我們要先關電源開關，上鎖，並掛安全掛籤，好！」

此時也可以實施個別預知危險，向老王說：「老王，等一下要記得關開關，開關處上鎖，並懸掛安全掛籤。」老王複誦：「好的，等一下作業時，我要⋯⋯。」

五、確認

活動進行到這時，成員都感累了，心智較鬆散，因此可實施一分鐘沉思活動，閉目養神調息等鬆弛方式。如此可使身心清爽，意志集中，情緒安定。

按著重點確認事項，要加以指認呼喚，由小組長帶大家做呼喚三次。呼喚內容為 4R 行動目標之關鍵字，用很簡單明確言辭，大聲呼喚。如上述 4R 例子中指認呼喚，可以為「關開關，好！」、「上鎖，好！」、「掛籤，好！」三次。而若行動目標為「進入球槽工作，要測氧氣濃度 18%，好！」則呼喚「氧氣，18%，好！」。

要注意行動目標都要實施重點確認事項之指認呼喚，而不是三個行動目標，選一個當重點來呼喚。

最後，由小組長帶全體成員實施碰觸呼喚。呼喚時，大家圍成圓圈，左手在一起，或每個人左手大姆指讓上一家四手指握著，而自己四個手指握著一下家左手姆指，大家高聲呼喚：「零災害，好！」三次，而在喊好時，右手高舉拳頭，表示實施決心，當然，也可與指認呼喚的手勢一樣，用右手食指一比，表示簡潔有力的動作，來結束活動。

當然，呼喚內容，或手勢，小組可以研討，設計有特色、有力量、有決心的更佳。

　　預知危險活動，隨時隨地都可以做；在公司可以預知危險，在家也可以預知危險，而一群成員可以做，一個人照樣可以做。其方式很多，小組長可以常加演練各種技巧，用心活潑地帶成員實施預知危險活動。重要的是不要一個月做一、二次預知危險活動，要日日預知危險，時時指認呼喚，才有可能防止災害的發生，保護每位同仁的平安與健康。

　　讓我們大家一起來：「推動零災害運動，達成零災害目標！」

16.10 預知危險活動發展新模式

　　日本近年已有將預知危險活動與風險評估結合的趨勢。此趨勢最大特色是2R危險關鍵運用風險評估模式來決定危險關鍵所在。

　　在風險評估過程使用的三項評估因子為：危險發生可能性（L）、嚴重度（S）、頻率（F），舉例說明如下：

一、可能性（L）

1. 確實可能發生，6點。
2. 發生可能性高，4點。
3. 發生可能性普遍，2點。
4. 發生可能性低，1點。

二、嚴重度（S）

1. 死亡，10點。
2. 失能傷害，6點。
3. 停工，3點。
4. 輕傷，1點。

三、頻率（F）

1. 常常發生，4點。
2. 常發生，2點。

3. 不常發生，1 點。

$$危險值 T = L + S + F$$

危險等級分為四級：3 ～ 8 點，1 級；9 ～ 11 點，2 級；12 ～ 14 點，3 級；15 ～ 20 點，4 級。

危險關鍵即當日危險項目中等級最高者。

危險關鍵應提防範對策，並決定行動目標。

新模式預知危險活動記錄表如**表 16.4**。

表 16.4　新模式預知危險活動記錄表

小組名稱：		小組長：				
小組成員：						
活動時間：　　年　　月　　日　　時　　分起至　　時　　分						
工作名稱：						
潛在危險　　　　　　項目	有無	可能性 L	嚴重度 S	頻率 F	危險值 T	危險等級
1						
2						
3						
4						
5						
6						
7						
危險關鍵						
防範對策						
行動目標						
評語						
主管：　　　　　覆核：　　　　　記錄：						

練習題

1. 美國的工安績效何以不如日本？

2. 主管人員何以應推動零災害運動？

3. 何謂零災害理念三原則？

4. 零災害運動三大支柱是什麼？

5. 工安工作為何需要推動工安現場化？

6. 何謂預知危險活動？

7. 說明預知危險的意義及其與傷害事故的關係。（84專技）

8. 工具箱邊集會與預知危險活動有何不同？

9. 預知危險活動所遵循的四階段是什麼？

10. 預知危險活動所遵循的BS原則是什麼？

11. 單一重點預知危險活動之特色是什麼？

12. 五分鐘安全集會之五個階段各是什麼？

13. 何時應複誦？質疑？復命？

14. 作業指示內容包括哪些？

15. 個人預知危險活動如何進行？有何特色？

16. 預知危險活動如何與自動檢查結合？

17. 如何才能落實預知危險活動？

18. 家庭如何做好家庭預知危險活動？

19. 試擬出家庭自問自答卡一張。

20. 說明零災害運動的意義及自動檢查的關聯性。（86專技）

21. 說明預知危險活動與風險評估的關聯性。

Part *4*

風險管理篇

CHAPTER 17

工廠布置與安全標示

　　現代生產技術之趨勢，對工業及商業建築設計產生了巨大影響。我們發覺工業上操作設備的分散，與建築一樣，也朝著局部組合方式。與多層高樓相比較，一層樓高度的房子，建築格局的重要優點，是沒有後者那種將全部操作及製造部門都放在一起，致有遭受火災、爆炸，或其他大災害毀損的危險。但是在某些情況下，如廠址不方便，仍可採用集中式設計。

　　至於是否採取分散或集中作業設計，則宜視各自優點而定，一般而言，在最終決定設計方案時，必須首先考慮如何使各部分材料送往最後裝配點，以維持最實用的方式。另有一些因素也不可忽略，如勞工人力之獲得、經濟因素，是否受鄰近工廠可能危害影響等特別問題。墨西哥石油公司事件，提供工廠布置最佳省思。

　　1984 年 11 月 19 日發生在北美洲墨西哥的墨西哥石油公司（PEMEX）之液化石油氣（LPG）儲槽／轉運站爆炸事件，為國際上有名的重大工業災害事故。該事件中，由於液化石油氣管線破裂，洩漏出大量的液化石油氣，釋放之液化石油氣形成蒸氣雲後，遇點火源著火爆炸。火球直徑長達 360 公尺，4 個球型儲槽及 44 個臥式儲槽全數遭到破壞，儲槽／轉運站內設備幾乎全毀，波及距離廠區周圍約 1,200 公尺處之建築物，估計毀壞民房 1,400 戶以上，造成居民約 650 人死亡、6,000 人受傷及將近 31,000 人無家可歸之慘劇。財產損失高達 2,250 萬美元（1990 年幣值）。

　　該事件過程包括了工業廠房火災中常見的閃火（flash fire）和火球（fire ball），同時閃火引燃了外洩的液化石油氣造成蒸氣雲爆炸（vapor cloud explosion），火災使得儲存液化石油氣儲槽發生了沸騰液體膨脹爆炸（Boiling Liquid Expanding Vapor Explosion, BLEVE）。且該事件所帶來的教訓如下：

1. 嚴重的傷亡乃由於廠區太接近住宅區為重要的原因。
2. 由於沒有做好包括廠區配置、緊急隔離和撒水系統這些整體保護系統，造成槽區的設施被完全催毀。
3. 缺乏有效的氣體偵測設備和緊急應變措施，為墨西哥事件災情嚴重的原因之一。

　　墨西哥石油公司爆炸事件，沒想到三十年後在高雄市又發生了，不同的是高雄事故發生在廠與廠之間的地下管線，在交通繁忙的馬路上。這次同樣有油氣管線破裂，洩漏出大量的丙烯，而釋放之丙烯氣體形成蒸氣雲後，遇點火源

即著火爆炸。

　　由上述國內外事故教訓，工廠布置與場外地下管線埋設，首先需要考量安全距離及廠外重要交通要道，建築物與行人的安全性是考量重點。

17.1 安全距離

　　從選擇工廠設立位置開始，即會直接面臨到廠房布置的問題。配置作業涉及土地利用規劃，勞工保護、消防、環境保護、建築規定等。就工程設計上而言，設備建造一旦完成，如有錯誤需要修改，往往會耗費數倍於最初設置之成本，故不得不謹慎面對。

　　在工廠布置時，除了考慮流程、操作、維修、安裝、景觀、未來擴建等因素外，考量安全亦相當重要。由於石化廠是儲存、處理各種危險物質及設施等，布置應於火災或爆炸發生時，不會使鄰近設施或周界發生危險，且對於人員暴露之潛在危險保持最小，以減少財物之損失；另外廠區布置時，應提供適當的消防進出通道和截火區域，來防止火災的擴散，因此布置時，對於各設施間之距離，或各設施內設備間之距離，應保持適當的安全間距，並且考量安全布置原則如下：

1. 依設施或設備內所具之潛在危害程度，考慮其對周圍環境之危害，及應有之安全距離。
2. 防止受到周圍設施或設備潛在危害波及，而必須採取之安全距離。
3. 發生異常時，避免成為災害引發源應有之距離。

　　也就是說，一切應以風險為考量重點，絕不能以金錢為考量，便宜行事，最後在最壞情境下，造成不可收拾的慘劇。

一、各設備間之安全間距參考值

　　表 17.1 為各設備間之安全間距參考。

　　表中，「X」表預留操作與維修之安全距離；「NA」表無規定。

　　註 1：係以輻射熱之強度及可能產生之火，而來考慮燃燒塔與設施間之安全距離。

表 17.1　工廠設施安全間距參考表

設施名稱	一般建築物	周界	製程單元	進出料區 LPG 灌裝台	進出料區 LPG 除外之卡車灌裝台、鐵路槽車	主要管架	總變電站	中央控制室	鍋爐／汽電共生工場	空氣壓縮機	冷卻水塔	油水分離地	燃燒塔	常壓儲槽 低閃火點	常壓儲槽 高閃火點	壓力儲槽	冷凍儲槽	危險品倉庫	消防泵
一般建築物	X																		
周界	X	X																	
製程單元	30-60	30-60	15-30																
進出料區 LPG 灌裝台	60	30	45-60	X	15-30														
進出料區 LPG 除外之卡車灌裝台、鐵路槽車	30	15-30	30-60	15-30	X														
主要管架	15	4.5	4.5	15	7-5	X													
總變電站	15	7.5	30-45	45	30	15	NA												
中央控制室	NA	NA	30-60	45	30	15	NA	NA											
鍋爐／汽電共生	30	[註3]	30	45	30	4.5	15	15-30	NA										
空氣壓縮機	30	[註3]	30	45	30	7.5	15	NA	NA	NA									
冷卻水塔	30	[註3]	30	30	30	4.5	30-45	30	30	30	X								
油水分離地	45	1B	30-45	45	30	4 5	30-45	NA	30-45	NA	30-45	NA							
燃燒塔	[註1]	[註1]	[註1]	[註1]	[註1]	[註1]	[註1]	[註1]	[註1]	[註1]	[註1]	[註1]	[註1]						
常壓儲槽 低閃火點	60	[註2]	30-30	30-45	15-45	4.5	30-45	30-45	30-45	30-45	30-45	30-45	[註1]	儲槽間配置之安全間距					
常壓儲槽 高閃火點	30	[註2]	30-45	15-30	15-30	4.5	15-30	15-30	15-30	15-30	30	15-30	[註1]						
壓力儲槽	30-60	15-60	45-60	30-45	15-45	7.5	15-30	15-30	15-30	15-30	30	15-30	[註1]						
冷凍儲槽	30-60	15-60	30-45	30-45	15-45	4.5	15-30	15-30	15-30	15-30	30	15-30	[註1]						
危險品倉庫	X	X	30-60	30-60	30-60	15	NA	NA	30	X	30	NA	[註1]	30-60	15-30	30-60	30-60	NA	
消防泵	X	X	45	30-60	30-45	4.5	15	15	15	X	15	30-45	[註1]	30-45	30	30-60	30-45	15	X

註 2：一般對低、高閃火點，其安全間距分別為 60、45 公尺。

註 3：噪音對周界之影響。

說明：製程區、儲槽區之安全距離，製程是以製程區內設備邊緣為基礎，
　　　儲槽是以儲槽槽壁為基準。

二、各設施之安全布置原則

(一)一般建築物

一般建築物係指維修工廠、實驗室、物料倉庫、行政大樓、宿舍、福利大樓及其他非危險性之建築物等

(二)周界

不論周界外未來發展所增加設施為何，周界與廠內重要設施，應保有適當距離。

(三)製程單元

製程單元依危險性可分為甲、乙、丙製程單元，如**表 17.2** 所示。製程單元與其他設備之間距，依危險性分類而酌量增減。

製程區設備與鄰近製程區處置碳氫化合物的設備間，應保持適當間距，當一製程區做歲修工作時，另一製程區保持運轉時，可減少危險度，若此兩製程區屬於整體作業，且須同時歲修時，則安全距離可適當的縮減。

(四)進出料區（裝卸台）

道路槽車和鐵路槽車之卸放架，應規劃於廠區周圍之位置，以便減少經過製程區及高危險地區。裝載易燃性和可燃性液體卡車之灌裝台，應位於靠近工廠的出入口。灌裝台可分為 LPG 灌裝台與 LPG 灌裝台除外之卡車灌裝台。

(五)主要管架

主要管架係指製程區外之公用管線、成品原料管線及儀電管線之共同管架，一般配置於製程區邊界線之外邊。

表 17.2　製程單元分類

類別	條件	化學品範例	裝置單元範例
甲	可燃性氣體，其與空氣混合物的爆炸下限小於 10%（體積）。	環氧乙烷、氫、石油氣、硫化氫、乙烯、氰化氫、丁二烯、甲烷、乙烷、丙烷、丁烷、甲胺、甲醚、氯甲烷、氯乙烯、乙炔等。	加氫裂解、環氧乙烷、二甲苯、丙烯、苯酚丙酮、環己烷、順丁二烯酸酐（丁烷氧化）、乙烯、乙醛（氧化）、高密度聚乙烯、烷化反應（煉油）、對苯二甲酸、醋酸、丙酮（異丙苯氧化）、聚氯乙烯等。
甲	Class IA、IB 液體，其閃火點小於 22.8°C，且在 37.8°C 時，其蒸氣壓不超過 40psia。	丙烯、丁二烯、環氧乙烷、苯、甲苯、二甲苯、乙苯等。	
乙	可燃性氣體，其與空氣混合物的爆炸下限大於或等於 10%（體積）。	一氧化碳、氨、溴甲烷。	環氧氯丙烷、烷基苯、聚乙烯醇、硝酸、環己銅等。
乙	Class IC、II 液體，其閃火點大於或等於 22.8°C，小於 60°C。	苯乙烯、環氧氯丙烷、氯苯、環己酮、丙苯、環戊烷、氯乙醇、氯丙醇。	
丙	Class III 液體，其閃火點大於 60°C。	甲醛、乙二醇、苯胺、酚、甲酚、苯甲醛、乙醇胺。	瀝青氧化、乙二醇、低密度聚乙烯、高密度聚乙烯、聚氯乙烯、尿素等。

(六)總變電站

主變電器為供應工廠所有電力來源的電力分布系統，於工廠失火、爆炸或其他緊急事件時，為了維持工廠緊急系統的電力，所以總變電站，必須適當地保護，主變電站的損失，會引起廣大的企業的中斷。較理想的位置是儘量靠近周界。

(七)中央控制室

控制室應是在危險狀況時，操作人員能安全處理緊急狀況的地方，故不能受到爆炸或火災影響，因此應能承受爆炸高壓之設計。

控制室應與廠區道路相鄰，緊急情況時，確有逃生通路，控制室的一邊，應有一開闊的緩衝區，該緩衝區應遠離製程，處理壓力超過 500psig（約 34kgf/cm^2）的有毒物質、易燃液體或易燃氣體的製程區，當緊急時，有大量氣體或毒性物質排出時，為了減低危險，將該製程區應儘量遠離控制室。

控制室應遠離液化石油氣卸放架，或易燃性、可燃性液體、氣體洩漏時可能形成蒸氣雲的設備，與碳氫化合物的製程設備。

(八)鍋爐／汽電共生工場

鍋爐應置於可避免火災或爆炸損壞之處所，蒸氣的洩漏會導致全廠停俥，引起製程單元內火災和爆炸可能性增加，而提高危險性。

在公用工場區域內，控制室、供水泵（feed water pump）、卻水器（deaerators）等，應依工程設計規範進行配置。燃料油用槽、燃料油泵和熱交換器之配置，遠離其他公用設備，至少 5 公尺。

含下列設備之汽電共生工場，應視為公用工場單元（utility plant units）。

1. 含廢熱與蒸氣鍋爐之氣體渦輪驅動發電機。
2. 使用不同燃料之明火式鍋爐，如燃燒石油焦炭之流體鍋爐。
3. 氣體輔助燃料及鍋爐進料水（boiler feed water）之處理設備。

使用渦輪廢氣，作為加熱爐燃燒之氣體渦輪驅動發動機，其配置應儘量接近製程單元周界；渦輪與加熱爐應保有適當距離，並應配置提供消防和維修之通道。

(九)空氣壓縮機

工廠用之空氣，可分為製程用空氣與儀表用空氣，對於空氣壓縮機設置之位置應考量可提供安全的空氣來源。重要儀表用空氣壓縮機與明火式蒸氣鍋爐（fired steam boilers）和動力發電機（power generators）間，應保有適當之距離。

(十)冷卻水塔

冷卻水塔與製程設備應保有適當之間距，冷卻水塔應位於變電站和製程設備的下風處，才不會因水霧而引起腐蝕或阻礙視線；製程用冷卻水塔亦可能是碳氫化合物外洩的一種來源。

外部表面為可燃的冷卻水塔，應與下列危險源保有適當距離：

1. 於通常環境下，會有放出火花或飄揚火焰的建築物或製程，例如：煙囪、焚化爐或燃燒塔。
2. 有嚴重火災危險的物質或製程，例如：石油類煉製和儲槽、爆炸物的製程或儲存、石油產品管線和泵站。

(十一)油水分離池

處理碳氫化合物的油水分離池,應遠離處理易燃液體的製程單元設備、加熱器或其他連續性火源,油水分離池最好位於製程設備和儲槽的下風處。

(十二)燃燒塔

燃燒塔的位置及高度,需符合所有噪音及燃燒產物造成的大氣汙染規定標準。燃燒塔離製程設備的安全間距,應為燃燒塔的輻射熱及設備所在位置,可容許之熱強度。此外應考慮所有人員或公眾可自由出入之地區,再計算潛在緊急事故期間的輻射熱強度上所需之隔離空間。燃燒塔應位於上風處,且遠離含有碳氫化合物的設備,同時與工廠四周應保有適當之間距。

(十三)常壓儲槽

常壓儲槽可分為高閃火點儲槽與低閃火點儲槽。

◆「危險物及有害物通識規則」引火性液體閃火點定義

1. 高閃火點儲槽:儲存內容物閃火點大於或等於 65°C。
2. 低閃火點儲槽:儲存內容物閃火點小於 65°C 及儲槽內容物之溫度高於閃火點者。

儲槽發生火災時,其產生之輻射熱相當大,所以對於廠內各設施及周邊之間距應適當考量。

◆日本高壓氣體取締法

對可燃性氣體儲槽之壁板與事業場所之周界應保持之距離,規定如下:

1. 特定危害性化學工廠廠區內儲槽容量一千公秉以上者(包含一千公秉):
   (1) 儲藏閃火點未滿 21°C 之可燃性液體者,為儲槽直徑(臥式儲槽為儲槽之長度)乘 1.8 所得數值以上之距離(此距離小於儲槽高度者,應以該儲槽高度為準),但不得小於 50 公尺。
   (2) 儲藏閃火點 21°C 以上未滿 70°C 之可燃性液體者,為儲槽直徑(臥式儲槽為儲槽之長度)乘 1.6 所得數值以上之距離(此距離小於儲槽高度者,應以該儲槽高度為準),但不得小於 40 公尺。

(3) 儲藏閃火點 70°C 以上之可燃性液體者，為儲槽直徑（臥式儲槽為儲槽之長度）之數值以上距離（此距離小於儲槽高度者，應以該儲槽高度為準），但不得小於 30 公尺。

2. 前項規定除外之儲槽：

(1) 儲藏閃火點未滿 21°C 之可燃性液體者，為儲槽直徑（臥式儲槽為儲槽之長度）乘 1.8 所得數值以上之距離。

(2) 儲藏閃火點 21°C 度以上未滿 70°C 之可燃性液體者，為儲槽直徑（臥式儲槽為儲槽之長度）乘 1.6 所得數值以上之距離。

(3) 儲藏閃火點 70°C 以上之可燃性液體者，為儲槽直徑（臥式儲槽為儲槽之長度）之數值以上距離。

註：特定危害性化學工廠係指：

① 廠區之石油儲存或處置量超過一萬公秉。

② 高壓氣體處理量每天達兩百萬立方公尺之工廠。

③ 位於石化工業區內之工廠其儲存、操作與處理危害性化學物質之數量除以下列物質所列數量所得結果超過 1 之工廠，或者其所得數值之總和超過 1 之工廠。

- 石油數量達一千公秉。
- 高壓氣體數量達二十萬立方公尺。
- 可燃性液體數量達二千公秉或二千公噸。
- 半數致死濃度每立方公尺五百毫克以下之毒性物質達二十噸。
- 半數致死濃度達每立方公尺五百毫克以上之毒性物質達二百公噸。

(十四)壓力儲槽

壓力儲槽屬於高危險性設備，儲槽應放置於火源之下風處，水平式圓柱塔槽的縱軸不可直接面向辦公室、工作場所或製程單位，儲槽應與周界、加熱爐、燃燒塔、常壓儲槽及其他重要設施保持最大可能之分離。LPG、乙烷或乙烯儲槽不允許放置於含有易燃性或可燃性流體常壓儲槽之防液堤內。

(十五)冷凍儲槽

冷凍與低溫液體儲槽應位於火源的下風處，儲槽應與周界、加熱爐、燃燒

塔、常壓儲槽及其他重要設施能保持最大可能之分離。

LPG、乙烷或乙烯儲槽不允許放置於含有易燃性或可燃性流體常壓儲槽之防液堤內。

冷凍液化石油氣儲槽不能置於圍繞易燃或可燃性液體儲槽之防液堤內,亦不能置於圍繞有非冷凍液化石油氣儲槽的防液堤內。

(十六)危險品倉庫

依「職業安全衛生設施規則」第一百五十八條、第一百五十九條規定:雇主對於物料儲存,為防止因氣候變化或自然發火發生危險者,應採取與外界隔離及溫濕控制等適當措施。

雇主對物料之堆放,應注意下列事項:

1. 不得超過堆放地最大安全負荷。
2. 不得影響照明。
3. 不得妨礙機械設備之操作。
4. 不得妨礙交通或出入口。
5. 不得減少自動灑水器及火警警報器有效作用。
6. 不得妨礙消防器具之緊急使用。
7. 以不倚靠牆壁或結構支柱堆放為原則。並不得超過其安全負荷。

(十七)消防泵

應確保廠內消防系統、消防泵與含碳氫化合物之設備保持適當的安全間距。

17.2 設計圖階段

在設計新廠或改建舊廠設施時,即是考慮消除或控制潛在危險的最佳時機,只有在此時進行改善才不需額外的支出。如在設計階段就留有危害,則事後改善的費用,不僅會有裝設之成本,且包括移裝及更新的費用。

安全專家參與設計規劃工作,會確保安全防護可以在新的規劃上得到更完善的考慮。雖然並不像設計工程師需進行全盤檢查,以確定可以安全地控制危險狀況,然而安全專家總是被期望能夠辨認出潛在的危險狀況,而這些尚未被

設計工程師所指出。比方說在為一個辦公室做設計規劃時，工程師們往往忘記給辦公設備預留足夠的插座，而當設備安裝時，電線就需綁在桌上或靠近通道的地方。在建築完成後，要做這類改變卻是非常困難的。

在設計初期就要預測全部可能的情況是不可能的，然而在審查設計時，有些主要的方面仍應加以考慮，下面事項即是主管人員及安全人員要牢記在心的：

一、通道及本身儲存空間

要保持通道有足夠空間，如果通道被其他設備及存放物品妨礙到通行，不僅會在平時造成不便，而在緊急事故時，會造成疏散人員的不便。

二、高處的控制閥

地面 8 公尺以上之閥或控制閥，除非裝有永久性的梯子，否則在操作時，常有危險的事情。

三、熱的表面

所有表面溫度超過 200°F 的設備，須有適當隔離，安裝隔熱屏柵或鐵柵欄、保溫以防止人員意外碰觸。高壓暖氣爐、加熱裝置也需裝置屏柵。

四、傳動帶

就是平時人員不易接近的傳動帶，也都要有適當的防護裝置。

五、噪音等

有些不易立即造成危害或存有高度危險的作業、流程，或產生噪音的設備，為了避免對其他部分有妨礙，也應考慮予以隔離。

六、本質安全裝置

處理腐蝕性化學物質或可燃物的某些作業，應安裝緊急沖淋及洗眼睛的設備，以減少災害發生造成嚴重的後果。

七、非生產場所

工廠內非生產作業場所一般比較不會給予注意，因此應在設計階段時加以審查，諸如更衣室、洗手間、浴室等是否合乎最低標準，特別是下列各點：

1. 地面應能防滑，以預防腳底沾有肥皂或水漬時摔倒。
2. 暖氣設備應有防護屏柵，所有距地面 2.4 公尺內的熱的管路都應加以隔離以防碰觸，造成灼傷。
3. 照明設備應裝在高處，及通道之外，如高度不足 2.4 公尺，則燈具應為防蒸氣型。
4. 開關控制箱應可上鎖，只能用鑰匙來開控制箱。
5. 浴室不得有插座。
6. 長椅子應安裝牢固，以防翻倒。
7. 衣帽櫃也應固定，避免為拿取上層櫃內衣物而弄倒櫃子致壓傷人員。
8. 供應熱水的設備，其溫度應控制不超過 140°F，浴室水源應充裕。

歷史告訴我們，在工廠設計規劃階段，曾有一些錯誤以致造成慘痛的教訓，譬如有人群聚集的範圍內，設有大的高壓易燃儲槽，而在發生爆炸時，造成嚴重的傷亡情況，而這不是良好的安全工程實務行為。因此，設計人員應在設計時，多尋求合格安全技師的意見，共同避免錯誤的設計。

🔨 17.3 重要設施之配置

一、製程區控制室

製程安全之控制室必須位於其所控制的製程單元周圍，而且必須與最靠近的含有可燃氣、液體之設備保有適當的安全間距。

二、馬達控制中心

馬達控制中心（MCC），一般緊鄰控制室，必須距最近而含有可燃氣、液體之設備保持適當的安全間距。

三、加熱爐

加熱爐為連續之火源，因此含有易燃氣、液體的製程設備與泵浦、壓縮機、排氣設備會釋出可燃蒸氣者，應離加熱爐至少 15 公尺。

操作時超過自燃溫度（auto-ignition temperature）或 260°C（500°F）（不清楚自燃溫度時）的設備，則不在此限。該設備可靠近焚燒爐（furnace）（需考慮消防及維修通道），惟應將加熱爐置於製程區之上風處及製程單元周界。

距焚燒爐或其他著火源水平距離 15 公尺內不得有排氣口，除非其高度高於地面 7.5 公尺以上，水平距離在 12 公尺以上，方可設置。

四、泵

泵可分為高危險性泵與低危險性泵。其說明如下：

(一)高危險性泵

1. 輸送易燃或可燃液體，其操作溫度 260°C（含）以上，或高於流體之自燃溫度者。
2. 輸送易燃或可燃液體，其操作壓力高於 $35kg/cm^2$ 者。
3. 輸送液化易燃氣體者。

(二)低危險性泵

輸送易燃或可燃液體（不包含高危險性泵所輸送之液體）。輸送流體的正常操作溫度被視為決定其流體為可燃、易燃或高於自燃點，任何可燃流體被加熱至超過其閃火點時應視為易燃流體。泵的進出口管線排列，應使製程內至所有泵的通路，進出容易。對於高壓或高溫泵，配置時應特別考慮，相同高危險之泵應集中成一群，且與其他不同危險泵之分離。輸送碳氫化合物高於自燃溫度或 260°C 或壓力高於 500psig，易燃流體之泵應集中為一群，且與其他輸送

碳氫化台物之泵保持適當的安全間距。

　　處理易燃物質之泵浦，不可設置於管架、氣冷式熱交換器及塔槽之下方。泵浦之軸應朝向與管架或其他設備垂直之方向，以減低泵浦軸封失效時造成火災，且泵浦應設於製程區周界。

五、壓縮機

　　所有碳氫化合物之氣體壓縮機均應遠離加熱爐，且置於加熱爐下風的位置，任何碳氫化合物之處理設備不可置於該氣體壓縮機之上方。潤滑油儲槽及泵浦應避免設在壓縮機下方。

六、反應器

反應器可分為高危險性反應器與低危險性反應器，茲說明如下：

1. 高危險性反應器：反應器操作溫度 260°C（含）以上或高於其流體之自
　燃溫度者。
2. 低危險性反應器：反應器操作溫度低於其流體之自燃溫度者。

七、塔槽

　　含有易燃或可燃液體的塔槽，不可置於氣冷式熱交換器之下方。脫鹽槽含有大量易燃的原油，最好將脫鹽槽置於製程區的周圍，且脫鹽槽之四周需有防液堤圍繞，防液堤容量應為脫鹽槽容量的十分之一，於防液堤旁應設置排放閥，將洩漏液體安全地導入油汙水處理系統，當置放其他設備鄰近於脫鹽槽區時，應考慮脫鹽槽洩漏起火的潛在危險。

　　製程單元周界內之可燃性成品儲存應儘量減少，暫存可燃液體之儲槽、中間儲槽或容器，應儘量避免設置於地面上。

八、氣冷式熱交換器

　　內含易燃或可燃液體之容器、熱交換器或泵應儘量不直接配置於氣冷式熱交換器下方，且氣冷式熱交換器應離火源（如加熱爐）15 公尺以上。

當氣冷式熱交換器置於製程區管架上方時,氣冷式熱交換器最低部分與管線最上方之間距至少應保持 2.4 公尺,不得將設備置於氣冷式熱交換器之上方。

九、熱交換器

熱交換器可分為高危險性熱交換器與低危險性熱交換器,茲說明如下:

1. 高危險性熱交換器:熱交換器操作溫度 260°C(含)以上或高於其流體之自燃溫度者。
2. 低危險性熱交換器:熱交換器操作溫度低於其流體之自燃溫度者。

配置熱交換器時,應有足夠的維修通道可作為消防之用。任何設備不可配置於內含溫度大於 260°C(500°F)易燃液體的熱交換器上方。

十、緊急關斷閥

切斷閥或製程區邊界閥應置於安全、視線良好並且在製程區邊界容易接近之位置,這些閥應為由地面或從永久固定式樓梯平台或操作平台能容易接近,若這些切斷閥位於高架的管路上時,應有兩個方向能接近,所有主要管路至製程區管路均應設有切斷閥。

十一、製程區管架

製程區管架配置時,管架下方需考量有 3 公尺的淨寬,以利維修兩側的泵,管架第一層應做防火處理,若管架上方置有空氣冷卻器,則防火處理需延伸至空氣冷卻器支撐位置。一般碳氫化合物燃燒火焰高度為 9 公尺,LPG 為 12 公尺,所以管架防火高度應依流體種類而定。

17.4 安全門與樓梯的安全原則

建築物的樓梯與安全門事關重大。安全門一定要設在適當的位置,不能被其他物體阻塞。當然安全門本身也應完好無缺,不得有破壞情況,否則一旦災變發生,常會因此造成重大傷亡事故。通常,災害直接造成的損失不致太大,

但若災害現場人員無法及時緊急撤離，或者無法逃離現場，則結果往往不堪設想。每棟建物的每一層，至少應有兩個分開的安全門，每個都應與一個安全的地方相通。安全門的門軸應為外向旋轉式，門鎖也同樣為從建物外進入裡面而設。由建物內打開安全門應該很方便，不需鎖匙的。另有一種專門為安全門設計的鎖，一旦內部有壓力加之於這類鎖時，它可以自動開啟。另外，安全門應易於辨識，易於接近，設有指示標示告訴通往它的方向。與安全門相通的樓梯或通道，應有充足的照明，以免人們因視線不佳而摔倒。安全門及通道，隨時保持暢通無阻。

樓梯也應有安全要求。每梯級的寬度不能參差不齊，高度也要一樣，否則人們上下樓梯時，因習慣性按照一種固定的節奏運動，所以梯級間若有差距就會打亂這種節奏，而致員工摔倒。一般來說，樓梯的扶手應設在下樓時的右手邊，高度應在 75～100 公分間，木料直徑不得小於 5 公分，若為金屬扶手，則其直徑至少要在 3.8 公分以上，扶手托架與牆壁間至少有 1.2 公分之空隙，每個托架間距離不能超過 2.4 公尺。最重要的一點是照明要充足良好。

17.5 照明

符合規定的照明設備，不但要適應操作人員的工作需要，並正確地安裝，而且應具備應付事故的能力。因此要由專業的照明工程師來選擇適當的照明裝置和安裝地點。工廠的照明系統，有下列四種類型：

一、普通照明

普通由地面以上 3 公尺的光源，均勻照射各工作空間。

二、局部普通照明

在某些位於特殊位置的作業，普通照明無法提供充足的均勻照度，就需提供直接的照明，它與相鄰的四周照明相比，光度要高一些。

三、輔助照明

在精密作業及高級鉗作中，前兩種照明無法提供足夠的照度，就需輔助照明設備，一方面要有較高質量和較強的水準但又不能使其照度和四周相比，造成過分的對比。

四、緊急照明

一般而言，電梯、安全門等在緊急情況下，普通照明常無法承擔起事故的起碼要求，因此一定要有緊急照明系統。工廠內部的禮堂、會議室、餐廳等公共場所出口，都應裝有緊急照明系統，有獨立的電源，及可以自動啟動系統，也可以考慮使用蓄電池作為暫時電源。

「職業安全衛生設施規則」第三百十三條之規定，雇主對於勞工工作場所之採光照明，應依下列規定辦理：

1. 各工作場所須有充分之光線，但處理感光材料、坑內及其他特殊作業之工作場所不在此限。
2. 光線應分佈均勻，明暗比並應適當。
3. 應避免光線之刺目、眩耀現象。
4. 各工作場所之窗面面積比率不得小於室內地面面積十分之一。
5. 採光以自然採光為原則，但必要時得使用窗簾或遮光物。
6. 作業場所面積過大、夜間或氣候因素自然採光不足時，可用人工照明，依**表** 17.3 規定予以補足。
7. 燈盞裝置應採用玻璃燈罩及日光燈為原則，燈泡須完全包蔽於玻璃罩中。
8. 窗面及照明器具之透光部分，均須保持清潔。

17.6「職業安全衛生設施規則」相關規定

工廠規劃布置時，無論其場所位置、空間、通道、階梯等，均應依「職業安全衛生設施規則」有關條文設計，茲摘錄如下：

表 17.3　人工照明

照度表		照明種類
場所或作業別	照明米燭光數	場所別採全面照明，作業別採局部照明
室外走道及室外一般照明	20 米燭光以上	全面照明
1. 走道、樓梯、倉庫、儲藏室堆置粗大物件處所。 2. 搬運粗大物件，如煤炭、泥土等。	50 米燭光以上	1. 全面照明 2. 全面照明
1. 機械及鍋爐房、升降機、裝箱、精細物件儲藏室、更衣室、盥洗室、廁所等。 2. 須粗辨物體如半完成之鋼鐵產品、配件組合、磨粉、粗紡棉布及其他初步整理之工業製造。	100 米燭光以上	1. 全面照明 2. 局部照明
須細辨物體如零件組合、粗車床工作、普通檢查及產品試驗、淺色紡織及皮革品、製罐、防腐、肉類包裝、木材處理等。	200 米燭光以上	局部照明
1. 須精辨物體如細車床、較詳細檢查及精密試驗、分別等級、織布、淺色毛織等。 2. 一般辦公場所。	300 米燭光以上	1. 局部照明 2. 全面照明
須極細辨物體，而有較佳之對襯，如精密組合、精細車床、精細檢查、玻璃磨光、精細木工、深色毛織等。	500 至 1,000 米燭光以上	局部照明
須極精辨物體而對襯不良，如極精細儀器組合、檢查、試驗、鐘錶珠寶之鑲製、菸葉分級、印刷品校對、深色織品、縫製等。	1,000 米燭光以上	局部照明

第 25 條　雇主對於建築物之工作室，其樓地板至天花板淨高應在二·一公尺以上。但建築法規另有規定者，從其規定。

第 29 條　雇主對於工作用階梯之設置，應依下列之規定：

一、如在原動機與鍋爐房中，或在機械四周通往工作台之工作用階梯，其寬度不得小於五十六公分。

二、斜度不得大於六十度。

三、梯級面深度不得小於十五公分。

四、應有適當之扶手。

第 31 條　雇主對於室內工作場所，應依下列規定設置足夠勞工使用之通道：

一、應有適應其用途之寬度，其主要人行道不得小於一公尺。

二、各機械間或其他設備間通道不得小於八十公分。

三、自路面起算二公尺高度之範圍內，不得有障礙物。但因工

作之必要,經採防護措施者,不在此限。

四、主要人行道及有關安全門、安全梯應有明顯標示。

第 33 條　雇主對車輛通行道寬度,應為最大車輛寬度之二倍再加一公尺,如係單行道則為最大車輛之寬度加一公尺。車輛通行道上,並禁止放置物品。

第 36 條　雇主架設之通道(包括機械防護跨橋),應依下列規定:

一、具有堅固之構造。

二、傾斜應保持在三十度以下。但設置樓梯者或其高度未滿二公尺而設置有扶手者,不在此限。

三、傾斜超過十五度以上者,應設置踏條或採取防止溜滑之措施。

四、有墜落之虞之場所,應置備高度七十五公分以上之堅固扶手。在作業上認有必要時,得在必要之範圍內設置活動扶手。

五、設置於豎坑內之通道,長度超過十五分尺者,每隔十公尺內應設置平台一處。

六、營建使用之高度超過八公尺以上之階梯,應於每隔七公尺內設置平台一處。

七、通道路如用漏空格條製成,其縫間隙不得超過三十公厘,超過時,應裝置鐵絲網防護。

第 37 條　雇主設置之固定梯子,應依下列規定:

一、具有堅固之構造。

二、應等間隔設置踏條。

三、踏條與牆壁間應保持十六‧五公分以上之淨距。

四、應有防止梯子移位之措施。

五、不得有防礙工作人員通行之障礙物。

六、平台如用漏空格條製成,其縫間隙不得超過三十公厘;超過時,應裝置鐵絲網防護。

七、梯子之頂端應突出板面六十公分以上。

八、梯長連續超過六公尺時,應每隔九公尺以下設一平台,並應於距梯底二公尺以上部分,設置護籠或其他保護裝置。

但符合下列規定之一者，不在此限。

（一）未設置護籠或其他保護裝置，已於每隔六公尺以下設一平台者。

（二）塔、槽、煙囪及其他高位建築之固定梯已設置符合需要之安全帶、安全索、摩擦制動裝置、滑動附屬裝置及其他安全裝置，以防止勞工墜落者。

九、前款平台應有足夠長度及寬度，並應圍以適當之欄柵。

第 108 條　雇主對於高壓氣體之貯存，應依下列規定辦理：

一、貯存場所應有適當之警戒標示，禁止煙火接近。

二、貯存周圍二公尺內不得放置有煙火及著火性、引火性物品。

三、盛裝容器和空容器應分區放置。

四、可燃性氣體、有毒性氣體及氧氣之鋼瓶，應分開貯存。

五、應安穩置放並加固定及裝妥護蓋。

六、容器應保持在攝氏四十度以下。

七、貯存處應考慮於緊急時便於搬出。

八、通路面積以確保貯存處面積百分之二十以上為原則。

九、貯存處附近，不得任意放置其他物品。

十、貯存比空氣重之氣體，應注意低窪處之通風。

第 224 條　雇主對於高度在二公尺以上之工作場所邊緣及開口部份，勞工有遭受墜落危險之虞者，應設有適當強度之圍欄、握把、覆蓋等防護措施。

雇主為前項措施顯有困難，或作業之需要臨時將圍欄等拆除，應採取使勞工使用安全帶等防止因墜落而致勞工遭受危險之措施。

第 228 條　雇主對勞工於高差超過一‧五公尺以上之場所作業時，應設置能使勞工安全上下之設備。

第 309 條　雇主對於勞工經常作業之室內作業場所，除設備及自地面算起高度超過四公尺以上之空間不計外，每一勞工原則上應有十立方公尺以上之空間。

第 311 條　雇主對於勞工經常作業之室內作業場所，其窗戶及其他開口部

分等可直接與大氣相通之開口部分面積，應為地板面積之二十分之一以上。但設置具有充分換氣能力之機械通風設備者，不在此限。

第 319 條　雇主應依下列各款規定設置廁所及盥洗設備，但坑內等特殊作業場所，置有適當數目之便器者，不在此限：

一、男女廁所以分別設置為原則，並予以明顯標示。

二、男用廁所之便坑數，以同時作業男工每二十五人以內設置一個以上為原則，最少不得低於六十人一個。

三、男用廁所之便池數，應以同時作業男工每十五人以內設置一個以上為原則，最少不得低於三十人一個。

四、女用廁所之便坑數目，應以同時作業女工每十五人以內設置一個以上為原則，最少不得低於二十人一個。

五、女用廁所應設加蓋桶。

六、便坑應為不使污染物浸透於土中之構造。

七、應設置充分供應清潔水質之洗手設備。

八、盥洗室內應備有適當之清潔劑，且不得盛放有機溶劑供勞工清潔皮膚

九、浴室應男女分別設置。

十、廁所與便池不得與工作場所直接通連，廁所與廚房及食堂應距離三十公尺以上。但衛生沖水式廁所不在此限。

十一、廁所與便池每日至少應清洗一次，並每週消毒一次。

十二、廁所應保持良好通風。

十三、如僱有身心障礙者，應設置身心障礙者專用設備，並予以適當標示。

第 322 條　餐廳面積，應以同時進餐之人數每人一平方公尺以上為原則。通風窗之面積不得少於總面積百分之十二。

17.7 危險物品分類

一、聯合國分類

依聯合國輸出委員會對危險物品分類為下列九類:

1. 爆炸性物質。
2. 高壓氣體（含易燃及不燃氣體）。
3. 易燃液體。
4. 易燃固體（含自然及禁水性物質）。
5. 氧化性物質（含無機及有機過氧化物）。
6. 有毒物質（含傳染疾病物質）。
7. 輻射性物質。
8. 腐蝕性物質（含酸、鹼等腐蝕性液體及固體）。
9. 其他危險物。

上述各類危險物品之標誌如圖 17.1。

圖 17.1　聯合國危險物品識別標誌

二、美國分類

美國防火協會「物料火災危險標誌」（NFPA704M）係一種綜合性質之分類。其目的在以簡明醒目之標誌來說明物料之內在危險，並以數字標明危險的等級，可使火場之消防及搶救人員，辨明物料之危險性，以採取安全行動，迅速撲滅火災，促進工業安全及保護搶救人員之生命。

這種分類使用菱形標誌，可貼在物料上，或置於危險區域附近。標誌的色彩代表下述意義：

1. 藍色菱形代表健康危害。
2. 紅色菱形代表燃燒危害。
3. 黃色菱形代表不安定性危害。
4. 白色菱形留供其特殊預防措施警告之用。

藍、紅、黃色內阿拉伯數字 4-3-2-1-0 指示危險程度的分級。阿拉伯數字 4 代表最危險，0 代表無危險或極輕危險，或不需要特別注意的危險。白色菱形沒有數字，但可填入警告性的英文字母，例如 W 指示不可接觸水分。其標誌如圖 17.2。

其危險程度分級依 NFPA 2012 年版規定，其意義說明如下：

(一)藍色標誌：健康危害

4 級	短期暴露後可致死亡，或產生嚴重後遺症，即迅速治療，也不能痊癒。
3 級	短期暴露後可致嚴重之傷害與後遺症，迅速治療不能完全復元。
2 級	嚴重暴露或連續暴露，可致臨時性之傷害，或輕度之後遺症，迅速治療可復元。
1 級	暴露後可產生痛苦之刺激，不加治療也不會失去工作能力，痛苦為臨時性。
0 級	其燃燒時之毒性，與一般材料燃燒時相同。

(二)紅色標誌：燃燒危害

4 級	在大氣壓下和常溫時，迅速氣化或全部氣化，或其蒸氣可迅速在空中擴散，而且迅速燃燒。閃火點小於 23℃（73 ℉）。
3 級	在常溫時，液體或固體可以引燃。液體之閃火點小於 23℃（73 ℉），而沸點大於 38℃（100 ℉）或沸點在 23℃與 38℃（73 ℉與 100 ℉）之間。
2 級	在常溫時輕度加熱或在酷熱氣候時，可以引燃。閃火點在 38℃與 93℃（100 ℉與 200 ℉）之間。
1 級	必須預熱很久才能燃燒。閃火點 ≧ 93℃（200 ℉）。
0 級	不能燃燒。曝露於 820℃（1,500 ℉）環境五分鐘也不會燃燒。

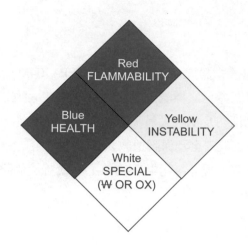

圖 17.2　美國危險物品標誌

(三)黃色標誌：不安定性危害

4 級	在正常溫度及壓力下，物料自身很可能發生爆炸，或爆炸性的分解或化學反應。
3 級	物料經強烈激發，或在封閉情形下加熱後激發，可能發生爆炸或爆炸性化學反應，或遇水後發生爆炸性反應。
2 級	在正常情況下，本身不穩定，很可能發生劇烈反應，但不會發生爆炸，遇水可能發生劇烈化學反應，或遇水可能產生爆炸性的混合物。
1 級	在正常情況下很穩定，但溫度或壓力上升後變為不穩定，或遇水後反應釋出少許熱能，但並不劇烈。
0 級	即使暴露在有人的情況下也很穩定，並且遇水不發生化學反應。

(四)白色標誌：其他危害

此類材料不分級，但英文字母和符號指示其危險，例如：W 字母中畫一橫線，指示不可與水接觸，OX 表氧化物，SA 表單純的窒息性氣體，如氮氣、氦氣、氬氣、氖氣與 Xenon。

三、中華民國分類

我國「職安法」第十條規定，雇主對於具有危害性之化學品，應予標示、製備清單及揭示安全資料表，並採取必要之通識措施。至於危害性化學品，則在「職業安全衛生法施行細則」第十四條明定，所稱具有危害性之化學品，指下列之危險物或有害物：

1. 危險物：符合國家標準 CNS 15030 分類，具有物理性危害者。
2. 有害物：符合國家標準 CNS 15030 分類，具有健康危害者。

所謂「危險物」，係指爆炸性物質、著火性物質、氧化性物質、易燃液體、可燃性氣體等；所稱其他危險物，係指前述危險物外一切易形成高熱、高壓或易引起火災、爆炸之物質。

規則所稱「有害物」，係指致癌物、毒性物質、劇毒物質、生殖系統致毒物、刺激物、腐蝕性物質、致敏感物、肝臟致毒物、神經系統致毒物、腎臟致毒物、造血系統致毒物及其他造成肺部、皮膚、眼、黏膜危害之物質，經中央主管機關指定者。至於危害物之標示，在通識規則中有清楚的規範。

該規則已於民國 96 年 10 月 19 日修正，此次修正主要是配合聯合國危險物品運輸專家委員會（UNCETDG）推動的化學品全球分類及標示調和制度（Globally Harmonized System of Classification and Labelling of Chemicals, GHS），並明訂自民國 98 年 1 月 1 日實施，也就是繼紐西蘭於 2007 年 1 月 1 日起實施，日本於 2007 年 5 月 1 日起實施後，最快實施的國家。

在新修正規則附表二危害物質之分類、標示要項中，依危害物質分類已由九大類變為三大危害性共二十七種分類（物理性危害十六種分類、健康危害十種分類及環境危害一種分類），今整理如下：

(一)物理性危害

1. 第一類：爆炸物

2. 第二類：易燃氣體

3. 第三類：易燃氣膠

4. 第四類：氧化性氣體

5. 第五類：加壓氣體

6. 第六類：易燃液體

7. 第七類：易燃固體

8. 第八類：自反應物質

9. 第九類：發火性液體

10. 第十類：發火性固體

11. 第十一類：自熱物質

12. 第十二類：禁水性物質　13. 第十三類：氧化性液體　14. 第十四類：氧化性固體

15. 第十五類：有機過氧化物　　　　　16. 第十六類：金屬腐蝕物

(二)健康危害

1. 第一類：急毒性物質（吞食、皮膚、吸入）

2. 第二類：腐蝕／刺激皮膚物質

3. 第三類：嚴重損傷／刺激眼睛物質

4. 第四類：呼吸道過敏物質   5. 第五類：皮膚過敏物質

6. 第六類：生殖細胞致突變性物質   7. 第七類：致癌物質

8. 第八類：生殖毒性物質   9. 第九類：特定標的器官系統毒性物質——
單一暴露

10. 第十類：特定標的器官系統毒性   11. 第十一類：吸入性危害物質
　　物質——重複暴露

　　上述圖式及其定義均依中國國家標準 CNS 6864 Z5071 危險物標示規定。
而通識規則對危害圖式（pitogram）形狀為直立 45 度角之正方形，其大小需能
辨識清楚。圖式符號（symbol）應使用黑色，背景為白色，圖式之紅框有足夠
警示作用之寬度。圖示大小並未規定，視容器大小而定，以清楚辨識為原則。
另圖式內所用文字，應以中文為主。

17.8 安全標示

　　一般來說，工廠的牆壁、天花板等，以淺淡為主，如此可使工廠的外表，
呈現出比較明亮的風格，同時也可提高照明設備的利用率。為了顏色的平衡
感，很多工廠還將機器設備的外表也漆上淺色，使其與四周色調成為和諧的整
體，不過，機器設備上如有旋轉的部分，則往往應反其道而行，即在這些零件
上塗上紅色一類含有警告意味的深色，形成與周圍環境的強烈對比，引人注
目。

　　天花板的色調越淺，光線的折射效率越高，相反則吸收的光線越多。牆壁
的顏色就可以深一些，這樣才好維護。易生灰塵的場所，牆壁下部三分之一或
一半，可漆上較深顏色，其餘的可以漆上接近天花板的顏色。建物內部設備儘
量漆淺色，且與四周協調。

　　利用色彩來代表某類傷害是很好的安全管理原則，所以美國 29 CFR
1910.144「職業安全衛生法」列有色彩編碼（表 17.4）。

　　我國在民國 96 年 10 月 19 日修正公布「危險物及有害物標示及通識規
則」，對危害之標示格式也有明確之規範，標示之格式如下：

表 17.4　顯示危害的色彩編碼

紅	火災預防即消防設備的專用色。
桔黃	會引起切割、擠壓、碰撞等危害的機器零件。
黃	廣義的警告標誌，常用於可引起絆倒、摔落的場所，或靠近有危害的地點，即位於危害的場所。
綠	基本的安全顏色，用於存放急救器材、防毒面具的場所，安全淋浴地點。
藍	警告顏色，警告不許開動正在修理的機器設備，也可用於電梯、鍋爐、梯子、鷹架等輔助警告標示。
紫	顯示有輻射危害的存在，標語牌、標籤、訊號、地面標示常聯用紫色與黃色。
黑、白或黑白合用	為通道、內務整理的標誌，如樓梯、通道盡端或廢棄罐放置場。

1. 危害圖示。
2. 內容：
    (1) 名稱。
    (2) 危害成分。
    (3) 警示語。
    (4) 危害警告訊息。
    (5) 危害防範措施。
    (6) 製造商或供應商之名稱、地址、電話。

　　另外，我國早在民國 60 年 11 月 8 日即制定有「工業安全標示設置準則」，勞工委員會時代已經三次修正並發布施行，在職安署成立後於民國 103 年 7 月 3 日修正為：「職業安全衛生標示設置準則」，對安全標示明確規範如下：

一、安全衛生標示分類

(一)防止危害告知用者

1. 禁止標示：嚴格管制有發生危險之虞之行為，如禁止煙火、禁止攀越、禁止通行等。
2. 警告標示：警告既存之危險或有害狀況，如高壓電、墜落、高熱、輻射等危險。
3. 注意標示：提醒避免相對於人員行為而發生之危害，如當心地面、注意

頭頂等。

(二)一般說明或提示性質用者

1. 用途或處所之標示，如反應塔、鍋爐房、安全門、伐木區、急救箱、急救站、救護車、診所、消防栓、機房等。
2. 操作或儀控之標示，包括有一定順序之機具操作方法、儀表控制盤之說明、安全管控方法等。
3. 說明性質之標示，包括工作場所各種行動方向、管制信號意義等。

二、安全衛生標示圖形

1. 圓形用於禁止標示，如禁止煙火、不准通行、禁止進入等均是。
2. 尖端向上之正三角形用於警告標示，如高壓電危險、有毒物品、輻射危險等。
3. 尖端向下之正三角形用於注意標示，如當心地面、注意頭部。
4. 正方形或長方形用於一般說明或提示性質用之標示。

三、安全衛生標示設置

標示視設置之久暫，分為固定式及移動式，並應依下列規定設置之：

1. 大小及位置應力求醒目，安裝必須穩妥。
2. 材質應堅固耐久，並適當處理所有尖角銳邊，以免危險。

四、標示應力求簡明，以文字及圖案並用為主

文字應以中文為主，不得採用難於辨識之字體。文字書寫方式如下：

1. 直式者由上而下，由右而左。
2. 橫式者由左而右，但有箭號指示方向者文字依箭號方向。

五、安全衛生標示之顏色

應依照中國國家標準（CNS 9328 Z1024）安全用顏色通則使用之，其底色與外廓、文字或圖案之用色，應力求對照顯明，以便識別。

安全顏色包括紅、橙、黃、綠、藍、紫紅、白、黑等八種，其使用之處所，表示事項，請參考「安全用顏色通則」。

另外，在工業界，設備和作業上使用大量的管路系統，化學工業及有關工業之管路系統尤為複雜，除了普通工業的管路應用系統外，還要有原材料，化合物及最終產品輸送的管路系統。然而，管路的混合，有操作錯誤的危險，特別是在緊急時，類似的管子，實難區別哪一支管路才是應關應開的管路，這樣就非常容易發生操作錯誤的災難。因此，工業界往往在管路上漆以不同顏色，且標上內容物。此可以參考「CNS 9329 管系識別規定」。

17.9 物料搬運

物料搬運可以簡單到一個人拿起一只紙箱，搬走再放下來，也可以包括移動一些龐然大物的複雜工作。有時搬運的長度以吋計，有時又含長到幾百呎或幾哩。有時所搬運物極為脆弱，需要特殊的手段，不過幾乎任何方式的材料搬運都可能為員工、老百姓或財物帶來麻煩和危險。

在美國職業安全衛生法中有極大篇幅討論物料搬運與儲存，而美國標準協會（ANSI）也對此項目開列了一張可觀的標準清單，指出其範圍及重要性。此外，美國交通部（DOT）規定有關水上、鐵路、地上、空中有關危險品運輸的標準，列於美國聯邦法規第 49 篇（49 CFR）中。

其中規定：在美國的商業活動中，任何人都不被允許訂購及接受需經運輸的有害物質，除非具有適當的等級、說明書、包裝、標誌及商標，並在運送過程中處於良好狀況。

一般而言，職業傷害中有四分之一案件屬於物料搬運造成的。因此，除了對勞工提供必要的防護具外，也要知道下列問題：

一、舉物

提舉物品常會造成背部損傷，因此搬運材料時應根據材料的情況來選擇適當的提舉方式。美國國家安全委員會曾就雙手舉物提出建議如下：

1. 四腳的正確姿式：一隻腳站在物之旁邊，另一隻站在適當的距離，以便提舉時有最大的上仰力量。
2. 背部挺直；腳下蹲時，背部應保持挺直，臀部稍加傾斜以便脊柱保持正常之彎曲，然後挺直腿部完成舉物。
3. 手臂貼近身體：提舉搬運，手臂應盡可能拉直並貼近身體，就可以使重量之負荷在大腿部，以減輕手臂和背部肌肉的負擔。
4. 正確的持握：以手掌抵住提舉物，手指儘量全部握緊它。如此即可降低手臂肌肉的壓力並且減少重物滑落的可能性。
5. 下頦頰捲曲：將下頦頰捲曲貼近脖子，有助於保持脊骨之挺直。
6. 運用身體的重量：當腳正確站立，重物握緊，就可以借腿部的屈伸動作將重物提舉，再用身體的重量來搬運。

二、材料儲存

選擇材料儲存的地點，要求事先考慮如何避免各類人身危害，如是否阻礙出入口及通道，有否足夠的空間供材料輸送設備正常工作，及其困難情形。

儲存的材料應堆置在架上，並加以固定，避免滑動、倒塌。消防設備很重要，堆放的高度不得在自動灑水系統噴頭 5 公分的範圍內。

三、整理整頓

整理整頓的一大原則就是物就其位，所有東西都應放置在適當的地點上，有良好的秩序，而且環境整潔。為了確保工廠的整潔，每月應檢查，成績良好的有獎，差的公布名單。

在我國的「職業安全衛生設施規則」第七章即為物料搬運與處置。其中對物料搬運有下列重要規範：

第 152 條　物料搬運、處置，如以車輛機械作業時，應事先清除其通道、
　　　　　碼頭等之阻礙物及採取必要措施。

第 153 條　雇主對於堆置物料，為防止倒塌、崩塌或掉落，應採取繩索捆
　　　　　綁、護網、擋樁、限制高度或變更堆積等必要設施，並禁止與
　　　　　作業無關人員進入該等場所。

第 155 條　雇主對於物料之搬運，應儘量利用機械以代替人力，凡四十公
　　　　　斤以上物品，以人力車輛或工具搬運為原則，五百公斤以上物
　　　　　品，以機動車輛或其他機械搬運為宜；運輸路線，應妥善規
　　　　　劃，並作標示。

第 156 條　雇主對於強酸、強鹼等有腐蝕性物質之搬質，應使用特別設計
　　　　　之車輛或工具。

第 158 條　雇主對於物料儲存，為防止因氣候變化或自然發火發生危險
　　　　　者，應採取與外界隔離及溫濕控制等適當措施。

第 159 條　雇主對物料之堆放，應依下列規定：

一、不得超過堆放地最大安全負荷。

二、不得影響照明。

三、不得妨礙機械設備之操作。

四、不得妨礙交通或出入口。

五、不得減少自動灑水器及火警警報器有效功用。

六、不得妨礙消防器具之緊急使用。

七、以不倚靠牆壁或結構支柱堆放為原則。並不得超過其安全
　　負荷。

第 161 條　雇主對於堆積於倉庫、露存場等之物料集合體之物料積垛作
　　　　　業，應依下列規定：

一、如作業地點高差在一‧五公尺以上時，應設置使從事作業
　　之勞工能安全上下之設備。但如使用該積垛即能安全上下
　　者，不在此限。

二、作業地點高差在二‧五公尺以上時，除前款規定外，並應
　　指定專人採取下列措施：

（一）決定作業方法及順序，並指揮作業。

（二）檢點工具、器具，並除去不良品。

（三）應指示通行於該作業場所之勞工有關安全事項。

（四）從事拆垛時，應確認積垛確無倒塌之危險後，始得
指示作業。

（五）其他監督作業情形。

17.10 結語

　　雖然大多數的職業災害被歸咎於工作人員的不安全行為，但是，只責備人
員或環境情況是無益的。原因常可能是人員與環境的結合，而不安全的環境，
其重要性不該被忽視。

　　機械危害造成的傷害常會有高度嚴重率之可能，因為一旦發生，就會造成
永久部分失能。而且，許多不良行為引起的傷害，在較安全的環境中也不會造
成事故，換言之，不安全行為是一相對辭彙，只要改善環境情況，就不會有不
安全行為的存在。

練習題

1. 一個良好的工廠應如何布置？其考慮項目有哪些？

2. 安全工程師在工廠設計階段所扮演之角色是什麼？

3. 安全工程師常被要求審查工廠設計圖，他應注意哪些項目？

4. 在工廠擴建時，安全工程師又應注意哪些項目？

5. 我國職業安全衛生法令對物料堆置規定如何？

6. 良好的工作環境應如何設計？

7. 工廠室內照度不足時，應如何改善？

8. 工廠的內務良好，有何效益？

9. 危險物品應如何儲存及處置？

10. 我國對危害物之容器標示規定如何？

11. 我國與美國對危害物標示的規定有何異同？

12. 工廠建築物中有防火牆、防火門及弱牆的設計，請分別就其功能及結構說明之。（81專技）

13. 請以簡圖說明NFPA的標準識別系統——704系統，對危險物質的分類。（82專技）

14. 經理們常常想找一種方法，使他們的工廠生產流程持續不斷。現在所謂及時系統（just-in-time）更強調消除庫館之需要，但此觀念只能適合大型且穩定的生產。因此對中小型企業，庫儲是不可避免，在此背景下，設計庫房的建築應考慮哪些因素？請逐項列出。（83高考）

15. 在工廠物料儲存事故發生的原因為何？（83高考）

16. 氧化性物質儲存搬運的注意事項為何？（82高考）

17. 美國國家職業安全衛生研究即制定之物料抬舉規策有：
(1)行動限值（action limit）及(2)最大容許值（maximal permiseable limit）設定這兩個限值之根據和目的是什麼？（82專技）

18. 工業安全顏色之意義及其使用場所為何？(1)紅色(2)黃色(3)綠色(4)白色。（82軍人轉業高考）

19. 試說明中國國家標準CNS1306所規定的八種工業安全顏色：紅、橙、黃、綠、藍、紫、白、黑其適用情況？（83高考、85台省升12等考試）

20. 試說明危險物及有害物通識制度的意義及應如何推動該項措施。（82軍人轉

業高考）

21.工業安全標示之外形有幾種？其各代表意義為何？（84專技）

22.危險物洩漏安全處理對策。（84專技）

23.依中國國家標準CNS710的定義，管系其標誌顏色如何應用於工作場所？
（84年檢覆）

24.太平門的設計應符合之條件？（84年檢覆）

25.要有效控制物料搬運的傷害問題，安全工程師應考慮哪些有關操作動作與管
理措施？（84年檢覆）

26.試述可燃性氣體槽車裝洩料時應採取之安全防護措施。（85專技）

27.工廠中如果有危險性較高的製程，在工廠布置的規劃上應如何處理？（86專
技）

28.為設計或改良物料搬運系統（material handling system）常用一般設計的過
程。關於物料搬運系統，工程設計過程包括哪些步驟？請逐條描述。（86專
技）

29.試述危險物品搬運上應注意事項。（86專技）

30.請以半導體工業為例，說明如何依法辦理危害物通識制度及建立良好之安全
衛生自主管理體系？（87高考三級）

31.試述如何運用物質安全資料表的資訊來防範危險物之爆炸及洩漏。（87專
技）

32.依我國勞工安全衛生設施規則之分類，危險物品之範圍包括哪些？如何做好
危險物品之管理工作？（87檢覆）

33.試述物料儲存事故發生之原因及其預防方法。（88升等）

34.穀倉作業可能產生的重要危害為何？並請說明勞工安全衛生的相關法規及其
內容。（88高考三級）

35.詳述粉塵作業場所之可能危害及其防範對策。（88升等）

36.試述安全標示之種類及其所使用之符號，並舉數例說明之。（89高考三級）

37.試述使用活動梯子時，應注意哪些事項。（89高考三級）

38.試述工業安全顏色及標示之意義，並簡述我國國家標準CNS之相關規定。
（89檢覆）

39.對於含有兩種以上危害物質的混合物，「危險物及有害物通識規則」中對其
物質安全資料表的規定為何？（94專技，衛生技師安衛法規）

40.如何建立危害通識制度？針對日益增多的外勞，由於語言文字的隔閡，如何加強落實？（94專技，衛生技師衛生管理實務）

41.請以雇主依法對於有車輛出入、使用道路作業、鄰接道路作業或有導致交通事故之虞的工作場所，或為防止車輛突入等引起之危害，說明雇主應設置或採取的措施內容。（96高考，工業安全）

42.試解釋下列名詞：

Hazard Communication與Hazard Substance。（96高考，工業安全）

43.依「危險物與有害物標示及通識規則」之規定，雇主為防止勞工未確實知悉危害物質之危害資訊致發生職業災害，請說明雇主應採取哪些必要措施，並說明其制訂的理由為何？（96專技，衛生技師安衛法規）

44.以下問題，請詳加說明：

(1)何謂GHS？

(2)GHS有哪些危害類別？

(3)GHS有哪些危害圖示（簡略的圖即可）？（99高考三級，工業安全管理）

45.半導體光電產業所使用化學品供應系統的有機溶劑供應櫃，於硬體設計上須考慮哪些因子？至少寫出五種。（100高考三級，安全工程）

46.「危害通識」是避免化學物質造成職災以及降低勞工健康風險很重要的工作。試說明危害通識計畫的重要項目及內容。（101高考三級，工業衛生概論）

47.依據危險物與有害物標示及通識規則，試說明危險物及有害物之分類。（102高考三級，工業衛生概論）

48.進行危害性化學物質健康風險評估之第一步驟為危害性鑑定（Hazard Identification），該步驟主要是針對危害性化學物質之固有毒性作一確認，因而須有毒理資料，請分別說明毒理資料之來源及其權重（Weighting）。（102高考三級，工業衛生概論）

危害控制

18.2 本質安全

18.3 失誤─安全設計

18.4 失誤最小化

18.5 夥伴系統

18.6 安全程序

18.7 後援及復舊

18.8 損害減少和抑制

　　就工業安全而言，要準確地決定何種危害應為某一事故負責並不簡單。事實上，要瞭解到底發生了何種事件都是一件非常複雜的事情。例如，高壓容器突然破裂，是由於容器由普通未保護的碳鋼製成，水分可能引起腐蝕，而這減少了金屬強度，以致在壓力下破裂（圖 18.1），裂片打傷人員，也毀損附近的設備。那麼，到底是哪一種危害——水分、腐蝕、減低的強度，或壓力造成事故？

　　韓默（Hammer, 1972）以圖 18.1 說明這類失誤如何保護或防止。在這類事件的過程中，是水分降低了這一過程，若容器是由不鏽鋼製成，則不產生腐蝕，水分不會成為一個問題，也就不會有損失產生。

　　容器之破裂，能造成傷害與損失，也可以視為一次危害（primary hazard）。水分引發了系列事件，可以稱之為起始危害（initiating hazard）的原因；腐蝕、強度減少，以及壓力則為主要（主力近因）危害（contributory hazard）。一次危害常以其他名稱表示，如事故（catastrophe）、災難事件（catastrophe event）、關鍵事件（critical event）或單一失誤（single failure）。一次危害能夠直接並馬上導致：(1) 傷害或死亡；(2) 設備、車輛、構造、設施之受損；(3) 功能性能力降低（如工廠操作中斷）；(4) 材料損失（大量油或化學物之流失）。

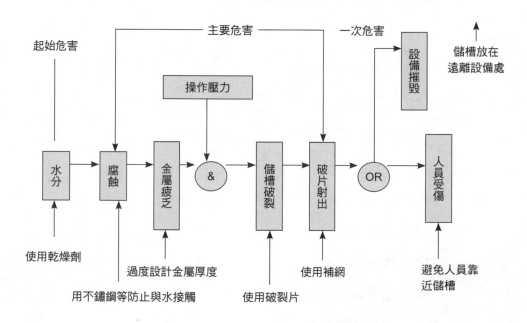

圖 18.1　壓力儲槽破裂造成事故的系列

18.1 危害存在的決定

　　每一種產品或作業都可能有潛在的危害，雖然有些危害造成事故的可能性很小。每一種危害都有一定數量的初級危害、大量的起始危害及主要危害。列舉這些危害有兩種辦法：第一種主要的方法是經驗，但是可能無法列舉出所有的可能性，經驗的數據基礎可以擴及理論上的可能性，或者使用相反的過程法，即第二種方法是從理論方面加以檢驗，然後透過實際的經驗來確認。對現存設備及作業，與類似的設備或作業可以知悉其危害及安全防護。所提出之產品或作業可用以結合成一新的機器工具或電機設備，從理論與經驗來說，可以由分析來決定並評估潛在的危害。

18.2 本質安全

　　前已指出，由良好的設計和預防事故之程序，能夠消除危害的存在。由於設計者或管理目標及能力，任何危害的最佳解決之道有賴於涉及之環境。例如，電鑽有不同的用法、電源、功能及不同外型。所有的危害形式可依安全性而加以分類。可以依照消除或減少造成事故、傷害或損失的方法來排出優先次序。一般來說，系統的安全如果越可能改善，則此方法在優先次序中越居前位。但由於期盼的作業目標或完成某些模式的實務，這些方法所顯示的次序可能被排除，而越不安全的方法就可能被接受。每種狀況應加以評估其影響因素，以達成一需要的、滿意的解決之道。

　　在排列喜好性順序之前，必須先注意到下列特點：

1. 消除危害的設計比任何其他方法都要優先。
2. 所設計的安全防護不適用的場所，就要用保護性安全裝置。
3. 如果設計及安全裝置都不適用，必須使用自動警告裝置。
4. 如果以上方法都不適用，則要用合適的程序及人員訓練方法。

　　避免事故的最有效方法就是設計成本質安全（intrinsic safety）。本質安全可由下列之兩種方法達成：(1) 完全消除危害；(2) 將危害限制在不致造成傷害的程度。在上述之任一情況下，都不應有災害發生。

本質安全的方式包括：危害消除；減少危害；隔離（isolation）、閉鎖（lockout）、上鎖（lock-in）、連鎖（inter-lock）；失誤（故障）—安全設計（fail-safe design）；失誤最小化；安全程序；後援與復舊（backout and recovery）。

一、危害消除

危害消除及事故避免的一個很普通例子為做好整理整頓工作，也就是說做好 5S 工作。亂堆放的物品倒塌、濕或油的地面滑倒、垃圾或油布自燃等都可以藉著保持設備乾淨有序而消除掉。可以列舉之例子非常多，其中少數包括：

1. 使用不可燃性材料，要避免使用可燃性材料。這方法適於油漆、紡織品、液體、溶劑及電絕緣。
2. 有火災或過熱的場所，使用氣動或液壓系統，而不用電力系統。流體控制系統常被使用就是基於這理由。
3. 設備之邊緣及角，要弄成圓弧形，使人員不致割傷。
4. 能減少接頭，使用連續的管線，以消除洩漏。
5. 在鐵路線上使用銲接及磨光接頭，以消除震動、震盪、鐵軌分離及出軌。
6. 在高速公路上及鐵路交叉口上為防止汽車事故，使用車速不同而分道行駛的方法，並使用有限的高速公路進出口。
7. 消除隆起物，如把手、裝飾物及車上相似物，這些可能在緊急停俥時造成人員受傷。

二、減少危害

在某些例子中，危害的形式無法被消除。然而，危害的程度可加以限制，使不致發生傷害或損失。雖然某些情況下，電流會造成死亡事故，但是藉使用低電壓、低安培電源，如 24 伏特電池電源等，就可以減少許多不良影響。正壓系統可用限制來保持在危險程度下，使在任何情況下之能量，不會超過危險點而導致傷害。

危害程度限制的方法如下：

1. 提供溢流安排以防止液面太高。
2. 可燃性或爆炸性氣體存在之場所，用固態電機裝置，以致任何電源條件遠比會引起可燃混合物燃燒的為低。
3. 確保可燃性或有毒性氣體之濃度在危險範圍下；如超過時，則送風機會自動啟動或會注入惰性氣體。
4. 在可燃性粉塵存在的場所，加稀釋物到空氣中，以減低爆炸之可能。
5. 使用自動釋壓裝置，使壓力保持在安全範圍之內。
6. 電容器或電容性電路，使用接地方法，使在電源關掉後，電荷的累積降低到可接受之範圍。
7. 使用噴灑或其他導電性之塗料在物料上，以限制可能累積之靜電。

三、隔離、閉鎖、上鎖、連鎖

這些方法是實際使用中最常見的安全措施。連鎖方式一般是最主要而有效的，因它要由作業員以正向行為來繼續程序，給予人員有機會來確保他們是正確的。他們由三個基本原則所說明：(1) 危害一旦認知即加以隔離；(2) 防止不相容事件的發生，在錯誤的時刻發生，或在錯誤的次序發生；(3) 在採取合適及正確的行動後才會停止。提供安全防護的主要方法如下：

(一)隔離

隔離，乃指用於作為事故預防措施的分離，也是在事故發生後的一種防止受傷或損失的方法。

隔離是用於分開不相容狀況或物料，以免它們在一起時會構成危害。如火需燃料、氧化物（oxidizer）及火源的存在，將其中一個與其他兩個加以隔離，即可以消除火災的發生，其他例子包括：

1. 防止環境造成傷害，工作人員需穿著防護服裝或設備。
2. 為防止灼傷，人們使用熱的絕緣物來避免與熱的表面接觸。
3. 在密閉空間內，使用隔絕物以防止噪音。
4. 將電的接頭與其他設備放在盒內，以防止水分的侵入，或其他有害物會降低系統的品質。
5. 在可燃性氣體存在場所，使用防爆設備。

6. 將腐蝕性氣體及液體與不相容之金屬或其他物料加以隔離,以防受到不良影響。

7. 使用鉛、水或碳來隔離核輻射。

有些物質與操作如無保護措施是有危險的,例如:保護勞工,防止其受核輻射的不良影響,要求勞工使用氣體面罩、空氣罐,在有毒環境中用氧氣產生器。另外,產生大量震動、噪音及熱的引擎,可將設備放在隔開之房子內而加以隔離。也可使用合適的防震物、噪音消除器及防熱遮蔽物或熱槽。

工廠中廣泛地使用機器防護以隔離危害。這些保護被固定在旋轉部位上,尖銳邊緣、熱表面及電的設備上,以防止人員接觸到危險物。變電站四周的安全柵欄也相同,這種隔絕物是固定型式的。

(二)閉鎖、上鎖

閉鎖、上鎖及連鎖,是為人員、設備及作業所提供隔離的最普通方法。閉鎖及上鎖由簡易的如門栓到那些相當複雜的設置,範圍極大。而連鎖由於包括停止與釋放機構,因此相當複雜。閉鎖與上鎖的差異是相對的。閉鎖,防止一事件的發生,或者防止人員、物體、作用力及其他因素進入一不適當的地區。而上鎖,指防止人員、物體、作用力、操作過程中或其他因素離開一有限之區域。將電路上之一開關上鎖以防被誤送電即是閉鎖的例子;而在活線上做相同的安排,以防電流被關掉則是上鎖的例子。

(三)連鎖

連鎖用來保證甲事件在下述情況不致發生:

1. 不小心時,甲事件之發生必須先由人為事件乙發生才會發生,例如,打開為防止關鍵開關的蓋子但不會意外作動。

2. 當丙狀況存在時,連鎖能在高壓設備之入口處使用,如需調整,則門開著,就不至於作動電路,因此不安全狀況不再存在。鐵路平交道的防護柵門即是隔絕物、閉鎖及連鎖的混合,他們隔絕軌道、火車,在火車靠近時,隔離車輛與行人靠近鐵軌,而柵門打開時,危險已移開就可以讓車輛平安通過。

3. 在丁事件之前,在作業序列很重要或必要處,及錯誤的系列會造成不幸

時，連鎖就需要。廠家提供許多按鈕開關按排，有不同的連鎖裝置。分析需要的作業、控制器及犯錯或故障的結果，就可以決定該使用的連鎖型式。

18.3 失誤—安全設計

設備故障、失誤即會造成事故，而既然會發生失誤，失誤—安全的安排（或稱防呆裝置）就常用來作為防止人員受傷害、發生災難、設備損壞或作業品質下降。失誤—安全設計確保設備失誤時也會使系統不受影響，或將狀況轉換成不至於產生傷害或損壞。在大多數狀況下，但不是全部，這種安全防護會使得系統不致誤作動。失誤—安全設計一般可分類為下列三種：

一、失誤被動設計

失誤被動（fail-passive）設計，亦稱被動式失誤—安全設計，將系統能量降低到最低範圍。只要有失誤情況發生，系統即無法再作業，除非採取故障排除措施，但也絕不致由於危害造成誤作動而產生進一步之損壞。

斷路器及保險絲就是一種失誤—安全裝置。系統過載或短路時，它們會開路、斷電，使電的系統很安全，如需重新作業，斷路器需再送上（投入），或保險絲要更換。

二、失誤主動設計

失誤主動（fail-active）設計，亦稱主動式失誤—安全設計，可以維持帶電狀況，保持系統在安全作業模式，直到故障排除、狀況改善，或遇負荷產生，或作動另一系統以消除事故的可能性。

失誤主動設計包括偵測系統，會使得關鍵作業發生故障或不佳狀況時作動可見的顯示器；或是一種構造在誤作動警告系統時，會被連續之閃耀、不同顏色、輔助燈光，或一雜音所顯示出來。因此失誤主動系統將是有高可靠度且可以操作的。

蓄電池作動的煙偵測器即是失誤主動設計的一種例子。街上十字路口信號

燈在故障時仍可繼續閃亮，也是一種例子。

三、失誤操作設計

失誤操作（fail-operational）設計，亦稱調節式失誤─安全設計，此設計使得系統繼續安全地作用，直到改善措施被採取為止。這型式的設計最受喜愛，因為不致影響操作。

18.4 失誤最小化

危害有時無法用失誤─安全設計來避免，另一方面，有些過程無法由失誤─安全系統來解決，因此失誤─安全之安排比系統不太故障之安排較不被選用。然而，為保證盡可能減少事故的可能性，有三種主要方法可以應用：

一、安全係數和安全邊際

這可能是最古老的用設計來減少事故的方法。在此理念下，所有的部分及結構所設計之強度遠比正常需要大，以允許計算錯誤，物料強度及應力之變異，不可預知的暫時負荷，物料劣質，及其他任意的係數。

理論上，如一項目可以忍受一規定之應力，使其強度足以承受 3、4 或 5 倍的應力，就可以減少故障及事故的次數，也就是說，安全係數為 4 的構造或容器往往比係數為 2 的故障或事故少一半。事實上，不當地使用安全係數導致安全邊際，但兩者之區分應瞭解。

安全係數是以強度對應力的比來表示，也就是最大破壞強度與實際工作強度之比，或最大破壞應力與實際工作應力之比。一般物料之安全係數，梯及鋼索為 4 及 5 ～ 8；機器如鍋爐為 5，壓力容器亦為 5，起重機則為 8 ～ 10；至於鋼則為 5，木材為 8，鑄鐵為 6。而最小強度／最大應力，Smin／Lmax，就是安全邊際。某物之安全係數為 1.0 ～ 1.25，則安全邊際為 0.25。

二、故障率降低

這是可靠度工程所要求的原則，它試圖在設計時，製造出比使用壽命更長

的設計，因此減少操作中失誤的可能性。

操作之零件不可能會永久可以使用，因此應採取行動以限制故障、故障率、停機次數，特別是會造成事故的故障。可達成的方法包括使用：(1) 增加零件的壽命；(2) 篩選（screening）；(3) 定期更換（timed replacement）；(4) 多重裝置（redundant arrangement）。

製造商總是要生產更長壽命的零件，而減少應力即會減少故障率及增加可靠度。最會影響電子設備之壓力的是熱；溫度升高即會增加故障率，減少溫度即會增加其壽命。因此，就減免（derating）的方式而言，即使以正常能力來使用零件也要提供冷氣。

作業故障之主要原因乃是負荷係數（load factor），即實際負荷對額定負荷的比。此可以電壓、電流或其他內部壓力的表示來量度。負荷係數減小則故障率也減低，在零件故障前設定的壽命會更長。

減少故障的一個方法就是緊密控制零件之品質，篩選有幾個方式，最簡單的就是目視檢查及測量，其他型式包括短時間用常壓或常電壓測試、加速測試、燒化測試（burn-in）和步驟測試。品質很好、失誤很少時，就較不需要篩選。

在零件磨損故障之前，若要維持故障率一定，則必須要將零件定時加以更換。有些故障的嚴重性會導致事故，所以不允許故障發生。有些故障必須限於少數，而其他只會造成不便而已。在任何情況下，為了維持操作性功能，有必要在零件故障前加以換新。

更換必須定時，即時間正確，不早也不晚，因過早更換會造成浪費，是一種不需要的維護，且對新零件延長使用會造成工作過負荷，如此反而會增加故障機會。有兩種方法可以使定時更換變得有效果且有效率：一種是從控制實驗室中取得數據，對相同零件或組件之測試，可顯示在磨損之後，故障可能發生之時間，更換時間即可排在比這時間短些；第二種方法是注意操作系統中零件老化的問題。電路中零件之輸出值可以量測，如電壓或壓力，一旦輸出值下降到小於規定值，零件即需更換。

複雜設備的故障率可經由雙重安排而大大減低。除了串聯式及並聯式多重安排外，尚有決策式多重裝置（decision redundancy）與預備式多重裝置（standby redundancy）。

三、參數偵測

一特別參數，諸如溫度、噪音、毒氣濃度、震動、壓力或輻射量，被控制在某一範圍中，因此能夠決定何時會異常，而此時，應採取預防性或改善性措施。

監測裝置不僅可用在雙重安排裝置中，且可以應用於保持任何參數（如溫度、壓力）在監督下，以確保它們在正常範圍內，不會達到危險範圍，不會有偶然性事件或緊急事件發生。如果偶然事件及時防止或糾正，那監測即可發揮更大用途，不至於發生緊急狀況。監測可用以表示：

1. 某特殊狀況是否存在。
2. 系統已準備好可以運轉，如所規劃一樣令人滿意地操作。
3. 測量之參數是否正常。
4. 需要的輸入已提供。
5. 想要或不想要的輸出已顯現出來。
6. 符合或超出特別限度。

除外，監測系統若非用來導致改善措施則毫無價值。某些情況下，它僅將資料傳送給操作員而已，然後操作員可以完成必要的工作。無論系統組成是否全是硬體、人員，或兩者之混合，整個過程中之行動包括四個主要步驟：

(一)偵測

偵測器能測出實驗室中極小量的毒物濃度，但在作業環境中，震動、溫度變異、濕度、電干擾，或其他壓力會使得表現品質降低，或造成完全故障。感應功能方式有可能是連續地，有間歇的連續，或隨作業員之需要而間斷。要能夠偵測並讀出所選定的參數而已，而不會被其他不利的情況所影響。偵測器應能偵測出危害的程度，要在濃度低時仍可警告其存在，快到緊急事件發生前即可以採取改善措施。偵測元件應裝在能感知危害的地方。家庭火災偵測器一般放在寢室內，然而火往往由廚房開始燒起。

(二)量測

監測裝置之參數應是其顯出兩種情況之一，也就是說，不是「開」就是

「關」。偵測器應能決定額外的資料,像連續偵測參數的既存範圍,或當設定之範圍超過。第二種型態是可以比較既存與設定之值,方法有的很簡單,有的非常複雜。

(三)解釋

作業人員應能清楚地瞭解監測裝置所顯示出之數值,也知道是否正常狀況存在,或已靠近不正常狀況,或應即採取改善措施。顯示及訊號應是人員易於閱讀及瞭解的,不得含糊不清,易於誤會,也不需額外的資料。監測器應提供及時且易明白之顯示與訊號,這也就是特別的指示與訊號往往被標準化的理由。工作人員必須加以訓練以知曉任何監測器或警報裝置的確實意義。由監測器及訓練所獲得的訊息的綜合,乃是在行動中做決定的根基,任一者有所匱乏,就會造成時間之延誤。監測、解釋及反應不足而造成最大事故的最有名例子,即是 1979 年三哩島核能電廠的事故。

(四)應變

當監測器顯示正常情況時,不需有應變或回饋。一旦需要應變,越多的資訊、時間來解釋和分析,達成決定並應變,越有可能得到正確有效的決定及應變。所以,如有可能,顯示不正常狀況的數據應越早越好,有些例子中,監測器顯示有問題存在的範圍,應遠低於實際危險範圍。例如空氣中含有 21% 的氧氣,呼吸的危險範圍是 16%,因此密閉空間的監測器應顯示氧氣降低於 20% 這一點,此時,氧氣仍可以被呼吸,但已有所不足,須加以研究何以缺氧?早期的警報可以讓人們早些採取行動。

若系統需一個人去做反應時,分析的程度應確保有足夠的時間來採取改善行動。通常,一個人在異常情況有所警覺的注意力,集中在一視覺的顯示器上。在這情況中,無法及時行動就會造成災難時,應使用補助性聽覺警報器。在那些改善措施未迅速採取就會產生嚴重的、關鍵性的或災難性的狀況,監測器應連鎖到自動作動危害的控制設備。

監測器的應用如下:

1. 瓦斯監測器,可以辨別有毒或可燃性物質的存在。
2. 紅外線偵測器,可以顯示熱的場所或火焰的存在。
3. 偵測器,可以辨別煙道氣汙染物的散出。

4. 液面計，可以在流體超過設定之高、低範圍時會警報。

5. 控速器，可以在速度超過時會作動警告訊號或燈號，或自動採取校正措施。

6. 臭劑，可以指示瓦斯洩漏，或金屬、絕緣或其他物品之高溫。

另外，為確保監測器作用正常，監測器應該具備下列特性：

1. 精確、作動快，且易維修、校正及檢查。要有試驗及校正之程序，且依規定使用。

2. 選用高可靠度的。在特別重要的場所，作業人員即可加以試驗以判斷或顯示監測器電路是否有任何故障。

3. 有獨立、可靠電源。

4. 要用能量低，在故障時不致構成、導致或作動任何危害。

5. 不致在故障時造成系統品質下降的路徑，改變安全狀況，引起不良動作，或其他不利影響。

18.5 夥伴系統

夥伴系統（buddy system）可以用來作為監測的一種方法，並作為從事危險作業時的人員防護措施。事實上，男童軍、女童軍、游泳活動，或工廠均有類似行為。夥伴系統有兩種：第一種是兩個人構成夥伴，同時在相同危險情境中，每個人必須確認另一個人的安危，監護另一個人的行為，必要時立即提供協助；第二種則是夥伴中一人暴露在危害中，另一個人當作救生員，其唯一任務即是保護並提供協助，最常見例子為工廠中有一個人必須進入儲槽去清洗或修理，槽外需有一位夥伴來監視他、監護他。

為了減少核子裝置作業程序中有人為失誤的可能性，美國國防部發展一套兩個人的觀念，即使用兩個或兩個以上的人，其中每個人都能執行規定的工作，也能知道作業中任何不正確或未經允許的步驟。其中一個人每完成作業中的一步驟時，另一個人就查核他的步驟是否正確，因此遺漏或失誤的可能性減少了。當然並不需要兩個人有相同的知識，只需要每個人能夠察知並確定另一個人的行為是正確，被同意，而且沒有偏差。

工廠中有重要裝配的部分都可以使用相類似的方法，像實驗室要裝設相當

高電壓的設備即是。兩個人觀念與夥伴制度有所不同。

　　有人建議瓦斯公司可以用修正後的兩個人觀念。這個方法中，在接獲天然氣洩漏的危險報告後，會由一位合格的維護人員立即進行修護作業，有時修護作業完成後，在該名員工離開去進行另外一件工作前，其主管人員或第二位合格的員工再次查核第一個人的作業，以保證作業正確且完全做好。民國 103 年 8 月 14 日新店區永保安康社區瓦斯洩漏案，某天然氣公司如採取兩個人作業模式，相信可以防止次日不幸氣爆案發生。

18.6 安全程序

　　安全程序應包括分析所要求的警告，不幸的是因許多人從不閱讀操作程序，除非他們碰到困難，他們常疏忽警告。在作為事故防止的方法，這是最後的方法。

18.7 後援及復舊

　　故障、失誤及其他不良情況最後可能發展成災禍，此時，偶發事件或緊急事件可能存在，有了適當的行動，就可能防止事故的發生，若無法正確或合適地採取行動，則狀況可能惡化為災禍。中間階段可以從不正常出現時到恢復正常或事故發展時。如果復舊發生了，事件即可看成虛驚事故（near-miss）。可以採取的行動包括：

1. 正常的系列復舊，此在狀況可以改善而還沒有任何損壞之時是可能的。只要消除錯誤，只要直接改善步驟，或採取行動來回到原來的一點即可有所改變。另一方法就是停止整個程序，如壓下停俥按鈕。然後在需要時，可以重新開始。
2. 不至於作動那些誤動作的設備：
   (1) 對整個作業不重要的。
   (2) 由於有多餘，所以可以空下來。
   (3) 已能執行其功能。
   (4) 可以暫時以他物替代。

3. 不再有立即危險的場所，馬上減輕危害範圍而抑制危害。小量油洩漏後，以水沖洗並產生正常壓力就可以消除事故的可能性。如果緊急狀況無法合理地處理，其結果將是事故的發生。

18.8 損害減少和抑制

只要有潛在危害存在，就可能會有事故，雖然則可能很久，但無人知道何時會發生。功能上的要求和成本的考慮，使得消除全部危險或將安全防護結合成整體保護變成不可能。因此，必須接受某些危險，而且事故可能發生。一些減少和抑制事故影響的防護方法，包括物理隔離、個人防護具、弱連結（weak links）及逃生、避難與急救。

一、物理隔離

是防止事故的一個方法，也常被用來減少能量劇烈釋出所產生的影響，如：

1. 將可能發生事故的點放在遠離人員、設備或易傷害的構造。爆炸物安全之數量—距離之標準即依此原理而加以預測的。
2. 偏向器。可藉偏向或吸收能量而用來減少損壞，剩下的能量即不構成損壞。能量偏向的方法有火的熱反射器、噪音遮蔽，或爆炸物儲存室的斜障礙物。
3. 抑制。此可以防止火災的擴大，如噴灑系統或水噴射。
4. 金屬、水泥隔板、防爆牆，或其他不可穿透或非傳導性物質的屏障。

二、個人防護具

對個人防護具的需要可分為下列三類：

1. 為在計畫中的危險性作業，如噴漆作業。
2. 以調查或改善為目的。如需要決定環境在洩漏、汙染或其他情況中是否危險。物質的型式可能是毒性的、腐蝕性的或未知道的。洩漏可能只是懷疑或其濃度不清楚。防護裝備必須提供保護，防止未清楚的危害。

3. 為防止事故。由於在事故發生後最初幾分鐘可能是最危險的，這構成了最嚴重的需要。抑制或控制任何傷害或損失的反應時間相當重要。因此，防護裝備要簡單、易於做及操作，尤其是這些情況常在有壓力下完成。

防護性裝備之功能不得過分退化，要可靠，要適合可能涉及的危害，要如所計畫一樣作用，否則勞工可能會受到死亡的危險。因此，它們必須在設計時與測試時能受較嚴格的考驗。

三、弱連結

弱連結是在某一壓力時會失效的設計，如此可以減小及控制任何更嚴重的故障或事故的可能性。為了安全目的，弱連結已用於電機、機械及結構系統。

最普通的例子是保險絲，在更多有價值的部分遭到損壞前，它先燒斷。其他限制過度損壞的方法，包括鍋爐之機械式熔塞，在水位降得太多時會熔化，讓蒸氣可以噴出，而不會破裂；噴灑系統為了滅火而打開以排放出水。

弱連結有其先天上的問題，雖然損壞可能小，但仍有損壞，也就是弱連結有失效時。因此，電路的斷路器可以限制損失，但它可以閉路而無不良影響，這與保險絲不一樣。後者與其他弱連結都使系統無法操作，在更換後才可以再次使用。因為這些緣故，在某些極端重要的設計，弱連結被用為第二級（secondary）裝備。像釋壓閥之安全防護，無法在正常壓力時操作，只在一較高但仍安全之壓力，弱連結才會打開，而減少爆炸。

四、逃生、避難與急救

一旦緊急狀況可能會繼續惡化下去，直到它必須放棄或犧牲構造物、車輛或設備時，仍應以避免人員受傷為原則。在一切努力失敗之後，必須要離開危險區域，棄船、用降落傘降落，這是不歸點（point-of-no-return）。在這情況下，逃生、求生及急救程序與裝備很重要，因為，生命賴其維持。雖然這些行動可能不需要，但需要良好設計、程序、合適裝備，及知道如何使用它們。裝備之無用會比無裝備更糟糕。除此之外，尚有壓力或災難的震嚇。在特殊時刻應有一些可能的行動，如飛機的駕駛員可以選用降落傘或迫降，如跳傘逃生，

他就要使用降落傘，而必須在空中求生，若降落傘故障，他生存的可能性就很低。在某些情況下，逃生及求生相當容易，而在相當不一樣的情況下，卻變得極困難，或不可能。

適當的工作安全分析應決定可能發生之危險及事故，及如何處理，而這就是安全衛生作業標準。逃生路線應予以規定多少人可以使用它們。路線及出口應依法標示。緊急照明燈也需要，勞工撤離的安全區也應建立好。

有些人在事故中可能無法自行獨力逃生，因此需靠他人逃生。救護人員能力有所不同，他們可能是：

1. 同事，熟悉工廠，危險及設備，在事故時被動員來搶救。
2. 未加訓練的人，不熟悉裝備。
3. 熟悉危險的人，但沒有特殊裝備或材料。
4. 知道並能夠處理需要的人。

對任何能提供協助的人，特別是志願者，應供給一些必要設備。

練習題

1. 試述危害的分類。

2. 事故防止的最佳方法是什麼？試列出五種例子。

3. 損害大小如何限制？如何設計才可以成為本質安全？

4. 隔離何以可用為事故防止的方法？

5. 何謂故障—安全設計？有哪三種型式？（81專技，82高考）

6. 何謂閉鎖、上鎖或連鎖？試舉出各種例子。

7. 監測器如何用來防止事故？試列舉五種應用方式。

8. 好的監測器應具備哪些特性？

9. 何謂夥伴制度？如何使用？

10. 夥伴制度與二個人觀念有何差異？

11. 人的感官可用為監測及警告裝置，試舉例說明之。

12. 復舊用在事故防止是什麼？其與偶然事件及緊急事件之關係如何？

13. 試列出在事故中減少傷害與損失的方法。

14. 何謂弱連結？試列出其方式。

15. 逃生、避難與急救的關係如何？

16. 何謂不歸點？

17. 試說明作業環境危害之評估及管制方法？（79高考）

18. 危害風險評估之主要方法，及如何實施風險管理？（81專技）

19. 「災害避免」（Hazard Avoidance）為安全衛生專家之主要課題。嘗試阻止災害發生遠比發生事故後再去改善情境要合理得多。避免與阻止是同一意義。災害避免並無一定法則可資遵循，因為我們無法得知現存或一直存在的潛在的災害。目前，對很多工業的潛在災害已有很多資料庫可查，但仍嫌不夠完善。現在，除了逐步預防災害之方法外，只有靠一般的避免災害之觀念或常識，及其現場之認真實行。問題：請就工作、工人（教育、訓練、激勵、工作滿足）設備、環境及組織方面著想，回答下面問題：

(1) 你認為災害避免計畫有哪些主要因素？這些因素必須伴隨實際安全績效之回饋而謹慎施行。請逐項論述。

(2) 你能否以方塊圖建立一模式，顯示前項因素間之關係。（83台省升12等）

20. 試說明此配對名詞，並比較其差異性：閉鎖、隔離。（88專技）

21. 請說明以下三種設計之概念：

   (1)被動式失誤安全設計。

   (2)主動式失誤安全設計。

   (3)調節式失誤安全設計。（88專技）

22. 請說明監視器應具備的特性。（90專技）

23. 化工設備經多年使用發生故障，其主要原因為材料的經年損傷而來。請簡單說明材料經年損傷的型態與原因。（90專技）

24. 在危害控制對策的研擬方面，有多重防護設施之採行，請回答下列問題：

   (1)何謂多重防護？

   (2)就工程中之露天開挖，為防止崩塌災害之發生，舉例說明有哪些多重防護設施可資採行？

   (3)如以工程中倒塌、墜落、割擦傷三種災害之防止，何者須採多重防護設施，並說明其理由。（91專技高考）

25. 試說明四種本質較安全的方式來降低化學製程的危害。（94專技，衛生技術合作工安概論）

26. 請以圖及數學式說明互鎖（Interlock）機制，並說明在人—機作業系統上（Human-Machine System）互鎖機制之所以能達到安全的理由。（96高考，工業安全）

27. 工廠生產系統設計時需考量所謂的「失誤安全原則」（Fail-Safe Principle），請說明：

   (1)何謂「失誤安全原則」？

   (2)試舉兩個工業界之應用例子。（96專技，工業安全管理）

28. 請說明Hazard與Danger有何不同？並請由Hazard之定義說明何謂本質安全（Inherent Safety）。（99高考三級，安全工程）

29. 請說明本質安全（intrinsic safety）的意義，以及達成的方式。（100高考三級，工業安全管理）

30. 一高壓聚合（polymerization）反應器，針對其緊急排放系統，你會如何設計安裝（請繪圖說明）？為什麼？提示：常用的緊急排放裝置有壓力疏解閥（spring-operated valve）和破裂盤（rupture disk），安裝方式有並聯方式和串聯方式。（100高考三級，安全工程）

31. 請簡單說明以下事項：

(1)互鎖（Interlock）。

(2)正向模式（Positive Mode）。

(3)失效安全（Fail-safe）。（101高考三級，安全工程）

32.試解釋下列名詞：

(1)Flashover（Fire）與Backdraft。

(2)本質安全的防爆構造與機械安全設計的本質安全。

(3)Lock-ins and Lock-outs與Inter-locks。（101高考三級，機電防護與防火防
爆）

33.要辨識工廠存在的危害，有哪些方法或資料可以採用或參考？（102高考三
級，工業安全管理）

CHAPTER 19

熱、溫度與壓力危害

　　高溫、低溫、熱、冷及每一種的變化，都會直接傷害到人員及損毀設備。
例如，在環境中熱的改變，就會產生影響，而導致事故，也因此間接造成傷害
及損失。

19.1 熱與溫度對人員影響

　　熱及溫度傷害人的主要直接影響是經由燒傷而傷及皮膚，有時傷及肌肉，
及皮膚下的其他組織。皮膚的灼傷可分為以下三種嚴重程度：

一、一級灼傷

　　一級灼傷只造成皮膚泛紅，表示輕微發炎，其中大多數是日炙。這表示熱
已產生皮膚灼傷。一個人會灼傷的比率及嚴重度與熱能轉換的強度、皮膚的吸
收力，及暴露時間長短有關。

　　一級灼傷的發生，隨熱轉換時間長短直接改變；例如，由輻射所吸收同
樣量的熱，比短時間所吸收的熱更富傷害性。皮膚與熱表面間的接觸，會產生
灼傷，而傷害的嚴重度，則與接觸表面之溫度及接觸時間之長短有關。一級灼
傷，其接觸溫度及時間比造成二級灼傷的要小。**表 19.1** 為皮膚接觸不同溫度的
影響。

表 19.1　不同溫度對皮膚之影響

溫度（°F）	影響
212	接觸 15 秒之二級灼傷
180	接觸 30 秒之二級灼傷
160	接觸 60 秒之二級灼傷
140	痛苦，組織破壞
120	痛苦，燒熱
91±4	溫，中性（生理零度）
54	冷涼
37	冷熱
32	痛苦
-32	痛苦，組織破壞

二、二級灼傷

二級灼傷比一級灼傷嚴重，會產生皮膚上層腫塊，在嚴重情況下，皮膚下會聚集液體。腫塊下的皮膚很敏感，呈紅色，會滲出相當大量的液體。通常二級灼傷比一級灼傷還疼痛，因為神經末端可能暴露，而三級灼傷，其末端已死亡。破裂的腫塊會引起感染。最普通的原因，正如一級灼傷一樣，都是太陽輻射。

三、三級灼傷

三級灼傷中，皮膚、下層組織、紅血球細胞、毛細管及一些肌肉都被破壞了，燒傷的皮膚可能呈現白色、淡灰色，甚或碳黑色。由於濕熱造成的三級灼傷，大都是白色；而由於高熱造成時，則碳化成黑色。三級灼傷附近區域也可能有較低級的灼傷。

19.2 灼傷嚴重度分類

灼傷嚴重度可分類成許多方式。德州大學布羅克教授（Blocker, Jr., 1965）根據嚴重性提出灼傷傷害的分類。

一、嚴重灼傷

1. 二級灼傷，超過身體表面積的 30%。
2. 三級灼傷，超過身體表面積的 10%。
3. 呼吸系統受傷，主要為軟組織受傷及裂傷等複雜性灼傷。
4. 電的灼傷。
5. 三級灼傷，有涉及嚴重部位，如手、臉、腿。

二、中度灼傷

1. 表面積超過 15% 的二級灼傷。
2. 表面積在 15 ～ 30% 之二級灼傷。

表 19.2　六級的灼傷系統

灼傷度	熱能量	
	白的物質 （Cal/cm²）	黑的物質 （Cal/cm²）
一度灼傷	3.2	未說明
二度灼傷	3.9	1.8~2.9
三度灼傷	4.8	3.3~3.7

3. 小於 10% 的三級灼傷，包括手、臉、腿。

三、輕度灼傷

1. 一級灼傷。

2. 表面積灼傷在 15% 以下的二級灼傷。

3. 表面積灼傷在 2% 以下的三級灼傷。

第二種劃分灼傷的系統所用六級的嚴重性是由羅契斯特大學所發展的，如**表 19.2** 所示（Perkins et al., 1952）。

2+ 以上的灼傷即屬於無法工作型，灼傷之直徑小於 0.40 吋，而範圍在 1、2 及 3 之間的為輕度的；直徑在 0.4 吋到 0.57 吋間的為中度的；超過 0.57 吋以上的即為嚴重的。灼傷深度隨暴露時間而增加。

19.3 灼傷忍受度

童布爾等人（Turnbull et al., 1967）發表的研究報告中指出，一個人暴露在熱中生存下來的能力由兩個因素控制：(1) 對痛苦的容忍度；(2) 二級灼傷之熱暴露水平。報告中還引述了研究，指出當皮膚溫度在 108°F ～ 113°F 間，人會受到無法忍受的痛苦；而超過 111°F 時，就會產生細胞壞死現象。不過日本溫泉浴有高達 114°F 的，西方人漸漸去適應，就不至於灼傷。

銲接、新製程與技術會導致眼睛的傷害，而眼睛比皮膚敏感。這些新製程部分用強電磁輻射，如電爐及其他乾燥過程、雷達以及新近的雷射。會產生的傷害主要是自然界的熱。

19.4 溫度對人員的其他影響

人正常體溫約為 98.6°F。食物新陳代謝氧化產生的熱會保持身體的溫度，且會因熱的損失而平衡。一旦不平衡，熱的產生與損失間之差異即控制了體溫。在冷的環境中，新陳代謝加快以匹配損失；在溫暖的環境中，身體必須損失任何多餘的熱量或將之儲存。各種因素之關係可以表示如下：

$$S = M - E \pm C \pm D - K - F$$

其中，

S：多餘的或不足的熱量

M：身體新陳代謝產生的熱量

E：蒸發所損失的熱量

C：對流作用所損失或獲得的熱量

D：傳導作用所損失或獲得的熱量

K：身體運動所消耗的熱量

F：呼吸、排泄、尿液所損失的熱量

新陳代謝會有熱的產生，每個人熱量損失後所多餘的就會儲存在身體成為脂肪，而能量無法由所儲存的或其他來源獲得，身體的出力就應減少，否則人會失去脂肪。在活動中，身體的新陳代謝率增加，在熱的環境中會藉由輻射、對流、傳導作用而增加熱的獲得；而在潮濕時，經由蒸發會減少身體熱的損失。人會時時保持冷熱平衡。如損失的熱量不能被補償，那麼人體就會有問題了。

一、高溫

不斷地暴露在高溫、潮濕，或熱的陽光下，常引起腹部絞痛（cramps）、精疲力竭、熱痙攣（stroke）。同樣的熱暴露產生不同的影響，取決於個人的感受性。腹部絞痛包括肌肉痛、痙攣、出冷汗及嘔吐。

脫水是由於在熱的環境或劇烈的運動時過量的呼吸造成的。一個人在精疲力竭時可能無法站立，感到虛弱、頭暈、眼花、嘔吐，這是因為他失掉大量鹽分的緣故。如果高溫暴露無法避免，則人體必須在飲食時吸收大量的鹽分。

熱中風的人會頭暈、虛弱、暴躁，眼睛會看不清楚，體溫高達 105°F 以上，且皮膚很燙、乾燥、不會出汗、呼吸困難。病人會嘔吐、失去知覺。

二、溫度與工作表現

許多研究就溫度對工作表現的影響而進行，大多數同意由於高溫產生的壓力會使表現水準轉差，然而意見不同的是影響程度及改變的點。有許多因素會影響熱壓力（heat stress）。多數情況中，這些因素都是很有傷害性的；而在其他情況中，這些因素緩和不良影響。

吳英（Wing, 1965）將這些因素廣泛地分類成五項，這表示熱的影響視下列因素而定：

1. 熱的強度。
2. 暴露期間長短。
3. 工作性質。
4. 執行工作的人。
5. 其他壓力的存在。

濕度高會造成人們生理與心理的壓力，特別是在高溫時，人工作時易急躁、疲倦、無法聚精會神、易犯錯。由於毛病、熱過敏及細菌感染，有些人很容易頭痛。高溫時，人能完成的工作量隨濕度之增加而減少。相對濕度高表示無法排汗，因高百分比之水分已存在。

會增加熱危害的另一明顯因素是暴露時間，少於一小時的短時間暴露在乾球溫度 160°F、200°F 及 235°F 環境下，不會造成很大影響，然而，一小時或許是不影響工作表現品質的時間上限。這些數據乃從特殊作業獲得的結果，因此無法廣泛運用。對不同實驗的參加者，研究的結論可能是類似的，但是其水平會不同，此取決於其他的壓力影響。人類工作表現不受影響的最大溫度為 85°F。

適應性是另一主要因素。短時間在高溫中暴露不會影響工作表現，但時間一長，就會影響。但連續在不良環境中暴露能夠鍛鍊人忍受熱的能力。適應時間因人而異，能承受熱之能力，取決於個人。有些人在環境改變時不需多少時間即可適應。對適應之反應與個人的調整能力及個人動機有關。

人們忍受高溫而不傷及生理、精神表現的能力似乎由下列因素所影響：

(一)難聞的味道

難聞的味道可能使人無法忍受。在低溫時可能可以忍受之氣味，在高溫時卻不僅難聞，且減少對熱的忍受度。除此之外，高溫常會出汗及產生其他味道，也增加液體及水分之蒸發而帶來更多難聞味道，使人們更加無法忍受周圍的環境。

(二)疲勞及缺少睡眠

兩者均會減少對高溫之忍受。相對的，溫暖的情況使人易昏睡、疲勞，在開車時因入睡而造成事故，或減低警覺。

(三)擔心、苦悶及緊張

不但減低忍受熱壓力的能力，且這些情況隨溫度升高而加劇。這是惡性循環的例子。人們出汗越多，承受壓力的能力就降低，而犯錯及事故的傾向與可能性就增加。

(四)煙霧、粉塵、花粉及其他顆粒

這些都會減少熱危害之忍受力。許多公司已完全禁菸，或在某些區域禁菸。

(五)暫時性疾病

如感冒、暈車、心跳加速，都會降低對高溫的忍受力。發燒的人可能會連中等溫度都難以忍受。

三、冷的影響

工廠中，冷一般而言並不是問題，例外的是低溫或高冷却作業情況下。在後者等作業場所，冷的影響其最主要危害是在皮膚與冷的金屬表面的接觸，凍傷情形時有所聞。

冬天在戶外建築工作可能會產生另一類型的冷傷害，麥克法蘭（MacFarlane, 1963）曾列出冷傷害的三種型式：

(一)手腳凍瘡

手腳凍瘡（chilblains）是一種相當溫和型式的組織損壞。冷會造成循環不良，導致末端組織的損傷，如局部的癢或腫即是。

(二)戰壕腳與浸泡腳

戰壕腳（trench foot）與浸泡腳（immersion foot）都是濕冷症的主要例子，肇始於暴露在 53°F（12℃）之溫度下約好幾天的關係，這些毛病的病原乃是冷及汗濕的大氣，腳及腿變得寒冷、蒼白、麻木，而後停止出汗。血管收縮現象發生，而腳變紅、腫，常會使神經受損，以致失去知覺，即使腳已保溫，仍會數週麻木無覺。血管受損，血漿及紅血球洩漏到組織空間中。

(三)凍傷

人長期在 32°F 低溫以下會產生凍傷（frostbite），嚴重時，冰穿透組織，使得組織死掉，而在已受傷的末梢保溫時，血管收縮及腫大發生了，對肝、腎、腎上腺造成很大痛楚及傷害！

19.5 溫度對其他的影響

高溫、低溫及溫度變化都能造成直接傷害或產生某些情況而造成傷害。幾乎所有的工廠，或作業，有任何化學流程的，都有溫度及熱的安全問題。

一、火災

溫度升高最壞的影響就是火災增加，如溫度夠高或有機物的揮發是反應性的話，火災就可能開始自燃；乾枯的植物或油布就很容易以此方式燃燒。火焰、熔解的金屬，或其他高溫源都可以造成諸如木材、紙及衣服燒焦。

液化燃料的洩漏在溫和及熱的天氣時比冬天更危險，不只是液體會快速蒸發以形成大量的可燃性燃料，其與一定氣體混合，只需要較少燃源即可使之燃燒。讓任何燃料──固體、液體或氣體燃燒的熱量，隨溫度與熱的升高而減少。

二、反應率

化學反應的速率隨溫度之增加而增加。熱燃料與空氣混合，在著火時可能爆炸，而不像在冬天時會燒起來一樣。溫度如未保持在安全限度內時，化學流程可能會失去控制，而反應可能變得相當劇烈，以至於產生爆炸，這種情形即失控反應。高溫正常時會造成非反應性物質的反應，如熔解電弧的高溫，會使得三氯乙烯因分解而劇烈反應，以至於發生爆炸。

由於反應性隨溫度增加而增加，反應物質應保存在低溫處。特別是炸藥等東西，應儲放在不會受熱的火藥庫，而炸藥在現場使用時，千萬不要放在太陽光照得到的地方。

三、其他問題

溫度升高會產生下列問題而導致故障及事故：

(一)腐蝕

低溫的腐蝕可以忽視，在升高的溫度，腐蝕反應很快速。腐蝕的部分會變弱而在關鍵時刻會故障。

(二)分解

液壓流體可快速分解，所產生之汙染物會阻塞流孔而使得設備故障。

(三)可靠度

熱及溫度之增加會降低電子設備的可靠度，以致零件及設備常會故障。

(四)氣體壓力增加

溫度升高會使封閉空間氣體壓力升高，到某一程度時，容器就會爆裂。

(五)水的結冰

水管結冰會造成管子破裂與其他封閉容器的破裂。冰及其他液體可使零件、設備移動，或限制它們可移動之範圍。冰的積集會防止物體沿一固定表面移動，或防止分離。冰的壓力會使鋼架橋推離基礎。冰所增加的重量會造成結

構的倒塌。

(六)液體膨脹及溢流

溫度升高會造成液體膨脹而發生問題。儲槽中完全裝滿的液體會溢流，而可燃性液體之外溢即會產生嚴重的火災危害。

(七)金屬的影響

溫度升高一般會減少大多數金屬的強度，造成大多數金屬膨脹而改變尺寸，若加溫的部分被限制而無法膨脹，則會彎曲或破裂。所以不瞭解這點就會造成銲接結構之變形、損毀、故障及倒塌。

(八)沒有可塑性

溫度降低會造成金屬沒有可塑性，增加脆性，致鋼構造倒塌；船及重設備破裂；瓦斯輸送管線龜裂。

19.6 壓力危害

1865 年 4 月 27 日，蒸氣輪蘇坦娜號在美國田納西州的曼斐斯以北數哩的密西西比河發生鍋爐爆炸，死亡在 1,600 ～ 1,700 人之間。當時該輪鍋爐壓力比今日常用的壓力為低。事實上，要發生嚴重傷害或使物品受損並不需要太大的壓力。一般錯誤地認為傷害及損毀只在高壓時才會發生，事實上，高壓這名詞要比通常大氣壓大的論點並不一致。70 哩時速的風只有 0.1psi 的力；而時速 120 哩的風其動力壓只有 0.25psi。美國瓦斯協會指出低壓瓦斯配氣線一般操作壓力只比 2psi 稍大；美國機械工程師學會分類鍋爐壓力在 15psi 的為高壓鍋爐；「職業安全衛生法」指出高壓鋼瓶乃是壓力 900psi 以上的鋼瓶；然而，軍事部門與相關工業分類卻是：

1. 低壓：1 大氣壓～ 500psia。
2. 中壓：500 ～ 3,000psia。
3. 高壓：3,000 ～ 10,000psia。
4. 超高壓：10,000psia 以上。

因此，高壓這名詞可以是任何範圍的壓力，以事故防止目的而言，任何壓力系統均可視為危險的。危險就在於任何範圍內之壓力及所涉及之能量，暴風就是一個好例子，它相對低壓卻可以使出破壞房屋結構的力量來。

🔧 19.7 壓力容器的破裂

當容器內流體的膨脹速度超過容器強度，容器即會破裂。一旦破裂就非常劇烈，結果將是容器之解體——常有裂片，偶爾會有震波產生。附近的人會被衝擊而受傷。

鍋爐破裂的過程如下：熱被加到鍋爐水中，水溫度增加到沸點，開始蒸發，而蒸氣產生壓力，蒸氣離開鍋爐被新供應的水所取代，當由鍋爐輸入的熱等於蒸氣所移走的熱，則可達到平衡，而壓力保持一定。一旦蒸氣被限制或阻塞，而無法移走多餘的熱，溫度與壓力即會升高；如未能供應新鮮的水的話，任何水蒸氣就變成乾氣體而增加壓力，因此如無安裝安全閥或無法限制壓力在安全值，則壓力超過鍋爐的強度，而使鍋爐發生故障。

一、無火壓力容器

無火壓力容器（unfired pressure vessels）是危險的，熱的輸入有許多方式。屋外型壓力容器有太陽照射的熱，攜帶式鋼瓶，在室溫時有些壓力高達2,000psi，因此應放在陰涼處。二氧化碳的蒸氣壓在70°F時為835psi，而在140°F時則高達2,530psi；二氧化氮在70°F時為745psi，而在140°F時則為2,450psi。屋內壓力容器絕對避免靠近熱源，如輻射器、鍋爐或火爐。

二、超壓

美國安全協會《安全期刊》第29期第3號，曾報導一件啤酒桶由於二氧化碳超壓而爆炸的案子，至少有8個人死亡，而財務損失不計其數。雖然為低壓系統，但許多爆炸都是由於缺少釋壓裝置、減壓器髒，或減壓閥不當使用而造成。

所有壓力容器的故障大多是壓力集中之點有缺陷，如缺陷太嚴重，甚至比

正常操作壓力會故障或爆裂；另一傷害源是壓力錶故障。

三、安全閥的洩放

　　為減少由於超壓而發生破裂的可能性，常裝有安全閥。1916 年 9 月 25 日，奧克拉荷馬州亞德摩爾一部汽油油罐車，由於受到陽光照射，汽油蒸氣由安全閥排放，數小時後發生爆炸，400 呎範圍內的所有建物都完全被毀，遠到 1,200 呎處的建物都有損壞。1973 年加州耶西甘德地方標準石油公司工廠中壓力容器的安全閥打開，釋出許多油料到附近，致房屋、汽車、建物及土地都被嚴重汙染。

19.8 動壓危害

　　壓縮空氣、氧氣或二氧化碳鋼瓶的壓力在鋼瓶滿時，往往超過 2,000psig，大的鋼瓶重約 200 磅。鋼瓶閥破壞氣體，排出所產生之力量比鋼瓶重量大 20 ～ 50 倍，其破壞力可想而知。2,500 磅的鋼瓶，在閥破損時，可以在 0.1 秒內達到每秒 50 呎的速度。

19.9 水錘現象

　　水錘現象是由於將液體流動中突然被制止，以致發生震動效果而使管線破裂。液體的重量有動量，如果突然關去閥而使流動中止，液體動量會被轉換成震波，由管線下端傳送到上端，震動會經由液體傳回，此乃由於液體是不可壓縮的。震動的能量可以破壞接頭、管線，特別是它們如由脆材質所製造時，就無法承受震動。為避免毀損液體管線，應避免使用快速關閉閥。

　　水錘問題可以由噪音而得知，若無法採取改善措施，則可能造成管線劇烈破裂，而破片會傷及人員及設備，或造成接頭處洩漏。

19.10 負壓（真空）

　　大氣壓與低於大氣壓之壓力差其破壞性與兩者都是正壓情況一樣。無意中

造成負壓或真空狀態，會有相當破壞性，因結構常無法承受相反的壓力。東南亞的颱風、美國許多地方的暴風或颶風，造成的大災害就是由於負壓的關係。大多數的房子都是設計可以承受正的負荷，而非負的壓力。這些負壓可能是在風通過的下風處產生，雖然壓力差很小，但總負壓涵蓋區非常大，因此力量非常大。如一小房子的屋頂面積只有 1,500 平方呎，壓力差若為 0.05psi，則撕裂屋頂的力量為 1,500×144×0.05=10,800 磅（約為 5 噸重）。

　　蒸氣的凝結是負壓的另一來源，會造成密閉容器倒塌。液體比同重量的蒸氣占有較小的空間，蒸氣冷卻時，會液化，留下水分，而部分壓力遽速降低，除非容器設計得可以承受內外部壓力差所加在其上的負荷，或除非有裝設真空洩漏器，否則就會倒塌。

19.11 洩漏

洩漏是另一個最大的危害源。洩漏的可能原因可分類如下：

1. 不良設計的系統或連接：系統中若為流體時，則只要有連接的點，就會有洩漏的可能。因此最好將接頭數目減至最少，少用短管，使用銲接在這方面最有利。

2. 可分離的連接：若有需要，應小心選用，因某些型式比他種型式易洩漏。法蘭或有螺紋的接頭提供許多便利。

3. 所含的流體：流體的型式會影響洩漏的危害。氣體比液體易洩漏，但液體的大問題是重量會造成洩漏。高黏度的流體比低黏度的較少洩漏。

4. 不正確的接合或鎖緊部分：螺帽未鎖好及螺紋未鎖好都易造成洩漏。沒有密封、墊圈、墊片，會使得氣體或液體洩漏；而閥無法完全關緊也會讓流體通過。

5. 接頭因震動而鬆開：此類情況最易發生在管線上，不但螺絲型接頭會鬆開，法蘭的螺帽也會鬆脫，造成密封、墊片及墊圈的損毀。

6. 破裂及穿洞：主要是由於結構有問題。超壓會對容器壁產生壓力，而造成破裂。尖銳物品擦傷金屬表面會造成破裂；而尖銳物碰擊容器壁則會造成穿洞。當然水管或管路碰到粗硬表面也可能造成穿洞。

7. 小孔：金屬可能有小孔（porosity），或銲鑄時含有不良材質，而使得流

體可以慢慢通過。密封、墊片及墊圈也可能是那些可以讓流體通過的材質。非金屬薄片材質作為膜片或容器的也可能會有穿透性，壓力系統中適用於密封物的材料就無法用於真空系統。

8. 腐蝕：腐蝕會產生洞，且會擴散至整個容器的金屬部分。腐蝕會減弱金屬而破裂、故障，就成了開口，而腐蝕也會造成螺帽、螺栓及其他裝置失效。

9. 磨損部分：零件使用中可能耗損或損毀。拆解或組合零件會造成螺絲剝落及接合面的損壞。橡膠或塑膠水管在壓力改變時的伸縮、紐結或解開，在粗硬面上拖拉，都造成磨損並洩漏。非金屬物料持續暴露在太陽輻射中易老化而無法使用。

10. 干擾：髒物、汙染物或其他固狀物都會使得法蘭、螺絲、墊圈或其他接頭之接合面無法緊密接觸，而閥也就無法完全關上而致流體繼續流通。

11. 超壓：過大的壓力會造成容器超壓，可能會扭曲、破裂、分離、洩漏。

12. 溫度：較高的溫度會造成接頭的鬆開，溫度增加，會減少黏度，以致系統開始洩漏。有機密封物可能會開始滲出，而冷卻會使有機物劣化致有壓力之氣體流通。

13. 操作員之失誤：閥、洩放口及其他封閉裝置，可能無法完全關閉，使停止流動，也可能被錯誤地打開，而容器也可能灌裝太多，致超出液位而溢流。

19.12 洩漏偵測

大量外漏的偵測一般相當容易。外漏流體的噴出可以看得到，流體之濺出或積成一池，也可以被注意到，損失也可以計算出來。裝有液面計或壓力錶等的容器隨時就可以知道損失及洩漏情形。小的容器及其內容物可以秤其重量而決定洩漏程度。

氣體排放一般可以由嘶嘶的噪音而知道。千萬不要用手指去探測高壓高速外漏的情形，如刀一般銳利的噴出可以傷及皮膚與骨頭。

小量微漏不易知道，可用偵測器。肥皂泡最簡單、便宜，且往往有效。今日，非常小的漏，可用聲音及震動放大裝置來偵知。危險氣體可添加味道劑以

便於偵知。

對於漏點的決定則較難，特別是空的容器及流動停止時。密閉容器的壓力
會對器壁產生壓力，而使得墊圈或密封與金屬表面之洞及裂孔間空隙擴大，而
一旦流體漏完，壓力減小，任何空隙、洞或裂孔的大小就會減小或不見。在此
情況下，小開口及洩漏處，需要將系統持壓以判定何處會發生洩漏。

19.13 壓縮氣體鋼瓶

攜帶式鋼瓶中壓縮氣體的廣泛使用，使得安全工程師要非常熟悉它們的特
性、危害、安全特徵及預防措施。大多數這類氣體的特性在一般參考書中有列
出。一般由鋼瓶抽出的氣體往往以下列三種方式儲存：

1. 永久氣體：沸點在 150°F 以下，室溫時不管壓力多高都無法液化。如氧
   氣、氮氣、氦氣就屬這類。

2. 液化氣體：在 1 大氣壓下，零下 130°F 或較高之溫度會液化，如丙烷、
   氯、丁烷。

3. 溶解氣體：只有乙炔氣可以溶解在鋼瓶中。

壓縮氣體鋼瓶大小不同，最小者在直徑 2 吋，長 15 吋，最常見於工廠中
的為 51 吋高，外徑 8.5 或 9 吋。氮氣或乙炔氣鋼瓶直徑較大。

鋼瓶內氣體之壓力、容積、重量隨特性而異，永久性氣體鋼瓶之壓力標示
在鋼瓶之頂肩部位，如 DOT 3A-2000 之標示，表示符合美國交通部（DOT）
3A 規範，而在 70°F 時可充以 2,000psig 之壓力。非燃性氣體，如氮氣、氨氣，
可以充到 110% 之壓力。空的鋼瓶應標示，如掛上有「MT」字母的標籤。

所有鋼瓶都應標示其化學名稱以表示其內容物，這名稱應用不能拿得開的
方式表示，如打鋼印等。「職業安全衛生設施規則」第一百零六條明定，高壓
氣體容器應標明所裝氣體之品名，且容器外表顏色，不得擅自變更或擦掉。至
於顏色區分，則未見於現行高壓氣體勞工安全規則內。

為了安全起見，鋼瓶之顏色標示，宜參考下述顏色以標明所使用氣體名
稱：

1. 氧氣：黑色。
2. 氫氣：紅色。

3. 氮氣：黃色。

4. 乙炔：褐色。

5. 液氯：深黃色。

6. 液氨：白色。

7. 液化石油氣：灰色。

8. 氮氣：灰色。

9. 氫氣：銀灰色。

10. 二氧化碳：綠色。

11. 笑氣：天藍色。

12. 混合氣：灰色加白線。

練習題

1. 熱與溫度之間的差別是什麼？

2. 敘述熱轉換的三種主要方式。

3. 可感知的熱是什麼？潛熱又是什麼？

4. 說明一度、二度及三度灼傷。

5. 高溫對人體的影響是什麼？

6. 溫度與濕度如何影響表現？

7. 說明五種影響高溫忍受力的因素。

8. 暴露低溫的次序是什麼？

9. 何謂風寒（wind chill）？舉例說明之。

10. 試述溫度對反應率的影響。反應率增加為何危險？

11. 說明溫度會產生的其餘五種影響。

12. 給高壓下三種定義。為何不同用途有不同範圍？

13. 為何壓力容器會破裂？

14. 安全閥與釋壓閥主要差異是什麼？

15. 安全閥排放時應採取之預防性措施是什麼？

16. 為何有壓力的系統工作前要加以釋能？如何做？

17. 什麼會造成水錘現象？影響如何？如何防止或避免？

18. 列出七種洩漏的原因。

19. 列出十項氣體鋼瓶之注意事項。

20. 試解釋危害指數（Heat-Stress Index, HSI）和有效溫度（Effective Temperature, ET），並列舉有效溫度對評估熱危害之限制性。（85專技）

21. 請舉例說明熱之健康危害及其防制方法。（86中央升等）

22. 試解釋何為有效溫度（Effective Temperature）？何為綜合溫度熱指數（WBGT）？他們兩者之間的差異是什麼？（86專技）

23. 試討論勞工在熱環境下工作，有哪些個人因素會影響到當事人對熱適應與容忍之能力？從現場工作管理之角度，當採用何對策以因應這些限制因素？（87專技）

24. 請討論五種低溫液態氣體的安全性質及儲運。（84中央機關簡任升等）

25. 高溫作業的熱暴露標準，把哪兩大工作條件納入考慮？納入考慮的理由是什

　　麼？除了熱暴露標準的規範之外，工作場所還必須注意哪些措施，才能避免
　　勞工發生熱危害？（101高考三級，工業衛生概論）

26.在熱作業環境中工作之工人可能產生熱危害，進而誘發疾病，請說明：

　　(1)熱環境中，影響人體熱蓄積的主要因子為何？

　　(2)熱誘發疾病之種類？

　　(3)在防止熱危害上，常利用相關之物理性環境指標，最常使用之物理性環
　　　境指標為「綜合溫度熱指標」（WBGT），請說明其內涵及量測方法。

　　　（102高考三級，工業衛生概論）

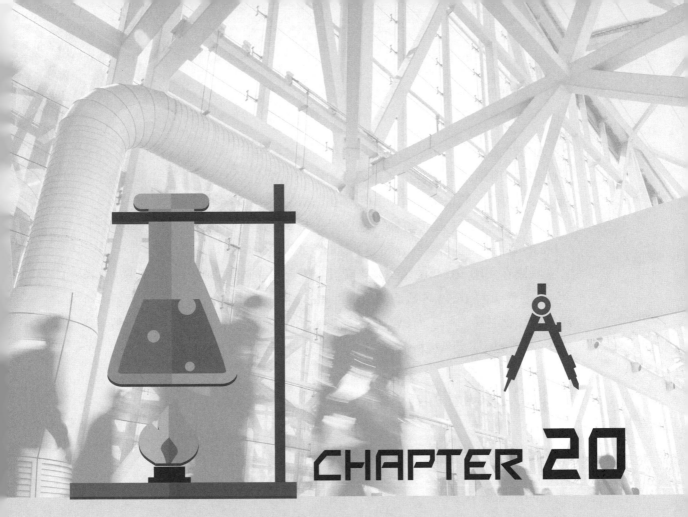

CHAPTER 20

機械危害

　　工廠中絕大多數的傷害是機械傷害，尤其在使用皮帶驅動旋轉設備、開放式齒輪動力衝床及動力錘的工廠更是如此。漸漸地法律、規範與標準通過了，規定必須專門提防這類設備的傷害，但這類傷害仍占普通傷害的極大多數。

　　除了由衝擊而造成的機械傷害外，機械傷害也包括切、割、剪、斷裂（breaking）、身體拉傷（straining）等等，或者是這些種類的混合型。

　　我國在民國 102 年的職業災害統計上，全產業職災的原因分析，被夾被捲共 1,912 件，占 16.9%，被切割擦傷共 1,832 件，占 16.19%，也就是兩項占全產業職災的三分之一；而以製造業而言，此兩項傷害共有 2,663 件，占製造業職災的 43.92%。顯然機械危害在製造業或全產業都是職災的主要因素。

20.1 機械傷害

　　一般而言，機械傷害可分為下列幾種類型：

一、切割及裂傷

　　皮膚或身體與機械銳利邊緣接觸，會造成創傷。銳利邊緣可能是固定的，經過身體施加壓力後，使得銳利物切入皮膚。如果壓力過大，則銳利邊緣可能切入肌肉或者甚至骨頭。當銳利點或邊緣戳入皮膚和肌肉時，亦會造成嚴重的割傷。此外，若手指用力過度，方可能割傷皮膚及肌肉。因此，在發射、操作工作表面及使用類似可能往下落的設備時，通常是不能戴戒指或者手錶的。

　　有些普通但不嚴重的切割傷害，係來自於與粗糙的表面接觸所致。不論銳利的邊緣和粗糙的孔緣，都能切入皮膚，引起傷害。法律與工業標準，往往缺少要求製造商與工程師消除這類危險的條文。有些工程師會要求消除這類銳利物，因為它們在工作上造成了壓力，倒也是部分失誤可能開始的原因。絕大多數的製造商也發現這些質量差的設備，可能無法符合使用者的要求標準。而軍事設施則按照人類工程的要求，需要在機械內部有銳利的光角。在前幾年，汽車工業公司曾要求類似的標準，即使用內陷手柄、光滑的，且無法打破的扶手及其他特點，以避免手指、手掌與身體的其他部位被切割。

二、剪傷

當銳利邊緣沿邊緣的垂直線成線性運動，或者兩者因相距過近時所產生的運動時，都會發生剪傷。

普通手被切斷，大都因使用沒有保護的，或者保護很差的動力切割器所致。操作者把材料放在適當的位置，然後開動機器，準備切割以製造產品。如果勞工突然發現未將材料位置放好，就會想去糾正，如此就有可能使其失去一手或雙手。根據規定，必須裝置雙手控制器，但操作人員為了增加產量，乃規避此項規定，因而受傷。現在有更複雜的方法，使得在剪割行動之前，確保無任何干擾因素的存在，並可防止規避安全措施的理由。

三、壓碎

夾在兩個堅硬物之間，就會發生對皮膚、肌肉或者身體其他部位的壓傷，除非將兩個堅硬物分開，否則不會減輕傷害。所謂「擠壓點」（pinch point）乃為除了操作點以外，任何會使得身體的任何部分，被衝床的移動部分或補助設備間所夾住，或在移動與固定、其他移動部分、衝床的部分或輔助設備間所夾住的點。事實上，該定義無須只限於壓榨機和輔助設備，在有些例子中，這類危險被劃分為「壓榨點」（squeeze point）及「壓過點」（run-in point）兩部分。

「壓榨點」指兩個硬物中，有一個仍持續運動著而發生。兩物體之間不需要彼此接觸，只要在微距離內緊壓身體的部位即可。這種微距離的過程，可能發生很快，因此身體部位可能被夾住，以致受傷。因而皮膚與肌肉可能夾處於物體與骨骼之間而受傷。在美國鐵路安全法通過之前，鐵路勞工為竭力連結二節火車車廂而壓碎失去手指的事時有所聞。另外壓傷的例子尚有因重物掉落而碰傷腳，人拇指被鋤頭敲傷，或者正行進間的車輛，碰上牆壁或其他車輛，因而壓傷了人等。「壓過點」乃指當兩種物體中，其中有一物體在旋轉中，在移動中，逐漸拉進直到相接觸或幾乎相接觸，此即壓過點。

四、撕裂

許多設備能夠導致對身體的壓傷，係由於處於兩個堅硬表面中間，而引起骨骼的斷裂。在企圖治療骨骼的傷害時，或者如果集中力量壓在骨骼上，而沒

有整個肢體力量支撐或只有一或兩點支撐著骨骼時，都容易引起骨骼斷裂。根據經驗，斷裂可能發生在易碎的和降落物，或者缺乏支撐而又無彈性的振動物間。

五、拉傷

肌肉拉傷在工作場所中是最常見的損傷。肌肉拉傷常常係由於勞工自己傷害自己時發生的。避免這一傷害的方法，幾乎操之於勞工自己的小心。許多肌肉拉傷是由於勞工過於自信，認為自己有能力提起超重物體，而過分用力所引起的。通常提物能力，取決於個人的身體狀況、物體的形狀大小及高度，再加上勞工提物的方法及姿勢等。

如果勞工想提起重物，但是腳下、身體卻不能穩住或者無法找到平穩的地方，這時皆無法正常地提起重物。在提物之前，勞工必須確保雙腳站穩。應慢慢地提重物，如發覺任何不適應即中斷。並且提重物時應保持垂直，使腿部肌肉能夠用上力氣。

腿部肌肉比手臂、背部肌肉還要發達，所以在手臂或背部容易傷害。通常一個人使用腿部肌肉，比使用背部肌肉還多三倍的力道。若使用肌肉不當，會引起頸部與背部的傷害，以及疝氣和類似部位的傷害。

勞工經常在提重物時，缺乏正確的姿勢及缺乏如何提重物的正確知識。因此許多公司限制物體的重量與類型，另外還特別指定專人擔負提物的職責。

另外，造成肌肉拉傷的原因，包括勞工在滑的地面摔倒，摔倒的人為了維持平衡或者避免頭部撞傷，因此導致肌肉拉傷。

20.2 造成傷害的機械動作

一般而言，會造成人體傷害的機械動作有下列四大類：

一、往復、直線及轉動動作

往復動作係因直線前後或上下的往復動作，使工作者受到撞擊；直線動作會使工作者被撞傷或擦傷；轉動動作往往會捲住衣服、領帶、頭巾或頭髮，而

造成傷害。

二、動作捲入點

機器相對轉動，或一部固定，一部轉動時，就產生動作捲入點，而造成身體捲入受傷。

三、切割動作

機器之往復、直線或轉動動作切割物料時，會產生動作點切割身體。

四、衝、截、彎的動作

動力操作的鎚、棒、刀片，形成衝、截、彎等動作。

20.3 機械防護

我們可以採取下述方式來防止上述傷害：

一、防護方法

常見機械防護方法可分為下列五種：

1. 護罩法：以護罩式或障礙式，將人體防止進入機器內。
2. 連鎖法：其原則為防護裝上後機器才會動，或防護未裝，機器不會動。
3. 自動法：有自動拉開或自動推開兩種，使危險區域內的手被推開或拉開。
4. 遙控法：以電氣掀鈕、機械手柄或氣動閥，將人的兩手在機械遠處操作。
5. 改善進料及出料法：以半自動或全自動方式，用工具代替手來進料；或用動力法、震動法、吹出法而出料，不需人手操作出料。

二、防護裝置

對於傷害的種類，如皮膚切割、裂傷、磨損、磨壓或其他極端嚴重的外傷等傷害，相對其他傷害已經變得很少了。主要的原因是，工作已經使用了機器防護與安全裝置了。

防護裝置是防止身體任何一部分，進入危險狀況的保護措施，如齒輪上的外殼。安全裝置為一種機器控制裝置，如果操作人員在操作時，不慎將身體部位，進入危險區域，則可防止或遮斷操作；或者能夠使機器在操作之前停止下來。

有效的防護及安全裝置，必須有某些特徵及標準，茲分述如下：

1. 在所有情況下，必須保持安全。如果有任何失誤，不論是停止或正在操作中，應使機器能立刻及自動停止。
2. 當機器操作中進入危險狀態，必須能防止之。
3. 對工作者不能給予任何的限制、不適與困難。
4. 它必須能夠自動地或被固定在某一定點上。
5. 它必須專為該類危險、機器及類型而設計的。
6. 它在使用時不需要精緻的調整，或在校正時容易移出。
7. 它必須不能讓操作者規避或忽略設備與安全裝置的存在。
8. 它必須有最起碼的維修。
9. 它本身不能造成危險。

目前使用之保護裝置方式如下：

(一)固定、全封閉型

蓋子或柵欄可以用來防止危險設備與人的接觸。固體與電線外殼用來蓋在齒輪等機械上都屬於此類。

(二)固定而有限度入口

提供一固定的地方當開口，以控制一些物質的出入。這種裝置小於手指或手。這類防護裝置可以用在壓磨機中，使得小的與平扁的物質可以順利通過。但是開啟口的大小，可以決定能通過的物質的大小。如果被處理過的物質，被

擠在開啟口了，則須使用特別的工具，或者將保護裝置移開，以檢查問題所在。

(三)有連鎖的密封裝置

當一部分的保護性裝置或者整個裝置被拿開了，連鎖裝置就會切斷電源，因而機器電力被切斷，或者設備停止運轉。最普通的例子是，能夠控制清洗機器的連鎖裝置，在機器旋轉時停止了。許多連鎖裝置的缺點是有些旁路容易造成失誤。

(四)可動式障礙或柵欄

障礙（barrier）能夠使物質進出，如在壓床的例子裡，障礙的運動是與壓床滑板的運動一致的，而壓床滑板的運動，只有在障礙的位置正確時才能開始。

(五)光學感應器

光學感應器，如光源及光電電流計的結合體，能夠偵測出在危險地區是否有物體存在。壓磨機在沒有任何光線干擾的情況下，才能正常運行。為了保護正常的操作，光源和光電必須保持乾淨。這種裝置通常在陰影下工作，因為在很強的陽光下及其他很強的光線下，都無法正常運轉。

(六)超音波

高頻聲音能夠測出物體或身體在危險區域的存在。超音波不會受強的光線、塵埃的影響，但是若長度過遠，聲音就起不了作用，因此這種保護方法仍有其限制。

(七)電磁場效應

無線電在危險地區周圍產生出電磁場。任何在電磁場範圍內的地上物都能被測出來。操作者手被電線纏繞成接地，則在手活動的區域能夠被測出來，須在手離開危險區域後，才可以作業。這個方法能夠用在大的或不規則形狀的地區。

(八)受手控制裝置

雙手按鈕或者手柄，必須由勞工在操作時同時使用，這類裝置相距很遠，不能由一隻手單獨操作。

◆限制裝置

機器操作者的手僅能用有限的方式來移動，所以他們無法移入危險區，但是操作者不喜歡限制裝置（holdout device），因為限制了他們的移動，故而儘量避免去使用。

◆牽制裝置

機器操作者的手也被電線裝置所限。這種情況下，操作者只要願意，可以任意移動其雙手，直到機器開始動作，但雙手必須已經離開危險區域才可操作。牽制裝置（pullout device）與壓床滑板相連。當它轉動時，連接電線將操作者的手拉出危險區域。操作者也不喜歡這類裝置，因為它限制了手的運動，而且此類裝置需要精確的槓桿和電線來調整。

◆掃除裝置

當一個壓床被開動了，一隻手臂在危險地區的前方與搖擺中的滑動軸連接在一起，此時必須馬上拉開操作者的手。掃除裝置（sweeps）在設備較大時不能有效使用。因為這種裝置本身可能打傷勞工的手或者將勞工打得失去平衡。

◆機械饋送裝置

操作之零件或原料，通常是小零件，放入一裝置如旋轉式的桌台。機械饋送裝置（mechanical feeds devices）會自動在危險地方操作。事後，零件會被退出。

◆饋送工具

工具能從壓床中放入原料或清除原料，這些工具通常用來防止在手或手指進入危險區時受傷。

20.4 預防性措施

下列預防性措施，對操作任何機械設備而言，頗為常見。

1. 所有操作者應該瞭解有關存在於設備及操作中的危險知識，瞭解安全措施，瞭解當出現問題時該如何處理。

2. 每個操作者或助手應該知道停止（stop）或緊急（emergency）按鈕處，或瞭解設備上的控制鈕，並定期地檢查以確保操作正常。主管人員也應該保證勞工都瞭解這類重要的按鈕及操作控制處。

3. 應該定期地檢查所有有保護裝置與安全裝置的設備；每天應由操作者檢點，並由主管人員或者維修人員作定期複檢。

4. 每個操作者應該瞭解防止保護裝置或安全裝置失效的知識。

5. 修理、調整或者維護某一安全裝置時，應由經過訓練的及有資格的專門人員修理。

6. 如果機器必須由兩人操作，那麼每個人必須各有一控制或安全裝置，如此才能防止創傷及另一工作者過早起動。

7. 機器操作者的衣服易被機器纏繞，因此應該穿著緊身的衣服及短袖的襯衣或短衣。不能戴領結、戒指或者手錶，不應留長髮。面罩、安全眼鏡等安全用具必須一直戴著，以防止固體物從機器上脫落飛出。

8. 必須提供放置工具的地方或移動零件的程序及設備。

練習題

1. 試討論為什麼在現代工廠裡人員的機械傷亡少於早期工業的機械傷害？

2. 列出機械傷害的類型，並列出它們如何發生？如何使用改善措施來消除或減少最大程度傷害的可能性？

3. 肌肉拉傷的最普通原因是什麼？各種損害如何避免？

4. 指出擠壓點、壓榨點及連接點的區別？

5. 列出七種保護或者安全裝置應有的特徵？

6. 討論各種類型的保護措施，並說明其中的優缺點？

7. 討論各種類型的機械安全裝置，並說明其優缺點？

8. 機械災害的常見現象是未加防護的轉軸、軸端、皮帶盤、齒鏈等，請問機械防護罩（mechanical guard）之基本要求為何？請逐條列述。（83台省升等）

9. 列出五個機器操作者的上司應該保護屬員做到的預防性措施？

10. 如果勞工認為他們所操作的機器具有危險性，因此不願操作，那麼他們應該怎麼辦？

11. 如果設備失誤而引起了事故性傷害，那麼誰該負法律責任？

12. 試列出機械防護的五種方法？

13. 試說明造成傷害的各種機械動作。

14. 試述機械防護的基本原理？（79高考）

15. 保護或安全裝置，應注意哪些安全性？（80專技）

16. 何謂零機械狀態？（80專技）

17. 通常易造成傷害的機械動作基本有哪些？並舉例說明之。（81高考）

18. 機械之防護方法中，護罩法和連鎖法不適用時，還有哪些防護方法？（81高考）

19. 就安全管理觀點而言，機械防護的基本原理為何？（84台省乙等基層特考）

20. 機械安全的一般要求事項或標準為何？（85專技）

21. 沖壓機械造成傷害之型態、原因和安全對策有哪些？（87高考三級）

22. 機械動力傳動設備包括哪些？請說明其安全防護方法。（88檢覆）

23. 請說明鍋爐事故之預防對策。（88檢覆）

24. 試述電銲作業時，有哪些可能之危害。（89高考三級）

25. 以可移動式護罩來做安全防護時，護罩系統必須具備什麼樣的功能？（89專

技）

26.試說明機械動作主要危害及防護原理。（90升等）

27.試述常見之機械性傷害事故之災害類型，及有效防止事故發生之對策。（90高考三級）

28.雙手按鈕開關與光電感應裝置為常見之機械安全裝置，試分別說明兩者之必要構造與系統控制功能。（90專技高考）

29.在機械上為保護人員免於間接觸電，或在有限面積的直接觸電，可使用保護性超低電壓，請問該電路應滿足哪些條件？（91專技高考）

30.現有與沖床安全結合之技術與法規已相當完備，但是相關的傷害事件仍層出不窮，問題癥結在哪？您的建議為何？（91檢覆）

31.列出五個機器操作者必須遵守的預防性措施？

32.試說明機械或土木結構之失誤或故障的可能原因。（91高考，工礦衛生技師）

33.請回答下列問題：

(1)動力衝剪機械之防護為不使勞工身體之一部分介入滑塊或刃物動作範圍，除了可採設置安全護圍防護外，請列出其他可採之安全裝置之種類，並說明其機能。

(2)升降機應有安全裝置，以保障使用之安全，除了裝置構造堅固平滑之門外，安全裝置尚有哪些？請說明。（92簡任升等）

34.試分別說明機械防護中的能量隔離裝置（energy isolation device）與零機械狀態（zero mechanical state），並比較兩者的差異。（94專技，衛生師工安概論）

35.動力衝剪機械常使用雙手操作式安全裝置以不使勞工雙手介入滑塊或刃物動作範圍之危險界限內而受到傷害，試說明此種安全裝置應符合哪些規定？又其構造大致區分為「安全一行程式」及「雙手起動式」，請分別說明二者之機能及常見於何種形式之衝剪機械。最後針對「安全一行程式」及「雙手起動式」兩種安全裝置之固有遲動時間，請自行分別舉例，計算出按鈕或控制桿與危險界限間之最小距離。（94專技，工業安全工程）

36.何謂正向機械作動原理（the principle of the positive mechanical action）？請以圖示說明之。為何在可開啟式護罩（Movable Guard）上應使用正向模式的裝置來產生停機命令？（96高考，工業安全）

37.光電式感應裝置（光柵：light curtain）在安裝上必須考慮安全距離，請問如何決定安全距離？又光柵的光軸間距與安全距離有何關係？（96高考，工業安全）

38.請列出一般工廠在機械操作上最常發生的五種機械傷害種類？並舉例之。（96高考，工業安全）

39.在作業現場中，若有使用「無人搬運車」或「機器人」（robot），試述這類設備的使用，在安全上之管理重點為何。（96高考，工業安全）

40.試說明起重機的安全裝置的種類及其功用與型式。（96專技，工業安全工程）

41.請說明機械使用「雙手按鈕」所欲達到之安全功能。為達到此安全功能，「雙手按鈕」必須如何控制機械？又，按鈕本身必須具有怎樣的規格？（99高考三級，安全工程）

42.動力衝剪機械之感應式安全裝置，應為光電式安全裝置（或具有同等性能以上之安全裝置），請說明光電式安全裝置應符合哪些規定？（100高考三級，機電防護與防火防爆）

43.(1)請說明機械發生危害的部位，(2)以及除了閉鎖、動力連鎖裝置、警報裝置、告示與機械安全設計的方法外，另說明其他六種機械災害防止的方法。（101高考三級，機電防護與防火防爆）

CHAPTER 21

電機危害防止

　　日常生活與工廠中大量使用電機設備，加上電機設備精密及安全化，使得人們似乎忘了電的危害，事實上由於電是人肉眼看不見的能量，一旦感受到它的存在，就為時已晚，常造成嚴重後果。

　　1999 年 7 月 29 日台南縣左鎮鄉編號第 326 鐵塔傾斜，短短數秒內便擴散至全台，造成全島五分之四的區域停電！而當年 9 月 21 日集集大地震，造成全島大停電，所有電力設備、維生管線、工業設施、醫院設施、學校等公共設施幾乎全震毀，造成經濟損失達新台幣 3,647 億元，影響至鉅。2012 年 7 月 30 日印度發生大停電，全國共有 14 ～ 20 個邦約 6.7 億人，超過兩天無電可用，從交通號誌到火車等全面失效，醫院、衛生設施和政府機關也陷入停擺。

　　如以台灣地區死亡災害而言，民國 102 年災害類型中，墜落占 20.40%，為第一要因；感電占 3.54%，為第二要因；其他物體倒塌崩塌占 2.87%，比感電少。據統計近十年我國重大職災之災因類型分析，墜落共有 1,402 人，占 44.41%；倒塌共 342 人，占 10.83%；感電則有 300 人，占 9.5%；數據顯示，電的危害雖已略有改善，但仍是非常值得產業界與工安人員重視的議題。

　　電機危害可分為下列四種主要類別：(1) 人員感電；(2) 電器火災與爆炸；(3) 靜電；(4) 雷擊。

21.1 感電

　　電擊感電是由於電流流經人體神經系統所產生的一種突然而意外的刺激。當身體成電流回路的一部分，而電位差足以克服人體對電流的阻抗時，電流即會流通過人體。

一、電流量

　　雖然電位差決定電阻是否會被克服，但是電擊感電的破壞因素（damaging factor）乃是電流量。頻率 60 赫的交流電，會產生死傷的情形，可區分成下列幾種情況：

(一)1毫安培（0.001安培）

　　感電是可以感覺的，所以這電流稱為最小感知電流。這樣大小的電流量，

於正常情況下，主要影響是不自覺的反射行為。這樣的反應會使得被電到的人產生痙攣、失去平衡並跌跤，撞到頭部，或者造成比休克更嚴重的傷害。

(二)5～25毫安培（0.005～0.025安培）

這強度已足以使得一個成年人無法控制肌肉，傷患可能被他碰到的導體冰凍住，喪失隨意鬆手的能力。自走電流（let-go current）是人員仍與導體接觸的情況下可以隨意控制肌肉的最大電流。頻率 60 赫時的自走電流，男人約為 9 毫安培，女人約為 6 毫安培。自走電流亦稱讓行電流，隨意電流或可脫逃電流。而不隨意電流，不可脫逃電流或電凍電流（freezing current），男人約為 16 毫安培，女人約為 10.5 毫安培。

(三)25～75毫安培（0.025～0.075安培）

這樣大小的電流會使人非常痛苦，且其有傷害性。感電時間如拖長，一旦呼吸器官麻痺產生窒息時，人員會摔倒、無意識及死亡。如果麻痺現象超過三分鐘，一般就會使人員死亡。

(四)75～300毫安培（0.075～0.3安培）

這樣大小的電流只要持續 0.25 秒或更多，就會造成人員立即死亡。這主要是由於心室纖維性痙攣（ventricular fibrillation）現象（這就是前美國總統老布希在 1991 年 5 月初所患的毛病）。此時，人的心臟的律動被打斷了，無法正常工作，血液循環停止，造成腦部及細胞組織的缺氧，延遲急救即會造成人員死亡。

交流電比直流電更危險。若交流電的電流過大的話，它超過一個心動週期以上即會造成心肌纖維化。而只當一個心動週期的短暫、特殊、易受傷的剎那，直流電被加上去時才會產生心肌纖維化。心臟本身幾乎無法從心室纖維性痙攣恢復正常，然而，對休克施以強而有力的短時間反擊就可以停止纖維化現象，並重新建立正常的心動韻律。對心臟的反擊會同時使得所有的肌肉纖維作動，剛開始時肌肉纖維可能不動，短時間之後就會恢復正常。心室纖維性痙攣電流亦稱心室細動電流。

(五)2.5安培以上

　　這樣大小的電流流過人體時，會中止心臟的動作。血液循環停止而血壓下降，心臟跳動及血液循環都會在電被切離時恢復正常。高電壓常造成呼吸器官的麻痺，然而一加急救就立即會成功。

　　這樣大小的電流也會造成皮膚及內部器官的灼傷。若人體與電導體接觸的部位面積很小，則電弧引起的皮膚灼傷將會特別嚴重。此類灼傷會比皮膚完整無傷的更減低皮膚電阻，而使較高的電流量流通而感電的嚴重性更大，更可能產生對人體的過熱及對體內器官的灼傷。

　　不同感電電流值，請參考**表 21.1**。

二、其他因素

　　感電的強度及效果除了與電流量有關外，也與電流的路徑、頻率及時間長短有關。

　　相當大的電流由一條腿流到另一條腿，可能只造成接觸點的灼傷而已，或嚴重時炸斷兩條腿罷了，但相似的情況若發生在電流由一手臂流到另一手臂，

表 21.1　感電電流值

感電情形		男性	女性
最小感知電流	直流	5.2mA	3.5mA
	60Hz 交流	1.1mA	0.7mA
	10KHz 交流	12mA	8mA
隨意電流	直流	62mA	41mA
	60Hz 交流	9mA	6mA
	10KHz 交流	55mA	37mA
不隨意電流	直流	74mA	50mA
	60Hz 交流	16mA	10.5mA
	10KHz 交流	75mA	50mA
休克電流	直流	90mA	60mA
	60Hz 交流	25mA	16mA
	10KHz 交流	94mA	63mA
心臟麻痺電流	直流	500mA	500mA
	60Hz 交流	100mA	100mA
	10KHz 交流	500mA	500mA

或由一手臂流通到另一條腿，則可能使心臟衰竭，或呼吸器官麻痺。

電流所造成的影響隨頻率而變化，但是交流電電壓低於 18 伏特，或直流電電壓高到 140 伏特，都未曾造成人員死亡。一般而言，直流電流是交流電流的 3 ～ 5 倍時（**表 21.1**），才會產生相似的影響，當然這是基於正常狀態的情況而言。我們對醫院中可能的電療給予非常大的關心，在手術時電流都很低，特別是開心手術方面。

頻率為 20 ～ 100 赫的電流是最危險的。60 赫的電流，也就是通常的商業用電所用的頻率，特別危險，它是心室纖維化痙攣最可能產生的頻率。超過 100 赫，纖維化就不可能發生；頻率越大，發生的或然率就越低。由此觀點而言，高頻電流較不會危險，主要是因為它們一般都在導體或身體的表面流通，而非流經導體的身體內部。超過 2,000 赫的頻率會造成嚴重灼傷，但對內部影響比低頻率而電流量不管大小都小。

電流流經人體乃與身體電阻及任何外加在它與大地間的電阻有關。人體對電流的阻抗幾乎都在皮膚，人的皮膚分為兩層，外面的一層，由死的麟狀細胞組成，乾燥時，電阻較高。乾、潔淨且完好的表層皮膚，電阻約為 10 萬～ 60 萬歐姆（與厚薄有關），濕而有破裂的皮膚，電阻可能只有 500 歐姆或更低，這乃是基於電流可能流穿到低電阻的內部皮膚層的事實，這個低電阻乃是由於身體流體的存在，使之潮濕及有導電性。皮膚是否被認為乾燥，有一點兒依實際狀態的變化。皮膚是自然乾燥的人，其身體電阻是另一個皮膚潮濕者的 10 倍，而皮膚髒的話也會增加。穿透人身的電流也與任何其他碰到的電阻有關，其中包括身體的筋腱、肌肉及血液的內部電阻。電流從頭流到腳部的內部電阻非常低，平均約為 300 歐姆（最大不超過 500 歐姆）。電流流經過的身體的路徑不但決定了它會遭遇到的電阻值，也會決定人體所遭受到的傷害嚴重度。經過心臟或軀幹的路徑比由一腿穿到另一條的路徑危險太多了。電流流經心臟、呼吸器官及腦部都是最嚴重的。

當皮膚乾燥時，電阻高到足以保護一個人使其不致受到輕的休克，但是要有足夠乾燥的皮膚是不正常的，而當皮膚變得即使是不自覺地濕，人們仍處於嚴重休克的危險。勞工若在流汗或在潮濕的氣候中，將會比皮膚相當乾燥的情況更易遭到死亡傷害的危險。任何人做體力勞動就會流汗，即使輕微的工作也會，因此應假設人們的身體隨時都是濕的，而電阻很低，以致休克的可能性很高。穿透皮膚的灼傷更會減低身體電阻。

在潮濕與乾燥下的電阻,其差異可能很大,會產生讓一個人有極易感電的傾向。一個乾的手指意外接觸時,電阻值約為 40 萬歐姆,但手指潮濕時,電阻有 15,000 歐姆。利用歐姆定律,人接觸到 120 伏特的回路時,流通的電流會是:

I =電壓／電阻＝ E ／ R
乾燥時 I = 120 ／ 400,000 = 0.3mA
潮濕時 I = 120 ／ 15,000 = 8mA
短路時,電阻幾為零,電流則可達到無限大,特別危險

21.2 感電的原因

一個人會感電的主要方式有:(1) 接觸到正常情況下帶電的裸導線;(2) 接觸到絕緣已衰減或已破壞,而無保護作用的一個帶電導線;(3) 設備損壞而造成開路或短路現象;(4) 靜電放電;(5) 雷擊。

一、裸導線

人們往往疏於注意,而碰觸帶電的裸導線,以致被電擊到而發生災變。最常發生的死亡情況之一即是碰觸到頭頂上帶電之電線,這常發生在營建業,特別是像起重機的吊桿、垃圾場貨車突起的一端,搭起來的鷹架,或高高的金屬梯子等碰到帶電的動力線路。美國加州報告,說一年內有 36 個勞工,因為電而失掉生命,其中 17 人,即由於設備或工具意外碰到頭上高壓電而死亡。17 人中的 11 個人是升高的設備感電死亡。

車輛駕駛員若不試著逃離車子,就不會有影響,例如,一部移動的鑽井機(Rig)的 34 呎長桿,被裝在一間泵浦房上準備用於吊拉泵浦馬達,當操作吊桿時,不幸碰觸頭上的 12 仟伏高壓電,操作者馬上被電擊死亡,而貨車司機在聽到碰觸雜音時,想要下車察看,他的腳一碰到地時,即被 12 仟伏的電所擊倒,馬上被送醫急救,醫生截去他的雙腿,但最後他仍因為灼傷太厲害及體內流血太多而在幾小時後死亡。

雖然安全法規要求高壓設備必須密封,但是,常有未被允許而私自闖入,致碰觸無密封的裝置設備而感電死亡。此舉另一個加州的例子加以說明:一

位 18 歲的守門員，打開 2,400 伏特主變電箱的後門，並進入有一個「Z」型匯流排在離地 3 呎上斜斜地延伸到變電箱的後部。這位守門員在刷匯流排時被感電。他的工作項目並不含清洗電氣設備，因此無任何理由進入變電箱。其實，這類事故在台灣也不斷地發生。

變電箱或其他有危險的高壓電設備的封閉房子的入口都應上鎖。而鑰匙應由負責人或有權進入的合格電機人員及安全人員保管。封閉房子可以接近的小地方，如配電盤、抽屜及門，都應上鎖或有開鎖裝置，而一旦密封被打開就沒有電。一般都會要求額外的隔離裝置，隔開匯流排及其他的帶電部分，以使密封裝置打開時能避免感電。危險區域的入口處及設備，應有警告標示，以提醒人員小心感電危險。高壓活線作業環境，是最普遍的意外感電主要原因，因此，此類工作不應予以鼓勵。假如無法避免而需要這樣做時，只有充分瞭解感電危害的合格人員，才可以執行此類工作。但也必須給以充分防護，且使用夥伴系統去工作。

一旦線路開路，而電機人員在工作時，事故即可能發生；另外，有一個人想要使用一設備，但不知道有人正在工作而送電，就可能發生感電事故。

工作場所施行停電作業時，應依「職業安全衛生設施規則」第二百五十四條、二百六十五條及二百七十六條第二款之規定，採取必要的設施。電的系統被切離以進行修理、維護或修改工作時，應在斷電後上鎖。供給設備電源的開關應切電、關掉。控制線路的開關已切離、上鎖，把手應依「安全掛籤程序」，有警告標示，以避免被不知情者突然送電。如果有超過一人在同一線路上工作（如儀器、機械、電機、操作人員一同在作業），每一個工作人員都應有個別的鎖，在開關處上鎖，而且主管人員有另一把鎖。除非當事者已完成工作，否則他的鎖不得移去。絕不允准其他人員打開當事者的鎖。若有充足人力，或重大危險作業，更應設置監視人員監視停電作業。

有電容器的線路，會儲存非常高電位的電荷，一旦系統電源切離，除非加以接地，電容器仍有電，沒有警覺心的人，碰到電容器或相接的線路，一旦電流流經身體到大地時即會驚嚇，雖然電流可能很高，但是一般而言都很小，因此驚嚇情況可能只是痛楚地嚇一跳，而不像活線感電一樣嚴重的傷害。此外，電容性放電一旦發生就不會二次放電。

藉接地來釋放電能，可以消除人員因碰觸帶電電容器而感電的可能性。欲防止電容性感電，安全設計實務乃是提供電阻性接地以釋放系統電能。電阻應

高到足以避免電荷被耗盡，使得電路在設定電位正常，另一方面，對地電阻應低到在系統沒有電時，數秒內即可以洩放全部電荷。

美國國家電工法規（National Electric Code, NEC）針對大電容器，規定600 伏特或低於 600 伏特之電容器，在線路切離電源時應在一分鐘內將殘餘電荷降低至 50 伏特以下；而電壓在 600 伏特以上者應於五分鐘內降低至 50 伏特以下。當電容器切離電源時，無論是經由永久性接線，或自動連接裝置，都必須能夠放電。

有電容器電路的電子設備若要測試時，人員必須等待接地棒將電荷洩放。NEC 規定大工業設備，不得使用手動方式連接放電線路。

二、電絕緣失效

線路及設備可以有絕緣，但如絕緣由於減弱或損壞無效，一個人就會被感電。絕緣減弱或損壞有許多原因會造成。

絕緣破壞的一個理論是物質並非完全均勻，部分區域之比熱及電阻都不同。導體中能損失造成的熱，使得高比熱區域比其他區域溫度上升較高，也因此絕緣減弱及失效較快。

另一理論，導體的電子或外部輻射的能量破壞絕緣的化學鍵，這使得電子會流通，產生一通路致物體之電阻減少。

其他造成絕緣裂化的原因可能為：

(一)熱及高溫

電流的流動，會造成熱的產生及溫度的增加，甚至溫和的溫度，熱也會造成一些聚合物慢慢的、階梯式的破壞。

(二)水氣及濕度

這與絕緣物質的吸收特性有關，水氣造成穿透絕緣的通路，增加導電性。大部分絕緣只吸收很少水氣，但其他如耐隆，則會吸收水氣多到 8%，電線被用在潮濕的地方，曾有許多死亡事件發生。電阻減小使得使用者變成電路對地的媒介物。

(三)氧化

這乃由於空氣中有氧氣、臭氧及其他氧化物的存在。臭氧是密閉空間中有旋轉設備（諸如馬達、發電機）在操作時，產生的特別問題。這些設備的電弧或火花會產生豐富的臭氧，而臭氧比氧氣更會起反應作用，更不穩定，雖然空氣中只存在很少量的臭氧，它造成的破壞，都遠大於氧氣。雷擊等的放電及氧氣的紫外線輻射，自然地產生少量臭氧。與氧氣有所不同的是臭氧的百分率隨著不同地方的地球表面及大氣層而變化。煙、霧及其他空氣中，高度、緯度、當地氣候狀況、季節與所吸收的太陽輻射量等等粒狀物質的存在，都會影響臭氧的濃度。隔離的效果因此由位置與保護狀況而決定。

(四)輻射

紫外線及核輻射，都有能力減低絕緣的特性，特別是聚合物。太陽輻射激發的光化學作用過程，會造成聚合物之破壞，這些聚合物，包括自然或合成橡膠、氯乙烯。在光化學作用中會產生氯化鹽酸氣體。酸性的鹽酸，會產生進一步的反應，及破壞、破裂及物理與化學性的降低。

(五)化學不相容

酸、潤滑劑、鹽分、酸雨或其他物質的不相容，會產生絕緣的破壞，某些例子中，化學反應的發生，不但可能來自於外界來源，而且也可能來自於聚合物輻射作用的分解產物，或導體電暈放電（corona）現象，產生的臭氧。

(六)機械破損

導線之裝設及使用，是絕緣受損的普通原因，因此要小心施工或使用。磨損、壓碎、割損、彎曲、摺縐，都很常見，是破壞電線及電纜被覆的原因。電線被拉成小開口時，或被用力拖拉過粗糙的表面，或太多電線被布放在同一電管中，就可能造成磨損。電線被拉過銳利的邊緣時，也會無意中創傷絕緣皮。布放在硬表面上的電線，會因重車輾過而壓碎。夾在兩個銳利面，如在一個金屬門及電的框中的電線可能會被摺縐及損壞。彎曲一條電線，特別是在冷氣候中，可能造成絕緣龜裂。

(七)高電壓

高電壓會產生火花或有電暈放電現象，以致對絕緣被覆造成破洞或化學性減低絕緣。低電壓對絕緣有益的情況即會減低。一旦絕緣的不導電強度超過時，會產生火花，特別由於其他原因造成的減弱或毀損時，常見有火花。電暈放電現象會產生笑氣，而它會與濕氣反應，以形成有害絕緣的酸性物質。

(八)生物因素

有些絕緣對有生命的有機體，兔子、其他齧齒類動物及昆蟲類，可能會吃有機物質，貫穿或減弱它們，致在有負荷時失去功能。有機絕緣面上會形成黴菌，特別是在潮濕的氣候時，甚至有汙染的地方，黴菌也會成長。黴菌的影響就是顯示出有毒的，然而，對此寄生物的成長明確的破壞程度很難確定，主要原因是潮濕及汙染的額外存在及影響。用來製造包含自然的或含脂肪的油的塑膠絕緣被覆的塑膠品，特別易於黴菌的成長。

(九)壓力

真空會造成揮發性物質由有機絕緣體中產生氣洩現象（out gassing），而減低電阻係數。氣洩現象會造成物質有空隙、方向性改變及重量減少。

三、設備故障

除了絕緣無效外，設備的其他部分會故障，致一個人可能感電。一條斷掉而帶電的電線落在一部車上，車主不知不覺地抓住把手，打開車門而成了通地的回路。相同地，電機設備，特別是手動工具的故障，造成外殼帶電。這些器具可能有接線斷掉，或修理時錯接線，致線路與工具或器具外殼碰觸，因此設備送電時、使用時，若碰到外殼時即會感電（關於這點，新型式的設備均已改善，設有雙層絕緣系統，以降低這類可能率到零。但是，除非是一種特殊型式的絕緣，雙層絕緣的設備在潮濕時仍是危險的，電機設備如完全浸於水中，仍有使人致命的危險）。假如工具未接地，而人接觸到沒有絕緣的設備，人就會成了連接大地的回路，使得電流會通過。

為減少動力工具有這些問題，我們使用三條線的系統，其中插頭的一條線被接到大地。不幸的是，有些例子中，特別是家中，插座內一條地線並未被正

確接地，以致工具的接地線沒有功用。而在其他例子中，舊的工具可能沒有三條線的系統，也因為如此，手動工具製造廠家現在都用雙絕緣設計。

在美國，安全衛生法規定，要求對地電壓超過 90 伏特的手動式電機設備的框架及所有未帶電的金屬部分，都必須接地。這種接地，包括個別的接地線和有極性的插頭及插座。

21.3 接地

大地就如無限儲存場所，可以將電子引出來，也可將電子送回去。只要有通路，就可以使過多或不足的情況改觀。正好離子因獲得電子而中和，電子可以傳導到地，因此有些國家稱之為接地（earthing），而在美國較喜用接地（grounding）這個字，而對地的通路（path）或大地（earth）本身就是接地（ground）。在有些例子中，如電子設備，這些大的金屬本體，其作用有如電子或離子的儲存所，可以替代大地。

除非特別註明，接地一詞就是用來表示設計，並裝於系統中的意思。裝設接地的目的是：

1. 防止感電：設備接地，萬一漏電時，電流流經接地線而進入大地，防止感電危害。
2. 防止火災、爆炸：接地可將靜電導入大地，避免放電，以防易燃物品燃燒，或爆炸物爆炸。
3. 防止機械損壞：靜電、雷擊、接地事故等造成之異常電壓，均會將絕緣破壞，或使之劣化，利用接地來控制電壓，防止損壞機械。
4. 防止高壓低壓混觸：一旦高低壓線圈間絕緣破壞，高壓由低壓側侵入屋內線路或其他原因而發生高低壓混觸，即會破壞電氣設備，甚或造成火災、感電事故。

接地可以保護一系統、設備或人員。在美國，某些高壓輸電線路的設計很複雜，都是遵照美國電機工程師學會（AIEE）或其他法規的標準。NEC 對使用於建物或相關設施中的所有接地系統或標準，更普遍為人所參考。因此工安界對有些 NEC 所用的名詞就會很熟悉。

一、系統接地

系統接地（system ground）為用於一電機回路，被設計來保護輸送線路、配電線路或線路系統。對地電壓常在電機法規中，表示在接地電路之接地線與未接地線間量得的最大電壓。未接地時，對地電壓表示任何兩線間的最大電壓。連接電路到大地的那條線就是地線（grounding wire）或接地（ground）；接地線所連接的那條線就是被接地線（grounded wire）。

三條線的系統可以說明接地原理，在這種系統中，電流一般在其中兩條線流通，而第三條線是中性線。建物或相關設施的配電線路系統，中性線路徑是一條被接地的線，高壓電輸送線往往將三條線都接地，然而這較不普遍。輸電線路中接地系統的型式包括：

1. 直接接地：中性線接地，沒有任何會限制電流流通的阻抗。
2. 電阻接地：中性線經一變壓器的高電阻而連接到地。
3. 電抗接地：中性線經一主要是電抗的阻抗而連接到地。
4. 電容接地：電路的每一線都接到電容器，而電容的他端則接地。
5. 共振接地：這是一種調諧，平行系統，使用電容接地外，另從變壓器之中性線經由感應線圈而接地。

一般最常用直接接地，特別是建物內部電路系統。電阻及電容接地，都設計在大多數的電子設備。三線系統中將中線接地，其目的是在故障發生時，未造成損壞之前，就能作動過電流保護裝置。如果正常承載電流的兩條線路之一斷掉或意外接地，電流將會流經中性線，經由裝設之接地線而回到電源，這種短路會打開保護裝置，而使得系統中有關部分斷電。

中性線未接地的，意外的將其他電線的一條接地，會引起其餘系統的對地電壓大增，接地與未接地系統中的對地電壓就說明這點。依此，一個 220 伏特中線接地的三線系統，會有 110 伏特的對地電壓。未接地時，對地電壓是 220 伏特，即兩線間的最大電壓。過高的電壓，會造成設備燒毀，絕緣被覆的燃燒或破壞，產生電弧或火花，而人員若在斷線碰觸帶電的金屬就會感電。

假如系統未接地，則其他電壓的產生而造成相同危險的可能性會存在。降壓變壓器（Step-down Tr.）的故障，致用於建物的線路的配電系統，其電位或部分電位比正常高。突然連接兩種系統也會產生相同結果，而有接地線的，過

電流保護會斷電並保護系統。

二、設備接地

可以用於線路系統的金屬部分，諸如電的管路、開關箱，及除了電線、電纜或其他電路成分以外的連接設備。設備接地也可能用於諸如金屬桌、電機的箱架等，會與帶電電路或電荷電源接觸的設備。在那些電荷可能感應或產生的設備，也應該要接地。

電機設備的金屬部分，可能接觸到絕緣已裂化或破壞的帶電電路，而經由絕緣已變化的部分會產生電弧。一個人可能意外地碰觸到金屬面而感電，而感電程度與設備是否接地有關。若未接地，則人員接觸到金屬就有如接地，電流會流經他的軀體；而若有接地，則人員可能會感電，也可能不會感電。電流會流經他的軀體；電流量與他身體的電阻成反比；而人體的電阻與設備接地的電阻相比較，如人體電阻遠大於接地電阻，那麼電流就不會流經其身體。

三、結綁

結綁（bonding）可確保一件設備的所有主要部分都連接成一到地的連續通路。結綁是一種機械的連接，可以提供一個低電阻通路讓電流可以流到兩種分離或可能成為分離的表面之間。結綁可能是永久的，如以電銲或銅鋅合金銲接到兩表面；也可能是半永久的，如用螺絲鎖住或夾住。使用永久方式的，零件可以結合在一起，其狹小間隙，可用銲錫或銅鋅合金銲接金屬來填充；而分離較大者，一細片金屬可以被銲入兩端空隙間。以結綁連接一個會震動的部分到另一個可能會震動也可能不會震動的部分時，應當有一伸縮性物質，使得在震動時不致故障、損壞。由於不相似的金屬結合在一起造成的腐蝕，會引起結綁的電阻增加，在潮濕或有腐蝕性環境中要特別注意，因此拿來結綁的金屬及結綁的方式須小心加以選擇。接地及結綁應該注意的事項如下：

1. 盡可能採取永久的方式。
2. 有足夠的容量可以讓可能的電流流過（但接地線在正常情況下，不得成為電流通路）。
3. 盡可能降低阻抗。

4. 盡可能連續地直接接到主要結構物，而不是經由其他結綁部分。

5. 要使得在震動、膨脹、收縮，或其他移動時，不致打斷連接或鬆開，致電阻改變。

6. 連接應在有防護區域，且易於前往檢查或修換。

7. 不會妨礙可移動部分的移動。

8. 不得由非金屬物壓縮結綁在一起。

9. 不得有不相似金屬相接觸或選用，以減少腐蝕。

21.4 感電的其他防護

除了上述的方法之外，其他防止人員感電的方法，可由電機或電子系統的設計或操作程序得到。最普遍的方式可歸類如下：

一、絕緣

一個人操作電機設備時，在正常或意外情況下，可能接觸到的絕緣部分，應合理設計。項目包括小圓球、號碼盤及控制盤上按鈕、開關、衣櫥及儀表。變阻器和電位計控制軸可以耦合到非導電性桿上和柄上。

二、人員隔離

接地橡膠墊或其他非導電性物品，都可以在人員操作、檢修或維護電機設備時，讓人站立。橡膠手套及非導電性鞋子在帶電線路上工作時，一定要穿戴使用。小心確定防護具的電介質強度，不得因損壞或衰減而降低。

三、連鎖

密封被破壞時，電路自動斷電，系統就沒有電。因為密封常被打開來維修，而此時一定要檢查活電，當配電盤打開，連鎖開關必須能夠作動，而這類開關也一定是在密封重新封閉時，能恢復安全功能的那種型式。

四、隔離

電機設備，特別是高壓電，應該加以隔離，以免無關或未經訓練合格的人員接近。大的變壓器有露出的端子，應裝在地下室或加以圍籬，只讓有關人員接近。開關箱、發電機、大馬達、蓄電池、匯流排及其他有危險可能的電機設備均應該予以圍籬，或有安全防護裝置以防意外接觸。

五、安全標示

會接近危險的電機設備的點，應標示適當的警告語句。有些單位要求由配電盤內部到斷路器、保險絲箱或相似設備，均應漆上顏色，並在打開時，有立即顯示的設計。

六、警告裝置

合適的警告裝置，可以接到電機設備，以便在有電時會顯示出來，這可能是無變化的或閃光的燈、適當的顏色指示器、開或關的訊號，或聽得見的訊號。

七、接地故障電路遮斷器（GFCI）或漏電斷路器

美國國家電工法規（NEC）對 GFCI 定義為，一種功能是當對地故障電流超過設定值，但仍小於作動供應電路過負荷電流保護裝置時，可以遮斷到負荷的電路的裝置。

GFCI 是被設計來保護人員免於感電的裝置。所有住家屋外 120 伏特單相 15 安培及 20 安培插座及浴室插座均應有檢驗合格的 GFCI，以符合電工法規。GFCI 也可以裝在其他處所，以提供額外保護來防止線路對地感電危險。

斷路器及保險絲只在會致人於死傷的相當電流情況下才開路，而 GFCI 對很小電流就敏感，這小電流小到不足以傷人。讓 GFCI 檢出這樣小電流的時間很短，但已足以在人員被電殛前打開電路。

GFCI 在電路正常運作下，可以監測電流，若電流大於 GFCI 設定值，而經由任一線路流通到地，而非到設計的系統，那麼不平衡電流就產生並被感知，因此斷路器就會開路，所以如果電線直接接地的情況發生，即使裝有 GFCI，

電流量將會大到可以啟斷斷路器。GFCI 在意外接地，帶電電路流經人體這樣高電阻路徑時，可以提供保護。

　　GFCI 只在對地故障狀況時才會提供保護功能，在人們變成兩條線路的通路而沒有碰觸地面時，並不會提供保護功能。然而，大多數的事故都是線路對地型式，因此，GFCI 的使用會增加。

　　漏電斷路器負載端設置有零相比流器，發生接地故障時 $I_1-I_2 \neq 0$，相對於 I_1-I_2 之信號由零相比流器兩次側輸出，使啟斷線圈激磁而切斷電路。線路圖如圖 21.1。

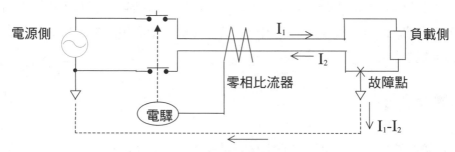

圖 21.1　漏電斷路器線路圖

21.5 靜電

一、認識靜電

　　靜電由一物表面上多出或缺少電子所組成，不幸的是，靜電存在的明證經常是一種放電，而它消除的不是多出就是缺少的電子。當兩個表面接近，電子就會存在於接近面的一邊，而第二層會平行形成不同極性的電荷，且接近反面的第一種電子。只要兩面保持非常接近，電荷即會彼此相反。所以就效果而言，混合本身就是電的中和。積集電荷的多少，主要與物品性質、接觸面面積及幾何有關。要產生靜電，並非一定要摩擦，然而，摩擦增加電子的釋放及離子化粒子的產生。既然靜電的產生與接觸面積有關，在表面現象時，流體流經阻隔物（screen）、過濾器或相似設置，特別能產生靜電荷。殼牌石油公司曾做研究調查，以決定灌裝濾過的飛機用油到燃料油槽會造成火花的原因。當使

用濾狀網時，2呎長的火花會產生，在有接地情況仍然一樣，但是若不用濾狀網，則無火花產生。

二、靜電的產生

電荷產生的最普通及最熟悉方法，是要一個人走在毛織品上或耐隆地毯上，特別是拖曳著鞋子走路的方式。一個人可以在身體與大地間積集電位高達10,000伏特的電荷，此足以產生在空氣中大於八分之一吋空隙的弧光。接近一個會導電而已接地的表面，或會接收電子的表面，就會快速放電，而使人們感電。而碰觸到另一個電位較低的人，可能會使兩個人在電荷由一個人流往另一個人時，都感電。

毛織品是靜電荷的最佳產生品；然而，毛襪及毛內衣在穿著的人出汗時，會積集濕氣，就減少產生並聚集靜電的可能。這類靜電的能量及電位，是由衣裳穿用時間之長短決定。

有一個極寒冷的屋外有關電荷積集的研究，指出儲存在衣服的能量，據計算一般約小於0.011毫焦耳，而當人脫去外套，靜電能量增為0.04毫焦耳，如果這個人走入一棟相對濕度很低的暖房內，並脫去外套，他身體與大地間有8,000伏特電位差，約3.9毫焦耳的儲存能量會產生。這樣電壓與能量的結合，不僅會產生火花，而且會點燃初級爆炸物（primary explosives），或與空氣混合的可燃性普通燃料的混合物。

大塊的塑膠會產生相當大的靜電荷積集，因此會釋放能量。1964年，太空總署三角洲火箭的第三節在移開一塑膠蓋時，造成馬達燃燒，導致兩個人死亡，其他三個人被馬達廢氣嚴重灼傷。

固體也會有摩擦感電的例子，但不限於以下幾項：

1. 挖礦及礦業，在那裡有機及金屬的粉塵常由於產生火花而發生燃燒及爆炸。
2. 兵器工廠，即使小靜電也會引起激烈的爆炸。
3. 造紙或製衣及成衣加工廠，大量電荷及電位的產生會使人嚴重感電，纖維燃燒，引起軸承穿洞及損壞電機設備。
4. 物料運送系統，輸送帶會產生高電壓，或汽車輪胎會輾過道路路面。

圖 21.2、圖 21.3、圖 21.4 中可以顯示靜電產生的歷程。

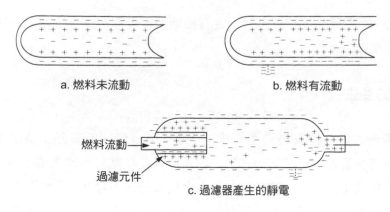

a. 燃料未流動　　　　　　　　b. 燃料有流動

燃料流動 →

過濾元件

c. 過濾器產生的靜電

圖 21.2　管路中靜電的產生

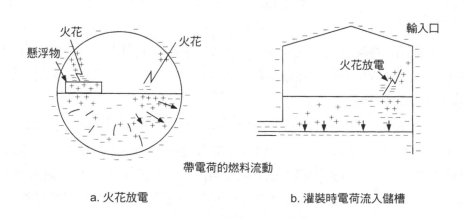

火花
懸浮物
火花

帶電荷的燃料流動

a. 火花放電

輸入口

火花放電

b. 灌裝時電荷流入儲槽

圖 21.3　儲槽中靜電情形

三、緩和

　　緩和（relaxation）是帶電分開時，一種電子離開受電荷區域，流向大地或正電荷區域的過程。緩和時間與電子流經物質（導電性）的安定度或它的導數（電阻係數）有關。導電表面一旦接地就很難保存靜電荷。

　　無論何時，只要有電子流通的物質其導電係數很低，而帶電表面快速分開，電子即無法移動去中和相對電荷。電子在金屬中移動的電阻非常低，中和容易。因此，當兩個表面是金屬時，沒有靜電問題。而其他物質，如絕緣體，電子移動會被阻隔，在兩個表面被分開時，多餘的電子就會留在絕緣體的表面。

　　一切物質的導電係數，會因存在濕氣而增加。一項針對外套布料產生足以

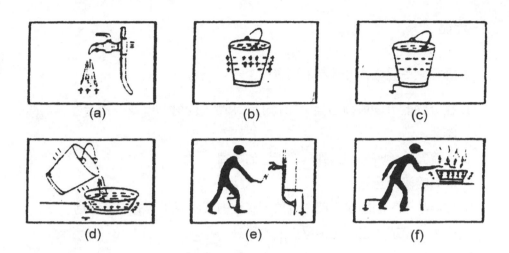

a. 流經燃料開關的可燃性液體，會帶電，帶相等電量的正、負電荷。

b. 帶電的液體，會使裝液體的桶子的壁上，感應兩種等量的正、負電荷。

c. 桶子放置地上時就會變成接地，其外部電荷會消失，雖然桶子與液體都帶電，但就整個而言，它們是中性的。

d. 液體及電荷被倒入一盆子中，感應電荷的過程又重新發生，此時桶子外面有電荷留下。

e. 穿橡膠底鞋子的人會與桶子一樣帶電，火花會由他的手傳到接地的燃料開關，而引起火災。

f. 另外一個未穿橡膠底鞋子的人，把他的手放近帶電荷液體的表面，火花傳過，引起火災。此種情形曾發生過許多次事故，而盆子雖有接地，也沒有什麼差別。

圖 21.4　電荷的生命史

激發敏感性爆炸物或可燃性氣體混合物爆炸的電位的可能性研究，顯示在 75°F 時濕度的效果如下：

1. 65% 相對濕度：產生的電位無法使爆炸物爆炸或可燃性混合物燃燒。

2. 35% 相對濕度：耐隆與毛織品、耐隆與棉織品，及耐隆與毛和耐隆混織品的接觸會產生大於 2,650 伏特的電位，足以使高敏感物質燃燒。

3. 20% 相對濕度：即使穿棉織品，也會在人體產生致命的電壓。

　　電荷易漏入隔開一個表面與另一表面的氣體中，一旦氣體被離子化或有高導電係數，表面電荷會往突起處洩放或消失。這些突起處包括髒的點，或尖端，漏到空氣中的量，特別是潮濕的空氣中，會隨突起處的尖銳性而增加。

四、流體

流體會產生靜電，可分為下列幾種：

1. 在流動的流體與固體面，如管子、水帶、儲槽的壁或一過濾器等之間的摩擦。
2. 在流體流動時，接觸到其他流體的摩擦。
3. 液體噴灑到空氣中。
4. 懸浮粒子、固體或液體之沉積，或經由液體而起泡的向上移動。
5. 雨水、電或冰雹，經由濕空氣的移動。

當一流體（諸如柴油）流經管路，液體會因它的導電度非常低，而變成帶電。電荷與液體一起移動，隨著流動而積集，這移動積集就是所謂的流動電流（streaming current）。它可隨燃料一起流入儲槽，量多時非常危險。一旦液體進入儲槽，這些電荷就需費時約幾小時來放電。這時間依流體的緩和時間及儲存材質而定。由可燃性流體產生的積集特別危險，放電時就成了燃源，會引起液體的火災。

五、噴灑感電

噴灑過程中，快速分開的雙層會產生帶電粒子。噴灑感電（spray electrification）與流體流通帶電不同，後者所有的電荷，正電或負電，一旦產生就都會留在小滴中。最細小的粒子保有負電荷，較大的小滴則為正電荷，大的小滴的沉積，會使那些大氣亦帶負電荷。在儲槽中，帶電燃料與槽壁和槽頂之間產生火花的或然率，會因儲槽霧珠離子化狀況而增強。如果儲槽是在一輛移動的車輛上，那麼燃料的飛濺，可能產生更多的電荷。

因此，灌裝燃料槽，可能是危險的作業，危險乃隨儲槽灌裝速度及槽大小而增加。液面的金屬東西，比如一個浮標，像電容器的一個極板一樣作用，會從燃料蒐集電荷，而使情況更加惡化。儲槽的邊及頂部就如電容器的另一極板一樣作用，電位隨著兩者間距離增加而增加，一旦距離夠大，就可能產生火花。因為槽內充滿離子化粒子，產生火花所需的電位比乾燥的空氣少多了。

用不導電性的塗料塗在儲槽上，會增加在燃料槽內發生火花的可能。此種

塗裝電荷被引導離開儲槽表面的能力會減低。整個儲槽會像一個大電容器，在液體與槽壁間，或在液體與當油箱加油料時，加油槍作用如一電極的物體間就可能釋放電荷火花。

六、其他因素

除了前述會影響在固體上產生電荷的因素外，流動電流產生率會與其他因素有關。這包括下述各點：

(一)流速與流量

流體之流動速度越快，電荷增加越多；流體的量越大，產生的電荷越多，此二因素都與電流量有關。

(二)汙染物

流體中的汙染物，會增加電荷產生率，避免雜物混入，或藉由過濾來移去雜物，會減少這傾向。汙染物包括：異物、附加物、水、儲存期間產生的氧化物。即使是微量末溶的碳，或固態碳氫化合物存在，絕對會增加靜電荷產生的可能。

液體槽中汙染物的沉澱，也可能產生電荷，它會增加由於流通或噴灑感電造成積集及電位的存在。混合物造成運動，不是比槽中液體較重的粒子的沉積，就是較差的氣體，或流體泡泡，或特殊物質的上升。產生的電位，與每單位體積液體的汙染物的量有關。

(三)溫度

一般而言，隨溫度之升高，會有少量離子和電子產生的趨勢，液體流速及摩擦，隨溫度升高而減少。溫度上升，會有不好的影響，會使得某些燃料加速氧化過程，造成粒狀物質的產生而汙染流體。

(四)輻射

紫外線及伽瑪輻射線，有傾向於增加氧化及增加產生靜電的相關效果。

(五)大氣電荷

在雷雲中，雨水、大雪及雹等的移動，會產生靜電荷，而產生大電位差，是大家久已熟知的事。不同的研究者早已算出雨中及大雪電荷的量，而雖然個別電荷量小，但是大量分子就會產生電荷的大量聚集。

雪片中電荷，被認為至少是造成一件在暴風雪中，灌裝一大的航空燃料儲槽時，發生事故的最可能原因。當時，人孔蓋被移開以檢視燃料液面，小火花發生了。蓋子移開使得空氣進入，致火勢加猛，而儲槽被毀，靜電被公認為產生小火的原因，然而，電的產生的最可能方式，是在灌裝時流動電流與大雪中電荷的結合的關係。

七、流體的其他問題

關於流體流動引起靜電感應所造成的問題，包括下列例子：

1. 在石油業、航空業及化學業，燃料或其他液態化學物，流經灌裝管線時產生火花，造成火災。
2. 當水輸入槽中，產生流動電流，而引燃槽中蒸氣，以致發生儲槽的爆炸及裂毀。
3. 航空器穿越大氣時產生的電荷，干擾通訊和其他電子設備。
4. 直升機旋轉葉片產生的電荷，致對人體碰到未接地的直升機或一條接觸到機體的線路而使造成激烈的感電。
5. 工廠中噴灑作業，如油漆。

八、靜電的控制

產生靜電的方式，隨著新物質之發明及使用而增加。靜電放電，因其有電容性，也包括高電位及低電流。有許多情況中，其包括單次放電，然而，許多型式的靜電發生器可以產生多次火花放電現象。下列幾個方法可以控制靜電問題，最佳而可行之道，乃是視個別情況而不同。

(一)選擇合適物質

避開產生靜電的物質，常是最簡單的方法，例如：電荷產生在人體，會造

成困擾，人們就應被教以穿著棉衣服，而不穿毛、耐隆或其他合成纖維衣服。

(二)製造合適物品

塗料噴灑在表面上，使成為有導電性，常常可以減少或消除靜電問題，對塑膠車座、地毯及薄層被覆等，均可以利用噴灑在物品上的方式。

(三)結綁及接地

電荷會聚積的不同表面綁在一塊，可以成為中和的通路。接地可以接到地，或其他任何電荷儲存處。在此處，電子可以洩放或流通。以前油罐車都裝有拖鏈以洩放靜電，然而，後來發現這樣做是無效的，因為在乾燥的日子裡，道路表面導電度很低，而道路潮濕時，又不需要它，所以不再建議用這種方式。

(四)靜電中和

有三種主要型式：第一是放射性的中和，是一種鐳或釙元素，可以釋放帶二單位的正電電荷的 α 粒子。這些電荷可以中和物體上的負電荷。放射性中和有害人體組織，因此要依照製造說明書安裝，也要合乎衛生規定。第二種是高電壓中和，這種中和會往空氣中處理而附近產生非常高的電位。空氣中氣體的原子會被離子化，並釋出電子。空氣就會有正、負離子，會結合被處理的物質所產生的電子和離子。高電壓中和可能使得人們因感電而受傷。第三種是感應中和，感應中和作用是藉由產生極性相反的電位致靜電感電。感電中和器可因需要的大小而建造。電離化或高電壓中和器所無法做到的大小，可以很簡易地由感應中和器解決。

(五)使潮濕

將濕度提高到 65% 以上，就可以讓靜電荷洩放並消失。

21.6 閃電

閃電是一種巨大而自然的靜電放電，其間包括非常高的電位差，及高的電流量。閃電總是走最小電阻的捷徑，而避雷針、避雷棒及接地等都是捷徑。

避雷棒是一種保護裝置，被裝在比附近建物都要高的頂端，接地是電阻很小的一通路，可以提供電流流到大地的捷徑。這可以保護電路及一棟建物或構造物的全部金屬設備，使免於成為雷擊的通路。閃電的第二個效果是對附近導體的感電，可由系統與設備接地，及過電流保護來吸收掉。如果閃電保護系統不中用，那麼突然及巨大的電流邊增就會把大多數的電路燒掉。

在電暴（electrical storm）中，自然或人造的東西，即使是一個人，只要物品或人比附近環境較高的話，都可以作用如一接地。在船上這種開闊場所的一個人的高度，都足以提供一條通路。這種情況下，人會被電殛。在荒野外孤立的物品（如雨傘），會防止被雨淋到，但它在電擊時更危險。

某些型式的地形或構造易於受到雷擊，主要即由於它們所提供的通路的關係。此類構造需有保護以防被毀損，而其他的都有先天的保護。整間都是金屬的建物，提供大感應區，以保護住在其中的人。高的建物，如有金屬骨架時也可以提供保護，然而，除非有特殊的接地措施，閃電中的電流會任意選擇到地的通路，會毀損電路及設備，而人與這些金屬表面碰觸時也會受到電擊。

一個人在雷電交加的風暴中要避免被閃電擊中，如有一金屬物或建物，或有避雷棒及接地保護，就可以用為遮蔽物。而如金屬建物未被保護，最好的建議是不要繼續接觸金屬表面或空氣設備。人在屋外、廣場上，或距高處很遠的水面的船上，應躺下。在森林區，避免淋雨及閃電，就應在低樹下躲藏，避開森林中最高的樹，要避免金屬柵欄，因它們有如接地，任何人在閃電時，碰到它們就會被雷擊。

大多數雷擊都發生在高建物，此類建物會使電流流通到大地。許多雷擊都不會擊到大地，因電光從一雲層跑到另一雲層去了。航空器飛經暴雨區時常見這種現象。1987 年 6 月 11 日，維吉尼亞的華樂普斯鎮發生了一件不尋常的事，三個航空總署的小火箭本欲裝在太空梭上，卻被雷擊中起火燃燒。雖有正常的防護措施，但是抑流器（surge suppressors）及避雷棒的保護系統都被壓制而沒用。

21.7 可燃物的燃燒

電會點燃可燃物的最普遍方式是電的火花、電弧或電暈放電。接觸被電能所加熱的表面而燃燒，一般需要消耗很大的電才會加熱，但在另一方面，電

的火花、電弧可能僅有很小的能量，然而在小空間中卻迅速放電，而且會造成一相當小體積的可燃物燃燒。而這樣燃燒所釋放的能量也足以引起大的火災。火花及電弧是很好的通路，電子束可以藉之穿越過兩個導體間或一導體與大地間的間隙。當像空氣這樣的氣體成了兩種相反電荷的電介質，氣體慢慢就會點燃，最接近電極的會第一個離子化，如電場強度夠大的話，整個間隙就會逐漸被淹沒，而電介質的崩裂完成，火花就會燒越過間隙。

21.8 本質安全裝置

有些例子可以使用一些操作電源電壓較低的裝置，使之即使裝在危險區域，仍然在本質上就很安全。縮小設備、半導體元件及印刷電路，不僅可以減少重量，也可以使所需要的電流及電壓遠低於會引燃可燃物的量為低。

一、埋入、壓縮

元件可以壓縮（encapsulation）或埋入（embedment）適合的物質中，如塑膠固體或泡沫。壓縮是一種將零件或個別零件的組合，裝在某一保護物內的過程，這保護物一般厚度不會大於 100 密耳（mils），也不需要模鑄物或容器。埋入用的東西不厚於 100 密耳，其厚度可以改變。有兩種主要埋入方法被使用：第一種方法，設備被製作、測試，並裝在模鑄物內，再以適合物加以燒鑄成板；第二種方法，設備被裝於中空的容器中加蓋後加以密封（potting）。密封，保護物綁入容器內成為一完整的東西。

用於壓縮及埋入的物品一般都不易傳導熱。會有大量能量損失的電機設備，易因產生高溫而受損。然而，壓縮或埋入有許多優點。所用塑膠是非可燃性的，厚度薄到足以防止火花抵達周邊的大氣，且非導熱性，因此其外邊表面絕不會熱到可以引燃氣體。容器可以保持設備乾淨、乾燥，也不會接觸到腐蝕物。它提供最佳的支持來對抗震動及碰撞，也可以防止未經允許的修改或元件調整。

二、熔接密封

熔接密封（hermetic sealing），最初是用來防止大氣的濕氣、髒物、可燃性

氣體及其他會腐蝕及破壞性物質的進入容器，它的優點與壓縮相似。將熱移離不成問題，因為操作裝置可以用不同方式加以冷卻，產生的熱會輻射入密封容器的內壁，由此熱被傳導及被移離。一旦容器中有氣體，氣體的對流有助於將熱帶到容器壁，而用了液體時，液體會把熱帶開，但輻射的轉換一般是會被消掉。

熔接密封對於那些會受到高度改變所影響的設備特別有用，或那些必須浸於液體、粉塵或真空環境中的設備有用。容器可以灌入流體、氣體或液體，不論是惰性或有熱的能力，適合於要移走熱的傳送。要避免在操作中產生的熱造成膨脹的超壓，容器在高溫時應予以密封。加些流體，使溫度高於操作溫度所期望的最大值，然後加以密封。容器應強大到可以忍受當容器及內容物被冷卻時造成的部分真空狀態。應完全密封，否則流體會流失，而會破壞效果。

三、液體填充

容器填充液體，多年來已被用於冷卻及保護電氣設備，諸如大型變壓器及斷路器。變壓器所需要的液體其主要作用是冷卻，它可以移走電能損失所產生的熱。在這情況下，第二好處是液體比空氣有較大的電介質強度。不僅需要的絕緣會有損失，而且火花和電弧的消除可能會造成斷線或絕緣破壞。

斷路器之主要目的乃在抑制電弧。當電流在一很高電壓系統流通時，打開一斷路器需一相當寬而不實用的間隙；而如果空氣是電介質時，電弧將會跨過這斷路器相接的間隙。如矽油脂被替代使用時，電弧即可迅速被抑制；冷卻及電弧抑制會減少對接點的衰減和毀損；穿孔和弄粗表面也可減小；可燃性大氣的可能性也消除了，改變到附近接地金屬設備通路的長電弧也可避免。

充油電機設備爆炸的例子發生於 1973 年，芝加哥一家銀行的變壓器曾發生三次爆炸。當時在一棟新辦公室建築物裝設好變壓器而進行最後的檢查時，事故發生了。爆炸時，變壓器已運轉幾天，可能是由於有一相短路的關係，才發生爆炸。為此變壓器作業的四位工作人員有一人死亡，其餘因灼傷而送醫診治。

四、防爆裝置

美國國家電工法規（NEC）對防爆裝置之定義為：密封於一殼內之裝置，它足以承受內部氣體或蒸氣的爆炸；也能防止由於火花、燃燒和內部氣體或蒸

氣的爆炸而引燃密封附近特殊氣體或蒸氣；它必須能使氣體排至外部的溫度不能使得周遭可燃性大氣燃燒的情況下操作使用。

在防爆裝置內發生爆炸的現象可能有些不正常，一般是由於可燃性氣體洩漏，進入密封裝置內，被火花或電弧所引燃，這些洩漏乃是經由接連設備及管路所必須的接頭而發生。為工作容易，馬達的旋轉軸或開關的連桿都須有空間讓可燃性氣體通過，而在周溫和壓力改變時，氣體也可能由電氣系統的接合處進入密封內。

為限制內部爆炸，接頭都須做得可防火焰（flame-tight），此外，外殼也須能承受四倍於碳氫化合物爆炸所產生的壓力。火焰不能被帶經過與寬度及直徑成比例的長度的通道。防火焰接頭有寬的接地表面，其間隙相當緊密。如有爆炸發生，火焰的前端要跑離密封室的距離相當長，因此氣體在到達殼外前，都已被冷卻到任何可燃性混合物的著火點之下。螺絲旋緊的配件，其螺牙至少在五牙以上，且螺紋很好的話也有相同效果，因此防爆系統使用有螺紋的導管。另外也要密封以防止氣體或火焰從一系統的一部分穿到另一部分。防爆設備及線路之裝設及修理要小心進行。

另一種可以在危險場所用於防爆線路連接設備所被許可的方法是使用 MI 電纜。耐火的、非可燃的無機物將電機導線隔絕，再於密封管內充填入液體和氣體。無機物，一般是壓縮的氧化鎂；而管子則是銅金屬。合適的配件需用於連接及端點，以防止這些地方有火花產生。MI 電纜可用於危險場所。

防爆設備使用在周圍有可燃性的氣體，但不會被外界溫度所引燃，乃因產生熱的設備有被冷卻，殼子之外界溫度相當低。防爆馬達將冷空氣吸進，在熱的殼子內部循環，然後排出。防爆燈具的燈泡絕不能超過所標示的最大瓦特數，這是為了使燈具表面溫度安全地低於可燃性氣體的著火點。

防爆設備要注意的事項如下：

1. 被選來用在危險氣體的防爆設備，一定要設計適合於特殊的氣體或蒸氣。這乃是由於危險燃料的閃點、爆炸壓力及燃點各不相同的關係。
2. 防爆系統應由合格之電機人員裝設及維修。
3. 在修改或修護時，一定要像新裝設備時一樣，遵守相同的標準。
4. 在分解接頭或有螺紋的連接物，或打開燈具以更換燈泡之前，一定要將開關切離使沒帶電。所有封閉處，應緊密組合才得送電。確信有螺牙的接頭，至少要有五牙以上螺紋，平面的接頭必須鎖緊。

5. 平面的接頭應保護使其免於機械損傷及有雜物，以致無法緊密相接。鎚子或撬開工具不得破壞這些表面；潤滑油、塵埃、油漆及其他粒狀物應予以小心移開，才組合接頭。錘刀或研磨物不得用來除去積存的鏽蝕，假如鏽蝕無法以溶劑除掉時，這部分零件就應予以換新。

6. 在修改或修理時將密封化合物除去後，則在組合時應以原來標準來重新密封。密封化合物之熔點不得低於 200°F，也不至於因液體或氣體之存在變得危險而受影響。

7. 存放防爆設備時，外蓋應組合好。產品製造商所推薦的型式的輕油脂或潤滑油可塗抹於設備本體及蓋與接合點表面。要將防爆接頭與外蓋緊密附著的螺絲在元件組合時，應予固定及緊密。只有設備製造廠家所提供的螺帽及螺絲才可以使用。

8. 有螺紋的接頭應適當地鎖緊，以防震動時鬆開。接合處間隙、軸及軸承應保持在廠家所規定之寬限度。

9. 防爆燈具應標示燈泡所用的最大瓦特數，且不得超過。

有關防爆電氣設備之規定，請見本章「危險場所分類」該節之內容。

五、加壓（正壓）

有些防爆設備，在市場上不容易獲得，或價格很貴時，危險場所的電機設備要使用加壓（正壓）系統。對個別單元來說，一般使用防爆設備較經濟。但若一大項目、大區域或許多單元都要裝在一個密閉空間，則正壓更適合。

加壓包括空氣或惰性氣體使用在周圍大氣的壓力之上，升高的正壓可以防止可燃性氣體進入電氣設備可能是燃源的空間。使用的空氣是以水柱 1 吋以上之壓力吹入清淨的空氣，來吹驅系統中任何可能跑入的混合氣體，除去聚集而造成危害。惰性氣體供給內部大氣缺少可燃物需要燃燒的氧化物。無論是使用空氣或惰性氣體，密閉內都有壓力開關，可以用以防止系統在安全而成加壓失敗時會送電。

有些型式的電機設備在高的地方操作，因此加壓是必須的。較低的壓力會使得空氣的電介質效果減低，以致比空氣在海平面較低之電壓就會發生電暈放電（corona）及火花現象（sparking）。

六、隔離

隔離可用於下列兩種方式：全部的電源裝於有密封的場所以隔開危險環境，或危險環境能加以封閉，且任何燃源加以密封。

美國國家電工法規（NEC），依火災危險程度而將場所及大氣分類成為類（Class）、區（Division）與組（Group）。NEC 有非常詳細的說明有關不同因素所影響或建立的危害，特別是通常使用、高度危險的氣體及液體，及安全地裝置的實務。

為了確保所購得的電氣設備，在危險的環境是安全的，美國國家火險部電機工程局（Electrical Bureau of the National Board of Fire Underwriters）設立美國保險商實驗室（Underwriters Laboratories, UL）來對不同環境做試驗。這個實驗室會決定針對不同的 NEC 分類場所中，電氣系統所用的設備、裝置及材質是否正確。這不是有強制力的機構，但對於它檢驗的設備，會提供標籤，以向使用者顯示 UL 的標準已符合 NEC 的分類規定，而有 UL 標示，都會讓使用者、工安人員產生信心。

21.9 熱及過熱

使用電能，會因電阻的關係而有熱的產生，這是不可避免的，也不會損失生產力。電能被轉換成熱，會等於電流的平方乘上電阻（$H = I^2R$）。電熱，特別是過熱，主要影響之一是會引起火災，會造成：

1. 使可燃性混合物溫度升高到容易著火。
2. 升高混合物到著火溫度而著火。
3. 使得絕緣、木材及其他有機物熔化、燒焦、燃燒。
4. 使得液體燃料快速蒸發，致產生可燃濃度。
5. 使得不可燃的聚合物破壞，而產生不會那麼複雜但會燃燒的混合物。

此外，過熱可能會使操作設備燒光，因溫度升得太高致設備故障，有時會著火。過熱所造成的損壞與產生過熱的速度有某種程度的關係。一旦過熱產生，系統的電路就會斷電，如此就能獲得保護。然而，有種情況會存在，例如：冷卻設備故障或被關斷，使得應被保護的項目，甚至於在正常的電流情況

下會過熱損壞。

電的過熱，另一不良影響是暴露在金屬表面，會熱到使人不留心碰到時造成灼傷。軍用電子裝備規定，要求暴露部分的溫度，包括設備的密閉物，不得超過140°F（60°C），而配電盤及操作控制箱的前面部分不得超過 120°F（49°C）。

21.10 電的爆炸

導線不適當地流通過很強大的電流，可能會爆炸，若非由於導線大小，就是由於材質的關係。短路或電流邊增（surge）造成的過電流所引起的迅速過熱，會造成開關、保險絲、斷路器、蓄電池或變壓器之劇烈爆炸。阻抗電流流通所產生的熱，會使得導體的金屬熔化，並相當迅速冒出蒸氣，這樣的效果，常有意地被用於某些電引爆裝置，但是，一旦無意中發生，就相當有破壞性。過電流往往很大，常由短路啟動時的暫時湧流或電擊而來。

電機爆炸常以其他方式發生。充油式遮斷器或變壓器，可含有諸如水（free water）的汙染物，大電流會使這些汙染物加熱到溫度很高，致蒸發並產生高壓而使裝油及電氣設備之容器破裂。電容器不但會因大電流而爆炸，且電子式設備若有錯誤極性的電流及電壓時，會造成有極性。這類情況常在安裝或修理工作後，因電容器安裝錯誤，或因直流系統的導線反接而發生。1979 年，美國聯邦航空局（FAA）就下令將所有硫化鋰二極體蓄電池由美國登記有案的航空器移走，就是由於一連串的意外，包括蓄電池爆炸的關係。

21.11 危險場所分類

美國防火協會（NFPA）之美國國家電工法規（NEC），曾對存有易燃性氣體或蒸氣、易燃性液體、可燃性粉塵，或著火性之纖維與飛屑，而可能發生火災或爆炸危害之場所加以分類，並對該等場所使用各種電壓之電氣設備和配線等作適當之規定。

一、美國危險場所之分類方法

為了確定各種危險場所之危險特性，美國防火協會採用下列分類方法：

1. 第一類危險場所（Class I）：有著火濃度之可燃性氣體或蒸氣存在，或可能存在而生危險之場所。
2. 第二類危險場所（Class II）：有著火性粉塵存在而生危險之場所。
3. 第三類危險場所（Class III）：因有極易燃燒之纖維或飛屑存在而生危險之場所，但此等纖維或飛屑不易有足夠數量懸浮於空氣中以產生著火性混合物。

在第一類危險場所與第二類危險場所中，由於所含物質呈現的危險特性仍各有差異，故尚需將各種化合物以組或族（group），來作進一步的劃分。

(一)第一類危險場所

第一類危險場所之大氣中含有下列各組易燃性蒸氣或氣體：

◆ A 組（Group A）

乙炔（acetylene）。

◆ B 組（Group B）

丙烯醛（acroleine）（含抑制劑者），丁二烯（1,3-butadiene），環氧乙烷（ethylene oxide），氫（hydrogen），氫氣含量高於 30%（體積比）之製程氣，環氧丙烷（propylene oxide）。

◆ C 組（Group C）

乙醛（acetaldehyde），乙醚（diethylether），乙烯（ethylene），氰化氫（hydrogen cyanide），硫化氫（hydrogen sulfide）。

◆ D 組（Group D）

冰醋酸（glacial acetic acid），丙酮（acetone），丙烯睛（acryinitrile），氨（anmonia），苯（benzene），丁烷（butane），1-丁醇（1-butanol, butyl alcohol），乙-丁醇（2-butanol, secondary butyl alcohol），乙酸丁酯（N-butyl acetate），乙烷（ethane），甲烷（methane, naturalgas），甲醇（methanol），丁酮（methy lethy lketone），甲基異丁酮（methy lsobutyl letone），異丁醇，2-甲基丙醇 [1]（2-methyl-1-propanol），第三丁醇，乙-甲基丙醇 [乙]（2-methyl-2-propanol），石油腦（naphtha），乙醇（ethanol, ethylalcohol），乙酸乙酯（ethyl acetate），丙烯乙酯（ethyl acrylate）（含抑制劑者），1,2-二氯乙烷（ethylene dichloride)，汽油（gasoline），庚烷（heptane），己烷（hexane），異戊二烯（isoprene），異丙醚（isopropy lether），辛烷（octanes），戊烷（pentanes），丙烷（propane），丙醇一 [1]（1-propanol），異丙醇（2-propanol），丙烯（propylene），苯乙烯（styrene），甲苯（toluene），醋酸乙烯酯（vinyl acetate），氯乙烯（vinyl chloride），二甲苯（xylenes）。

(二)第二類危險場所

第二類危險場所之大氣中，含有下列各組之可燃性粉塵：

◆ E 組（Group E）
導電性之金屬粉塵。

◆ F 組（Group F）
導電性之非金屬粉塵。

◆ G 組（Group F）
非導電性之非金屬粉塵。

在已決定危險之分類和化學品的組別後，尚需將危險場所之情況進一步區分為以下兩種：

1. 第一種場所（Division I）：在正常作業情況下，危險性係連續的、間斷性的或週期性的存在；又當修理維護作業時，常會產生上述之氣體或蒸氣，而成為危險場所。
2. 第二種場所（Division II）：通常處理或使用可燃性液體或氣體之密閉式容器或設備，因故障而破損；以及系統之破裂或保護裝置（如通風系統）之失效；或鄰接第二種危險場所之地區偶爾發生危險等等；均屬第二種危險場所。

二、日本分類方式

日本對於爆炸性氣體或蒸氣，另有一套分類方法，即以著火溫度及爆炸等級作爆炸性氣體分類。茲分述如下：

(一)以著火溫度之分類

以著火溫度高低不同分為 G1、G2、G3、G4、G5 及 G6 等六級，如**表 21.2** 所示。

表 21.2　著火溫度區分

著火度類別	著火溫度
G1	高於 450°C 以上
G2	高於 300°C，低於 450°C
G3	高於 200°C，低於 300°C
G4	高於 135°C，低於 200°C
G5	高於 100°C，低於 135°C
G6	高於 85°C，低於 100°C

(二)以爆炸等級之分類

以發生爆炸之難易程度不同區分為 1、2 與 3 等三等級，其分類基準如**表 21.3** 所示。

表 21.3　爆炸等級

爆炸等級	寬度最小值
1	大於 0.6mm
2	0.4 ～ 0.6mm
3	小於 0.4mm

上述爆炸性物質分類方法之代表性爆炸物質列如**表 21.4** 所示。

表 21.4　爆炸性物質之爆炸等級與著火度對照

等級	G1	G2	G3	G4	G5	G6
1	丙烷、氨、一氧化碳、甲苯、甲烷、苯、甲醇	乙醇、丁烷	汽油	乙醚、乙醛		
2	煤氣	乙烯				
3	氫氣、水煤氣	乙炔			二硫化碳	

日本目前有關防爆構造之標示符號列如**表 21.5** 中。

日本「電氣設備防爆指針」對防爆構造說明如下：

1. 耐壓防爆構造（d）：係全密閉構造，內部爆炸時，器殼可耐其爆炸壓力，且能夠防止點燃外部危險性氣體，引起再度爆炸。

2. 油入防爆構造（o）：電氣機具內部會發生火花或電弧部分浸入油中（6″），而油面上之爆炸性氣體不會著火。其油面及油面上機具溫升上限如**表 21.6**。

3. 內（正）壓防爆構造（f or p）：在器具內充入新鮮空氣或不燃性氣體保護，運轉前會將內部爆炸性氣體驅除，運轉時保持正壓，以防爆炸性氣體侵入。

4. 增加安全防爆構造（e）：正常運轉時不應該發生火花或高溫，對其構造及溫升方面，特別增加其安全度之構造，以防止其在不正常情況下，產生火花或高溫。其構造如**圖 21.5**，溫升限度如**表 21.7**（絕緣線圈溫升較規定低 10°C：B 級 -65°C，F 級 -90°C，H 級 -115°C）。

表 21.5　防爆構造標示

防爆構造種類	符號
耐壓防爆	d
油入防爆	o
內壓防爆	f（p）
增加安全防爆	e
本質安全防爆	i
充填防爆	q
模鑄防爆	m
無火花	n
特殊防爆	s

表 21.6　油入防爆構造溫升上限

燃點	G1	G2	G3	G4	G5	G6
油面	60	60	60	60	40	30
電機具觸及爆發性氣體部分	320	200	120	70	40	30

圖 21.5   增加安全防爆構造

表 21.7   觸及爆發性氣體部分之溫升限度

G1	G2	G3	G4	G5	G6
320℃	200℃	120℃	70℃	40℃	30℃

5. 本質安全防爆構造（i）：器具內部元件及構造在正常或故障時均不會產生火花或高溫，不會使爆炸性氣體點火，並由公正機構試驗確認之構造。

(1)ia：經 2 次失誤不會造成引火。適用於 Zone 0、1、2。

(2)ib：經 1 次失誤不會造成引火。適用於 Zone 1、2。

6. 充填防爆構造（q）：器殼內充填微細粒狀物，具良好阻隔效果，器殼表面無火焰或過熱溫升，達到防爆作用。

7. 模鑄防爆構造（m）：將可能產生火花或溫度之元件模鑄密封於複合物內，使機具外部無火焰或過熱溫升，以達到防爆目的。

8. 無火花構造（n-No Sparking）：器具本身不會產生火花，具有防爆作用。

9. 特殊防爆構造（s）：1 ～ 8 以外之構造，而可以防止外部爆炸性氣體著火，並由公正機構試驗確認之構造。

防爆構造標示如 d2G4，d 表耐壓防爆構造，防爆等級第 2 級，著火度第 4 度。舉例而言，乙炔儲存場所的耐壓防爆燈應標示 d3G2，而加油站的防爆開關標示為 d1G3，醫院手術房使用防爆設備應標示為 d1G4。

三、國際電工分類方式

國際電工委員會（IEC）將危險場所分類為：

1. 0 區（Zone 0）：爆炸性氣體環境連續或長時間存在的場所。
2. 1 區（Zone 1）：在正常操作下爆炸性氣體環境可能發生的場所。
3. 2 區（Zone 2）：在正常操作下爆炸性氣體環境不太可能發生，如果發生亦不時常發生，且只存在一段短時間的場所。

而爆炸性氣體之分類，乃依其最大實驗安全間隙或最小點火電流比區分如**表 21.8** 及**表 21.9**，另依發火溫度分級則如**表 21.10**。

表 21.8 最大實驗安全間隙分類

爆炸性氣體群組	爆炸性氣體最大實驗安全間隙值（mm）
IIA	0.9 以上
IIB	超過 0.5，未滿 0.9
IIC	0.5 以下

表 21.9 最小點火電流比分類

爆炸性氣體群組	爆炸性氣體最小點火電流比（甲烷 =1）
IIA	超過 0.8
IIB	超過 0.45，未滿 0.8
IIC	未滿 0.45

表 21.10 發火溫度分級

爆炸性氣體溫度等級	爆炸性氣體之發火溫度（°C）
T1	超過 450 者
T2	超過 300，450 以下
T3	超過 200，300 以下
T4	超過 135，200 以下
T5	超過 100，135 以下
T6	超過 85，100 以下

歐盟的防爆標示較為複雜，例如：CE Ex II 2G EEX ia II C T4，說明如下：

CE：表示產品經歐盟組織認證可銷售全歐洲

Ex：國際標準（IEC）防爆設備

II：表示 Equipment Group；I：地下礦區設備，II：地表區域設備

2：表示 Category（保護等級 Level of Protection）；1：Zone 0（非常高），
　2：Zone 1（高），3：Zone 2（普通）

G：表示 Explosive Atmosphere；G：Gas（爆發性氣體），D：Dust（爆發
　性粉塵）

EEx：表示歐盟 CENELEC 認證標示

ia：表示防爆構造種類；ia：表示本質防爆適用於 Zone 0、1 及 2，ib：表
　示本質防爆僅適用於 Zone 1 及 2

IIC：Gas Grouping 爆發等級

T4：T Class 溫度分類

為讀者使用方便，特將各國防爆系統及其符號整理如**表 21.11**。

表 21.11　各國防爆系統及其符號

	系統代號	第一位構造代號	第二位爆發等級	第三位燃點溫度等級	備註
歐盟	IEC (EN)	d,e,i q,s	II A II B II C	T1-T6 G1-G6	如：EExde II B T4
美	NEC (NEMA)	CL.1 DIV.1 CL.1 DIV.2	Group A、B、C、D	T1～T6	如：CL.1 DIV.1 Gr.C&D T4
日韓中	IEC (JIS) (CKS) (CNS)	d,e,i q,s	1、2、3 3a 3b 3c 3n	G1～G6	如：d3nG6 d2G4 eG3

練習題

1. 就一般60赫的交流電而言，什麼（電流或電壓）是造成電擊（electric shock）的主要因素？何謂讓行（let-go）電流？多大的電流或電壓會產生讓行？（83專技）

2. 說明電凍電流（freezing current）及致命電流。（83高考）

3. 試述電擊肇致傷害的原因？（80專技）

4. 列出五種方法用來防止電擊傷害。（81專技）

5. 靜電產生之原因？防制之道？（81專技）

6. 試述石油產品裝卸作業中防範靜電火災之安全措施。（79專技）

7. 在工作場所中，如何防止靜電的累積？試分別說明之。（80專技）

8. 靜電引起爆炸、火災為眾所周知，許多特殊作業場所，或作業設備（或作業方式），特別有易引起靜電爆炸、火災之虞，需要特別裝置，請依危險性列舉五個易引起靜電爆炸、火災之特殊作業設備（場所），及如何消除其靜電避免災害？（83專技）

9. 在危險場合，為控制靜電，避免危險，常使用連結（bonding）和接地（grounding），請簡述：
   (1) 何謂連結與接地？
   (2) 其控制靜電，避免危險之原理為何？
   (3) 通常使用場合為何？（82專技）

10. 何謂危險工作場所？依照美國防火協會（NFPA）國家電氣規章，該場所如何分類？請問下類場所是否為危險場所，若是，是屬於何類（或何級）危險場所？
    (1) 瓦斯灌裝場
    (2) 加油站
    (3) 麵粉儲倉
    (4) 碳粉製造廠？（83專技）

11. 何謂第一危險場所？第二危險場所？（79高考）

12. 說明進入限制儲槽空間從事電銲作業，可能發生之危害，及採取防範措施。（81專技）

13. 為防電銲作業產生之感電危害，應具備哪些安全設計及設備？（82軍人轉業

特考）

14. 使用電機設備時可能的災害為何？

15. 停電作業的安全措施為何？

16. 試舉出五種使絕緣失效的因素？

17. 工作場所，工作人員會感電的方式有哪些？

18. 試列舉哪些作業場所需裝設漏電斷路器？

19. 一般而言，工作場所的電機設備和電路有哪些保護裝置？

20. 電為何會爆炸？哪些電機設備會發生電的爆炸？

21. 電機設備之接地目的何在？

22. 雇主對於電器設備，平時應注意哪些事項？（84專技）

23. 為防止電機機械發生意外事故，通常在處理接地時有哪些方法？其適用場所為何？（85專技）

24. 為防止感電災害發生，請說明勞工安全衛生法規的重要規定有哪些？（87專技）

25. 防爆型電機設備的種類有哪些？（87專技）

26. 試說明靜電發生的來源。（87專技）

27. 為防止火災與爆炸，試列舉並說明四種有效去除靜電之方法。（88專技）

28. 簡答下列問題：

    (1)停電作業的安全措施如何？

    (2)如何防止高壓感電？（90升等）

29. 試說明電氣防爆裝置之種類、構造及其防爆原理。（90專技）

30. 在何種狀況下，電氣電路應裝置感電防止用漏電斷路器？又請說明該漏電斷路器的作用原理。（90專技）

31. 試選自己所熟悉之產業，說明其製造現場內，有何可能遇到之電氣危險、可能造成之傷害及其安全對策（90專技）

32. 試說明：

    (1)電氣火災的種類與發生的機制。

    (2)鉛酸電池與鋰電池的潛在火災爆炸的危害類型與發生機制。（91專技；91高考，工礦衛生技師）

33. 設E：對流對地電壓　　V：漏電時馬達的對地電壓

    R1：馬達絕緣不良時之接地電阻值　　R2：變壓器接地電阻值

R3：馬達外殼接地電阻值　Rm：人體電阻

I：漏電電流　Im：人體接觸馬達時人體流過之電流

(1)試推導Im與E，R1，R2，R3，Rm之關係

(2)當漏電時設R1＝0，此時E＝200V，R2＝10歐姆，Rm＝2000歐姆，R3＝25歐姆，試計算通過人體之電流量。

(3)如穿著絕緣鞋時，鞋與人體電阻共104歐姆，此一防護能否避免感電之危險？（91檢覆）

34.請問在劃分具有火災爆炸風險的危險性工作場所之防爆區域時，應考量哪些事項？又在具火災爆炸風險的危險工作場所，除了使用防爆電氣機具、設備外，尚應考量哪些因素以降低火災爆炸的風險？（94專技，工業安全管理）

35.試述電氣火災發生原因及預防對策？（96簡任升等）

36.試簡單回答以下問題：

(1)發生靜電帶電的機制？

(2)決定人員感電風險之三要素？

(3)耐壓防爆電氣機具的「防爆等級」之分級依據？（96高考，工業安全）

37.試說明電機設備過熱之原因，並敘述有哪些常用之防護裝置。（96高考，工業安全）

38.試說明設備接地之目的為何？（96專技，工業安全工程）

39.防爆電氣機具或設備之中，只有耐壓防爆和本質安全防爆有「防爆等級」之區分，請問這兩類防爆構造之防爆等級的分級依據各為何？（99高考三級，安全工程）

40.試說明「接地」（earth）和「搭接」（bounding）在靜電帶電防止機制上的異同？又，影響接地有效性的主要因素為何？（99高考三級，安全工程）

41.請回答以下問題：

(1)評估形成爆炸性環境（防爆危險區域）之可能性時應考量之因素（至少舉出5項）？

(2)劃分防爆危險區域等級時應考量之因素？

(3)劃定防爆危險區域範圍大小時應考量之因素（至少舉出5項）？（99高考三級，安全工程）

42.停電作業時如何防止人員發生感電事故？（99高考三級，機電防護與防火防爆）

43. 依據「勞工安全衛生設施規則」之規定，哪些場所及設備應裝設漏電斷路器？（100高考三級，工業安全衛生法規）

44. 某一製程區，於設備故障時會有易燃性氣體外洩的潛在危害，依美國NEC（National Electronics Conference）的標準，應裝哪一種防爆電器（Class多少？Division多少？），並解釋其原因。（100高考三級，安全工程）

45. 根據國際電工法規（International Electrotechnical Commission, IEC）之分類方式，防爆電氣設備以構造區分有八種，分別為：耐壓防爆、增加安全防爆、本質安全防爆、正壓防爆、油入防爆、填粉防爆、模鑄防爆、無火花防爆。請說明其中耐壓防爆、增加安全防爆、本質安全防爆、正壓防爆等四種之定義及特點。（100高考三級，機電防護與防火防爆）

46. 防爆電氣機具或設備上所標示的符號為「Ex d IIB+H2 T4」，請說明其意義。又，請問這個防爆電氣機具可以用在氫氣純化區（機）嗎？請一併說明其理由。（101高考三級，安全工程）

47. 試說明引起電線走火的三種常見的不同電氣火災類型之機制。（101高考三級，安全工程）

48. (1)請說明漏電斷路器與自動電擊防止裝置的作用原理。(2)依據勞工安全衛生法規規定，哪些狀況下應裝漏電斷路器與自動電擊防止裝置？（101高考三級，機電防護與防火防爆）

49. 靜電放電有很多形式，主要放電方式有Spark Discharge、Corona Discharge、Brush Discharge、Bulk Powder Discharge、Propagation Brush Discharge，請說明其中文名稱及解釋其放電原理。（102高考三級，機電防護與防火防爆）

50. 電氣設備因異常狀況而導致火災案例屢見不鮮，請說明電能如何轉變成熱能？並請舉出一個實際現象或應用。（102高考三級，機電防護與防火防爆）

51. 某作業場所主要生產甲苯（Toluene）及二甲苯（Xylene）如附表，此作業區域被認定為Zone 0區域，以此條件回答下述問題：

    (1)請說明Zone 0定義及該區域應該採取何種措施？

    (2)某一員工進入該作業場所進行加料作業，現場可燃性氣體濃度為30,000ppm，該員工每移動一步將產生104V的靜電，此靜電能量是否能引燃可燃性氣體？（假設人體電容值約300pF）（102高考三級，機電防護與防火防爆）

	甲苯	二甲苯
Flash Point（℃）	4.4	27
Minimum Ignition Energy（mJ）	＜ 0.28	＜ 0.28
Auto-Ignition Temperature（℃）	480	480
Lower Explosive Limit（vol%）	1.2	1.0
Upper Explosive Limit（vol%）	7.1	7.0
Density	0.867	0.861

52. 在機械上為保護人員免於間接觸電或在有限面積的直接觸電，可使用保護性超低電壓（Protective Extra-Low Voltage, PELV）。請問PELV之電路應滿足哪些條件？（103高考三級，安全工程）

53. (1)依CNS 3376-10之規定，劃分防爆危險區域等級時應考量哪些事項？

   (2)使用液化天然氣（LNG）的場所與使用液化石油氣（LPG）的場所在劃定防爆危險區域範圍時會有何不同？（103高考三級，安全工程）

54. 試回答以下問題：

   (1)發生靜電帶電的機制？

   (2)決定人員感電風險之三要素？

   (3)防爆電氣機具的「溫度等級」與對象物質之關係？

   (4)易燃性液體在閃火點（flash point）以下時可能燃燒的情況？（103高考三級，安全工程）

CHAPTER 22

火災防止

　　眾人皆知，火的產生必須有燃料（fuel）、氧化劑（oxidizer）及著火源（source of ignition）這三個火的要素。但這種說法太簡單，因火的整個過程非常複雜。首先，燃料與氧化劑都必須有適當的比例，彼此密切接觸，且在正確的模式下，始能產生反應。永久氣體、液體與固體達到燃燒的狀態時所使用的方法，在某些方面是一樣的，但在其他情形卻又大異其趣。

22.1 燃料

　　可燃燒的材料不計其數。可燃物主要的分類列出如下，並附一些例子，某些物料可歸列為不止一種類別。

一、一般可燃物

　　一般可燃物包括：

1. 加熱、內燃機、電銲與火箭引擎所用之燃料。
2. 溶劑與清潔劑。
3. 潤滑劑。
4. 包覆物，諸如油漆、瓷漆或蠟。
5. 工業製程化學品。
6. 冷卻劑，諸如氨與氯化甲烷。
7. 殺蟲劑。
8. 塑膠與聚合物。
9. 水壓流體與水管。
10. 蔬菜與木製品。
11. 紙產品。
12. 布及其他纖維物質。
13. 橡皮產品。
14. 金屬，如鈉、鉀、銫、銣、金屬粉塵、粉末、絲帶或細金屬絲。

二、既可燃又不可燃之物

有些物料不可燃或於空氣中表現出低程度之著火性，惟當有強烈的氧化劑、高濃度氧、高溫和強力的火源出現等又能起燃。此種類型中很常見的物質如下：

1. 鹵化的碳氫化合物，如三氯乙烯。
2. 泡沫與矽樹脂膠。
3. 橡膠與聚合物、塑膠包覆的布織物、火焰或火的延緩劑、金屬絕緣體。
4. 塊狀金屬，如鎂、鋁、鈦或鈷。
5. 粉末狀金屬，如鎂、鋁、鈦或鐵。
6. 特殊化合之水力流體與潤滑油。
7. 封接物、填料、O 型環、膜片與閥座。

三、其他反應或過程中的產物

其他反應或過程中之產品方可充作燃料，如：

1. 有機化合物或其他含碳物質於不完全燃燒時所產生之一氧化碳。
2. 蓄電池充電時釋放之氫氣。
3. 水於熱表面上分解等所釋放之氧。
4. 有機物蒸餾時釋放出之可燃性氣體。
5. 鈉、鉀、鋰的氫化物與水反應時釋放之氫。

22.2 氧化劑

最普通的氧化劑當然是空氣中的氧，現代工業製程所使用或製造出來的氧化劑，為稀釋的氧，可能遠比空氣更危險。

許多物質被認為不可燃燒，或於空氣中其低微燃燒性，但在充滿氧化劑的大氣中卻可燃燒。二氯甲烷在空氣中不會燃燒，但於富氧或四氧化氮大氣中，就會燃燒。三氯乙烯及其他鹵化碳氫化合物，亦被認為其輕微的燃燒性，但會與四氧化氮形成爆炸性混合物，僅需要適當的助力即引爆。

閃光型的燃燒，係指燃料在充滿氧化劑的大氣中燃燒，比在燃料與空氣混合中產生更高、更烈的溫度與比例。此種型式的燃燒，可發生於如固體燃料之物質，不需空氣作為燃燒的來源，故蓋覆火災並不能使它熄滅。

即使少量有壓力的空氣，諸如來自風箱，也會增加燃料之燃燒。純氧當然是一種比空氣（僅含 21% 氧）更強的氧化劑。一次小小的氧氣洩漏，能增加空氣中的氧氣含量到會存在危險的火災的一點。因此，即使是空的氧氣鋼瓶，也不能放置於靠近可燃性氣體或可燃物之處。

在某些情況，即使與惰性氣體混合，氟元素是唯一比氧（其於水中可被取代）更強的氧化劑。其他元素與化合物在一個反應中，皆較氧缺乏活力。有些因具備不會比氧更穩、更快地引發反應之特性，即使無外在燃源，它們亦能使某些燃料著火。其他強烈的氧化劑有氯、鹵素、與鹵素化合物、硝酸鹽、亞硝酸鹽、過氧化物及強酸（硫化物、氫氟化物、氫氯化物等酸）。這些氧化劑必須謹慎處置，避免與燃料有所接觸。

22.3 氣體

當燃料與氧化劑皆是氣體時，則此混合物必須在燃燒界限（flammable limits）內始能著火（ignite），燃燒界限及燃燒範圍應是大約值而非固定值。許多因素能影響、擴大或抑制這些範圍。混合物之正確比例、溫度、著火源之類別、外形、大小、方向、氧化劑的形態、濃度；在某些個案中之混合壓力與其他因素等，皆有所差異。

任何氣體混合物，任何體積之燃料與氧化劑正確的濃度都不是固定的。一個氣體指示劑或計算式，可能指出此混合物太弱致無法燃燒，但可能大量未經計算者，其燃料濃度卻在燃燒界限內。假設特定的燃料（如溶劑），被潑灑於已知面積的房間內，則平均燃料與空氣之比例，可計算出來，據此可知等式是存在的。已算出之燃料與空氣比例可能低於燃燒界限，然而此蒸發過溶劑與空氣間密度之差異引起層化，故燃燒界限超過某一水平之下限。從部分局限空間（如油槽）之案例中，發現所監測之易燃氣體通常較安全。然而，輕於空氣之易燃氣體，因疏忽置於屋頂或天花板下而著火。

假如著火能量（如來自電銲或切斷火炬）很高，則氣體與空氣之混合物，雖超越正常燃燒界限之外，亦能起火。易燃氣體於不同溫度之限制之差異，如

表 22.1，溫度對空氣中可燃性蒸氣之燃燒範圍的影響如**圖** 22.1 所示。而不同氣體之爆炸範圍則列於**表** 22.2 中（Zabetakis, 1965）。

位在低能標準而不燃燒之混合物，即使注入高能，可能也不會著火。在某些情況下，0.2 毫焦耳的火花於 79°F 時，不致使丁烷與空氣之混合物著火，如於狹窄著火限制內，0.5 毫焦耳的火花能使該混合物著火。當火花多於 10 毫焦耳，則燃燒範圍更廣些。正常情形時，不燃燒且被認定低著火性之物質，介於電弧與火焰的熱量時，將迅速地燃燒。燃燒線趨正常依據燃料與空氣的混合

表 22.1　著火範圍與溫度之關係

狀況	溫度（°C）				
	17	100	200	300	400
低限，氫百分比	9.4	8.8	7.9	7.1	6.3
高限，氫百分比	71.5	73.5	76.0	79.0	81.5
低限，一氧化碳百分比	16.3	14.8	13.5	—	11.4
高限，一氧化碳百分比	70.0	71.5	73.0	—	77.5
低限，CH_4 百分比	6.3	5.95	5.5	—	4.8
高限，CH_4 百分比	12.9	13.7	14.6	—	16.6

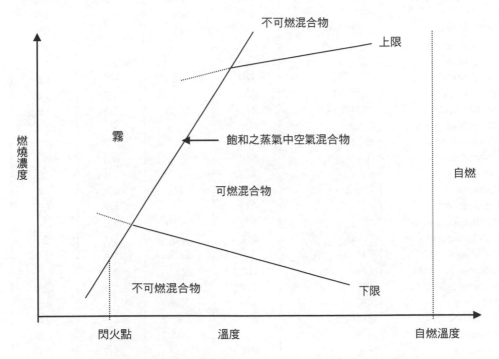

圖 22.1　溫度對空氣中可燃蒸氣之燃燒範圍的影響

表 22.2　燃性氣體之爆炸範圍

物質名		閃點 °C	著火度 °C	爆炸界限	
英文	中文			下限 Vol%	上限 Vol%
Acetylene	乙炔	305	瓦斯	2.5	100
Acetaldehyde	乙醛	140	− 37.8	4	57
Acetone	丙酮	537	− 19	2.5	13.0
Ammonia	氨	630	瓦斯	15	28
Isooctane	異辛烷	410	− 12	1.0	6.0
Isobutanol	異丁醇	426	27	1.7	10.9
Isobutyl ethyl ketone	甲基異丁基酮	475	14	1.2	8.0
Isobulene	二甲基丁二烯	220	− 53.8	1	9.7
Carbon monoxide	一氧化碳	605	瓦斯	12.5	74
Ethanol	乙醇	422	111.1	3.5	19
Ethane	乙烷	515	瓦斯	5.0	15.0
Ethyl ether	二乙醚	170	− 4.5	1.7	4.8
Ethyl methyl ketone	丁酮	505	− 6.1	1.8	11.5
Ethylene	乙烯	425	瓦斯	2.7	34
Ethylene oxide	環氧乙烷	428	瓦斯	3.0	100
Octane	辛烷	210	12	0.8	6.5
O-xylene	鄰位二甲苯	463	17.2	1.0	7.6
M-xylene	間位二甲苯	525	25	1.1	7.0
P-xylene	對位二甲苯	525	25	1.1	7.0
Chloro bengene	一氯苯	590	28	1.3	11.0
Acetic acid	醋酸	485	40	4.0	17
N-Amyl acetate	正乙酸戊酯	375	25	1	7.5
Isoamyl acetate	異乙酸戊酯	379	25	1	10
Ethyl acetate	乙酸乙酯	460	− 4.4	2.1	11.5
Butyl acetate	乙酸丁酯	370	22	1.2	7.6
Bulobile acetate	乙酸丙酯	430	10	1.7	8.0
Methyl acetate	乙酸甲酯	475	− 10	3.1	16
Cyclo hexenone	環乙酮	420	33.8	1.3	9.4
Cyclo hexane	環乙烷	260	− 20	1.2	8.3
Hydrogen	氫	560	瓦斯	4.0	75.0
Stilene	苯乙烯	490	32	1.1	8.0
Decane	癸烷	205	46	0.7	5.4
Toluene	甲苯	535	4.4	1.2	7.0
Carbon disulfide	二硫化碳	102	− 30	1.0	6.0
1,3-Butadiene	丁二烯	415	瓦斯	1.1	12.5
1-Butanol	丁醇	340	28.9	1.4	11.3
Butane	丁烷	365	瓦斯	1.5	8.5
Butane aldehyde	丁醛	230	− 6.7	1.4	12.5
Propane	丙烷	466	瓦斯	2.1	9.5
Propylene oxide	環氧丙烷	430	− 37.2	1.9	24
Hexane	己烷	233	− 21.7	1.2	7.5
Heptane	庚烷	216	− 4	1.1	6.7
Benzene	苯	555	11.1	1.2	8.0

（續）表 22.2　燃性氣體之爆炸範圍

物質名		閃點 °C	著火度 °C	爆炸界限	
英文	中文			下限 Vol%	上限 Vol%
1-Pentanol	戊醇	300	32.7	1.2	10.5
Pentane	戊烷	285	< − 4.0	1.4	7.8
Acetic anhydride	乙酸肝	315	49	2.0	10.2
Methanol	甲醇	455	11	5.5	36
Methane	甲烷	537	瓦斯	5.0	15
2-Methyl hexane	二甲基己烷	280	< 0	—	—
3-Methyl hexane	三甲基己烷	280	< 0		
Hydrogen sulfide	硫化氫	260	瓦斯	4.0	44
Gasoline	汽油	280	− 42	1.2 ～ 1.8	7.1 ～ 8
Water gas	水煤氣	—	瓦斯	7.0	7.2
Coal gas	煤氣	—	瓦斯	5.3	3.2

物、空氣中百分比之改變，亦會改變易燃混合物中燃料的百分比，這將有效地改變燃燒界限與範圍。

有些名詞需加以補充說明，茲陳述如下：

1. 閃火點（flashing point）：引火性物質液面蒸發，釋出蒸氣，在空氣中擴散為可燃的混合氣體，如遇火源和適當的氧化劑，液體表面即可閃爍起火，將無法繼續燃燒，此時該引火性物質的最低溫度即稱為閃火點。

2. 著火點（fire point）：引火性物質表面有充分之空氣，遇有火種，可立即燃燒，火焰歷久不滅，此時該引火性物質的最低溫度即稱為著火點。

3. 自燃溫度（ignition temperature）：可燃性物質，不自別處獲得火種，可自行在空氣中維持燃燒的最低溫度，即為自燃溫度。

4. 擴散燃燒（pool burning）：可燃性氣體之分子與空氣之分子互相擴散而混合，在濃度達到燃燒範圍，一遇火種，即形成火焰，而繼續燃燒。

5. 蒸發燃燒：引火性液體由於蒸發產生蒸氣，一遇火種而繼續燃燒著。

6. 分解燃燒：可燃性固體在空氣中加熱分解，釋放出可燃性氣體，遇著火而形成火焰，而火焰又可使固體再次分解，致繼續燃燒下去，此種燃燒即稱為分解燃燒。

7. 表面燃燒：已起碳化作用之固體表面與空氣接觸而著火之燃燒即為表面燃燒。

22.4 易燃性與可燃性液體

　　易燃的（flammable）與可燃的（combustible）看起來似乎意義相同，但若與液體有關，則有不同的意義。任何液體之閃火點低於規定溫度者，稱之為 flammable，若高於該點，則稱之為 combustible。對於閃火點之危險評量，每一個機關皆不一樣（**表 22.3**）。此處應強調的是一種液體，雖低於易燃的溫度，但仍為可燃性的，因此仍算是危險物。假設有高度活力之火源或被加熱至高於閃火點之溫度，或者是噴霧（sprays）的形狀，它就極易著火。

一、液體燃料

　　液體無法燃燒，除非先變成氣體的形態。只要液體蒸發迅速，足能製造出支持火的大量氣體，則於與氣體相同條件下，反應隨後進行，而一起火，火焰即放出熱量。液體與蒸氣燃燒的比例，繫於熱能從火焰流回至液體之比例而定，使其蒸發，亦繫於氧化劑與燃料聯合產生火焰的比例，此種過程包含許多因素，主要為：

　　1. 火焰的溫度、亮度與放射能力（emissivity）。

表 22.3　液能燃料之危險評估

（一）OSHA		（二）NFPA		（三）DOT		（四）UL	
標準	分類	閃火點（℉）	分類	標準	分類	類別	評量
＊易燃液體		≦ 20	高（1 類）	1. 閃火點 ≦ 80 ℉	高（Ｉ類）	醚	100
1. 閃火點 < 73 ℉，沸點 < 100 ℉	IA						
2. 閃火點 < 73 ℉，沸點 ≧ 100 ℉	IB	20-70	中等（2 類）	2. 閃火點 < 80 ℉，沸點 < 125 ℉	特殊	汽油	90-100
						酒精	60-70
3. 閃火點 ≧ 73 ℉，沸點 ≧ 100 ℉	IC	70-200	輕微（3 類）	3. 閃火點 < 80 ℉，沸點 ≧ 125 ℉	Ｉ類		
						松節油	30-40
4. 80 ℉ ≦閃火點 < 140 ℉	II 類			4. 80 ℉ ≦閃火點 < 200 ℉	II 類	烷類油	10-20
＊可燃液體				5. 閃火點 ≧ 200 ℉	III 類		
1. 140 ℉ ≦閃火點 ≧ 200 ℉	IIIA						
2. 閃火點 ≧ 200 ℉	IIIB						

2. 蒸發液體所需之熱量（蒸發的潛熱）。

3. 升高液體溫度至蒸發點所需之熱量。

4. 液體吸收熱能之速度。

5. 暴露液體表面的程度。

6. 使液體成為噴霧或霧（mists）之風速。

二、擴散燃燒

火可能始於易燃性液體之倒潑或來自放置此種液體之桶，有趣者乃去瞭解一池液體如何迅速地燃燒。一池液體燃燒的速度，不是被認為大量（mass）就是為線性（linear）。大量燃燒率係指液體每分燃燒的磅數重量，而線性燃燒率係指燃料被消耗特定深度之速度。線性燃燒率取決於液體每單位時間之蒸發量，再者，這乃牽涉到熱能流至液體表面。

三、噴霧與霧

蒸發極迅速時將會產生噴霧與霧，此可見於火爐或內燃機意外洩漏或其他原因。當噴霧與霧之粒度小於 10 微米時，此混合物即充作氣體混合物，其著火溫度遠低於液體之閃火點。減低噴霧中小水滴尺寸也會降低燃燒下限。

水管與容器破漏時，則形成噴霧或水流。小出口之高壓洩漏會產生噴霧。漏出液體之噴氣撞擊固體物時，將會轉成噴霧與霧。水槽裡液體撞到槽壁，亦會有相同清況，當該水槽放置於行走中的交通工具上，如卡車、飛機或汽車，則會發生此狀況。潑灑時亦能在液體上製造出小水滴與霧，則更容易著火。

不僅燃料之噴霧與霧，比大量的液體更容易著火，而且大量液體表面之蒸發，燃燒時之溫度可能遠低於閃火點。大量液體不足以製造蒸氣與空氣混合物之蒸壓的溫度，霧卻能燃燒。這將增加火警危險，然而，其危險仍輕於易燃性氣體混合物，因為噴霧含有液相的極小水滴。要燃燒，這水滴必須首先蒸發，如此則需要蒸發之熱能。火源必須供應 20 ～ 30 倍大於氣體之熱量，才足使噴霧燃燒。

有關火警預防的演講中，可能包含一個液體噴霧著火性之例子，說明者將選擇一個噴霧膠罐，並指著標籤，上云：「此罐內之液體不被評列為易燃的」，

或者是類似的說明。然後，他點亮一根火柴，再從罐中製造出噴霧去碰觸火焰，此噴霧將燃燒，且被消耗。所以謹防靠近噴霧，是容易理解的，尤其在進行油漆工作時。

22.5 易燃固體

固體在不同的反應中燃燒，因為固體與氣體面，有時候連液體，總是包含一起。許多固體加熱時會昇華，未經液體階段，就變成為氣體，然後，就像任何其他氣體燃料般著火。著火後，熱量將使更多的燃料迅速昇華，加速其過程。某些昇華的固體，甚至像其他可燃性液體一樣，有其閃火點。

某些固體，與普通液體一樣，會熔解、蒸發，最後採同樣方式著火，任何熔點低於著火溫度的金屬即屬於此類。固體開始熔化為液體的溫度稱之為熔點（melting point）。

一個簡單的元素，如碳，與許多熔點高於著火溫度的金屬，會經歷緩慢之氧化過程，並製造易燃性產物，一加入氧化劑即燃燒，更多複雜的燃料，諸如碳與可燃性化合物，或經蒸發、緩慢氧化，或經分解等過程，再形成可燃性氣體後著火。

燃料與氧化劑混合物或化合物，如固體推進燃料，加熱同時創造出易燃物與氧化性氣體。化合物分解時，通常製造出氧化劑。不同於那些僅經過改變的階段而成為氣體的固體，某些固體亦能因經歷反應而成為氣體，或於氧化劑與金屬表面接觸時氧化。當溫度增高，氧化反應能從非常緩慢，轉變為非常快。通常這是金屬與最後三類之固體相隨之過程。甚而許多可熔解的金屬會形成氧化物，然後成為氣體。除了白金與黃金，所有金屬在適當的條件下將會著火。

碳與空氣中的氧反應，即形成一氧化碳與二氧化碳。任何已形成之二氧化物接觸多餘的碳，則會反應產生更多的一氧化碳。不完全燃燒的火焰漸漸地擴散，且與更多的空氣混合。一氧化碳是高度易燃的。此種反應繼續進行至完成，大部分形成之二氧化碳而離開燃燒空間，其他的則一再進行形成一氧化碳的作用。熱火焰中的熱能放射回至碳以繼續反應。固體表面接受輻射熱後，會產生膨脹與裂開。裂開增加表面接納反應與促進燃燒，直到達成均衡狀態。

煤是一種複雜的混合物，構造因碳的級數而改變，全部均含不同數目的自由碳與揮發物。由於所含的揮發物，煤比純碳燃燒更快。揮發物之數量與煤的

級別、著火的容易度與燃燒率有關（無煙煤含最少的揮發物，最難點燃；以瀝青煤與褐碳，則最容易）。包含於部分凝出之碳化氫氣體、硫磺或其化合物，揮發物與固體粒子中凝出之可燃性氣體，從暴露中的煤釋出後，可立即燃燒。不含碳的硫磺能熔解、蒸發與燃燒。揮發物燃燒之熱能，將引發較難著火之碳燃燒，就像所敘述一樣。

大部分屬於大塊狀、塊狀、厚片或條狀之結構性金屬並不是這樣燃燒，這些大塊物質表面所受反應是有限的，熱能傳導太快致無法提高到著火點，雖然金屬都擴張，但無法像煤般裂開。

金屬燃料著火能力視固體燃料表面與氧化劑接觸之緊密度而定，增加其接觸面積，將會降低著火溫度與所需的能量，在某些案例中，粗糙、斷裂的表面可提供充分暴露於強烈氧化劑而著火。如同液體，固體減低可增加暴露面積之粒子的尺寸，則有相同效果。然而，水滴接受自輻射之熱能，可增加其蒸發率，但金屬之粒子不是熔解後蒸發，就是形成氧化物的包覆或二者兼而有之。引燃金屬粉塵所需能量，主要為粒子大小之作用，且混合物中粒子大小不同，在於最小粒子之大小。其他影響著火性之因素，計有粒子的特殊熱能（因其於溫度升高時吸收熱能），所加燃燒能量之速度、惰性固體之存在，以及粒子是否是雲狀或固定。當某些粉塵燃燒時，其反應速度可能大到被認為是爆炸。金屬被研磨得非常精細，故暴露於空氣中即可著火。

粉塵之後，最能燃燒的形式有薄鐵絲與箔，可燃性視其厚度而有所變動。帶狀者較難著火，而龐大者甚至不可能燃燒。對塊狀之可燃金屬而言，使粉塵完全著火之能力可能僅引發慢性氧化。

22.6 著火

著火（ignition）為混合物中燃料分子與氧化劑活動所組成，致互相碰撞，以充分的速度與力量引發反應。一個反應的活動能源通常是熱的形態，然而光與機械性能源，方可能造成分子之分解。雖然是極端微小的粒子，光子卻以極速飛行，其能量大至足使氫與氯之氣體混合物，引發瞬間反應。室溫黑暗中不起反應，但暴露於陽光下將熊熊燃燒。敲擊亦能提供多餘能量，敏感物質（如乙炔或聯氨）會引發此類反應。大部分火源可區分為以下之種類：開放性火焰、電弧或火花、熱表面、機械或電氣火花、自燃（spontaneous combustion）、

斷熱壓縮或催化作用（catalytic action）。

　　能量來源的形狀，對引燃易燃混合物所需之能量有極大之影響，使點源著火的總量，遠較擴散源為少，因前者能量強度較高。

一、電弧與火花

　　由電弧與火花所造成易燃性混合物的著火，往往是意外火災的最普通原因。主要由下列產生：

1. 電動機、發電機，或其他電動轉動設備所產生的火花。
2. 一旦開關及繼電器開路時，接點間產生電弧。
3. 斷電，不良或絕緣失效點的電弧。
4. 未接地表面所累積的靜電，產生放電。
5. 雷擊。
6. 充電電容器空氣中放電。
7. 短路作業時意外接觸。
8. 導電體間接觸不良。
9. 有電時導電體斷裂。
10. 電銲時之電弧。

二、熱表面

　　熱表面如下：

1. 電熱器或熱的板子。
2. 運轉中的引擎或壓縮機有暴露之熱部分，特別是排氣管。
3. 過熱之線路、電動機，或其他電機設施。
4. 鍋及蒸氣表面及煙囪。
5. 蒸氣散熱物，管路及設備。
6. 燃燒中的雪茄。
7. 因摩擦加熱之金屬，如煞車鼓輪與軸承。
8. 經陽光或火之輻射加熱之表面。
9. 經電銲之金屬。

　　10. 熱工業處理設備。

三、機械性與化學性火花

　　金屬的與化學的火花，其產生如下述：

1. 鋼製工具、鏈子，或其他鋼鐵之設備部分，或其他極堅硬表面之重擊或跌落。
2. 移動中之金屬部分與其他金屬或極硬表面之摩擦，例如煞車之鋼輪，滑行在鐵軌上或石頭上。
3. 旋轉中的金屬，敲擊一個堅硬固體表面或金屬，物質被旋轉中與固定金屬表面間的來往。
4. 充當金屬清潔或攪拌之研磨輪台圓盤。
5. 木頭或紙類火災中，白熾分子之散播。
6. 電銲或氣體割斷中，產生之潑濺與煙渣。
7. 鋁碰擊鐵氧化物。
8. 由內燃機內排放出高熱碳分子。

22.7 自燃

　　堆積成山的垃圾或低成色之煙煤、亞瀝青煤、褐煤與泥煤，必須保護，以免自發性加熱及著火。其他加熱而自燃之固體為有機物，如棉、木削片、乾草與大量廢物。其中大部分，常壓氣體的吸附與細菌作用會提供最初放熱反應。有機化合物的分解可形成更多的碳，可吸附並與更多的氧氣反應，造成更多熱放出。

　　未飽和的油與脂肪是另一群能發熱而自燃的物質，一旦有氧的存在，即相互緩慢地結合，而趨完全飽和。只要緩慢反應中的熱能，促使溫度提升至某一程度，整塊即可燃燒。

　　散裝油沒有自燃的傾向，因液體中的對流，所產生的熱使整團塊的溫度提升得極輕微。當油存留於纖維物時（如棉碎布或廢物），暴露極大塊氧化表面於空氣中，危險即產生了。僅一塊破布幾乎不會燃燒，因所產生之熱已迅速流失了。然而，成堆的破布可充當絕緣體，使熱能免於消散。從無數的同時反應

累積出之熱能充沛，致引起局部著火，火因而擴散更快。浸濕油的物質開始自燃，所需時間長短可從幾小時至幾天不等，視油的形態數量，破布或廢棄物之數量，溫度與空氣是否獲得有關。由於此種形態的著火，故多警告沾油的破布或廢棄物須儲存於密閉容器內，且時常加以清除。

　　經潤滑油或柴油汙染的蒸氣輪、熱表面所作的絕緣應重換，因其意味著火災的危險。無外在著火源或在熱表面的溫度下，在室溫時，油不致燒起來。然而，熱能使油氧化，並放熱反應。隨著溫度升高所產生更多的熱，可充足到引起油的局部著火。

一、自燃（hypergols）

　　當燃料與氧化劑混合時，在室內溫度反應如此迅速，致無外在火源，也能立即燃燒，此稱作自燃的（hypergolic）反應。hypergolic 一字係由於使用火箭推進料時，自燃（hypergol）與氧混合而燃燒。此種燃燒是有意的，在遍尋引起意外火災的化學歷史中，同樣的反應都被發現，即使無其他所需之火源，最初放出的熱能產生燃燒。

二、發火（pyrophors）

　　自燃的燃料的一種特殊分類所包含的物質，不僅在高度集中時與氧迅速反應，而且與空氣中部分的氧都能迅速反應。這些燃料是發火的（pyrophoric）。這類的燃料與反應久已為大眾知悉。從水中脫離之白磷乾燥後，會爆發火焰。如矽與硼氫化合物的氣體在空氣中方能自燃。最危險的發火物是鐵硫化物，如 FeS_2、FeS 與 FeS_2S_3。

三、絕熱壓縮

　　一種氣體的絕熱壓縮（adiabatic compression）將提高其溫度，在某些例子中，可能是至所盼望的，而在其他情形則是有害的。柴油引擎壓縮易燃性混合物至其可燃的溫度。在空氣壓縮機中，壓縮的熱必須去除，以減低空氣中的溫度。脫離壓縮機之熱空氣碳化氫燃燒，可引起爆炸。這些碳化氫通常是潤滑油或其殘留物。以此觀點，壓縮機特別危險，因其含高濃度氧化物、易燃物與火

源。由於處於極高溫，燃燒將如此迅速，致爆炸可能發生。

　　氣體之絕熱壓縮伴隨著溫度之提高，能在其他狀況下發生。空氣在充滿燃料的管中以泡沫方式輸入，假如流送中突然阻塞，則能被壓縮。以這般之阻塞所產生之壓力是值得注意的。

四、輻射

　　輻射是一種或為直接或為間接的火源。陽光能被有意地集中或意外經由鏡子或彎曲反射器而使可燃物著火。雖未使用核子裝置，太陽反射器仍能提供可用之最高溫。在某些燃料短缺的國家，小型反射器被用來集中大量熱供烹飪。太陽能低效率之集中器仍可能構成火源，而火焰、工業加熱爐、高度白熱金屬與發光固體燃物，亦能輻射充足的能源，而使附近的易燃物著火。雷射，能產生有強度的光線，而使可燃物起火。

五、催化作用

　　催化劑常被定義為「一種物質能加速反應而本身不被消耗」，以此定義，似乎它不參加反應。然則非也，催化劑係以介入其本身所應加之其他反應及比直接反應需要較少之活動能源的方式，而包含於兩種其他物質間所有反應。許多例子中，這些中間反應未能被充分瞭解。然而這一個中間步驟是一個通常包含介於正常反應物與催化劑中的原子（或基）的放熱反應。如無催化劑，最初的反應則比此二正常反應物需較少之活動能源。第二個中間反應為從改變後之形式回復至最初的催化劑。

　　催化劑的反應能力可用反應率或一段時間內釋放出之熱量，與可比較的反應物來定義。每一催化劑有其極限，超越之不再增強其成效。0.8% 濃度是六氫苯甲酸亞錳最大活動力，更多的催化劑也不再增快其反應率。

22.8 著火源

　　有關包含於火災與引發因素之設備的形態的統計可能很有趣，美國商務部之國家火災控制中心所作火災統計的調查中，分析發生於加州與俄亥俄兩州之

火災原因。如**表 22.4** 顯示之資料係來自該調查報告中的數據與列表，可能會讓安全人員感到有興趣。

表 22.4　火災原因

項目	原因分類	定義	住家火災原因（%）	非住家火災原因	
				本工業	製造業
1	暴露	另一激烈火災散布之熱所引起	3	6	4
2	自然資源	陽光熱能、自燃燃燒或化學品、閃電、靜電放電所引起	0.9	3	6
3	縱火／嫌疑	故意放火或懷疑的情況所引起	11	7	10
4	爆炸物、煙火	自我明顯，爆炸物用為縱火工具，包含第三類	0.7	7	14
5	抽菸	香菸、雪茄、菸斗作為燃燒之熱能	13	1.9	5
6	孩童玩耍	包含所有因孩童玩耍任何下列各項（7-16）而引起的火災	5	0.8	1.2
7	加熱系統	包含中央暖氣，固定與手提之局部加熱單位、壁爐與煙囪，水力暖氣作為熱源	13	5	5
8	烹飪設備	包含火爐、烤箱，固定與手提加溫設備，濃油炸鍋、露天烤架作為熱源	18	0.9	3
9	空調、冷凍	包含除濕、冷卻水裝置與空調、冷凍設備，作為熱源	0.7	0.8	0.9
10	輸送電路	包含電線、變壓器、功率轉換齒輪、錶箱、絕緣線、掩座、作為熱源之燈光裝置	0.7	45	7
11	電氣用品	含電視機、收音機、留聲機、乾燥機、洗衣機、吸塵器、分離馬達、手工具、電毯、燙斗、電動刮鬍刀、開罐器作為熱源	7	2	8
12	氣體	首次燃燒物質是氣體，如自燃的、液化石油、製造的、麻醉的、電石氣的、其他氣體	0.3	0.4	0.2
13	易燃、可燃的	首次燃燒物質是易燃液體，如汽油、酒精、乙醚、丙酮、液體噴射燃料、松節油、煤油、柴油燃料、烹飪油、潤滑油等	0.9	4	7
14	開放火焰、火花	包含火炬、蠟燭、火柴、打火機、開放火、內燃燒之逆火作為熱源	5	4	7
15	其他設備	包含特殊設備（雷達、X 光、電腦、電話、發報機、販賣機、辦公室機器、泵浦、印刷機）、處理設備（火爐、窯、其他工業用機器）、服務維護設備（焚化爐、電梯）	0.4	7	14
16	其他熱能	包含所有其他火災起因於來自強力燃料物體之熱，來自電機設備、電弧或超載之熱，與來自未含於前述熱物體之熱能	2	2	4
17	未知	火災原因未決定或未記載	10	9	15

22.9 著火延遲

易燃混合物著火所需時間，視其成分、溫度、壓力與火源之能量而定。通常一個完全的混合物不會馬上達到自燃溫度，少量局部燃燒是第一個達到自燃溫度且著火。局部的反應產生火焰，而經由其餘混合物傳播。在持續火焰發生前，混合物的溫度越低，時間落後或著火延遲（ignition delay）則越長。

一個機械火花進入了可燃混合物內，在冷卻時將使少數氣體發熱，如其在火花冷卻之前已達燃燒溫度，著火即發生，否則將沒有火災，且粒子將冷卻。因此，火花與溫或熱的混合物接觸，比冷者構成更多危險，原因有二：(1) 升高混合物至自燃溫度，需較少的能量與時間；(2) 對火花有更小的冷卻效果。

圍繞著混合物的牆，不是充當著火之熱源，就扮演著熱槽以延遲著火，二者皆構成危險。熱源能提升易燃物至自燃點的危險顯而易見，冷表面的危險則不大明顯。然而，冷表面能充作一種抑制劑（一種物質，其作用與催化劑完全相反）。抑制劑可延遲或停止燃燒的傾向，當燃料蒸氣累積時，冷卻爐牆或鍋爐管能降低燃料溫度至正常著火可延遲的程度。該燃料能著火，但由於多餘的燃燒氣體的形成，使幾乎立刻燃燒的累積可能引發小型的爆炸。

一些用油燃燒的爐或煤油爐、冷燃料、空氣或金屬表面，即使已有強力火源（如火焰），仍導致著火失敗。燃料蒸氣平穩地增加，重複嘗試點火結果，終於溫暖燃料而著火。遇此情況，燃燒所產生的超壓力將使鍋爐破裂。因此，這種爐都有爆破板的裝置。假如爐內爆炸發生，在爐管、鼓輪或牆被破壞前，壓力即可釋出。

金屬表面抑制劑的原則，以降低易燃混合物燃燒之可能性，早在此機構完全瞭解前已被熟知。韓福瑞·大衛（Humphrey Davy）用鐵絲網吸收與消散來自燃燒中蠟燭的熱。而發明了採礦燈，如此減輕礦坑中可燃氣燃燒之或然率。熱氣體穿越防止爆炸之電機裝置間之較冷金屬表面（接線盒或蓋子），可提供充分的冷卻效果，以防止該裝置外會著火物資的燃燒。這也是一般的防爆原理。

22.10 火對人類的影響

　　美國防火協會指出，大部分火災致命傷往往在於窒息或吸入煙或火災氣體，而非灼傷。

　　在一段為期九個月期間，1,803 位受傷消防員中，有 1,382 人（約占 77%）係吸入煙的受害者。太陽神二號飛彈發射台火警中，有 53 人死亡，幾乎所有皆為一氧化碳中毒的。

　　任何密閉結構式火災中，將有兩種立即中毒影響：一氧化碳的產生與空氣的消耗。在一個密閉空間內的燃燒通常是不完全的，局部燃燒的氣體（特別是一氧化碳）、分解的產物、煤煙與煙霧，隨著產生。有關這些氣體的特性如下：

一、一氧化碳

　　一氧化碳是火場中最常見的殺手，因它常會產生，且迅速達到致死濃度。每當有機混合物燃燒而有不完全燃燒情況就會產生一氧化碳。火爐及加熱爐誤動作，汽車排放廢氣都可能產生致死的一氧化碳。特別是冬天，窗戶緊密封閉時更會發生，因一氧化碳乃是無色又無味的！空氣中含 1.28% 的一氧化碳，只要一至三分鐘即可造成命案；0.64%，十至十五分鐘；0.32%，三十分鐘至一小時；0.16%，兩小時內即會造成命案；而 0.05% 都被認為是危險的。

　　一氧化碳本身即是燃料，若在密閉空間內有大量的一氧化碳，只要有額外的氧氣引入，一氧化碳即會產生易燃的環境。消防員打開火口，而火會回火，一氧化碳此時已被加熱至高溫，一旦與空氣混合即會迅速燃燒並產生超壓狀況而回燒窗戶、門及牆。與密閉空間相比，敞開空間熾熱的火對人員特別是消防員較無危害。

二、二氧化碳

　　在碳或有機物的完全燃燒時，火會導致空氣中氧氣之替代並產生二氧化碳。由氧與二氧化碳的百分比加以比較，顯然一旦前者降低，後者即以等量增加。二氧化碳小量增加，即會使得呼吸率增加，直到身體的需求無法適度滿足為止，然而呼吸也停止。大量的二氧化碳可作為窒息劑及滅火劑。環境中其濃度超過 5% 就會危險。

三、氰化氫

雖然火場中氰化氫（HCN）較一氧化碳為毒，但其體積相當少。一般而言，濃度達 100ppm 即會使人員在三十至六十分鐘內死亡。含碳酸氯化物，塑膠、皮革、橡膠、絲織品、毛織品或木頭等之空氣中燃燒時即會產生氰化氫。由於 HCN 與 CO 一樣，都比空氣輕，所以在密閉空間會非常危險。

四、光氣

碳酸氯化物之燃燒或分解，也會產生光氣（Phosgene, $COCL_2$）。這些物質包括四氯化碳、二氯二氟化甲烷（冷媒）、氯乙烯。即使為微量仍有毒性，非常危險。25ppm 的濃度在三十至六十分鐘內即致人於死。

五、鹽酸

含氯物質燃燒過程中會產生鹽酸（HCI），雖不似氯化氰或光氣之毒，而長期暴露也是危險的。

六、硫化氫

硫化氫是高度毒性氣體，在溝渠挖掘中會自然釋出，而在含硫的燃燒過程也會產生。濃度 400 ～ 700ppm（0.04 ～ 0.07%）時，在三十至六十分鐘內即會致人於死，像腐壞的蛋味警告大家它的存在，然而，它會減低聞覺器官的敏感度，致察覺其存在的能力快速喪失。硫化氫是易燃的，所以正如一氧化碳，它在充分的空氣中會燃燒。但由於氣味難聞，不易造成大量硫化氫之存在而發生爆炸。

七、二氧化硫

硫的完全燃燒會產生二氧化硫，它是一種有毒的氣體，由於有刺激味道，因此 3ppm 的濃度即可偵知，而 5 ～ 10ppm 就有危險性。濃度要 150ppm 才有可能在三十至六十分鐘內會造成人員死亡。二氧化硫非常刺激，因它可與水融

和形成硫酸。

八、氮氧化物

氮氧化物有一氧化氮、二氧化氮、三氧化氮。一氧化氮可在空氣濃度
0.5ppm 中發現，一般在高處由氮和空氣或氧原子結合而成。一氧化氮和二氧
化氮是燃料在空氣中燃燒時反應的產物。這些氮氧化物和水結合，可以產生氮
酸（KNO_3），它可與金屬反應形成硝酸鹽（nitrates）。暴露在 100ppm 濃度時達
三十分鐘以上即可能會死亡，在 100ppm 以上即對人員健康有害。

九、氨

木頭、毛織品、絲織品、冷凍劑或其他含氮及氫之化合物，在空氣中燃燒
即會產生氨。它不像上述氣體那麼具毒性，且易由其明顯味道而知其存在，不
過小量的氨仍會刺激眼睛和呼吸器官。

十、丙烯醛

丙烯醛（acrolein）是高毒性物質，含脂肪物質加熱到 600°F 即會產生，某
些毛織品燃燒也會。暴露在 150 ～ 240ppm 濃度下三十分鐘就可能死亡。它會
刺激眼睛和呼吸系統。

十一、金屬煙霧

電子設備火災可能會造成融化及銲錫氣化釋放出鉛、鋅及銻之煙霧。

十二、煤灰及烟霧

煤灰（soot）及烟霧（smoke）對人體影響類似。煤灰是在缺乏充分氧氣去
燃燒時，有機物分解所產生的未燃燒的含碳物質。烟霧則是煤灰粒子，灰和固
態燃燒產物的混合物。熱的煤灰或烟霧會灼傷皮膚，會灼傷和刺激上呼吸道器
官，使雙眼流淚。另一個重要的影響是，它們造成視線減弱，妨礙人員逃生及
消防滅火。

22.11 溫度與熱量

溫度與熱的效果已見於十九章,一個標準的時間溫度曲線(指出溫度在密閉空間內火災增加之速率),在零至五分鐘間是一條直線,雖然溫度在那期間是不穩定的,而且很難提供代表所有情況的曲線。最初的幾分鐘非常重要,因為在這時間內,火可能製造出更多傷害。此外,這期間人們在溫度到達可接受的 150°F ～ 160°F 的容忍極限內之前,必須逃離現場。

22.12 灼傷

燒傷係由於與燃燒物質、熱表面、火焰、煤灰、煙霧或已燃氣體,直接接觸而引起,或是來自輻射。不同等級的灼傷已於十九章中有所敘述,皮膚與上呼吸道遭煙嗆所灼傷均已提及,熱氣體亦如此。輻射非常傷害人,其嚴重性視火焰形態而定。雖然任何燃料每磅釋放出來的熱與氫燃燒,但其放出很慢,以致其輻射熱量相當少。汽油與噴射燃料火焰大約放出一小時,無色氫火焰大約為 0.07。火焰難以分辨,故當純氫燃燒時不易查覺。氫氣洩漏很容易著火,但人們不可能知道有火災。假如一個勞工必須走入氫氣火災可能存在的地區,他常被告知須攜帶一個長且易燃的物體,如一支掃把。

22.13 火災偵測系統

火災偵測器可指出不正常之環境狀況,諸如煙的存在、溫度的升高、光的強度或總輻射。此處提供對某些火警偵測類別詳細的說明:

一、熱膨脹偵測器

熱膨脹偵測器不是用於雙金屬元件就是受限的液體。雙金屬的形態係為有不同膨脹率的兩種金屬。當加熱時,一種金屬比另一個更膨脹,故元件彎曲,或關閉或開啟一電流,此可見於此元件到達預訂的溫度時。而受限液體之類別,係火警時之不正常高溫,將使液體或氣體膨脹,當到達預定活動點時,可操作壓力開關。當小面積液體被加熱至一高溫或大面積者被適度地加熱時,此

種裝置提供一個信號。

二、熱敏感裝置

熱敏感裝置使用低熱量、熱電耦，其加熱時，產生充分的電壓以刺激敏感的繼電器。此種操作視暴露熱電耦接頭受熱與未加熱或冷接頭間二者溫度之差異而定。熱電耦偵測器係根據溫度上升的速率而非絕對溫度，而且依賴冷接合遭電流加熱的時間。熱電耦感應元件連串接合，當一個元件迅速加熱至高溫或所有元件升至適當溫度時，則表示有火災。

三、熱傳導偵測器

熱傳導偵測器使用兩個經特殊絕緣物質分離的導體，以特定速率或至某特定溫度加熱此絕緣，使其電阻迅速地減少，需流動於此二導體間顯示有火警。此裝置依熱電流操作，但絕緣體可用作於固定的溫度時迅速降低其阻力。

四、輻射能偵測器

輻射能偵測器利用光電池去察覺。燃燒物質輻射的紅外光能的變化，當輻射強度迅速波動等，通常即發出火災警告，諸如火焰存在時，在選定的頻率範圍裡輻射變化一再地重複發生，火災訊號即發出了。

五、光線干擾偵測器

光線干擾偵測器係依賴可見光穿越煙柱或熱氣體之衰減而操作。有不同形態，其一，固定強度的光線對準光電池，會產生固定電流。當情況正常時，可使繼電器閉路。但光線強度經煙或因其他干擾減輕等，電流減少，繼電器則閉路，並發出警告訊號。

另一類光線干擾偵測器，在正常情況下，光線不會碰擊光電池，但經過其近處。當煙存在時，固體粒子之干擾，反射並離散光線，使其碰擊光電池。當超過預定的信號強度（取決於特定數量之燃燒物）即發出警示訊號，此種形態常見於家庭用火警偵測器。

六、電離偵測器

偵測器內煙室的少量輻射物質電離空氣，使其有導電性，微弱電流能流穿它與偵測器之電路，任何進入煙室的粒子受其干擾，設此干擾極大，在低於預設水準，此電流會降低或停止，致警鈴或蜂音器會響。

22.14 火災分類

火災可分為：

1. A 類：A 類火災包含能燒焦或製造熾燃餘燼之固體，如煤、木頭、紙與廢棄物，任何快速燃燒係由揮發物質經加熱而釋放。
2. B 類：B 類火災包含必須能蒸發使燃燒發生之氣體、液體。在許多例子中，只要與空氣接觸，屬於此分類之液體將漂浮於水面，且繼續燃燒。
3. C 類：C 類火災不是 A 類就是 B 類，且包含電機設備或靠近電源設備之物料。
4. D 類：D 類火災包含鎂、鋁、鈦、鋯或其他容易氧化的金屬，與碳化氫或木類火災相比，本類燃燒溫度與能源高些。
5. 特殊種類：此類火災包含極度活潑的氧化劑或燃料混合物，如易燃物與氧、硝酸，或過氧化氫結合，或包含固體飛彈推進劑之火警。

22.15 火的抑制

火可用不同方法予以撲滅，列舉如下：

一、隔離

使燃料隔離於氧化劑是一種普通滅火方法，而且有許多方式可完成，有些很容易。當火災係由於來自流體的燃料，可能停止燃料流入的方法就是關掉上游的閥。覆蓋以惰性氣體、厚重水、多數非燃性氣體或泡沫，是很有價值的方法。一層惰性液體或其特殊重力輕於燃燒液體之粉末能浮於表面。不可燃物質，例如石棉毯、內有火存在之容器金屬帽，或流於淺皿之水，亦極有效。

增加空氣中惰性氣體之容量，可稀釋燃料燃燒時所需的氧。稀釋氣體燃料可能使混合物因貧脊而低於燃燒範圍。同樣地，以非燃性液體稀釋液體燃料，能降低可燃蒸氣數量，火就不再存在。

二、冷卻可燃物

當火災發生時，火焰或是可燃物可能冷卻至低於火可繼續的溫度。冷卻可燃物是二者中較為有效者，可用冷凝劑吸收熱能，更有效者為吸收水蒸發時之潛熱。吹滅火焰將使反應熱能免於達到易燃液體或固體之表面。一種冷卻碎火裝置或表面，可吸收足夠的熱量，而防止經由氣體混合物的擴散或回至固體或液體。

三、反應抑制

燃燒包括無數的鏈鎖反應，利用去除所需的反應物來打破其中一個鏈，使反應無法傳播，則可滅火。方法如下：

1. 催化其反應，致使其移動於平常不採取之方向。
2. 使用抑制劑，強迫只在一個鏈鎖過程起吸熱反應而非放熱作用，因而滅火。
3. 使用抑制劑，以反活化興奮之粒子，例如供應電荷至陽根（positive radicals）或除掉負電離子。

已鹵化之碳化氫可抑制鏈鎖反應，通常具高燃點之燃料，可分解為根與離子，能抑制正常鏈之產生而迅速滅火。然而，此僅對空氣中燃燒之碳化氫有效，其他氧化劑或其他形態之燃料則無效。

四、水

水是目前最普通的滅火物，雖受限於某些情況，但通常可用，低成本、用法簡單且有效。滅掉火焰所需水量通常隨著混合物與火焰溫度而增加，大部分包含 A 類可燃物的火災，水最為有效。噴霧或特殊目的之添加劑，能用於其他分類之火災。

(一)流水

水之固態水流（streams）主要效果是使用較低可感熱度效果，以冷卻燃燒燃料至低於著火溫度。固態水流上的水很少有覆滅之效果，能有此作用之次數，通常為容器內或可泛濫洪水之凹穴的火災。水的冷卻效果比覆蓋行動，對滅火更有效。據估計固態水流中，其 5 ～ 10% 的水於滅火實際有效。另一大優點為可用於長距離，視水壓而定。因所引起的激烈與爆炸反應，水流滅火通常不適用於含錳或其他金屬的火災。

特別是在工廠裡，消防員毫不猶豫地使用大量水沖刷潑灑出來的汽油或其他有害物質入陰溝、下水道，然而下水道地區的人員指出，此僅適用於 50 加侖的小型潑灑，較大者應用「輕水」予以包含或遮蓋，且潑灑的汽油用刮平機、吸收劑或其他方式予以收集。

(二)噴霧與霧

一種噴霧或霧，可增強水作為冷卻劑的效果。固體水流可以冷卻，係由於與燃燒物接觸的水吸收可感熱度，噴霧或霧則以吸收蒸發熱量及破壞鏈鎖反應，達到冷卻效果。比較水流與噴霧的吸熱效果如下：假設水最初溫度為 40°C，水流在流盡前可增高至 80°F，一磅可吸收 40BTU，一磅的噴霧加熱至 212°F，可吸收 172BTU 可感熱量後蒸發，吸收多餘的 970BTU 之潛熱，則總共 1,142BTU。

所產生之蒸氣有兩種效果，蒸氣為稀釋劑，可減低氧的集中與燃燒速率。蒸氣在碳化氫鏈鎖反應中與碳結合，產生一氧化碳與氫，此於大氣中均不會著火，因其氧濃度已降低。噴霧與霧的效果可適用於所有類型火災，然而應用於密閉範圍時主要的缺點是，限制使用在金屬火災中，因爆炸可能發生，且不可與泡沫滅火器共同使用，否則會破壞該效果。

(三)蒸氣

蒸氣作為空氣中氧稀釋劑主要效果，已被其使溫度維持相當高的事實所否定，另一方面，熱水之蒸發未具冷卻效果，在有機性火災中無法顯出抑制效果。

(四)稠化劑

稠化劑（thickening agents）可減低水流「易流失」缺點。延長水停留在燃燒表面的時間，可增強水的效果，不僅可當冷卻劑，而且可保護所包覆之易燃物。水可與甲基纖維素、黏土或膠稠化成似糖漿的稠度，某些型態的稠化劑中，鈉與硼酸鈣用來使混合物稠化成為漿體。漿體附著於所接觸之表面，當有熱能時，即有所反應以破壞媒劑，製造滅火與延遲包覆，飛機水滴中的硼酸漿體已被成功地使用於灌木及森林火災。

(五)鹽

加鹽入水有三個理由：

1. 氯化鈣與氯化鋰降低凝固點至 -40°F 或更低，而使水溶液可用於嚴冷氣候。
2. 沉澱於水溶液中的碳酸鉀會往 A 類物質形成鹽的包覆，覆蓋其於燃燒所需的空氣中。
3. 某些鹽是活潑的抑制物或可製造氣體，諸如二氧化碳亦是抑制物。

公認為有此作用的鹽類有氟化鈉、氯化物與溴化物；硫酸鉀與重碳酸鹽，碳酸鈉與重碳酸鹽，與氯化銅。鹽溶液不可使用於有強烈氧化物的火災，因其可形成爆炸反應物。

(六)去垢劑

去垢劑對水噴霧與霧的反應將降低水的表面張力。增加蒸發、冷卻效果與水穿透 A 類可燃物的能力，小水滴的面積將減小，此外，去垢劑可降低許多碳化氫燃料的表面張力，加強其所引起火災冷卻的效果。

五、氣體滅火劑

氣體滅火劑的使用不如水之普遍，但在某些狀況下，比較有效，特別在密閉空間裡。主要的氣體滅火劑有：

(一)二氧化碳

二氧化碳被廣泛地使用為滅火劑,有四種作用:可作冷卻劑,可覆蓋滅火,可減輕氧濃度與當燃燒抑制劑。自容器流出之液體二氧化碳擴張時,會蒸發與冷卻。由於擴張所生之蒸發效果,同降低氣體溫度形成「雪」。作為冷凝劑,雪與冷氣體能有效地使著火物低於燃燒溫度。當有大量二氧化碳時,火可能被覆蓋,故與火所需的空氣中的氧分離。當二氧化碳覆滅作用無效時,則可充當稀釋劑減少氧濃度,致燃燒降低或停止。二氧化碳在鏈鎖反應中作為抑制劑亦非常有效,鏈鎖產生之氫與二氧化碳反應時,形成一氧化物與水,兩種反應均能放熱的,吸收大量熱能與降低可燃物之溫度。雖然製造了更多一氧化碳,但已減少的氧濃度,暫時降低了燃燒可能性。然而假如一氧化碳有機會累積,當有空氣時可因熱表面而引燃。二氧化碳比氮或其他惰性氣體更具抑制效果,以氮為稀釋劑,空氣中氧濃度必須降低至小於比滅火時之二氧化碳量。

(二)氮

氮,或除了二氧化碳外的其他惰性氣體,僅在作稀釋劑以降低空氣中氧濃度至低於燃燒所需者,才有滅火的能力。如前所提,在二氧化碳環境中無法燃燒的氧濃度,如有稀釋劑存在,可幫助燃燒,如氮是不能抑制鏈鎖反應的。事實上,氮證明是有害的,因高溫時會與碳結合形成氰(CN_2),與氧結合則產生過氧化氮及其他氮之氧化物。這些氣體雖然量少,卻極具毒性,且對吸入空氣中燃燒產物的人們而言,有傷害性且會致命的。

(三)鹵化碳化氫

鹵化碳化氫型態之滅火劑僅能抑制鏈鎖反應,此類滅火劑的效能視所使用的鹵素與濃度而定。鹵素越不太反應,作為滅火劑之化合物則更有效。效果之順序,從最優至最劣。依次為碘、溴、氯與氟。缺點是,某些類即使在非反應狀態,仍然有高度毒性。碘甲烷在碳化氫空氣火災時為極有效之滅火劑,不幸地,因所具之極端毒性而不被考慮廣泛使用。

鹵化滅火劑亦很昂貴,故當較便宜媒劑缺乏時才被使用。此外,高溫將複雜之鹵化碳化氫分解為較簡單之燃料分子與氧化劑,而可能著火。在極熱表面,這些鹵化媒劑變成了危險物,故人們致力於具備至少 500°C 熱力穩定溫度(最低分解溫度)之鹵化滅火劑發展。

海龍（Halon 1211）係最廣泛使用的鹵化碳化氫（海龍數目字僅用於鹵化碳化氫，左邊第一個數目字表示碳原子在基本分子中之數量，第二個數目字表示氟原子之數量，第三、四、五個數目字則依序為氯原子、溴原子量，碘不使用）。海龍 1011 是溴氯甲烷（CH_2BrC_1），海龍 1301（CBF_3），海龍 1202（CBr_2F_2），海龍 1211（CBrClF2）。四氯化碳曾被廣泛地當滅火媒劑，然而它製造大量光氯火焰，毒性不良效果使其功效大大蒙上陰影。

22.16 泡沫

泡沫以冷卻、覆滅與密封燃燒物於周圍空氣等方式，來抑制火災。滅火泡沫可分類為機械型或化學型，他們於熱反應或水中會漸漸瓦解。在火引起的高溫中，瓦解速度大於常溫，會影響泡沫的密度。泡沫並不適用於有氣燃料（諸如丙烷、丁烷）或與水反應激烈之物質的火災中。

將水溶液與得自泡沫產生器或特殊泵浦內與空氣或惰性氣體濃縮之泡沫混合，可製造出機械型泡沫。所用濃度一般為 3 ～ 6%，此濃度可能為適當化學複合物組成之「蛋白質」或「合成形態」。因空氣本身就是氧化劑，故邇來考慮使用惰性氣體，例如內燃機之廢氣。空氣泡沫中空氣與水溶液的比例，視所用生產設備而定。對包含間隔空間內液體燃料之火災，3：1 最常用，而介於 5：11 間之比例，則用於碰撞救難作業。

機械型泡沫方可依擴張比例予以分類，此為每單位體積水溶液製造出之泡沫體積。最常見者為低擴張泡沫，每一立方呎水溶液可製出 7 ～ 12 立方呎之泡沫；高擴張泡沫之比例介於 16 ～ 18 之間；超高者，最多至 1,000。低擴張泡沫通常為蛋白質形態，高擴張者為非蛋白質，超高者則使用適當之去垢劑。

熱可使泡沫瓦解，故擴張比例必須適應擬撲滅之火災類型。低比例將更有效。但不夠經濟。泡沫的穩定度，採用其「四分之一排水時間」來衡量。標準測驗儀器與方法決定 25% 泡沫樣本，變成為液體溶液的時間長度，添加劑有時可改善特殊類型火災的瓦解排斥。蛋白質濃縮物有時有添加劑，可使其更適合使用於酒精或類似的火災。必須謹慎的是，要確定與泡沫同時使用之其他滅火劑，不會使泡沫比平常瓦解得更快。乾燥化學粉、不相容泡沫濃縮物與流水時，常使這種情況發生。

於液體碳化氫火災中所用之機械型泡沫，通常具 4：1 的擴張比例，及四

分鐘排水時間。對揮發性燃料（如汽油）而言，涵蓋範圍為燃燒表面每平方呎
0.4～0.5GPM，乃為低揮發燃料油槽使用量之一半。

　　泡沫瓦解之後，易燃物可能發生再燃情形，故新近發展出之泡沫溶液，有
時含有媒劑物，其能使泡沫於瓦解後，在燃料表面製成薄膜，此薄膜使燃料與
空氣分離，防止再著火。

　　化學型泡沫不似機械型泡沫被廣泛使用，幾乎僅被贊成使用於 B 類火災。
將兩種化學品混合後即可產生，通常為碳酸氫鈉與硫酸鋁（或其溶液），發泡
劑與水。化學反應製造出二氧化碳，可使溶液擴張為泡沫。化學型泡沫通常相
當的厚，擴張比例為 9：1 或 10：1，其瓦解慢於機械型泡沫，然而其最大穩定
性視水或溶液之溫度而定，60°C～85°C 則為理想範圍。

22.17 輕水

　　一種含水薄膜形成之泡沫（AFFF）即輕水，可與紫燄乾粉（碳酸鉀）共同
使用而代替蛋白質泡沫。輕水是一種複雜四氟甲烷之混合物，藉著形成之蒸氣
保護可燃液體表面之薄膜，來延緩燃燒。如今已發現輕水與紫燄乾粉的聯合，
對抑制油類與引擎燃料潑灑，是現行最有效的媒劑。

22.18 固體滅火物

　　對撲滅 B 類火災，諸如汽車油料或油脂，普通是用泥土或沙覆蓋。任何一
種皆能覆蓋燃料，使其與燃燒所需的空氣分離。任何固體可停留在燃燒表面，
不會流去的能力是一種優點。

　　泥土或沙可用於緊急狀況，但其他固體則更有效。固體滅火劑有熄滅的功
能，但用於 A 類火災，則效果低於液體。金屬火災中，用固體冷卻不重要，液
體則較佳，因其蒸發熱比固體之可吸收之熱吸收更多的熱能。由於固體滅火劑
只輕微地降低溫度，故其對金屬火災的效果，主要視所製造出表面之不滲透性
而定。然而，打破固體表面，會使火再次發生。因此之故，固體經常與那些本
身未具充分抑制火災能力，但可防止復燃之滅火劑共同使用。

　　鈉與碳酸鉀是使用於液體燃料中主要的固體滅火劑，二者在水中皆能分解
成二氧化碳與較簡單的鹽。二氧化碳與水之覆蓋、冷卻與抑制燃燒的效果前已

提及，此外，鈉與鉀是有用的抑制劑，可干擾含碳的鏈鎖反應。二者皆可代替發生火焰反應中的碳，碳酸鹽中的鉀提供更大干擾，且功效是鈉的 2 倍。

22.19 其他滅火劑

水、水溶液、惰性氣體、鹵化碳化氫與泡沫，對金屬火災之不適合，帶動了其他滅火劑之發展。特殊物質因此被確定使用於特定金屬之火災，其中之一為 TMB，係無色液體，通常使用於甲醇溶液中。甲醇在錳之火災中燃燒，TMB 則分解形成一種溶化的含硼氧化物包覆著金屬，此可覆蓋燃燒中的金屬於空氣。TMB- 酒精溶液是易燃的，故必須小心避免火傳播至非金屬物質。除了錳之外，TMB 亦能用於鈷或鈦之火災。其他許多適當的滅火劑為了金屬火災特殊形態而被製造。Met-L-X，Met-L-Ky1 與 Lith-X 都是已在使用之其他乾粉滅火劑。

22.20 不安全之抑制物

某些抑制物因使用於錯誤情況下而構成危險。例如，水流對某些火災是危險的，由於激烈反應，不可使用於極熱與燃燒的錳。水分解時釋放出之氫，散布於空氣中將爆炸性地燃燒。其他與水會燃燒的物質，雖不需燃燒起反應，然而消防員在其附近使用水時，必須十分地小心，它們有：溴化乙醯、氯化乙醯、鈣、氧化鈣、乙硼烷、硫酸二甲酯、鋰、氧氯化磷、三氯化磷、鉀、過氧化鉀、氫氧化鉀（固體）、銣、鈉、鈉銨、氫化鈉、氫氧化鈉（固體）、過氧化鈉、三氯化二硫。

在熱蒸氣輪上使用二氧化碳可能有危險，極冷之二氧化碳能使碳鋼斷折，致輪上之蒸氣被釋放出來。

某些滅火物質是可導電的，故使用於電氣火災或靠近高壓電機設備，均極為危險。用氯化鈣與泡沫在 50 伏特交流充電設備作實驗，則產生電弧。當水流撞擊金屬盤，電流被傳導如下：

水與氯化鈣	6 呎
水與酸鹼	4.5 呎
泡沫	5 吋
水	2 吋

錳亦能在二氧化碳中燃燒,故二氧化碳對錳火災是無效的,反而增加危險性。鈦與鋯在二氧化碳中會燃燒,與氮則在特殊條件下燃燒。

對國外來的燃料或特別目的之滅火劑必須謹慎選用,俾確保對所需之服務是適當與充分的,亦不會增加火的速度與強度。

22.21 滅火系統

滅火器有手提式、移動式或固定自動系統,各有其優點。固定裝置必須是習慣性的,通常為了特殊裝置與所保護的物質型態。手提式與移動式當然具彈性,容易改變,且設備能廣泛地使用。

一、固定自動系統

當火災意外發生時,時間是很重要的,故使用能感覺火存在而迅速予以撲滅之滅火系統是相當有利的。這樣的系統在火迅速擴散時,在人們僅不定期出現的場所,在放置能製造出高度毒性氣體之物料地點,或是太高而消防員無法到達的建築等情況下,顯得更有價值。

自動噴灑系統在許多國家都證明其功效。依日本消防檢定協會的統計,有灑水設備的場所共 263 件火災中,有效達成滅火功能的為 228 件,無效的僅 5 件,其他為 30 件,所以有效率高達 97.8%。澳洲在 1987 年曾發生市中心有一方塊街,除了一棟建築物外其餘全部燒光的案例,當年倖存的建物名稱為 Mutual Store,雖飽受三方向的火攻,卻絲毫未傷,其主要原因即是 Mutual Store 的自動灑水系統全部動作而救了它!在美國,NFPA 的報告指出,1981 ~ 1990 年間的火災分析,無自動灑水系統與有設置的每十件火災之死亡率,前者為後者的 2 ~ 3 倍;而財務損失方面,前者則為後者的 2 ~ 2.5 倍。而若依 FM(Factory Mutual)統計 1971 ~ 1980 年間資料,則在平均損失金額方面,無灑水系統的更為有灑水系統的 8 倍(143,000 美元:18,000 美元)。另外,德國火災保險協會統計 1971 ~ 1990 年間二十年資料顯示,有自動灑水設備的建物發生 1,420 件火災,其中 1,393 件被滅掉,有效率更高達 98.1%。

使用水的噴灑系統乃是最常見,且最重要之滅火裝置。噴水頭可能關著或開著,當火災發生時,噴頭內之可熔元件會熔解,流至噴灑器噴水。噴頭以

溫度設定，其設定點視靠近房內天花板最高常溫而定，且按操作溫度以顏色譯碼。

(一)濕管系統

管子到噴頭處裝滿水，當可熔元件破裂，水馬上開始自噴頭流動。水之固定存在，使得此系統僅適用於不虞結冰的氣候中，即在溫暖氣候或炎熱區域。否則水如結冰，將使管線爆裂。

(二)乾管系統

係使用介於噴頭與特殊乾管閥壓力下之空氣，當噴灑器打開，空氣壓力降下，水壓則迫使乾管閥開啟，水將流經管線至噴頭噴出，因為水流過管線所需時間，熔絲鏈熔解後的反應時間大於濕管系統，此類裝置多見於寒冷地帶或室外。

(三)洪水系統

通常比其他系統帶來更多量的水，故用於高危險區域。噴頭總跟著常壓回到齊放閥，此閥因適當的偵測系統或因人的操作而開著。使用關閉或噴頭與乾管之預先反應洪水系統（deluge system），充滿著或為常壓或略高壓力之空氣，由分離的火災偵測系統操作，管線內低壓水之高速洪水系統亦因所需快速反應而可得。

(四)二氧化碳系統

當水或泡沫顯得太具損害性時作局部使用之二氧化碳系統，因火災偵測裝置作動時，放出氣體，且必須與警報系統共同使用，以通知人們有二氧化碳窒息危險之存在。

(五)泡沫系統

泡沫亦可使用於管線系統，通常係保護易燃液體油槽或容器。當系統因火災偵測系統作動時，水則與泡沫溶液或粉末混合，此混合物形成泡沫，覆蓋火及其周圍區域。最現代化者為可分散鹵化碳化氫之管線系統，通常為海龍1211或1301，此類型優點很多，如氣體是有效的，反應快速，不引發水或泡沫之損

害,且也可用在寒冷氣候。當空氣中體積之濃度在 10%,海龍 1301 對人們最多暴露二十分鐘仍安全(超過 900°F 時,其將分解而放出氟化氫、溴化氫與自由溴)。主要限制乃為鹵化碳化氫只在有機物火災中才反應。

噴灑系統最大困難是,人們為了維護檢修關掉此系統,卻忘了再打開閥。一個評論家指出:「在 1970 ～ 1975 年間,總共有 3,105 次火警紀錄,其中因防衛系統失敗者計 471 件。其間總損失有逾 15% 者係因噴水裝置控制閥被關了」。

二、手提式滅火器

手提式滅火器有用的時間從僅 8 秒鐘至 1 ～ 1.5 分鐘,此視火之形態而定,可能為 A、B、C 類或該三種之混合(**表 22.5**)。

對火災危險仔細考慮後,應設置滅火器,且應標明有效期限及應使用之火災型態。負責使用此類滅火器的人員,應熟知其能力與限制。它們不應放置於不便使用之處,因可能阻塞、太高或太重。人們不應嘗試使用它們於不適合的目的,必須從事定期檢查與維護計畫,以確保滅火器都能處於有效狀態。

表 22.5　依據火災形態之分類

火災類別	所含物質	記號	滅火劑
A	普通可燃物木頭、布類、紙、橡皮等	普通易燃物綠色 **A**	水、泡沫、多用途乾粉、裝載流水
B	易燃液體、氣體、油脂、油漆	易燃的液體紅色 **B**	BCF1301 二氧化碳、乾粉、泡沫、裝載流水
C	A 類或 B 類物質亦含活動的電機設備	電機設備藍色 **C**	BCF1301 二氧化碳(帶非金屬角)、乾粉
D	可燃金屬錳、鈦、鋯、鉀、鈉	可燃金屬黃色 **D**	必須特別同意使用之金屬之特定形態

三、移動式設備

　　大型滅火器太重不易攜帶，故通常有輪子裝置。當必須使用大容量時，須移動時，或須載運至卡車無法經過區域等場合時，這些裝置極為有利。移動式設備（mobile equipment）注射水流的能力遠大於手提式設備，操作人員可到達火警更大、更安全的距離。在某些例子中，帶著手提式滅火器的人員，卻有無法到達火警現場的情事發生。

　　移動式設備有時由兩個滅火器組成，一個包含紫燄乾粉，另一個則含輕水，可經由兩個噴嘴同時使用。

練習題

1.什麼是起火三要件？（82專技）

2.燃料是什麼？並列舉十種形態之燃料。

3.氧化性物質屬危險性物質，請問：

(1)氧化性物質通常如何造成火災或爆炸的危險？

(2)氧化性物質火災其主要滅火方法為何？（82專技）

4.解釋(1)閃火點(2)著火點(3)自燃溫度(4)沸點。（79高考）

5.何謂閃火點（flash point）？管理者如何運用此知識於易燃液體之管理上？（84高考二級）

6.爆炸下限與燃燒範圍下限是什麼？什麼混合物於較少空氣能燃燒？需太多空氣嗎？

7.易燃的與可燃的液體之區別何在？

8.液體會燃燒嗎？液體的揮發性與燃燒性有何關係？

9.噴霧與霧比大量的液體容易燃燒嗎？為什麼會或為何不會？

10.大部分之固體如何燃燒？固體（例如煤）如何能揮發？

11.工業火災之發生火源中，哪種火源比例最高？其發生之因素有哪些？（81高考）

12.解釋火之鏈鎖反應。

13.說明自燃如何發生，並列舉可自燃之固體名稱。何謂自燃（hypergolic）反應並說明其如何發生？何謂發火反應？

14.由燃燒形式之分類，如何應用於火災搶救上？（84專技）

15.列舉火對人類之五種主要影響。

16.列舉七種燃燒後可致傷害之有害產品。

17.解釋某些火災偵測裝置如何奏效？工作場所、辦公室或家中有此裝置嗎？若有是何種形式？

18.火災如何分類？滅火原理？或滅火劑為何？（80專技，81高考及專技）

19.(1)火災依其可燃物分類分為A、B、C、D四類，是怎麼分的？(2)為何要這麼分類？（82專技）

20.試述四種滅火器之原理及其應用？（79高考）

21.在消防設備中，滅火劑可分為哪幾種？並說明其應用原理及對付火災之類別

或場所。（82高考）

22.海龍（Halon）滅火劑有何特性？使用上有何限制？（82高考）目前暫時有可替代滅火劑？（82專技）

23.鹵化的碳氫化合物有哪些？海龍每一個數目代表什麼意義？下述分子式中哪些是屬於海龍數目字？CBr_3，CBr_2F_2，與CCl_4。

24.試述引火性液體燃燒之方式及特性。（79高考）

25.解釋噴灑系統之優點，並說明濕、乾與洪水系統。此種裝置有時無法操作，主要原因為何？

26.試述火災現場之特性？及逃生方法？（81技）

27.請用水做例子說明為何防火劑（Fire suppressants，火焰抑制劑）在滅火中為何會不安全？（83高考）

28.請依勞工安全衛生設施規則說明在高度、中度及低度危險工作場所需設置屋外消防栓及消防車的場地面積要求？（83高考）

29.請依勞安法設施規則規定，雇主應採取哪些防止火災、爆炸等災害？（79高考）

30.在爆炸、火災及腐蝕、洩漏之防止方面，對於易引起火災及爆炸危險之場所，有哪些規定？請逐條說明。（83專技高考）

31.解釋名詞：
(1)D類火災（83專技）；(2)著火三要素。（83檢覆）

32.消防水具備何種滅火特性？（85台省升8等考試）

33.火災防護、預防及控制之基本要項為何？並說明之。（85高考三級）

34.易燃性固體指哪些？有哪些危害性？如何儲存管理？（86高考三級）

35.起火的要件為何？（87專技）

36.火災可分為哪幾種種類？試說明其主要分類條件、滅火原則及注意事項。（87檢覆）

37.請說明火災自動警報系統的組成元件與偵測器的種類。（88檢覆）

38.試述火災自動偵測器之種類及其原理。（88升等）

39.(1)試列舉滅火設備之種類。
(2)當某半導體工廠發生火警時，您當如何挑選滅火設備？
(3)如果是矽烷（silane）燃燒，當用何種滅火設備？
(4)如果是電氣火災，當用何種滅火設備？（89專技）

40. 試述火災之分類及滅火器之種類。並說明不同類型火災所適用之滅火器的情況。（90高考三級）

41. 試說明此配對名詞，並比較其差異：閃火點、燃點。（90專技）

42. 試說明滅火的方式及其機制。（90專技）

43. 試說明下列配對名詞，並比較其差異：

自燃溫度，最小引火能量。（91專技）

44. 某食品加工廠有一麵粉儲槽，進口之麵粉以槽車運送至廠內後，以壓縮空氣將麵粉輸送至麵粉儲槽，輸送管線的入口位於槽頂上，試問：

(1)該作業有何潛在之火災爆炸危害？

(2)該危害之燃燒三要素為何？

(3)如何預防該作業之火災爆炸危害？（91專技高考）

45. 請解釋下列之名詞：

(1)閃火點（Flash point）

(2)臨界熱通量（Critical heat flux）。（94專技，工業安全工程）

46. 試簡單回答以下問題：

易燃性液體在閃火點（flash point）以下時可能燃燒的情況？（96高考，工業安全）

47. 每一莫耳的乙炔燃燒時其化學式為$C_2H_2 + 5O_2 \rightarrow 2CO_2 + H_2O + 312.4kcal$，而每一莫耳的乙炔分解爆炸時為$C_2H_2 \rightarrow 2C + H_2 + 54.2kcal$，設空氣中的氧濃度為20%，請問同樣量的乙炔之燃燒熱與分解熱哪一個大？請計算之。（96高考，工業安全）

48. (1)請列出火災的四種分類。

(2)並請就下表勾選各種滅火器材對火災類別的適用性。（適用者請打「○」表示；不適用者請留空白，勿加註任何標記）（96高考，工業安全）

滅火器材	A 類火災	B 類火災	C 類火災	D 類火災
ABC 乾粉滅火器				
泡沫滅火器				
二氧化碳滅火器				
鹵化烷滅火器（海龍）				

49. 試解釋下列名詞：

(1)ignition point與flash point

(2)Lower Flammable limits與Upper Explosive limits（96高考，工業安全）

50.說明物質燃燒的四個要素（或稱燃燒的四面體），針對每一要素提出一個適當的滅火方法。（99高考三級，機電防護與防火防爆）

51.說明水霧滅火設備的作動原理及其滅火特點？（99高考三級，機電防護與防火防爆）

52.勞工安全衛生法對於危險物製造、處置之工作場所，為防止爆炸、火災，要求應遵守的規定有哪些？（99高考三級，機電防護與防火防爆）

53.請描述一密閉空間中發生火災時，其溫度或熱釋放率與時間的關係示意圖，並說明在各階段之防火目標、火災控制機制（Controlling Mechanisms）、感應（Detection）方式、被動式（Passive）防火方法、主動式（Active）防火方法及人類行為。（100高考三級，機電防護與防火防爆）

54.試由火災、爆炸的三元素列舉衡量危險物——可燃性氣體、易燃性液體等本身之危險性（或風險）的量化指標。（101高考三級，安全工程）

55.一般可燃性氣體在燃燒界限內會燃燒，請回答下列問題：

(1)說明為何在大於或小於燃燒界限時可燃性氣體不會燃燒？

(2)下圖顯示甲苯燃燒下限與溫度和壓力的關係，請說明圖中哪一個位置是位在燃燒界限內，並解釋之。

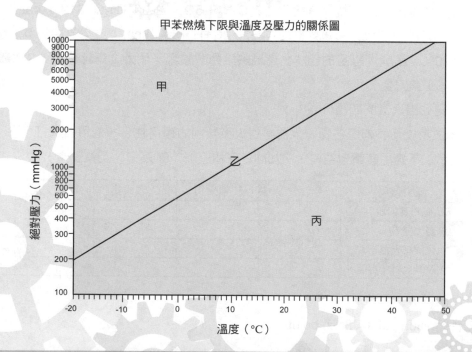

甲苯燃燒下限與溫度及壓力的關係圖

(3)下表為可燃性氣體燃燒上下限的數值，請計算其危險指數，並由危險指數
說明哪一種氣體最危險？

(4)當空氣中混有50%甲烷、25%甲苯、10%丙酮、10%乙醇與5%汽油。試問
此混合氣體的燃燒下限為何？（請以Le Chatelier's Equation計算）（101
高考三級，機電防護與防火防爆）

可燃性氣體之燃燒上限與燃燒下限表

氣體	燃燒下限（空氣中百分比）	爆炸上限（空氣中百分比）
甲烷	5.0	15
甲苯	1.2	7.1
丙酮	2.5	13
乙醇	3.3	19
汽油	1.5	7.6

56.某液體儲槽於1atm與25°C條件下儲放苯與甲苯的混合液體（其中，苯含量為
30 mole%），混合液體的液面上方充滿該混合液體蒸氣與空氣的混合氣體。
請問：

(1)混合液體蒸氣之燃燒上限與燃燒下限為何？

(2)液面上方的混合氣體是否可燃（請說明理由）？

〔已知條件〕1atm, 25°C下飽和蒸氣壓：苯：94.5mmHg，甲苯：28.2
mmHg

燃燒下限：苯：1.4%，甲苯：1.4%

燃燒上限：苯：7.1%，甲苯：6.7%

〔提示〕苯—甲苯混合液體可以視為理想液體。（102高考三級，安全工
程）

57.附圖為某化學物質的燃燒特性圖（Flammability Limit Diagram）。

(1)請問純氧氣與空氣分別為圖中的哪一點（請以點A、B、C、D、E回答）？

(2)請說明哪一線段為空氣線（Air Line）？

(3)請說明哪一線段為化學計量線（Stoichiometric Line）？

(4)若該化學物為甲烷（CH_4）、乙烷（C_2H_6）與乙烯（C_2H_4）三者其中之
一，請問根據附圖應為何者？（102高考三級，安全工程）

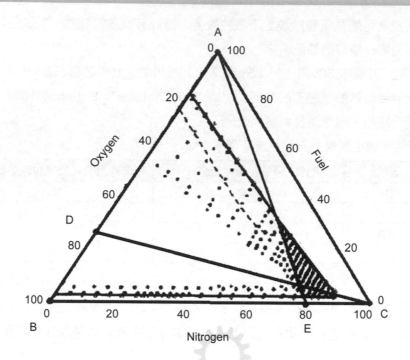

58.若工廠使用四氫化矽（Silicon Hydride），除了依高壓氣體相關法規規定外，
應採取哪些必要措施來避免火災之產生？（102高考三級，機電防護與防火防
爆）

59.為防止火災擴大而導致人員傷亡及財產損失，消防安全設備一直是最佳的防
護設備，請舉出哪些消防安全設備是需定期檢修及申報當地主管機關？（102
高考三級，機電防護與防火防爆）

60.氣體燃燒可分為預混燃燒（premixed burning）與擴散燃燒（diffusive
burning）兩大類，請分別說明其特徵並比較其差異。（103高考三級，機電
防護與防火防爆）

61.二氧化碳是最常見的氣體滅火劑，請說明二氧化碳的滅火作用，及其使用優
點。（103高考三級，機電防護與防火防爆）

爆炸防止

1921 年 9 月 21 日在德國歐寶的爆炸，估計死亡 600 人；1947 年 4 月 16 日，法國一艘輪船在德州德克薩斯的碼頭爆炸，摧毀了全城，死亡 561 人。而上述都是硝酸銨惹的禍，而硝酸銨並不是爆炸物，它是一種肥料。而人們從未由歷史學習教訓，2001 年 9 月 21 日法國 Toulouse 的 The AZF / Grande Paroisse factory 發生相當於 3.4 級地震的爆炸，造成 31 人死亡，2,400 人受傷；2013 年 4 月 17 日美國德州 Waco 有工廠爆炸，造成 15 人死亡，160 人受傷。後兩件事故又都是肥料廠的硝酸銨惹的禍。

1944 年，一座容納八千萬立方呎液化天然氣的儲槽在克里夫蘭發生問題，漏出之冷液體蒸發就馬上著火，死亡 135 人。1963 年 11 月印第安那波里市一座丙烷儲槽爆炸，炸死 73 人。1974 年 6 月 2 日，在英國有一家化學工廠爆炸，死 29 人，受傷人數超過 100 人，而整個城都毀了；約 20,000 人不得不疏散，爆炸結果比二次大戰的轟炸還嚴重。

最近較為世人注目的爆炸就是 2003 年 2 月 3 日返航的太空梭爆炸案、2005 年 3 月 23 日英國石油公司德州市煉油廠爆炸案、2008 年 8 月 26 日廣西宜州廣維化工廠爆炸案及 2010 年 4 月 20 日英國石油公司在美國路易斯安納州外海墨西哥灣海域一座鑽井平台，發生爆炸，正在平台上工作的 126 人有 11 人死亡、17 人受傷，其餘平安獲救，是美國五十年來最嚴重的海上鑽井工程事故，英國石油二次爆炸均造成超過 600 億美元的重大損失。

23.1 工業用途與問題

上述所舉例子中，工廠所用材料、製程及設備並非爆炸物，但卻爆炸，且災難很嚴重。非軍事用途之炸藥常用來採礦、採石、建築、破壞及地震等工作。每年所用炸藥約計二十億磅。工廠中所用炸藥，其量極小。且爆炸過程大都是爆燃（deflagration），而不是爆轟（detonation）。

一、爆燃

爆燃是一快速反應過程，其間熱被反應物質傳送到附近另一物質使其溫度被提升而也反應。爆燃速率快，不過仍低於聲速，大量的熱氣產生，但沒有被局限住，就不會產生震波。而一旦被局限，則擴散之氣體將會引起容器之突然爆破。

二、爆轟

　　反應物質的反應速度達到聲速，或超音速時的爆炸即為爆轟。即使無局限（無容器）仍會產生震波。TNT 之爆轟速度為每秒 22,800 呎，而硝化甘油為每秒 26,200 呎（fps）。少量而高濃度氫氣會燃燒，在爆炸範圍內，氫會劇烈爆轟。有些燃氣濃度外的因素會造成反應物爆轟。一般而言，混合物在室溫時會燃燒的情況，是因當時氣體已達反應溫度而使混合物著火。周遭的氣體漸漸被加熱，直到少量達到著火點。另一方面，高熱氣體混合物中，一著火源可提供足夠的額外能量使全部都到反應溫度，結果就是爆轟。最普通的這類反應例子就是車子引擎的爆擊（knocking）。

　　強氧化劑的存在，如純氧或空氣中的氧，會造成反應非常迅速，致反應是一種爆轟。空氣中甲烷燃燒的火焰速度為每秒 1 呎（fps）；35% 甲烷與 65% 氧混合的燃燒速度為 10.8fps；而 33.3% 甲烷與 66.7% 氧混合的燃燒速度為 7,040fps。相似地，氫在空氣中燃燒速度相當低；但 66.7% 氫與 33.3% 氧的混合燃燒速度則高達 9,246fps。這也是為何氧氣不得與其他可燃氣鋼瓶一起放置的理由。

　　液態氧接觸到有機物產生的膠非常敏感，以致受到輕微的振動都會爆轟。壓力增加會造成反應率之增加，1971 年 4 月 1 日，西維吉尼亞州查雷斯頓地方發生的事故，火過熱了 3 吋乙炔管線，溫度之增加使得乙炔分解，此反應增加了氣體壓力致分解速率增加到爆轟速度。該管線建得非常強固，可使爆炸時不致爆轟。爆轟在六秒內傳到 7 哩遠處才被滅燄器停住。

　　高釋放能量的施主（donor）可以使相當穩定的化合物爆轟。1963 年美國一家航空公司三氯乙稀儲槽的爆轟，造成兩位技術人員死亡。一般都以為三氯乙稀不可燃，在本案中，三氯乙稀被用以清洗飛彈引擎與儲槽，然而氨與氮化鈦互相反應，所產生之能量大到開始分解三氯乙烯，而在劇烈的反應中炸開了儲槽。1980 年阿肯色州，相類似的事故摧毀了泰坦（Titan）二號飛彈的地窖，而爆炸太大了，以致幾百噸重的水泥覆蓋物，竟被拋飛到幾百呎遠。

　　催化劑通過減少反應開始時所需要的能量，而導致反應加速。催化劑之存在因此可以使物質的混合由於導入激發源而開始反應，也會使得反應達到爆轟速度。

23.2 爆炸物

會爆炸的物質已提過，但仍有一些例子可舉出。高能量物質反應是放熱反應（exothermally）。反應速率隨溫度之增加而增加；在反應過程中，溫度保持增加，因之反應速率也持續增加。任何物質在放熱反應中分解為氣體，會以此方式加速產生爆炸。某些化合物以此理由爆炸的包括氯酸鹽、亞氯酸鹽和其他與氯結合之酸根、硝酸根、亞硝酸根、高錳酸、 酸鹽、碘酸鹽及溴酸鹽。

某些物質像硫磺或其他強烈高濃度酸與水會發生劇烈反應，產生小爆炸，使人員受傷，故要帶面罩、橡膠圍裙、橡膠手套。而且應把酸倒入水中，而不是把水倒入酸中。

非爆炸物分解後可以釋出高反應氣體，當氣體被限制時，便會爆炸。蓄電池過充電時，會有氫氣產生，若氧氣聚集在車蓋下，一旦有火花，點煙，或開放火焰，均可以引爆。

可燃性粉塵在劇烈反應中會著火，1977 年冬季，美國穀倉爆炸一共炸死100 人以上；從 1900 年以來，共有 550 人死於此類事故中，且造成 1,500 人受傷。粉塵著火，反應之劇烈程度受許多因素所影響，其中包括粉塵之性質與純度、粒子大小、濃度、燃燒放出之熱及著火源。

大塊粉塵是低易燃性，然而細粉塵，則變成高可燃性！鐵及鋁等金屬，若成細粉，只要小能量即可在室溫著火。有機固體含有揮發物質的在低溫也會著火。

粉塵越細，則固體表面與空氣之接觸緊密，就容易燃燒。粒子大小越降低、越易於著火。另外，此時易於飛散，所以危險性越高。與氣體一樣，粉塵也有燃燒範圍，當粉塵濃度在燃燒範圍才會著火。在任何反應作用中，溫度增高，著火所需之外界能量即較低，因此當溫度升高時之粉塵比冷時易著火。

濕氣存在會有冷卻作用。粒子著火所產生之熱會被水蒸發與吸收，蒸氣有如惰性氣體，稀釋氧氣存在。此外，濕氣使得空氣成為較好的導電體，靜電荷較不易累積，降低了火花所產生火災的可能性。同時，濕氣使得粒子結合在一塊，而成為較不易著火的大塊粒子。

23.3 爆炸效果

爆炸有三種影響：震波、轟片（fragments）、身體移動。其中第一種影響與壓力有關。

一、震波

高爆炸物之爆轟，或高壓容器之突然破裂，都會產生震波。震波可在空中相當長的距離內造成破壞，而在液體中造成更大破壞力，爆炸的大部分能量都集中在震波中。震波前進時，能量被轉換到空氣或液體，然而，因震波體積隨與來源之距離的三次方成正比，能量隨著蔓延超越所增加之體積量而減少。爆轟產生的最高壓力，是距離與重量的因素。超壓施在建物、運輸工具和工作人員的外部的影響（以 psi 表示）如**表 23.1**。

表 23.1　超壓的影響

psi	影響
0.2	對人員或設備無具體傷害或破壞。
0.4	只限於不受保護的人員。
0.5～1	窗戶玻璃破碎。
0.75	限於無窗戶的普通建物。
1～2	對空中運輸物造成輕微、中度破壞。
3	仰面站在露天的人會被甩出去，非常嚴重的破壞，幾乎把建築的堅硬鋼架全部摧毀，但彎曲的鋼架遭到輕微的破壞。
3～4	對木造房屋或磚房造成嚴重破壞。
4～6	飛行物全部被摧毀，破壞超過重修的經濟價值。
5	對耳朵造成傷害，側向爆炸的人會被甩出去，木造房屋或磚房會全部摧毀，嚴重打壞汽車及卡車。
6	中度損壞船。
6～7	中度損壞大型有牆的三層建物。
7	可能傷及人體內部組織。
9	完全毀壞火車。
10～12	嚴重毀壞船隻並使沉沒。
12	使人員肺部受傷。
20～30	有造成 50% 的耳鼓破裂可能性。
25	熱傷害之可能限度。

二、轟片

第二種危險是轟片，小塊轟片仍有穿透力，而大塊轟片會造成肉與骨頭的粉碎。

1955 年 8 月 27 日在美國印第安那州懷丁的一家化學工廠發生反應器及高壓分離器爆炸，一塊重 60 噸的反應器轟片飛出 1,200 呎遠，另一片飛出到 1,500 呎處。最後，63 個儲槽，127 萬桶石油產品毀於大火。

三、身體移動

第三個影響是被震波所衝擊的人可能被震向牆壁或其他硬物，造成傷害。

23.4 預防爆炸傷害

防止爆炸傷害的明顯方法是防止爆炸發生，這與二十二章所提預防方法大同小異。在此只有一些可以增加而已。

需存儲爆炸物的場所，存量應盡可能少。製程、設備、材料可能爆炸的應與人們的活動或易受傷害之設備相隔離。燃燒過程中可能發生爆炸的，應裝有漏氣控制盤或栓。爆炸抑制器可用來抑制反應，在爆炸發生時，系統的感知器可以偵測，自動放出抑制物而抑制了反應，但其限制是壓力要升到 1.5psi，感知器才會作用，而同時，被抑制的現象已出現，壓力會高出一點，所以有必要使被保護的容器或構造應強到足以承受這壓力。用來壓抑的氣體必是有效的抑制物，而且，許多爆轟乃是複雜爆炸分解的結果，不是燃燒的結果。此類爆轟太快速，抑制器無法有效發揮作用。

澳洲的穀倉幾乎沒有發生粉塵爆炸。在澳洲做研究的美國人，發覺最佳方法乃是整理整頓工作——保持良好的內務工作。也就是控制環境，防止粉塵聚集，使用真空吸塵器。良好的控制及防止粉塵堆聚，不但會降低爆炸的可能性，而且降低對人員的不利影響。以前在有粉塵存在的工作場所工作，勞工一定要戴濾罐器，然而他們常不用這些東西，美國的職業安全衛生署要求以工程方式改善作業環境，而避免使用防護具。有些可行的措施如下：

1. 用會減少粉塵產生的製程，如用濕式而不用乾式製程。

2. 隔離產生粉塵的程序，然後採取措施消除爆炸的可能性。

3. 將粉塵隔離在頂罩下或其他收集裝置中，以便粉塵產生即可送到安全容器內。

4. 用噴水來保持高濕度，並洗刷掉顆粒。

5. 增加惰性氣體或惰性固體顆粒，以干擾著火過程。

6. 用通風來減少粉塵濃度。

7. 保持良好整理整頓工作以消除粉塵之聚集。

8. 在惰性空氣或潮濕空氣環境下，或是與空氣接觸較有限的情況下保持粉塵之收集。

9. 減少震動以免粉塵飄動。

有些粉塵可以重新使用，收集和循環利用，就是良好的節約。使用爆炸物去生產的勞工，須要受過訓練，且要有安全防護設備。有關預防爆炸的措施，可以向美國爆炸物製造商協會（IME）要求供給資料。

23.5 防爆要點

對危險物品之製造、處置、使用，一定要非常小心謹慎，因此有關防爆措施詳列如下：

一、爆炸性物質

1. 爆炸性物質之製造或處置，應經常整理整頓。更應將爆炸性物質遠離火源，平時亦不得衝擊、摩擦、加熱。

2. 製造處置爆炸性物質之場所，除了必要用料以外，不得放置其他可燃性物質或氧化性物質。

3. 隨時專人檢點製造或處置設備，有異常時即採取必要措施。

4. 隨時專人檢點製造或處置爆炸性物質場所之溫濕度狀況，有異常時即應採取必要之措施。

5. 隨時專人檢點爆炸性物質之狀況，有異常時即可採取必要之措施。

二、氧化性物質

氧化性物質若與還原性物質或可燃性物質接觸，且若有衝擊、摩擦，或有火源時，就可能爆炸，其防爆注意事項如下：

1. 不得加熱、摩擦或衝擊。
2. 禁止接觸到還原性物質或有機物。
3. 與火源隔離。
4. 製造或處置時，由專人負責隨時檢點下列事項，並在異常時採取必要措施：(1) 設備；(2) 溫度、濕度；(3) 氧化性物質之狀況。

三、引火性物質

1. 作業場所嚴禁煙火，不得放置有火花、電弧或高溫之器具，也嚴禁使用明火。
2. 妥置消防設備。
3. 倉庫應有避雷設備。
4. 各配管、儲槽等容器如需從事熔接、熔斷或其他明火作業，應有妥善除去引火性物質之措施。
5. 各設備應確實接地。
6. 作業前，應測定氣體濃度。
7. 指定專人隨時檢點下列各事項，並在異常時採取必要措施：(1) 製造或處置設備；(2) 溫度、濕度；(3) 引火性物質狀況。
8. 建築物採用不燃性材料。
9. 依「職業安全衛生設施規則」規定，訂定操作重點，兩年檢查設備一次，對設備之改善、修理、清掃、拆卸作業應訂定作業方法及順序。

四、粉塵

1. 消除火源：嚴禁煙火，不得使用明火，從事電銲、氣銲作業。電氣設備應妥予接地，依規章裝設。
2. 整理整頓：環境整理整頓是防止爆炸之最主要工作。

3. 會產生粉塵之設備應為塵封型,有足夠承受爆炸壓力之強度,或有釋爆出口。

4. 集塵器裝於戶外建物;集塵器管道要直且短。

5. 有足夠惰性氣體以降低含氧量。

23.6 爆炸界限的決定

數種可燃性物質混合在一起,其爆炸界限之決定可依 Le Chatelier 定律計算:

$$L = \frac{100}{C_1/N_1 + C_2/N_2 + C_3/N_3 + Ci/Ni}$$

式中,

L 為混合物在空氣中之爆炸下(上)限

C_1,C_2,C_3 為單一氣體或蒸氣在混合氣之容量百分比

N_1,N_2,N_3 為單一氣體或蒸氣在混合氣之爆炸下(上)限

例

某一混合氣體是由乙醚與乙醇以 3:1 之成分混合而成,試求其爆炸上限。

解

乙醚之爆炸上限為 48%,而乙醇之爆炸上限為 19%,故此混合氣體之爆炸上限為:

$$UEL = \frac{100}{75/48 + 25/19} = 34.7\%$$

練習題

1. 爆燃與爆轟之分別何在？

2. 在工業界，爆炸物與會爆的物質，何者較具危險？

3. 什麼因素會導致反應物質爆轟？

4. 試解釋爆炸及其分類。（82專技）

5. 可燃性氣體的燃燒下限與爆炸下限有何區別？

6. 爆炸如何造成傷害或毀損？

7. 說明壓力、溫度、惰性氣體對氣體爆炸界限的影響。（84技師檢覆）

8. 試說明工業爆炸發生的原因及預防方法？（84年度檢覆；85高考）

9. 避免爆炸受毀損的最佳方式是什麼？

10. 爆炸抑制器如何發生功效？

11. 試述可燃性粉塵爆炸之理論及其防止爆炸應注意事項。（79高考）

12. 試說明粉塵爆炸的種類、原因及其防範對策。（82軍人轉業特考）

13. 請敘述在粉塵爆炸試驗時，粉塵雲不均勻的原因為何？若利用分散性改良劑時，須注意什麼事項？（82高考）

14. 試述粉塵爆炸試驗方法？及其試驗項目？其Kst值如何計算？（81專技）

15. 何謂一次塵爆？二次塵爆？其防止方法為何？（81專技）

16. 為何粉塵爆炸會比氣體爆炸之破壞面為廣？影響塵埃爆炸的因素有哪些？（80專技）

17. 防止可燃性粉塵發生爆炸的方法，基本上和防止可燃性氣體火災爆炸者大致相同。但因其（粉塵）特性，尚需注意哪些特殊事項？（86高考）

18. 為預防粉塵爆炸，工廠應該有何防護措施？（87高考）

19. 試列出兩種爆炸下限的計算公式。（79高考）

20. 試述引火性物質之危險性及防火防爆方法。（79高考）

21. 某一混合物中含有容量百分率8%之甲烷，15%乙烷及5%丙烷，求混合爆炸下限。（甲烷之爆炸下限為5.0，乙烷為3.0，丙烷為2.1）（79高考）

22. 某一混合蒸氣，含75%乙醚與25%乙醇之成分，求其爆炸下限。（84技師檢覆）

23. 爆炸性物質在製造或儲存中，其防護防爆之基本原理及其有效防護措施為何？（80專技）

24.試述使用高壓氣體鋼瓶之安全管理措施。（84台省乙等基層特考）

25.致使鍋爐本體發生爆炸的原因？（84年檢覆）

26.試述爆炸發生之直接原因。（88升等）

27.為免易燃液體舊儲槽清除時發生爆炸之意外，其清除時應注意事項為何？（88高考三級）

28.試說明下列配對名詞，並比較其差異性：

(1)混合氣體爆炸、氣體分解之爆炸。（88專技）

(2)粉塵爆炸、蒸氣爆炸。（88專技）

(3)爆燃（deflagration）、爆轟（detonation）。（90專技）

29.請說明工業爆炸發生之原因，並請簡述其預防方法。（88檢覆）

30.請說明高壓可燃性氣體於儲存時，雇主應注意何種儲存安全規定？（90高考三級）

31.試說明爆炸之定義及爆炸的類型與防範的對策。（91專技高考，工礦衛生技師；94專技，衛生技師工業安全概論）

32.試說明下列配對名詞，並比較其差異：

沸騰液體膨脹蒸氣爆炸（BLEVE），機械爆炸（mechanical explosion）。（91專技高考，工礦衛生技師）

33.請解釋下列之名詞：

(1)沸騰液體膨脹蒸氣爆炸（BLEVE）

(2)爆炸指數（Deflagration Index）。（94專技，工業安全工程）

34.試計算苯洩漏後是否達到其燃燒下限並論述其洩漏之危害狀況？苯之攝氏15度之飽和蒸氣壓為60mmHg，其爆炸界限1.3～7.1%，閃火點為攝氏零下11度，TLV（皮膚）=10ppm。（94專技，工業安全工程）

35.請說明油槽車灌注汽油時有哪些危害？其相關預防規定為何？（94專技，安衛法規）

36.試分別說明可燃性氣體的限氧濃度（limiting oxygen concentration）與燃燒下限（lower flammability limit），並比較使用限氧濃度與燃燒下限在預防可燃性氣體爆炸之差異。（94專技，衛生師工安概論）

37.失控反應（Runaway reaction）之主要原因為何？並列出五個以上之容易引起失控反應物質之化學官能基。（96高考，工業安全）

38.對於未知之化學物質，須靠實際測試才能知其火災爆炸危險性；但是對於已

知之化學物質或知其化學結構式，試述如何用計算手法來預為評估該物質之有無火災爆炸危險性。（96高考，工業安全）

39.試述哪些特定官能基有機化合物較易發生失控反應，以及失控反應常見的原因。（94專技，衛生技師工業安全概論）

40.可燃性蒸氣的燃燒下限（LFL）可用燃燒當量濃度乘上0.55來估算，試估算乙醇的燃燒下限與乙醇的限氧濃度。（96專技，工業安全工程）

41.矽甲烷為高科技產業常用之危害性氣體，研究發現其在低壓（<0.4MPa）下洩漏會自燃，但高壓下洩漏則不會自燃，但仍具可燃性，試分析高壓下洩漏的矽甲烷如何產生爆炸？又說明矽甲烷鋼瓶的換瓶作業應有何安全防護設施以防止此種爆炸之發生？（96專技，工業安全工程）

42.鍋爐爆炸一般分為鍋爐本體的爆炸跟爐膛的爆炸兩種，請分述此兩種爆炸的原因。（100高考三級，機電防護與防火防爆）

43.鍋爐操作人員為確保鍋爐操作安全，應執行哪些必要工作事項？（102高考三級，機電防護與防火防爆）

44.如何做好穀倉作業安全的重點事項：粉塵控制與控制引燃源？請詳述還有哪些可以預防粉塵爆炸之對策？（103高考三級，工業安全管理）

45.試說明爆燃和爆轟（detonation）之相異點。又，爆轟的發生除了混合氣的濃度須在爆轟範圍內之外，混合氣在什麼樣的環境條件較易引發其發生？（103高考三級，安全工程）

46.請說明防爆盤（rupture disk）的功能、型式及可適用於哪些系統的主要疏解裝置。（103高考三級，機電防護與防火防爆）

CHAPTER 24

個人防護具

用改善環境的方式來防止意外事件之發生，雖是主管人員最主要的安全措施，但是，由於許多經濟或其他急迫性理由，工作場所仍然需要使用個人防護具以確保屬下工作安全。所以主管人員對於各式各樣之防護具應有所瞭解，以善盡為人主管之責任。

但是有一點很重要，就是個人防護具並不能取代安全的其他功能，如安全教育、安全工程；且沒有安全管理，員工不使用個人防護具也沒有效用，所以在完備的安全計畫中，使用個人防護具不但重要而且必要，但主管人員仍然應朝安全工程上去改善，特別是人為失誤無法完全克服，預知危險活動無法落實之際，更應注意這點。譬如在使用大量有機溶劑的工作場所，裝設通風系統是不可或缺的，如果捨此不用，反爾憑藉勞工使用防護具，是不為法規所允許的！

另外，改善環境的方法往往比使用個人防護具的效果為佳，其主要原因之一，是勞工使用個人防護裝備時，總會覺得不舒服，因此會常去擺弄這些裝備以便感覺較舒服，結果卻是裝備破損而無法發揮最大效用。進一步而言，使用環境改善方式取代使用個人防護具使勞工不會感到不舒適，總會改善勞工的精神狀況而提高效率。

24.1 眼部保護

在工作場所中，有太多讓眼部受傷的機會，如被或大或小的物體碰傷、與有刺激性的蒸氣接觸、與刺激性液體接觸、過強的光線或輻射能刺激等，都需使用眼部防護具。

一般而言，眼部防護具應用起來較舒適且能發揮最大保護效果，如防止碎屑的保護鏡應盡可能貼近眼窩，但同時又要在適當位置上配有通風孔，以便排出水蒸氣。

建築業的眼部防護其所使用的材料，最好可以有抗腐蝕、易清潔、不易燃，在通光時不變形及不分光等特性。

其次，眼部防護具應能使眼睛不受飛物碰傷，也就是有抗衝撞性能的保護眼鏡，安全眼鏡。最好是在鏡片外再蒙上一層較薄的安全玻璃或塑料製品的鏡片，不但易更換，價格也較便宜。

二次大戰以後，塑膠製安全鏡片品質優良，可變形使其能抵抗強烈的衝擊

力，另外抗蝕性及抗熱性都是優點。但有一缺點就是不耐摩擦，因此鍍上一層耐磨表面的鏡片就大受歡迎了。

有些場所比較潮濕，霧氣或水蒸氣凝結在鏡片表面會防礙視線，因此在鏡片上塗上一層防霧劑即可消除這一困擾。有些特製鏡片有過濾作用，可以抵抗強烈的可見光及紫外線，這類鏡片之正反兩面都有遮光塗料層。一般而言，可依下列選用適當型式之這類鏡片。

1. 三、四型遮光鏡片，可抵抗由電、水、路面、房頂、沙等物反射出的強烈日光，及銲接與切割產生的散射光、金屬澆鑄及鍋爐工作的強光及高熱。
2. 五型鏡片，用於氣體切割，銲接作業及點銲作業。
3. 六型鏡片，用於氣體切割，中度氣體銲接，及超過 30 安培的電弧銲接等。
4. 八型鏡片，用於重度氣體銲接，電弧銲接，切割（30 ～ 75 安培範圍內）。
5. 十型鏡片，超過 75 安培，而低於 200 安培的上述作業用。
6. 十二型鏡片，超過 200 安培，低於 400 安培的上述作業用。
7. 十四型鏡片，超過 400 安培以上的上述作業。

至於化學防護鏡片，是在防衝撞鏡片中添加抵抗化學腐蝕的材料，用於酸性物質，腐蝕性物質之加工，及酸洗、電鍍、鍍金屬、鍍鋅等操作。

防塵鏡片可以防止各種灰塵和飛屑之侵害眼睛，用於木材加工、除鏽、金屬研磨及選礦。

綜合性防護鏡有雙層鏡片，一層可防強烈閃光，一層可防衝撞。後者接鑲在杯狀鏡框上，前者用絞鏈與鏡框相接，可以上下移動，可用於銲接或鑄造工作。圖 24.1 為各式眼部防護具。

防雷射光安全眼鏡

安全眼鏡

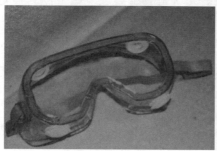
防酸鹼護目鏡（一）

防酸鹼護目鏡（二）

圖 24.1　各式眼部防護具

24.2 臉部保護

在某些作業中，有必要使用一種將整個臉部全部遮蓋住的防護具，其中一些防護具非常堅固，可以抵抗體積較大的碎片或碎物，如此就可保護臉部及眼鏡。

臉部防護具絕大部分是塑膠原料製成的，一般要求能抗燃，耐磨損，抗衝擊性。圖 24.2 為各式臉部防護具。

銲工用的保護頭盔，要能防護面部不受濺起的熾熱金屬碰傷，也要能防止作業時強光對眼睛的損壞。因此材料都有不傳熱、不導電及抗燃特性。

在較特殊的情況下，也需要使用一種特製的保護臉部及眼睛的工具，即頭罩，頭罩的前方有一個供眼睛看的窗口，其製作材料有強抗滲透能力，可用於高腐蝕性化學物之加工及高溫作業中。

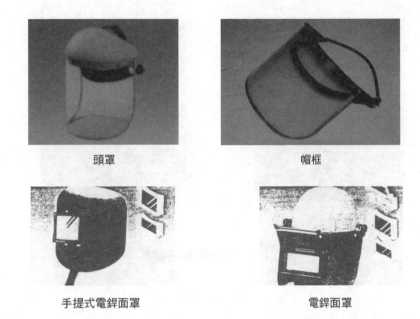

頭罩　　　　　　　　　　　　　　　帽框

手提式電銲面罩　　　　　　　　　　電銲面罩

圖 24.2　各式臉部防護具

24.3 手部保護

　　美國每年的職業傷害中，三分之一以上是在手部，其支出金額是全部賠償額的 20% 上下。在台灣，民國 96 年全產業職業災害統計中，手指、手、腕、肘部的傷害共占 41.3%，而製造業更高達 50.36%，已超過一半以上。手部傷害遠比其他部位的傷害多太多，顯示對手部的保護是很重要的。

　　不過，目前手部防護具主要是手套，但在轉動的機器操作時，最好不要戴手套。有些化學性作業，手套的長度應能蓋住整個手腕。

　　為了防止鋒利的物件傷手，人們在手套外表摻進一些金屬纖維，但這類手套，手指或連指手套不能在有導電的裝置上操作使用。

　　橡皮手套可以保護手部不受有害液狀物腐蝕，但石油化學產品中的某些成分還是能腐蝕天然橡膠的，所以有時要選用合成橡膠的製品。

　　電工用的手套是特製的橡膠製品，使用時常在外再套上一個堅固的皮革製手套，以保護內部橡膠手套不被硬物刺破，磨損。這類高壓絕緣手套應定期檢驗，不合格者即不得使用。**圖 24.3** 為各式手部防護具。

防酸手套

耐溶劑手套

圖 24.3　各式手部防護具

24.4 腿部保護

最常用的腿部防護具為安全鞋。安全鞋應根據不同的作業條件製作,主要功用是防止掉落的重物壓碎或擦傷腳趾及腳面。

某些作業中,為防範重物掉落砸壞腳趾所穿的安全鞋,其標準是當 300 磅的物品,從 1 呎高處掉落砸在鞋面上,保護腳趾的金屬仍與堅固平整的表面完好相接,沒有明顯的破壞或變形。

腿部防護具還有很多種,如護腿、導電鞋、絕緣鞋、長統鞋等,視作業之需要而使用。**圖 24.4** 為各式腿部防護具。

安全鞋

耐酸鹼橡膠鞋

圖 24.4　各式腿部防護具

24.5 耳部保護

噪音是不想要的聲音，對人體健康有危害，防止噪音對人體產生危害有兩
個途徑，一篇用工程方法來消除或降低噪音，二為用阻隔手段，使其減少對耳
部的危害，也就是使用耳部防護具（**圖 24.5**）。目前有三種耳部防護具：

1. 耳塞：一般用軟橡膠或硬塑膠料，依佩戴者耳朵之形狀鑄造而成。而為
   了抵抗高聲壓，還有金屬製品、軟橡膠製的真空型耳塞。
2. 減震器或環形真空罩：為橡膠、木棉或橡膠加金屬製成的器具，一般用
   頭帶束於耳朵外部，可減低某些噪音的強度。
3. 頭盔：在頭盔上增加降低噪音的設備。

耳塞

耳罩

圖 24.5   各式耳部防護具

24.6 呼吸保護

在作業中產生的汙染空氣形成對勞工健康的危害時，首先要考慮如何運用
工程手段來控制這種危害，但在某些情況下，工程手段的效果不足，因此要讓
勞工使用個人防護具。如緊急狀況時，勞工需使用防護具去與有害氣體接觸，
或在非緊急狀況下，日常短暫接觸不致喪失生命的有害氣體，為了不致變成慢
性疾病，因此要使用個人呼吸防護具。

在美國，除了礦場的呼吸器應符合內政部礦場安全衛生署之有關規定外，

其他行業的呼吸器都要符合勞工部職業安全衛生署之規定。一般選用呼吸器的程序如下：

1. 確認作業場所的有害氣體名稱。
2. 確認該氣體的化學、物理及毒物性質。
3. 確認有害氣體的危害，是否屬於短時間即會危及人命。
4. 考慮穿戴呼吸器會否影響行動的自由。
5. 綜合上述因素，決定適當的呼吸器。

同時要注意下列幾點事項：

第一，化學物過濾呼吸器，不宜在迅速危及生命和健康的緊急狀態下使用，也不宜在汙染氣體濃度超過空氣總容積 0.1% 情況下使用。也不宜在下列情況下使用：(1) 氫化氰化合物一類濃度很小，但卻是劇毒的空氣汙染；(2) 一氧化碳一類難吸收的化學汙染；(3) 很難認出的氣味，如硫化氫等；(4) 二氧化硫一類對眼睛有強烈刺激的化合物。

第二，灌氣體面罩不宜在空氣含氧量不足的地方使用，也不宜在空氣總容積中有毒汙染氣體不超過 2% 或氨水不超過 2% 時使用。

目前市面上的呼吸器，有化學物質過濾呼吸器、防毒面罩、機械式過濾呼吸器、自備氧氣呼吸面罩、通氣管式防護面罩與壓縮空氣呼吸器。

圖 24.6 為各式呼吸防護具。

輸氣式空氣呼吸器在市面上有些新產品如圖 24.7 所示。

一般由美國職業安全衛生署批准的設備，依規定在銷售時都應有批准的許可證標記、許可證號碼、廠商名稱與許可證條件。礦場安全衛生署及美國國家職業安全衛生研究所（NIOSH）對空氣呼吸器有審核批准權。在早先這個權限是由礦務局獨家享有。被授予許可證的廠家，必須保持產品的品質，要嚴格遵循檢驗規格，不能有失誤。依美國法令規定，美國的事業單位雇主有責任建立並實施一項呼吸器方案如下：

1. 以書面方式寫明呼吸器選用之標準作業程序。
2. 呼吸器應針對勞工所暴露之危害而選購。
3. 勞工應被指導並訓練如何正確使用呼吸器。
4. 最好一位工作人員就有自己的一套呼吸器。
5. 設備必須定期清洗、消毒。個人專用的，每次使用後當天清洗。

口罩

防毒面具

全面式面具（一）

全面式面具（二）

半面式面具

圖 24.6　各式呼吸防護具

圖 24.7　輸氣式空氣呼吸器

6. 呼吸器應存放在清潔衛生的適當場所。

7. 經常使用的設備應在清洗時檢查，並隨時將損壞的零件更換。用於緊急狀況的設備，每月至少檢查一次。每次使用後也要檢查。

8. 保持對工作場所狀況及人員與汙染接觸的必要監測。

9. 對於方案實施的效果要做定期的檢查和評估。

10. 對所有可能使用呼吸器的員工進行身體檢查，以確定他們能否佩用呼
　　吸器去進行工作的能力。同時使用呼吸器員工應定期做健康檢查，如
　　年度檢查。

11. 有許可證的設備，只能在有效期限內使用。

12. 使用者有必要由指導人員提供有關設備之選擇、使用及維修的知識。
　　而使用者及主管人員均應有能力勝任本項工作。

13. 讓勞工訓練可以如何使用呼吸器，並進入受汙染的環境中去檢測。每
　　一位使用者都應知道在檢測及實用過程中如何佩戴；安裝設備，如何
　　調整設備，以及判斷能否正確使用。

14. 在某些情況影響設備的密封性能時，即停止使用。

15. 使用前應進行檢查，以確定設備之安全狀況及面罩是否合適。

上述方案，基本上應視行業不同而異，不過基本上包括下列八個基本要
項：

1. 管理。

2. 對呼吸危害方面的認識。

3. 對呼吸危害方面的評估。

4. 對呼吸危害的控制。

5. 選擇適用的呼吸器有賴於毒物學方面的知識。

6. 訓練。

7. 設備之檢查及維修。

8. 醫療監督。

24.7 安全帶

「營造安全衛生設施標準」第十七條規定：「雇主對於高度二公尺以上之
工作場所，勞工作業有墜落之虞者，應訂定墜落災害防止計畫，依下列風險控
制之先後順序規劃，並採取適當墜落災害防止設施：

一、經由設計或工法之選擇，儘量使勞工於地面完成作業，減少高處作業
　　項目。

二、經由施工程序之變更，優先施作永久構造物之上下設備或防墜設施。

三、設置護欄、護蓋。

四、張掛安全網。

五、使勞工佩掛安全帶。

六、設置警示線系統。

七、限制作業人員進入管制區。

八、對於因開放邊線、組模作業、收尾作業等及採取第一款至第五款規定之設施致增加其作業危險者，應訂定保護計畫並實施。」

也就是說該標準強調以工程手段來防止墜落災害發生，最後要求使用安全帶來避免墜落災害。

安全帶依其使用方法的不同，一般可分為四種：

1. 腰帶式安全帶的設計是為防人員墜落。為避免人員由危險的高度墜落，因此使用此安全帶的人其行動範圍及活動將被限制住。

2. 上身背負式安全帶被使用於將人吊開，遠離危險區域的場所，或於陡的表面，易滑動的場所。使用此種安全帶可有較大的活動範圍。

3. 全身背負式安全帶是設計用於墜落危險最大的場所。此種安全帶與身體的接觸面大。當安全帶將墜落的身體突然停住時，會產生很大的震盪力，而此一大接觸面，於吸收和分散震盪力上占著很重要的地位。

4. 懸吊式安全帶對使用者來說是安全帶亦是工作支撐點。這種安全帶對於像從事油漆工作的保養場所，及像工廠煙囪等沒有工作平台的表面檢查工作很有用。

我國「職業安全衛生設施規則」第二百八十一條規定，雇主對於在高度二公尺以上之高處作業，勞工有墜落之虞者，應使勞工確實使用安全帶、安全帽及其他必要之防護具。但經雇主採安全網等措施者，不在此限。

前項安全帶之使用，應視作業特性，依國家標準規定選用適當型式，對於鋼構懸臂突出物、斜籬、二公尺以上未設護籠等保護裝置之垂直固定梯、局限空間、屋頂或施工架組拆、工作台組拆、管線維修作業等高處或傾斜面移動，應採用符合國家標準一四二五三規定之背負式安全帶及捲揚式防墜器。

也就是說上述特殊作業或狀況，雇主應提供「背負式安全帶及捲揚式防墜器」。背負式安全帶如圖 24.8，捲揚式防墜器如圖 24.9。

圖 24.8　背負式安全帶

圖 24.9　捲揚式防墜器

練習題

1. 何時才需使用個人防護具？

2. 選用呼吸防護具的程序如何？

3. 試述您的呼吸防護方案要領。

4. 如何確保工作場所個人防護具功能正常？

5. 依供氣的形式分別，呼吸防護具可分為三種形式。請用簡表列其使用的優點及缺點。（83專技高考）

6. 有關衛生方面，對於勞工從事其身體或衣著有被汙染之虞之特殊作業時，應置備哪些設備（請列出名稱）？並將其規定逐條列出。（83專技高考）

7. 試述緊急應變呼吸防護具管理計畫。（86高考三級）

8. 試述頭部安全防護器具種類及使用管理計畫。（88高考三級）

9. 個人防護設備有哪幾類？請各以一例說明其防護的身體部位及作用。（88專技）

10. 詳述選擇呼吸防護具的考慮因素。（88升等）

11. 一個人獨自搬運大塊平板玻璃時，應採取什麼搬運方法及護具才能確保安全？（89專技）

12. 請就績效標準（Performance standards）與規格標準（specification standards）的關係，說明我國勞工安全衛生法規對個人防護具之使用，有何重要規定內容及其法理為何？（90專技）

13. 請列出機械工廠的個人防護裝備。（91專技）

14. 請以流程圖之方式說明呼吸防護具的選擇方式與流程。（91簡覆）

15. 請回答下列問題：（92簡任升等）

    (1)一般作業場所，哪些場合應考慮使勞工使用呼吸防護具？請列明。

    (2)試以SARS 防疫措施為例，說明醫療保健服務業選用呼吸防護具前，應先確認之事項。

16. 選擇防護手套必須考慮的因素有哪些？請分別簡述之。（94專技，衛生技師工業衛生）

17. 從事電銲作業的勞工需要使用到哪些防護具？並請寫出防護的有害物。（94專技，衛生技師衛生管理實務）

18. 依據勞工安全衛生設施規則：雇主供給勞工使用之個人防護具或防護器具，

有哪些一般原則性規定？個人防護具平常保管的方法需考慮與留意事項為何？（96簡任升等）

19.請依據「勞工安全衛生設施規則」之規定，說明雇主供給勞工使用個人防護具或防護器具時，應辦理之事項。並依該法規定列舉說明可能接觸危險性物質或有害物的狀況，與說明應提供勞工使用的防護具種類。（96專技，衛生技師安衛法規）

20.請寫出呼吸防護具的種類與使用時機和使用注意事項。（96專技，衛生技師衛生管理實務）

21.請說明正確選擇呼吸防護具時，應考慮的因素包括哪些？（100高考三級，工業衛生概論）

22.請說明完整的個人防護具計畫應包括哪些內容？（101高考三級，工業衛生概論）

參考文獻

第1章

行政院勞工委員會（2013）。《勞動檢查年報》。

經濟部國營事業委員會（1978）。《損失控制管理》。

蔡永銘（1993）。《現代安全管理》。台北：揚智文化。

蔡永銘、朱蓓蓓（2004）。〈建立全方位安全文化，塑造無災害工作環境〉。《工業安全衛生論文集》。台北：經濟部工業局。

Adams, E. (1976, Oct.). Accident causation at the management system. *Professional Safety*.

Bird, F, E. Jr., & Loftus, R. G. (1976). *Loss Control Management*. Loganville, Georgia: Institute Press.

Cooper, Dominic (1998). *Improving Safety Culture: A Practical Guide*. New York, NY:John Wiley & Sons.

Cox, S. J., & Cheyne, A. J. T. (1998). Assessing safety culture in offshore environments. *Safety Science,Volume, 34*, Issue: 1-3, pp. 111-129.

Earnest, R. E. (2000, Aug.). Making safety a basic value. *Professional Safety*, pp. 33-38.

Geller, E. S. (1994. Sep.). Ten principles for achieving a total safety culture. *Professional Safety*, pp. 18-24.

Geller, E. S. (1996). *The Psychology of Safety: How to Improve Behaviors and Attitudes on the Job*. Bacr Raton, EL: CRC Press.

Heinrich, H. W. (1959). *Industrial Accident Prevention: A Scientific Approach*. (4th ed.). New York, N.Y.: McGraw-Hill.

Krause, Thomas R. (1997). *The Behavior-Based Safety Process- Managing Involvement for an Injury-Free Culture*. (2nd ed.). New York, N.Y.: Van Nonstrand Reinhold.

Stricoff, R. S., & Groover, D. R. (2012). *The Manager's Guide to Workplace Safety*. Ojai, CA.: Safety in Action Press.

Weaver, D. (1971, Oct.). Symptoms of operational error. *Professional Safety*.

第3章

行政院勞工委員會（1992）。《自動檢查技術叢書（管理篇）》。

第4章

Colvin, R. (1982, Sep). Safety training's target: Unsafe acts. *Occupational Hazards, 48*.

Grimaldi, J. V., & Simonds, R. H. (1989). *Safety Management.* (5th ed). Boston, MA: Richard D. Irwin.

Krause, T. R., & Hidley, J. H. (1989. Oct.). Behaviorally based safety management: parallels with the quality improvement process. *Professional Safety*, pp. 20-25.

Lancianese, F. W. (1981, Nov.). Computer-based safety training in action. *Occupational Hazards*, pp. 54-57.

McCormick, E. J., & Ilgen, D. R. (1980). *Industrial Psychology.* (7th ed.). Englewood Cliffs, NJ: Prentice-Hall, p. 422.

Minter, S. G. (1985, Oct.). Workplace 2000: The shape of things to come. *Occupational Hazards*, pp. l09-114.

第5章

行政院勞工委員會（1990）。《安全作業標準》。

第6章

Brown, D. B. (1976). *Systems Analysis and Design for Safety.* Englewood Cliffs, NJ: Prentice-Hall.

Grimaldi, J. V., & Simonds, R. H. (1989). *Safety Management.* (5th ed.). Boston, MA: Irwin.

第10章

Bird, F. E. Jr., & Loftus, R. G. (1989). *Loss Control Management.* Loganville, Georgia: Institute Press.

Johnson, W. G. (1975, Aug.). The management oversight and risk tree. In *Accident / Incident Investigation Manual*, prepared for US Energy Research and Development, ERDA-76-20.

第11章

Arnold, Robert M., Jr. (1992, April). Measuring the health of your safety audit system. *Professional Safety.*

Kase, Donald W., & Wiese, Kay J. (1990). *Safety Auditing: A Management Tool.* New York, N.Y.: Van Nostrand Reinhold.

Manuele, F. A. (1997). *On the Practice of Safety.* New York, N.Y.: Van Nostrand Reinhold.

第12章

蔡永銘（1993）。《現代安全管理》。台北：揚智文化。

行政院勞工委員會（2013）。《勞工檢查年報》。台北。行政院勞工委員會。

Camplin, J. C. (2008). Applied science and engineering: general safety management. In Haight, J. M. (ed.). *The Safety Professional Handbook: Management Applications*. Des Plaines, IL.: American Society of Safety Engineers.

Cooper, Dominic (1998). *Improving Safety Culture: A Practical Guide*. New York, N.Y.: John Wiley & Sons.

Cox, S., & Cox, T., (1991). The structure of employee attitudes to safety: An European example. *Work and Stress, 5*(2), pp. 93-106.

Fleming, M., & Lardner, R. (2000). Safety culture maturity model. *The Keil Center Offshore Technology Report*, 49.

Geller, E. S. (1994, Sep.). Ten principles for achieving a total safety culture. *Professional Safety*, pp. 18-24.

Geller, E. S. (1995, July). Safety coach: Key to achieving a total safety culture. *Professional Safety*, pp. 16-21.

Geller, E. S. (2002, Oct.). People-based safety: Seven social influence principles to fuel participation in occupational safety. *Professional Safety*, pp. 25-31.

Glendon, A. I., & Stanton, N. A. (2000). Perspectives on safety culture. *Safety Science, 34*, pp. 193-214.

IAEA (1991). Safety culture series No.75-INSAG-4. Vienna, Austria: International Atomic Energy Agency.

Krause, Thomas R. (1997). *The Behavior-Based Safety Process: Managing Involvement for an Injury-Free Culture*. (2nd ed.). New York, N.Y.: Van Nonstrand Reinhold.

第13章

Adams, J. D. (1980). *Understanding and Managing Stress*. San Diego: University Associates.

Alkov, R. A. (1972, Sep/Oct). The life change unit & accident behavior. *Lifeline*. Norfolk, VA: US Naval Safety Center.

Chambers, E. G. (1939). A preliminary inquiry into the part played by character and temperament in accident causation. *Journal of Mental Science, 85*, pp. 115-118.

Davidson, J. E. et al. (1970, Aug.). Intriguing accident patterns plotted against a background of natural environment features. SC-M-70-398. Albuquerque, New Mexico: Sandia Laboratories.

Drake, C. A. (1942). *Personnel Selection by Standard Job Tests*. New York: McGraw-Hill.

Farmer, E., & Chambers, E. G. (1929). *A Study of Personal Qualities in Accident Proneness and Proficiency*. report no. 55, London: Industrial Health Research Board.

Fisher, B. (1922). *Mental Causes of Accidents*. Boston: Houghton Mifflin, p. 34.

Fraser, T. M. (1980). *Ergonomics Principles in the Design of Hand Tools*. Geneva: International Labor Office.

Ghiselli, E. E., & Brown, C. W. (1947). Learning in accident reduction. *Journal of Applied Psychology, 31*, pp. 580-582.

Gray, J. S. (1952). *Psychology in Industry*. New York: McGraw-Hill, p. 224.

Grimaldi, J. V. (1955). *Noise and Safe Performance*. New York: Association of Casualty and Surety Companies.

Hale, A. R., & Hale, M. (1970). Accidents in Perspective. *Occupational Psychology, 44*, pp. 115-122.

Harvey, V. K., & Luongo, E. G. (1945, April). Physical impairment and job performance. *Journal of the American Medical Association, 127*, p. 963.

Henig, M. S. (1927). Intelligence and safety. *Journal of Educational Research, 16*, pp. 81-87.

Hersey, R. B. (1936). Emotional factors in accidents. *Personnel Journal, 15*, pp. 59-65.

Keenan, V., Kerr, W., & Sherman, W. (1951). Psychological climate and accidents in an automotive plant. *Journal of Applied Psychology, 35*, 108-111.

Kuhn, H. S. (1941, June). An appraisal of visual defects in industry. Transactions of the American Academy of Ophthalmology and Otolaryngology.

Lauer, A. R. (1932). What type of persons have accident?. *National Safety News, 25*, pp. 16-17.

Mintz, A., & Blum, M. L. (1949). A re-examination of the accident proneness concept. *Journal of Applied Psychology, 33*, pp. 195-211.

National Safety Council (1946). *A Study of Psycho-physiological Selectivity of Employees*. Chicago.

Osborne, E. E., & Vernon, H. M. (1922). The influence of temperature and other conditions on the frequency of industrial accidents. *Industrial Fatigue Research Board, No. 19*, London: Industrial Fatigue Research Board.

Palisano, P. (1985, March). Coping with stress in a time of transition. *Occupational Hazards*, pp. 89-94.

Reed, J. C. (1984, Oct.). Excessive stress affects worker health. *Productivity. Occupational Health & Safety*, pp. 34-35.

Schulzinger, M. S. (1954, April). Accident proneness. *Industrial Medicine and Surgery, 23*, pp. 151-152.

Schulzinger, M. S. (1956). *The Accident Syndrome*. Springfield, IL.: Charles C. Thomas, Publisher.

Shaffai-Sahrai, Y. (1973). *Determinants of Occupational Injury Experience: A Study of Matched*

Pairs of Companies. East Lansing Division of Research, Graduate School of Business Administration, Michigan State University.

Shrosbree, G. (1933). Relation of accident proneness to length of service. *Industrial Welfare*, pp. 1-8.

Stevens, A. F. Jr. (1929). Accidents of older workers: Relation of age to extent of disability. *Personnel Journal, 8*, pp. 138-145.

Stevens, S. S., et al. (1941, Dec.). The effects of noise and vibration on psychomotor efficiency. Harvard University OSRD Report No. 274, Cambridge, Mass.

Surry, Jean (1969). *Industrial Accident Research: A Human Engineering Appraisal.* Toronto: University of Toronto Press, p. 12.

Thommen, G. S. (1973). *Is This Your Day?* NY: Crown Publishers. INC.

Tiffin, J. (1947). *Industrial Psychology.* Englewood Cliffs, N. J.: Prentice-Hall, p. 432.

Verhaegen, P. et al. (1985). Absenteeism, accidents & risk-taking. *Journal of Occupational Accidents, 7*, pp. 177-186.

Wechsler, D. (1926). Tests for taxicab drivers. *Journal of Personnel Research, 5*, pp. 24-30.

Wirt, S. E., & Leedke, H. N. (1945). Skillful eyes prevent accidents. *Industrial Nursing Section Newsletter.* Chicago: National Safety Council.

第14章

行政院勞工委員會（1998）。《員工協助方案工作手冊》。台北：行政院勞工委員會。

Alkinson, A. (1985, Nov.). Coping with The Emotional Virus of The 80's. *Tappi Journal*, p. 15.

Asma, F., Hilker, R., Shevlin, J., & Golden, R. (1980). Twenty-five years of rehabilitation of employees with drinking problems. *Journal of Occupational Medicine, 22*, p. 4.

Barren, C. 1. (1985, Nov.). Stress, heart disease and safety management. *Professional Safety*, p. 15.

Beger, C. S. (1997). The importance of subjective claims management. *Benefits Quarterly, 13*(4).

Bureau of Labor Statistics (1995, March). BLS links alcohol or drug abuse to one in eight workplace deaths. *Alcoholism Report, 23*(3), p. 7.

Bureau of Labor Statistics (2006). National compensation survey: Employee benefits in private industry in the United States. Retrieved July 18, 2007, from http://www.bls.gov/home.htm.

Chenoweth, D. (1984, June). Shaping up health promotion for introduction into workplace. *Occupational Health & Safety*, p. 49.

Daily Labor Report (1984). *Bureau of National Affairs.* Washington, D. C.

Employee Assistance Professionals Association (2003). *EAPA Standards and Professional*

Guidelines for Employee Assistance Programs. Virginia, Arlington: EAPA Press.

Employee Assistance Professionals Association (2007). Frequently asked questions: how many companies have EAPs ?. Retrieved May 21, 2007, from http://www.eapassn.org.

Faherty, V. E. (1988). Influencing management policy. In G. M. Gould & M. L. Smith (Eds.), *Social Work in the Workplace: Practice & Principles*. New York: Springer Publishing Co.

Gerstein, L. H., & Bayer, G. A. (1988). Employee assistance programs: A systemic investigation of their use. *Journal of Counseling and Development, 66*, pp. 294-297.

Herzlinger, R. E., & Calkins, D. (1986, Jan / Feb). How companies tackle health care costs: Part III. *Harvard Business Review*, pp. 71-72.

Kirk, A. K., & Brown, D. F. (2003). Employee assistance programs: A review of the management of stress and wellbeing through workplace counseling and consulting. *Australian Psychologist, 38*(2), pp. 138-143.

Kramer, R., Neiditz, J., & Eller, E. (1997). The EEOC new ADA mental disability guidelines: An EAP is a pretty reasonable accommodation. *Benefits Quarterly, 13*(4), 72-76.

LeRoux, M. (1982, Sep.). Employee assistance programs well worth their cost, employers say. *Business Insurance, Vol. 16*. No. 39.

Levinson, H. (1980). Employee counseling in industry: Observations on three programs. In S. N. Kieffer (ed.), *Mental Health and Industry: Planning for the 1980's*. pp. 139-145

Lewis, J. A., & Lewis, M. D. (1986). *Counseling Programs for Employees in the Workplace*. Belmont, CA: Brooks / Cole Publishing Co. pp. 4-5.

Logan, B. K., & Schwilke, E. W. (1996, May). Drug and alcohol use in fatally injured drivers in Washington State. *Journal of Forensic Science, 41*(3), pp. 505-510.

MacLeod, G. S. (1985). EAPS and blue collar stress. In C. C. Cooper & M. J. Smith (Eds.), *Job Stress and Blue Collar Work*. New York: John Wiley & Sons Ltd. pp. 186-191.

Masi, D. A. (1982). *Human Services in Industry*. Lexington, MA: D. C. Health and Company. pp. 4-5

Masi, F. A., & Spencer, G. E. (1977, Winter). Alcoholism & employee assistance programs in industry: A new frontier for social work. *Social Thought, 3*, pp. 19-27.

Mayo, E. (1945). *The Social Problems of an Industrial Civilization*. Boston, MA: Harvard University Press.

Minter, S. G. (1990, Feb.). A helping hand for the troubled employee. *Occupational Hazards*, pp. 56-57.

Minter, S. G. (1991, Apr.). Relieving workplace stress. *Occupational Hazards*, pp. 39-42.

Moretz, S. (1988, Apr.). Wellness programs: Keeping worker fit. *Occupational Hazards*, p. 59.

Nahrwold, S. C. (1984). Broad brush employee assistance program approach. *Business and Health, 2*, pp. 29-31.

O'Donnell, J. M. (1985, Nov.). Wellness in the workplace: Implications of health promotion programs for planners and financial consultants. *Journal of American Society of CLU*, p. 82.

Palevsky, M. (1950). Prudential's employee counseling service cuts down high cost of worry. *National Underwriter, 29*, pp. 16-17.

Roman, P. M. (2001). *Employee Assistance Programs as Workplace Platforms for Alcohol and Drug Problem Intervention*. University of Georgia: Institute for Behavioral Research.

Saxe et al., (1983). The Effectiveness and Costs of Alcoholism Treatment. pp. 4-5.

Sheridan, P. J. (1981, Mar.). Drug abuse demands action from industry. *Occupational Hazards*, p. 64.

Sheridan, P. J. (1983, Nov.). Industry's large stake in curbing alcoholism. *Occupational Hazards*, pp. 99-100.

Sherman, P. A. (1983). The Alcoholic Executive. In J. S. J. Manuso (Ed.), *Occupational Clinical Psychology*. New York: Praeger.

Staples, L., Kelsey, J., & Thomas, R. (1980). An in-house industrial counseling program: The Northwestern Bell Telephone Company experience. *Journal of Occupational Medicine, 22*, p. 1.

Sudduth, A. B. (1984, Nov / Dec.). EAPs: Defining functions and evaluating your program. *Occupational Health & Society*, p. 44.

Trice, H., & Schonbrunn, M. (1981). A history of job-based alcoholism programs: 1900-1955. *Journal of Drug Issues, 11*, 171-198.

Walsh, D. (1982). Employee assistance programs. *Milbank Memorial Fund Quarterly / Health and Society, 3*, p. 60.

Warshaw, L. J. (1979). *Managing Stress*. Reading, MA: Addison-Wesley.

Wrich, J. T. (1980) .*The Employee Assistance Program: Updated for the 1980s*. Center City, MN: Hazelden Education Foundation.

Wrich, J. T. (1984). *The Employee Assistance Program*. Minnesota: Hazelden Education Foundation.

Zwerling, C., Ryan, J., & Orav, E. J. (1990, Nov.). The efficacy of pre-employment drug screening for marijuana and cocaine in predicting employment outcome. *Journal of the American Medical Association, 264*(20), pp. 2639-2643.

第15章

蔡永銘（1993）。《現代安全管理》。台北：揚智文化。

Bird, F. E. Jr., & Schlesinger, L. E. (1970, June). Safe behavior reinforcement. *Journal of ASSE*, pp. 16-24.

Bird, F. E. Jr., & Loftus, R. G. (1989). *Loss Control Management*. Loganville, Georgia: Institute Press.

Conley, M. (2000, June). How do you spell effectiveness?: measuring your safety program. *Safety & Health*, pp. 42-46.

Earnest, R. E. (2000, Aug.). Making safety a basic value. *Professional Safety*, pp. 33-38.

Findley, M. (2000, March). Management needs behavior-based safety initiatives too. *Safety & Health*, pp. 44-48.

Geller, E. S. (1994, Sep.). Ten principles for achieving a total safety culture. *Professional Safety*, pp. 18-24.

Geller, E. S. (1996). *The Psychology of Safety: How to Improve Behaviors and Attitudes on the Job*. New York, N.Y.: CRC Press LLC.

Geller, E. S. (2003, Dec.). People-based safety: The psychology of actively caring. *Professional Safety*, pp. 33-41.

Geller, E. S. (2005). *People-Based Safety: The Source*. VA, Virginia Beach: Costal Training Technologies Corporation.

Guastello, S. J. (1993). Do we really know how well our occupational accident prevention program work? *Safety Science, 16*, pp. 445-463.

Hansen, Larry L. (2000, May). The architecture of safety excellence. *Professional Safety*, pp. 26-28.

Health and Safety Executive (1993). *The Cost of Accident*. British Government.

Heinrich, H. W. (1959). *Industrial Accident Prevention: A Scientific Approach*. (4th ed.), New York, N.Y.: McGraw-Hill.

Komaki, J., Barwick, K. D., & Scott, L. R. (1978). A behavioral approach to occupational safety pinpointing and reinforcing safe performance in a food manufacturing plant. *Applied Psychology, 63*, pp. 434-445.

Krause,Thomas R. (1995). *Employee-Driven Systems for Safe Behavior: Integrating Behavioral and Statistical Methodologies*. New York, N.Y.: Van Nonstrand Reinhold.

Manuele, F. A. (2000, Oct.). Behavioral safety: looking beyond the worker. *Occupational Hazards*, pp. 86-89.

McSween, Terry E. (2003). *The Values-based Safety Process: Improving Your Safety Culture with a Behavioral Approach*. (2nd ed.), New York, N.Y.: Van Nonstrand Reinhold.

National Safety Council (2000, March). Behavior-based safety: Is it the holy grail of the workplace? *Safety & Health*, pp. 34-42.

Petersen, D. (2000, March). The behavioral approach to safety management. *Professional Safety*, pp. 37-39.

Veazie, B. (1999, April). Foundation principles: Keys to success of a behavior-based safety initiative. *Professional Safety*, pp. 24-26.

Watson, J. (1913). Psychology as the behaviorist views it. *Psychological Review, 20*, pp. 158-177.

第17章

石油化工企業設計防火規範 GB50160-92，中國。

日本高壓氣體取締法。

台塑FPG-02-001、FPG02017、6.9；FPG-02-013、FPG02164；FPG-02-005、FPG02043, 6.5.8；FPG-02-001、FPG02003,4.6.2。

勞工安全衛生研究所（2000）。「爆炸之控制—隔離、安全距離」（SDSO0010078）。

Bush, V. G. (1975). *Safety in the Construction Industry*. Reston, Va.: Reston Publishing Co.

Hope, P. S. (1982). *Designers' Guide to OSHA*. (2thed), New York: McGraw-Hill.

MOBIL EGS 3035.5.2; EGS 3035.5.3; MOBIL EGS 303 5.5.5; EGS 303 5.6

MOBIL EGS 3035.10.2、API 2508

MOBIL EG 3035.5.7

MOBIL EGS 3035.11.1

MOBIL EGS 3035.12; EG 53035.3.1; MOBIL EG 53035.5.1; EG 53035.5.7-5.5.9; MOBIL EG 53035.8.1

MOBIL EGS 3035.9

MOBIL EGS 3035.9.1-2

MOBIL EG 53035.10.3、APl2508

MOBIL EGS 3035.13.1

National Safety Council (1988). *Accident Prevention Manual for Industrial Operations: Engineering and Technology*. (9th ed), pp. 60-64.

第18章

Hammer, W. (1980). *Occupational Safety Management & Engineering*. (4thed), Englewood Cliffs, NJ: Prentice-Hall Inc., p. 185.

第19章

Blocker, T. G. Jr. (1965). *Studies on Burns and Wound Heating*. Austin: University of Texas.

MacFarlane, W. V. (1963). General physiology mechanisms of acclimatization. In S. W. Troup(ed.), *Medical Biometeorology*. New York, N. Y.: Elsevier Publishing Co., pp. 372-417.

Perkins, J. B., et al. (1952, Dec.). *The Relationship of Time and Intensity of Applied Thermal Energy to the Severity of Burns*. Rochester, NY: University of Rochester.

Turnbull, U. W., et al. (1967, July). Crash Survival Design Guide. Flight Safety Foundation, U. S. Army Aviation Material Laboratories, Technical Report (67), 22.

Wing, J. F. (1965, Sep.). A Review of the Effects of High Ambient Temperature on Mental Performance. Aerospace Medical Research Laboratories, AD-624-144.

第22章

Miller, M. J. (1977, Oct.) Risk management & reliability. Third International System Safety Conference. Washington DC.

US Air Force. The Handling and Storage of Liquid Propellants. AFM 160-39.

US Fire Administration (1978, Dec.). *Fire in the United States*. US Depart of Commerce. Washington DC.

Zabetakis, M. G. (1965). Flammability characteristics of combustible gases and vapors. *Bullentin 627*. U. S. Bureau of Mines, Washington, D. C.

第24章

National Institute for Occupational Safety and Health. Self Evaluation of Safety and Health Programs. Washington DC. US Government Printing Office.

National Safety Council. Accident Facts. Chicago, III.

Key, M. M. (ed.) (1977). *Occupational Diseases: A Guide to Their Recognition*. (Rev. ed), Washington DC: US Department of Health & Human Services.

Olishifski, J. B. (ed.) (1982). *Fundamentals of Industrial Hygiene*. Chicago: NSC.

Richardson, M. (ed.) (1986). *Toxic Hazard Assessment of Chemicals*. London: The Royal Society of Chemistry.

Rom, W. N. (ed.) (1983). *Environmental and Occupational Medicine*. Boston: Little, Brown and Company.

Sax, N. I. (1984). *Dangerous Properties of Industrial Materials*. (6thed.), NY: Van Nostrand Reinhold.

Schilling, R. S. F. (ed.) (1981). *Occupational Health Practice*. Boston: Butterworth.

Starr, C. (1969, Sep.). Social benefit versus technological risk. *Science, 164*, pp. 1232-1238.